备考2023

简单且有[illegible]会计中级考试变成人生一[illegible]情的释放，从而体会那孤苦的奋斗之[illegible]的一种别样的自由

第8版

小艾上班记2
中级会计实务

看小说，学会计，轻松通过中级职称考试

核心考点抢先学

陈艳红 著

东北财经大学出版社 Dongbei University of Finance & Economics Press 大连

图书在版编目（CIP）数据

小艾上班记2·备考2023·中级会计实务 / 陈艳红著. —8版. —大连：东北财经大学出版社，2022.10
ISBN 978－7－5654－4518－7

Ⅰ. 小… Ⅱ. 陈… Ⅲ. 会计实务 Ⅳ. F23

中国版本图书馆CIP数据核字（2022）第074681号

东北财经大学出版社出版
（大连市黑石礁尖山街217号 邮政编码 116025）
网 址：http://www.dufep.cn
读者信箱：dufep@dufe.edu.cn
大连图腾彩色印刷有限公司印刷 东北财经大学出版社发行

幅面尺寸：170mm×240mm 字数：488千字 印张：26.25

2022年10月第8版 2022年10月第1次印刷

责任编辑：章北蓓 责任校对：曲以欢
封面设计：冀贵收 版式设计：原 皓

定价：58.00元

教学支持 售后服务 联系电话：（0411）84710309

如有印装质量问题，请联系营销部：（0411）84710711

第8版前言

记忆是一切智慧的蓄水池、存储器，考试必须记忆。

1.记忆是什么

记忆就是新神经回路的形成。从物理上来说，我们现在已经能够用相关的技术，在大脑当中看到记忆的痕迹。

如果把大脑比喻成一个城市，那么神经元就是住宅，神经纤维就是道路，神经回路就是社区。

我们学一门学科，就要形成相应的神经回路，就好比在大脑里新建一个社区（如图1所示），比如中级会计实务社区、经济法社区和财务管理社区等。

图1　社区图

考试的时候，看到一个题，你就知道目的地，知道要去哪里，是哪一个小区，几栋、几单元、几楼、几号房间，你能找到回家的路，知道从哪个方向走会近，知道哪个地方在修路，有坑，可能会摔跤。

例如：乙工业企业为增值税一般纳税人。本月购进原材料200千克，货款为6 000元，取得的增值税专用发票上注明的增值税税额为780元，发生的保险费为350元，入库前的挑选整理费用为130元。验收入库时发现数量短缺10%，经核查属于运输途中合理损耗。乙工业企业该批原材料实际单位成本为每千克（　　）元。

A.32.4　　　　B.33.33　　　　C.35.28　　　　D.36

你一看题，就知道他考的是什么，考的是会计实务中存货的初始入账成本。

【答案】D

【解析】

6 000+350+130=6 480（元）

200×（1-10%）=180（千克）

6 480÷180=36（元）

你知道它考的是哪一个点，要从哪条路经过，路上有没有陷阱，这里的陷阱就是合理损耗。

我们刚开始做题的时候，经常会出错，就像你走一条新路，有荆棘、会摔跤，但没关系，多摔几次，你就记住了。

因此，刷题的时候，要想得起考的是哪个章节的哪个考点。本书已把相应的考点都列举出来了，学习的时候，可以对照目录查找回忆。

2.长时记忆与短时记忆

计算机里有内存和硬盘，内存RAM相当于临时处理，而硬盘才是长期保存。

平时工作中，我们经常写word文档，一边写，电脑会一边自动暂存，这就是内存在处理。但如果我想长时间保存，就得点保存按钮，然后保存到电脑硬盘里，比如D盘、E盘等。

假设我不点保存，就把电脑关了，那么我写的东西就全没有了。

人的大脑也一样，我当时记住了，这是短时记忆，但是没过一会儿我全忘了，也就是说没有形成长时记忆。

那怎样才能形成长时记忆呢？

要想形成长时记忆，就必须得保存到大脑皮层中，人的大脑皮层相当于计算机的硬盘。

问题是谁来点这个保存？

大脑有一个器官叫海马体，它专门负责这项工作，但是它不会把所有的信息都保存到大脑皮层中。

你想，无论你看到什么、听到什么，有意的、无意的，重要的、垃圾的，都保存到大脑皮层中的话，那信息太多了，脑袋会爆炸，耗能很多，所有的能量都被大脑耗掉了，那其他地方怎么办？

所以它会筛选过滤。

它筛选过滤的原则是：**凡是跟人生老病死、生存繁衍息息相关的信息，都会赶紧保存。**

所以，你失恋了，想忘掉一个人，却发现怎么也忘不了。

而你看了一个下午的《中级经济法》教材，却一个字也没记住。

为什么没记住？

因为海马体在筛选，这《中级经济法》有意思吗？不学《中级经济法》会死吗？不学《中级经济法》就找不到爱人吗？什么乱七八糟的东西，算了，删了吧，免得占空间。于是，你就忘了。

这海马体太古老了，人类早期进化的时候，是没有《中级经济法》的，它不知道《中级经济法》的重要性。

怎么办？欺骗它！

背第一遍时，我没记住，因为海马体把它删了。

我背第二遍时，海马体又把这些信息过滤掉了。

那我就来第三遍、第四遍，这时候，海马体就会开始疑惑，这东西怎么总是来啊，难道很重要？

趁它傻愣之际，这信息就溜进大脑皮层了。于是，我就记住了。

因此，我们需要用多次重复记忆法来应对遗忘。艾宾浩斯遗忘曲线（一）[①]如图2所示。

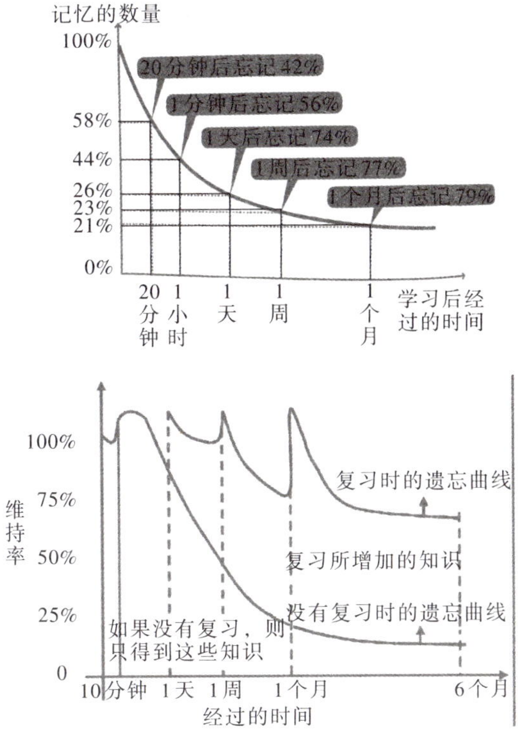

图2 艾宾浩斯遗忘曲线（一）

① 图片引自百度百科。

在职场中我们经常这样复习，我们刚看完一个考点，可能就会有工作打扰你，比如开会，但是没有关系，我开会的时候，可以想一下我刚才看了什么，相当于复习了。

晚上睡觉时，会把今天学的在脑海里全部过一下。

一个星期后，学了差不多1章了，我们把本章相关的例题、习题再做一遍。

一个月后，学了好几章了，可以给自己月考一下。

考点见面的次数多了，溜进大脑皮层的概率就大。

小艾四轮复习法，就是这样诞生的（见表1、表2和表3）。

表1　《中级会计实务》的四轮复习要点

第1轮	基础复习	分录是基本功	理解50%以上	重点要掌握分录，分录是基本功，需要练习
第2轮	主观题突破	做题听课	攻克难点30%	专题突破（比如：长期股权投资+合并报表）
第3轮	客观题突破	做题看总结	记忆10%	做习题、画思维导图，以题带考点
第4轮	模拟试卷	模考	查漏补缺10%	押题、模考

表2　《财务管理》的四轮复习要点

第1轮	基础复习	计算是基本功	理解40%以上	注重逻辑计算，这是《财务管理》的基本功
第2轮	主观题突破	做题听课	攻克难点20%	专题突破（比如：固定资产更新决策）
第3轮	客观题突破	做题看总结	记忆30%	做习题、画思维导图，以题带考点
第4轮	模拟试卷	模考	查漏补缺10%	押题、模考

表3　《中级经济法》的四轮复习要点

第1轮	基础复习	理解记忆	自动记忆20%以上	听懂即可，法律无外乎人情
第2轮	主观题突破	做题听课	理解记忆40%	通过案例分析，进一步理解、剔除
第3轮	客观题突破	做题看总结	理解记忆30%	做习题、画思维导图，以题带考点
第4轮	模拟试卷	模考	查漏补缺10%	押题、模考

3.代入情感，引发兴趣

多次重复记忆法虽然可以欺骗海马体，但是复习次数太多了，我们也很累，可不可以不要复习多遍，就让海马体“点保存”呢？

可以，**方法就是代入情感，触发我们的情绪。**

当我们产生喜怒哀乐等情绪时，当时的记忆能被很容易地保存下来，因为情绪激动会刺激杏仁核，然后杏仁核就会报警。

杏仁核想：情绪为什么这么激动，是危险吗？警报！警报！（如图3所示）

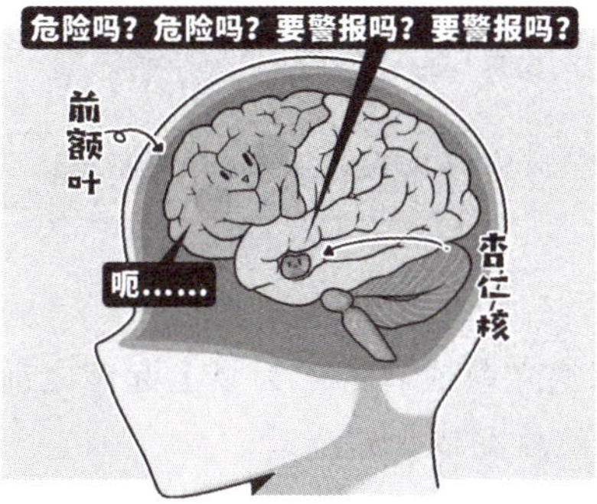

图3　杏仁核“报警”[①]

然后，海马体看到“警报”了！哇，都警报了，肯定很重要，它赶紧拼命地“点保存”。

所以，你会发现，我们背诵无意义的音节时，怎么也记不住，就算记住了，也容易遗忘。背散文就好多了，背自己喜欢的诗歌，那就更轻松了。艾宾浩斯遗忘曲线（二）如图4所示。

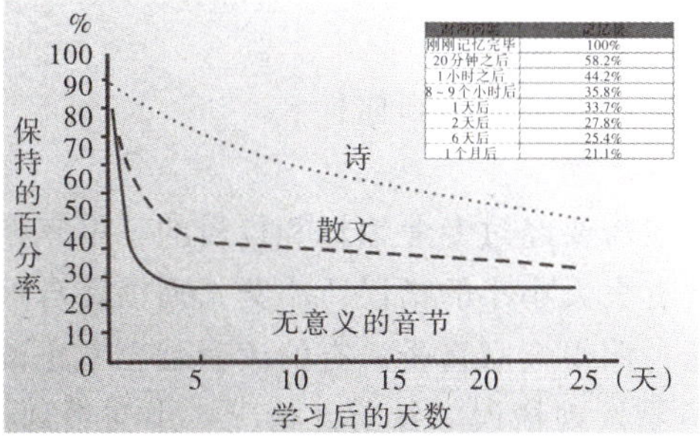

图4　遗忘曲线（二）[②]

《小艾上班记》备考系列图书，采取的是体验式学习法，除了解析考点，还会写一些心得、体会，目的都是为了触动你的情感、引起你的共鸣，引发你的兴趣、刺激你的好奇心，从而帮助你记忆。

① 图片引自百度百科。
② 图片引自百度百科。

从脑电波图上可以看出，大脑可产生四类脑电波。

当你在紧张状态下，大脑产生的是β波；当你的身体放松，大脑比较活跃，灵感不断的时候，就导出了α波；当你感到睡意蒙眬时，脑电波就变成θ波；而进入深睡眠时，脑电波则变成δ波（脑电波图如图5所示）。

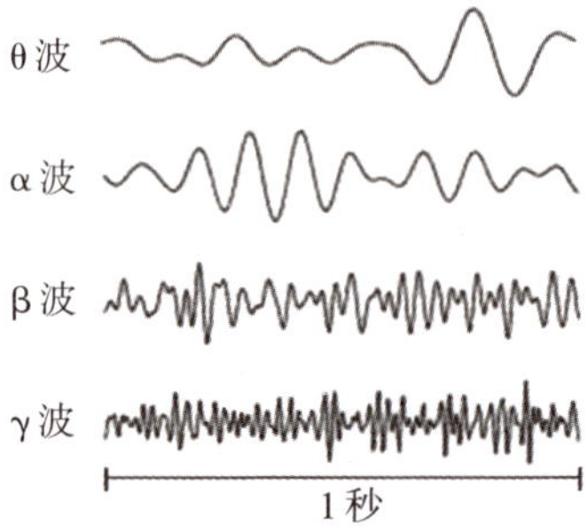

图5　脑电波图

为什么建议大家睡觉之前或者第二天早上起床之前回忆一下相关的考点？因为睡意蒙眬时，脑电波就变成θ波。

为什么说兴趣是最好的老师，因为兴趣引发好奇心，好奇心会刺激θ波。

为什么让大家不要过于紧张？因为人放松时，大脑会产生α波。

当大脑处于α波、θ波时，记忆效果特别好！

最后送大家一句话：如果你想要造一艘船，那么先不要雇人去收集木头，也不要去分配任务，而是要激发人们对海洋的渴望。

同理，如果你想考中级，那么先不要忙着背考点，而是先调动一下自己的情感，激发一下自己对未来的憧憬和渴望。

强烈的动机比方法更根本！

希望书中的小艾和杜老师能帮到你！

小艾系列书籍找茬有奖活动

一本书的出版一般需要经过专业编辑和校对的三审三校及质检部门的严格质量检查，但是还会有大大小小的错误，小艾系列书籍自然也不例外。由于小艾系列书籍通俗易懂，深得大家喜爱，有的读者就会不止读一遍，这样，相对于其他书籍，就更容易发现错误。针对此情况，小艾系列书籍特设以下奖励，来鼓励大家给小艾找茬挑刺。

如果你在学习的过程中，发现下述错误，请发邮件至小艾邮箱（xiaoaibj@qq.com）。

1 错别字

2 准则制度陈旧

3 观点或逻辑错误

4 其他

格式分为7部分：书名、页码、行数、问题、建议及你希望获奖的书和你的真实姓名、邮寄地址及电话。

例：

1 书名：《小艾上班记6》　　第×次印刷

2 页码：第11页

3 行数：顺数第7行

4 问题："何总"联系上文应该是"王总"（手机拍照附图更佳）

5 建议："何总"二字改成"王总"二字

6 你希望获奖的书：

7 真实姓名、邮寄地址及电话：

提出的修正方案被采纳者将获得小艾书一本（目前已上市的书中任挑），原则是，同一错误，谁先提出谁获得。

小艾图书相关服务

如需要会计职称考试方面的服务（备考视频、自测题库、互动答疑），则可以扫一扫下面的二维码，关注小艾会计职称考试服务号（xiaoaikj），若有疑问，可以随时在线指出。

小艾会计职称考试服务号（xiaoaikj）

如想订阅最新财税资讯文章，则可以扫一扫下面的二维码，关注小艾财税俱乐部微信公众号（xiaoaicoco）。

小艾财税俱乐部微信公众号（xiaoaicoco）

目录

第1章

存货

（一）中级报名与会计考证

一个人如果不逼自己一把，根本不知道自己有多优秀。

窗外有雾，淡淡的，虚无缥缈，扑朔迷离。重庆素有“雾都”的雅称，房屋建筑、花草树木，全都笼罩在雾中，让这座城市有着一种朦胧的美。

我坐在办公桌前，静静地翻着去年的《中级会计实务》教材。事务所里有的老师有好几个证，什么注册会计师证、注册税务师证、注册资产评估师证、土地估价师证、房产估价师证等，而我除了一个初级会计师证，其他什么证也没有，这让我觉得压力很大。于是我决定，无论如何都要报考注册会计师考试和会计中级职称考试。办公室很安静，我认真地翻着那本厚厚的会计职称考试教材，偶尔也看看窗外。万物浸在雾气中，雾气也依恋着万物，谁也舍不得错过这份短暂的美。

突然电话铃响了，是婉晴。

“小艾，你报会计中级职称考试没？”

“报了，今年报名的人可真多，现场审核排队排得好长。”

“对啊，还不是因为国家修改了会计中级职称考试报名条件（见表1-1），只要符合年资和学历要求就可以报名。好多非会计专业人士也在报考，竞争异常惨烈。”

“是呀，我们事务所的那个文秘，据说今年也报考了。政府现在大力发展中级会计，明确提出要深化会计职称制度改革，并形成初级、中级、高级（含副高级和正高级）层次分明的会计专业技术职务资格评价制度。也就是说，考试会越来越难，这个证的含金量也会越来越高，现在不考，更待何时？”

表1-1　　会计中级职称考试的报名条件

学历	时间
大学专科学历	从事会计工作满5年
大学本科学历	从事会计工作满4年
双学士学位或研究生毕业	从事会计工作满2年
硕士学位	从事会计工作满1年
博士学位	无工作年限限制

"我真怕自己考不过。"

"真害怕，就努力。"

"这么多人报名，万一我天赋有限，努力也考不过，怎么办？"

"那就认栽喽。不过，杜老师说准备会计中级职称考试还远没有达到要拼天赋的地步。"

"怎么讲？"

"他说，任何竞争淘汰的过程无非就是：

第一步，选择。比如我们看好政府这个规划，认为会计中级职称考试值得考，我们就会报名，而那些不看好的，就不会报名，这一部分人就会被过滤掉。

第二步，努力。比如我们努力了，就有可能达到60分，那些不努力的、完全不看书的，达到60分的概率就会很低，因此不努力的人就会被过滤掉。

第三步，天赋。比如大家都很努力，且通过率一定，这个时候就要拼天赋了，又努力又聪明的人会留下来，努力但不聪明的人会被淘汰掉。

第四步，运气。比如剩下的都是既聪明又努力的人，但是录取人数有限，不能全部录取，那就看个人的运气了。

会计中级职称考试并不是一个高难度的选拔性考试，而是一个职称水平评价考试，录取人数上也没有绝对的限制，也就是说，它的过滤条件只会设置到第二步。因此，只要你智力正常，有一定的学习能力，努力复习，基本上都能通过考试。因为智力不正常、没有相应学习能力的人，在报名那一步就被过滤掉了（智力不正常、没有相应学习能力的人是不会拿到大专、本科甚至研究生学历的，因此也就达不到报名条件）。"

"小艾，你说得太对了，这不就是一个'升级打怪'的过程吗？"

"不是我说的，是杜老师说的。"

"都一样，我得回去努力了。挂啦！"

婉晴匆忙地挂断了电话。

我继续看我的会计中级职称考试教材，今年，我打算会计中级职称考试和注册会计师考试一起考，压力山大。

考，考，考，老师的法宝；分，分，分，学生的命根。上了会计这条"贼船”，想不考试都难。

杜老师曾跟我说，要想在会计这个职业有好的发展，就得不停地考试，考试虽然痛苦，但它也能让人进步。他还说，一个人，如果不逼自己一把，根本不知道自己有多优秀。所里很多人都在“玩连环三级跳”，也就是，毕业后，不管你具体做什么会计工作，首先，你都要把注册会计师考试考下来，找一家大点的会计师事务所拼命干个四五年，同时不断考试，像税务师、注册资产评估师、土地估价师、房地产估价师，有的人甚至还考法律从业资格、证券从业资格，实践与理论相结合。接着，再跳到中型企业去做财务经理，以全面掌握财务管理。等学得差不多了，再跳到上市公司做财务经理，学习融资、兼并、收购等资本运作。然后，再跳到中型企业去做财务总监。最后，跳到大企业里去做财务总监。

他还给了我一张“财会类资格考试知名度指数排名表”（见表1-2）。当我细看那张表的时候，我差点没崩溃。我曾十分不解我妈为什么要我学会计,还指着电视里正在颁奖台上的周福禄（画家）对她说：“如果当初你让我学画画的话，今天站在那颁奖台上的说不定就是我。”我妈却指着街上那摆地摊画画的人对我说：“如果我当初让你学画画，那今天蹲在那儿的人说不定就是你。女孩子学会计多好啊，算算数，记记账，况且会计越老越吃香。”

表1-2 财会类资格考试知名度指数排名表

国内资格	知名度指数	全部资格排名
（1）会计职称考试——初级	98.28%	3
（2）会计职称考试——中级[1]	98.96%	2
（3）会计职称考试——高级	94.52%	4
（4）CPA/注册会计师	99.55%	1
（5）CPV/注册资产评估师	86.99%	5
（6）房地产估价师	65.06%	8
（7）造价工程师	63.29%	9
（8）价格鉴证师	43.50%	19
（9）审计职称考试——初级	61.82%	11
（10）审计职称考试——中级	62.06%	10
（11）注册资产评估师（珠宝）执业资格	44.00%	18
（12）CGA/加拿大注册会计师	54.12%	13
（13）CIA/国际注册内部审计师	71.83%	7
（14）ACCA/英国特许公认会计师	81.88%	6
（15）CIMA/英国特许管理会计师	51.37%	15
（16）IFA/英国财务会计师	37.53%	24

① 税务师考试难度等同于中级会计职称考试。

续表

国内资格	知名度指数	全部资格排名
(17) AIA/英国国际会计师	42.16%	20
(18) CMA(美国管理会计师)/CFM(美国财务管理师)	47.63%	17
(19) ASCPA/澳大利亚注册会计师	41.85%	21
(20) CISA/国际注册信息系统审计师	40.34%	23
(21) CPA Australia/澳大利亚 CPA	40.93%	22
(22) ACA/英国皇家特许会计师	50.29%	16
(23) AICPA/美国注册会计师	55.57%	12
(24) CFA/注册金融分析师	53.47%	14
(25) CDFA/特许公认会计师公会中文财会资格证书	30.66%	25
(26) NIA/澳大利亚国家会计师	30.48%	26

职称考试是全国统一命题的，最大的好处就是具有可比性。比如，你说你很厉害，你是注册会计师，但人家说，我也厉害呀，我会JAVA、C++等很多编程语言。那到底谁厉害呢？没有可比性。但如果你说你是高级职称，人家就会说，你比我厉害，我才中级职称。正由于职称的高、中、低在各行业中具有可比性，政府的相关福利有时候就与职称挂钩，比如落户口等。另外，中级职称考试考过后，所有的相关材料都会存入你的档案中；注册会计师考试考过后，你会成为注册会计师协会的会员，在注册会计师协会备案。当然，在目前的会计考试中，知名度最高的是注册会计师考试，难度最大的也是注册会计师考试，含金量最高的还是注册会计师考试。但是，考过注册会计师考试后，并不能让你马上“麻雀变凤凰”。也就是说假如你其他方面能力一般，又没什么会计实践经验，光有个注册会计师证，别人不一定会认可你；但假如你各方面能力都很突出，有丰富的会计实践经验，如果再有个注册会计师证，就如虎添翼了。所以注册会计师证，与其说它能给你“雪中送炭”，不如说它会让你“锦上添花”。

经过许久的思量，我想通了：我这辈子没想过做财务总监，更没想过做女强人，我只想拥有一份体面的工作、一份娴雅的生活。当太阳升起的时候，我与同事共事；当日落西山的时候，我与爱人相拥。所以我不必考完所有的证，我可以像制订国民经济计划一样给自己制订一个5年计划，即争取毕业5年内把会计中级职称考试和注册会计师考试考过，兼顾爱情婚姻，争取顺利地成家立业，步入人生正轨。

（二）制定正确的学习策略

一个人围着一件事转，最后全世界可能都会围着你转；一个人围着全世界转，最后全世界可能都会抛弃你。人生要学会做减法。

名是报完了，但新教材得过一阵才能出来，所以，我只能先看去年的教材。教材虽然是旧的，但是问题也不大，我看见所里有的老师备考的时候，他们先看的也是旧教材，而且大家相互借阅。比如，这个人考过了注册会计师考试，那他的教材及习题册，就会被其他备考的同事借走。虽然会计中级职称考试和注册会计师考试教材年年都再版，但是万变不离其宗，核心精髓总是那些，等新书出来了，再重点看看新的部分，基本上就可以上战场了。

下午，我开始偷偷地看书，所谓偷偷看书就是尽量不让太多的人看到，尤其是领导。其实事务所并没有禁止员工看书，相反，领导还经常在公开场合自豪地对我们说，我们所里是鼓励员工看书的，只要你们把该做的事情做完了，你们是可以看书的，因为我们希望每一个员工的能力都能有所提升。我刚来的时候曾信以为真，光明正大地把书摆在办公桌上，有时一摆就是一天。后来杜老师私下对我说，你不要把书这么毫无顾忌地摆在桌子上，不然领导看见后就会觉得你一天到晚都在看书，没有工作。所以不看的时候，就尽量收起来，看的时候，也稍微掩饰一下。

后来想想也是，假如我是老板，我要是看着我的下属，一天到晚都在忙自己的事情，心里也会不太高兴的。有的人会说，我只是看看书，我又没有做其他的，学习应该是一件好事情。但是领导更看重，你今天干了多少工作，你的KPI完成了多少。但是我们还是要看书，要学习，想尽办法提升自己，因为有了知识和能力，才能真正拥有属于自己的舞台。

我开始看第1章“总论”的第1节“财务报告目标”。我一字一句认真地看着，恨不得把每个字都装进脑袋。没过一会儿，万老师过来，对我说上次审计的工作底稿好像缺份资料，让我去查查。于是，我去重新整理审计工作底稿，花了1个多小时，终于整理完了。我回到座位上，继续看第1章“总论”的第1节“财务报告目标”。还没看完，一个客户拿着一张银行已经盖好章的询证函来到所里，让我给他打份验资报告，我把报告打好，让万老师签字盖章，然后再装订好交给客户，等我完成时，已经是下午4点多了。再过1个小时就要下班了，我想我应该可以好好看1个小时书了吧。我重新打开教材，翻到第1章“总论”的第1节“财务报告目标”。我都不记得我刚才到底看了些什么了，只得重新看。还没进入状态，所里又叫开会，说有新的项目任务需要安排，等开完会，已经下班了。我回到座位上，打开教材，摆在我面前的还是第1章“总论”的

第1节“财务报告目标”。这《中级会计实务》400多页呢，我猴年马月才能看完呀？那两本注册会计师考试教材更厚，想起就让人胆战心惊、进而生畏。

下班了，所里的同事都陆陆续续地离开了。我却坐在办公桌前盯着这本《中级会计实务》发呆。

“小艾，下班了，你怎么还没走啊？”杜老师走过来，笑着对我说。

“嗯，我再坐一会儿。”

“你在看《中级会计实务》啊，报上名啦？”

“嗯，只报上‘中级会计实务’这1门。”

“那也不错啊。”

“你说，会计中级职称和注册会计师，哪个好？”

“看你问的，各有各的好处。职称在国有企业是直接与薪水挂钩的；注册会计师考试要考过，你才能正式执业，否则，你就只能做助理。”

“但是一边工作一边看书好痛苦，我今天看了一天，到了最后，还是第1章‘总论’，郁闷死了。”

“我觉得看书不能从第1章看起。”

“那从哪儿开始看起啊？”

“当你拿到一本书的时候，首先要看目录。”杜老师拿着那本中级教材对我说道：“你看，第1章是‘总论’，一看就是概念性的理论，你现在看了也记不住，最后还是要重看，干脆这一章就先不看了，到最后再看，最后两章也是。剩下的章节分为三部分，第一部分是资产，什么存货、固定资产、投资性房地产都是资产，既然都是资产，那它们就有共同的地方：①是什么，比如：存货是什么？即存货的概念。然后是确认条件，有关的经济利益很可能流入企业，成本能够可靠地计量，这是资产的确认条件。②初始计量，即进入企业时如何核算。③存续期间如何核算。④从这个企业消失时，该如何核算。第二部分是负债损益，也就是记录负债、收入、所得税从产生到消亡的过程。第三部分讲的是会计专题，什么外币折算、会计政策和会计估计变更、资产负债表日后事项、合并报表。这样你复习的框架就出来了，就三部分嘛。然后你集中精力，先给自己定一个小目标，把资产部分看完。”

“资产部分很多。”

“但比起这本书来说，就薄很多了。”

“那倒是。”

“所以我们首先要学会做减法，而不是做加法。人要学会给自己减轻精神负担，你要想着总共才三部分嘛，我只要把第一部分看完，我就完成1/3了。”

“那你的意思是，我要从第2章‘存货’看起？”

“这是我的方法，适不适合你，那我就不知道了。”

"我想你的方法应该错不了，你已经是一个久经沙场的人了。"

"第二个要注意的是，千万不要一字一句地看。"

"那怎么看？"

"带着问题一目十行地看，快速抓取精髓部分，我们要以20%的时间，获得80%的收益。"

"一目十行？"

"是呀，快速阅读才能让你集中注意力。我们都知道人的大脑分为左右两部分，两部分各自分管不同的信息内容并进行处理：其中右脑主要负责对图形和图像进行记忆和加工，而左脑主要负责处理诸如逻辑、数字、文字等非形象化的信息。当你快速阅读时，即充分调动了左右脑的功能，使其各自发挥优势共同进行文字信息的形象辨识、意义记忆和理解。如果你一字一句地读，可能到了最后你看了半天，才发现你什么也没看进去，没有一点成就感，还严重打击你的自信心。况且，我们还要上班，不像在学校里，没那么多时间看书。"

"有道理，难怪我今天看了一下午，结果什么也没看进去，还是停留在第1章，想起就怄火。"

"那就是了，据科学家研究，一字一句地阅读，信息处理过程是：眼睛——视觉中枢——语言中枢——听觉中枢——理解记忆；而一目十行地阅读，信息处理过程是：眼睛——视觉中枢——理解记忆。一目十行地阅读，目光不在单字上停留，而是在整行的文字上停留，眼球接收文字信号的速度就会提高10倍以上，并达到与大脑的思维速度同步。"

"你为了考试，连大脑是怎么运作的都研究啦？"

"这是常识，还要研究啊？有的人看书的时候习惯反复浏览或称'回视'，生怕自己哪点没看到似的，结果他啥也没记住；有的人看书，不是意读，而是音读，边看心里边还默默地念，这都是不好的习惯，我们要的是快速扫描。"

"好，我试试快速扫描。"

"记住，要带着问题扫描。"

"怎么带着问题？"

"问题就是书中的小标题，比如存货的概念与确认条件，这就是你要的问题。"

"我明白了，小标题就是问题，那扫描其实就是带着问题找答案。"

"也可以这么说。"

"找到答案之后呢？"

"找到答案后，就要用自己的话描述出来。"

"描述？"

"对，描述的过程就是你加深理解的过程，这就是说，边看书边记笔记。"

"怎么记？"

"比如问题是：存货的概念，然后你看到书上的概念是'存货是指企业在日常活动中持有以备出售的产成品或商品、处在生产过程中的在产品、在生产过程中或提供劳务过程中耗用的材料和物料等'。那你在笔记上就要记对存货概念的理解，换句话说，就是对存货的判断。你脑子里首先想到的是仓库里黑压压一片的物资中，哪些是存货呢？①以备出售的产成品或商品；②正在生产的以备未来出售的在产品；③在生产过程中或提供劳务过程中耗用的材料和物料。所以存货都是生产经营中为出售或耗用而储备的。我们边分析边记录，做笔记只是帮助自己理解记忆。眼到、心到，还要手到。我现在出个题给你，看你能做出来不？"

"好。"

"下列各种物料中，应当作为企业存货核算的有（　　）？

"A.包装物　　B.发出商品　　C.低值易耗品　　D.工程物资"

"单选还是多选？"

"还要问我是单选还是多选吗？不定项选择。"

"嗯，包装物跟出售有关；发出商品其实就是以备出售的商品；低值易耗品主要是一些小工具、小物料，是生产经营过程中耗用的物料；工程物资是为建造或维修固定资产而储备的。所以，答案是ABC。"

"答对了，那假如你这个题答错了，比如你只选了AB，那说明这个知识点你还没有完全理解。那样的话，你要在笔记上补充，'包装物、发出商品、低值易耗品是存货，而工程物资不是存货'。读书是先由厚到薄，再由薄到厚。你把那本厚厚的教材中没掌握的知识点都归纳总结到笔记本上，这是由厚到薄；再不断地做题，并把你没有理解的内容记录在笔记本上，这就是由薄到厚；然后等你都理解了，你还可以在笔记本上进一步归纳，这就又从厚到薄了；直到最后，你不需要笔记本了，你就可以上战场了。"

"做题很重要，对不对？"

"做题当然重要了，一方面可以检验你对教材理解了没有，另一方面可以让你查缺补漏，让你有机会把没有理解的内容搞懂；还有就是可以训练自己的应试能力。所以做题一定不要先看答案，一定要亲自动手去做，做错了再去分析，看是哪个考点没有完全理解，然后把它补充到笔记本上。当然做题还有个小技巧。"

"什么小技巧？"

"也不是什么小技巧，其实就是个人习惯问题。比如，我做题的时候喜欢先做主观题，主观题做完、对完答案后，分析归纳总结，然后再做客观题。"

"为什么？"

“因为主观题比较有综合性，归纳总结后，再做客观题，客观题就显得比较简单了，而且，很多客观题其实就是主观题改过来的。换句话说，就是那些计算型的客观题基本上你都会做了，你才会有成就感。不然的话，你在客观题这里被打击一遍，结果做主观题又被打击一遍，最后一看，从主观题到客观题，你全都是错的，那岂不是郁闷死了？还是那句话，学会给自己做减法，减轻自己的精神负担。”

“嗯，我回去得好好研究研究你的新方法。”我一边说着一边整理办公桌，并把另一本教材拿出来准备带回去，心想明天早点起床，在上班之前还能看点，因为根据计划，我明天要看另一门。

“你怎么看那么多教材呀？”杜老师叫道。

“因为我明年还打算考注册会计师，所以我现在也要开始看书了。”

“你怎么看啊？”

“我一天看一门啊。”

“我觉得你还是应该一门一门地看，先集中精力突破一门，然后再开始另一门，不然的话你很难坚持下去。”

“怎么说？”

“其实我觉得考试最忌讳平衡用力，不管你报了几门，你都要学会一门一门地攻破。原因在于：第一，如果你平衡用力的话，出现的结果就是，你坚持大半个月，结果却发现每一门都只看了那么一点点，你会很没成就感；第二，你今天刚进入状态，明天你又换成了另一门，结果你每门都感觉进入不了状态；第三，上班族考试跟学校考试不一样，一个很大的缺点就是，学习时间不够且不能由你掌控，因为工作上有很多事情需要你去做，最后你会发现你每一门都没看完。这就是为什么很多人报了三门，结果每一门都考50几分的原因。我宁愿只过一门，另两门0分。所以我觉得你首先攻破一门，比如‘中级会计实务’，以最快的速度学完，归纳总结完毕，然后再集中精力进入下一门；对于上一门，你只要每天做点模拟题练练手，巩固一下就行了。换句话说，你心里早就有底了，摩拳擦掌，随时可以上战场。”

我觉得杜老师说得挺有道理的，我决定尝试他的方法，就当做实验好了，反正离考试还早，我还有时间。先攻破《中级会计实务》，《中级会计实务》分为三部分，我先集中精力攻破第一部分——资产。第一部分只有8章，如果我看得快的话，只要一个星期就可以搞定。

有时候，人还真应该学会做减法，因为只有把能减的都减了，你的目标才会清晰。在有限的时间内，你只有把注意力集中到一点，才可能有所突破。记得有个节目主持人说过这样一句话，一个人围着一件事转，最后全世界可能都会围着你转；一个人围着全世界转，最后全世界可能都会抛弃你。很多人一

生只做了一件事，但就因为这一件事，他就永垂不朽了。比尔·盖茨曾说：“如果你想同时坐两把椅子，就会掉到两把椅子之间的地上。我之所以取得了成功，是因为我一生只选定了一把椅子。”我们不能同时做两件事情，在一个时间段内我们心里只能有一个目标，我们要把有限的时间和精力集中到一点，才会有所收获。

回到家里，我总结归纳了杜老师的学习策略与方法。

（1）《中级会计实务》可分为三部分，首先集中精力突破第一部分（第2章到第9章）。

（2）从第2章开始看，先浏览小标题，然后带着问题，一目十行地寻找答案，并归纳总结，理解记忆。

（3）把每个问题的归纳总结记录到笔记本上。

（4）做题，先做主观题，然后对答案，错的部分加以分析总结，并把总结记录到笔记本上；然后再做客观题，再对答案，错的部分加以分析总结，并把总结记录到笔记本上。

（5）全部看完后，只做综合练习题或模拟题巩固就可以了，对做错的，继续分析总结，记录到笔记本上。同时，总结要越来越精练，让笔记越变越少，越变越薄。

虽然杜老师建议从第2章看起，因为第1章主要是概念问题，但是我还是先把其提炼出来放着，能记多少算多少，记不住考前再来翻一翻。

（三）本章通关地图

在一项事物中，最重要的只占其中一小部分，约20%，其余80%尽管是多数，却是次要的。会计学习亦如此，当我们理解了每章最重要的20%时，你会豁然开朗，继而很快学会剩下的80%。

早上，我很早就起床了，叫醒我的不是闹钟，而是梦想，是我内心深处的激情。其实我这人挺嗜睡的，只要有时间，我就爱睡觉，而且可以狂睡不醒。不管是严冬还是酷夏，我都可以做到“春眠不觉晓”。我还给自己的嗜睡起了一个很好的名字，叫“婴儿睡眠”。我甚至打算如果有来生，一定不做人，而是投胎做富贵人家沙发上的一只懒猫。每天我只需睡睡懒觉，偶尔睁开眼睛看两眼电视，一生也就这么慵懒地过去了。而今天我却睡不着了，因为我想尝试杜老师所说的快速学习法，想试试如何快速抓取精髓，以20%的时间获得80%的收益。当一个人心中有念想、有期盼的时候，他是没办法让自己睡懒觉的。

我打开教材，开始学习第2章“存货”。昨天，杜老师给我讲了存货的概念，并提炼了相关考点，我据此画了本章的通关地图，如图1-1所示。

- **存货**
  - 初始计量：存货的初始计量
    - 外购存货成本：全部价款-有关税费
    - 进货费用的核算
      - ①先归集于“待摊进货费用”，再按销售情况分摊
      - ②直接计入“销售费用”，无须分摊
    - 委托加工业务
      - ①收回后直接销售：由“委托加工物资”转入“库存商品”
      - ②收回后再加工：由“委托加工物资”转入“原材料”
    - 存货用作投入资本的核算：原材料价值由投资协议决定
  - 期末计量：存货的期末计量
    - 存货期末以可变现净值计价，若其低于账面成本，应计提存货跌价准备；若可变现净值后又提高了，则应将已提的存货跌价准备转回

图 1-1　本章通关地图

（四）高频考点提炼

存货这一章的总体思路是：取得存货（包括外购取得存货、股东投资取得存货、委托加工取得存货等）的计价为所付出的成本代价，一般可以采用倒挤法，最后确定。委托加工相对复杂，需要了解委托加工业务的整个流程。存货取得后，期末需要检测是否减值，即计提存货跌价准备。

考点1：外购存货（见表1-3）

表1-3　　外购存货

考点1	外购存货
成本	成本就是为获取存货而付出的代价，分录就是对经济业务的描述，计量就是确定分录的金额
分录	付出的所有款项减去计入其他科目的金额，剩下的即为存货成本 借：原材料或库存商品（剩下的就是存货成本了，存货成本可以倒挤） 　　应交税费——应交增值税（进项税额）（根据增值税专用发票可以抵扣的进项税额） 　　其他应收款（需要他人赔偿的金额） 　　待处理财产损溢（因意外灾害发生造成的损失和尚待查明原因的途中损耗） 　贷：银行存款/应付账款（需要支付的所有款项）
存货单位成本	存货单位成本=存货成本÷实际入库数量
工业/商业	商品流通企业的核算可以同工业企业

【例题·单选题】A公司为增值税一般纳税人，2021年7月购入原材料150千克，收到的增值税专用发票上注明的价款为900万元，增值税税额为117万元；另发生运输费用，收到的增值税专用发票上注明的运输费为9万元，增值税税额为0.81万元；包装费为3万元，途中保险费用为2.70万元。原材料运抵企业后，验收入库的原材料为148千克，运输途中发生合理损耗2千克。不考虑其他因素，该批原材料的入账价值为（　　）万元。

A.911.70　　B.913.35　　C.914.07　　D.914.70

（以下是本题的分析思路与答案，请先不要看）

分析思路：

1.初步判断此题要考查的是：购买存货的入库成本。

2.回顾考点。

3.默写分录，抄数字，可以把题中的数字抄到分录上。

借：原材料/库存商品

　　应交税费——应交增值税（进项税额）

　　其他应收款

　　待处理财产损溢

　　管理费用

　　营业外支出

贷：银行存款/应付账款

4.观察分录规律：

贷方是银行存款/应付账款，意思是不管这个钱进不进入原材料成本，我都要支付。

那我支付的钱都要计入原材料成本吗？显然不是，要逐项剔除。

比如增值税进项税额（有专票）就记入“应交税费——应交增值税（进项税额）”这个科目。

发生损失后需要保险公司赔偿的，计入其他应收款；发生损失后还不知道怎么处理的，先计入待处理财产损溢；处理后，发现是因为管理不善导致非正常损失的，计入管理费用；如果是自然灾害导致的，则计入营业外支出；如果是合理的损失，那就不用管它，不用处理。

另外，采购人员的差旅费计入管理费用。

5.我支付的钱，剔除记入其他科目的，剩下的就是原材料成本，即最后倒挤出原材料成本。

6.做题时，只要看到“万元”，就全部圈出来，这些钱都是我们要支付的，然后划掉记入其他科目的，答案就出来了。

900+9+3+2.70=914.70（万元）

题中的进项税额均可以抵扣。

【答案】D

【分析】原材料入账价值=900+9+3+2.70=914.70（万元）。

考点2：商品流通企业进货费用核算（见表1-4）

表1-4　商品流通企业进货费用核算

考点2	商品流通企业进货费用核算
商品流通企业进货费用核算	商品流通企业可以像工业企业那样核算，但对于进货费用，也可以采用以下两种方式核算
第1种方式：先归集，再分摊	借：库存商品 　　待摊进货费用（进货费用金额） 　　应交税费——应交增值税（进项税额）（根据增值税专用发票，可以抵扣的进项税额） 　贷：应付账款/银行存款（需要支付的所有款项） 借：主营业务成本 　贷：待摊进货费用（按照销售的比例情况进行分摊）
第2种方式：直接计入当期损益，无须再分摊	借：库存商品 　　销售费用（进货费用金额） 　　应交税费——应交增值税（进项税额）（根据增值税专用发票，可以抵扣的进项税额） 　贷：应付账款/银行存款（需要支付的所有款项）

考点3：委托加工业务（见表1-5）

表1-5 委托加工业务

考点3	业务过程	委托加工业务
委托加工		加工完成前所付出的代价都在“委托加工物资”科目归集，收回时，把委托加工物资结转到“库存商品”或“原材料”中
第1种情况：委托别人加工收回来后，直接销售给客户	发料	（1）发料给代为加工的企业，发出的材料成本为20 000元 借：委托加工物资——乙企业 20 000 贷：原材料 20 000
	支付加工费	（2）支付加工费7 000元，加工费要缴纳增值税，跟商品一样，乙企业提供加工服务要缴纳增值税，那甲企业购买加工服务所付出的增值税可以抵扣进项 借：委托加工物资——乙企业 7 000 应交税费——应交增值税（进项税额） 910 贷：银行存款 7 910
	扣缴消费税	（3）如果加工的商品是应税消费品，则需要缴纳消费税 消费税组成计税价格=（原材料成本+加工费）÷（1-消费税税率）=（20 000+7 000）÷（1-10%）=30 000（元） 消费税税额=30 000×10%=3 000（元） 即甲企业支付，乙企业代扣代缴 借：委托加工物资——乙企业 3 000 贷：银行存款 3 000
	加工完毕收回	（4）收回加工物资，然后直接销售，即把委托加工物资全部结转到库存商品中，然后像销售其他商品一样正常销售 借：库存商品 30 000 贷：委托加工物资——乙企业（20 000+7 000+3 000） 30 000
第2种情况：委托别人加工收回来后，继续生产加工，那就意味着，收回来的委托加工物资还是原材料	发料	（1）发料给代为加工的企业，发出的材料成本为20 000元 借：委托加工物资——乙企业 20 000 贷：原材料 20 000
	支付加工费	（2）支付加工费7 000元，加工费要缴纳增值税，跟商品一样，乙企业提供加工服务要缴纳增值税，那甲企业购买加工服务所付出的增值税可以抵扣进项 借：委托加工物资——乙企业 7 000 应交税费——应交增值税（进项税额） 910 贷：银行存款 7 910
	扣缴消费税	（3）如果加工的商品是应税消费品，则需要缴纳消费税 消费税组成计税价格=（原材料成本+加工费）÷（1-消费税税率）=（20 000+7 000）÷（1-10%）=30 000（元） 消费税税额=30 000×10%=3 000（元） 即甲企业支付，乙企业代扣代缴（因为连续加工，甲企业最终生产完毕后出厂还要缴纳消费税，所以为避免重复缴税，乙企业代扣代缴的消费税需要抵扣） 借：应交税费——应交消费税 3 000 贷：银行存款 3 000
	加工完毕收回	（4）收回加工物资，然后继续生产加工，即把委托加工物资全部结转到原材料中，继续生产加工完毕后，再像销售其他商品一样正常销售 借：原材料 27 000 贷：委托加工物资——乙企业（20 000+7 000） 27 000

【例题·单选题】甲公司为增值税一般纳税人，适用的增值税税率为13%。甲公司委托其他单位（增值税一般纳税人）加工一批属于应税消费品的原材料（非金银首饰），该批委托加工原材料收回后用于继续生产应税消费品。甲公司发出材料的成本为90万元，支付的不含增值税的加工费为36万元，支付的增值税为4.68万元，支付的代扣代缴消费税为14万元。该批原材料加工完成验收入库的成本为（　　）万元。

A.126　　B.144.68　　C.140　　D.160.12

（以下是本题分析思路与答案，请先不要看）

分析思路：

1.初步判断此题要考查的是委托加工业务的入库成本。

2.回顾考点，即委托加工业务的相关分录。

3.从分录中我们可以发现规律，如果是直接销售的委托加工业务，则入库成本包括消费税，即为材料成本+加工费+消费税；如果是连续加工，则入库成本不包括消费税，即为材料成本+加工费。

4.看题，圈关键词："继续生产应税消费品""成本不包括消费税"，因此答案只包括两部分：原材料成本+加工费=90+36=126（万元）。

【答案】A

【分析】该批原材料加工完成验收入库的成本=90+36=126（万元）。如果该批委托加工原材料收回后直接对外销售，则该批原材料加工完成验收入库的成本=90+36+14=140（万元）。

若收回后用于继续生产应税消费品，则甲公司发出材料的成本为90万元，支付的不含增值税的加工费为36万元，支付的增值税为4.68万元，支付的代扣代缴消费税为14万元。

考点4：将存货作为投入资本的核算（见表1-6）

表1-6　将存货作为投入资本的核算

考点4	将存货作为投入资本的核算
分录	借：原材料（由投资合同或协议决定，合同协议约定的价值明显不公允的除外） 　　应交税费——应交增值税（进项税额）（由增值税专用发票决定） 　贷：实收资本（股本）——A（股本总额×享有比例） 　　　资本公积——资本溢价（股本溢价）（借贷差额计入资本公积）

考点5：存货期末计量与可变现净值（见表1-7）

表1-7　　存货期末计量与可变现净值

考点5	存货期末计量与可变现净值
产成品、商品的可变现净值	A.可变现净值=市场销售报价-销售时发生的费用及缴纳的相关税费（未签订销售合同）
	B.可变现净值=合同报价-按合同销售发生的费用及缴纳的相关税费（签订销售合同部分）
原材料的可变现净值	A.可变现净值=生产的产成品市场报价-销售该产成品发生的费用及缴纳的相关税费-加工所需花费的成本（生产的产品未签订合同）
	B.可变现净值=生产的产成品合同报价-销售该产成品发生的费用及缴纳的相关税费-加工所需花费的成本（产品签订合同部分）
	C.可变现净值=材料的销售报价-销售时发生的费用及缴纳的相关税费（由于某种原因不再生产对应的产品，只能直接变卖）
期末计提存货跌价准备（判断用来生产产品的材料是否贬值，首先应判断对应的产品是否贬值；如果对应的产品没有贬值，则材料也未贬值，无须计提存货跌价准备）	计提存货跌价准备=存货账面成本-可变现净值 如为正数（假如为100万元），则需计提（分录单位：万元，以下同）： 借：资产减值损失——A存货　100 　贷：存货跌价准备——A存货　100
存货跌价准备的结转	计提存货跌价准备的存货，结转成本时需结转相应的存货跌价准备。假如上述计提存货跌价准备的存货销售60%，则需在结转成本的同时，结转存货跌价准备的60% 结转成本： 借：主营业务成本 　贷：库存商品——A存货 结转存货跌价准备： 借：存货跌价准备——A存货　60 　贷：主营业务成本　60
期末存货跌价准备的转回	期末，发现可变现净值提高了，假如剩下的40%的存货没有贬值（账面成本-可变现净值≤0），则可以把剩下的存货跌价准备转回： 借：存货跌价准备——A存货　40 　贷：资产减值损失——A存货　40

对于存货跌价准备的计提，思路还可以进一步精简：

某存货需计提的跌价准备=其存货账面余额-其可变现净值

可变现净值的计算如图1-2所示。

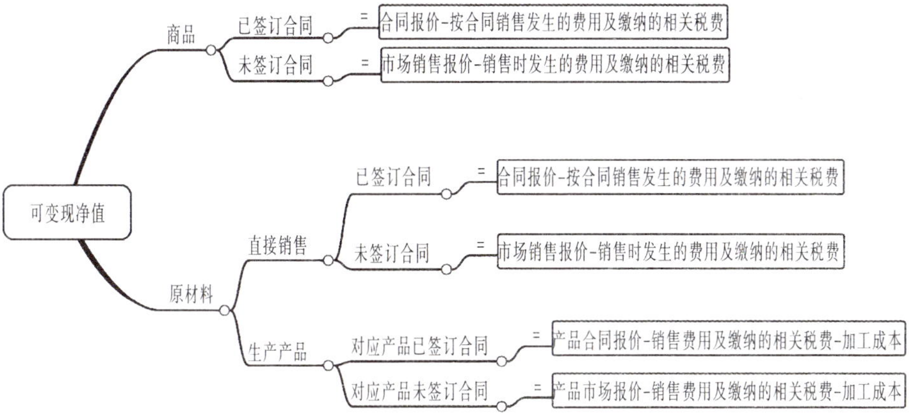

图1-2　可变现净值的计算图

本月计提的存货跌价准备=某存货需计提的跌价准备-月初存货跌价准备余额

借：资产减值损失

　贷：存货跌价准备

如为负数，则相当于存货跌价准备转回。

本月计提存货跌价准备的情况如图1-3所示。

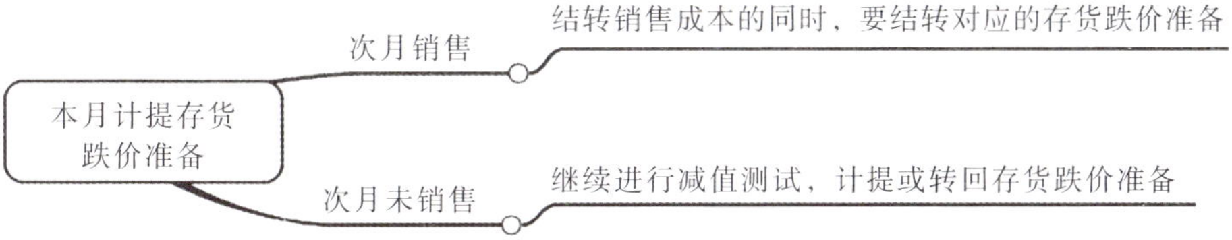

图1-3　本月计提存货跌价准备的情况图

【例题·单选题】A公司按单项存货计提存货跌价准备。2021年年初，A公司存货中包含甲产品1 800件，单位实际成本为0.3万元，已计提的存货跌价准备为45万元。2021年，该公司未发生任何与甲产品有关的进货，甲产品当期售出600件。2021年12月31日，该公司对甲产品进行检查时发现，库存甲产品均无不可撤销合同，其市场销售价格为每件0.26万元，预计销售每件甲产品还将发生销售费用及相关税金0.005万元。假定不考虑其他因素，该公司2021年年末对甲产品计提的存货跌价准备为（　　）万元。

A.9　　B.24　　C.39　　D.54

（以下是本题分析思路与答案，请先不要看）

分析思路：

1.初步判断此题要考查的是存货跌价准备。

2.回顾相关考点。

3.按时点确定：

期初存货为1 800件，存货跌价准备余额是45万元，期中，卖掉1/3（600件），存货跌价准备结转1/3，即15万元，存货跌价准备余额为30万元。

期末存货为1 200件，销售价格为0.26万元/件，销售费用及相关税费为0.005万元/件，那么1 200件的可变现净值是306万元（1 200×（0.26-0.005））。

期末1 200件存货的成本=1 200×0.3=360（万元），期末跌价准备余额应该为360-306=54（万元）。

而期初还剩30万元，故本期计提24万元。

4.对于存货跌价准备，期初、期中结转，期末余额，本期计提，按时点顺序来分析，就不会出错。

【答案】B

【分析】（1）存货可变现净值=（1 800-600）×0.26-（1 800-600）×0.005=306（万元）；（2）存货期末成本=（1 800-600）×0.3=360（万元）；（3）期末“存货跌价准备”科目应有余额=360-306=54（万元）；（4）期末计提的存货跌价准备=54-（45-45×600÷1 800）=24（万元）。

（五）经济业务是会计的本质

我接着往下复习，花了不到一分钟的时间扫描了存货的确认条件，并记录如下：

存货的确认条件：

（1）与该存货有关的经济利益很可能流入企业；

（2）该存货的成本能够可靠地计量。

所有资产的确认条件都是这样的，因为资产的确认条件就是：

（1）与该资源有关的经济利益很可能流入企业；

（2）该资源的成本或者价值能够可靠地计量。

我想，那后面的什么固定资产、无形资产、投资性房地产等，几乎都一样了，我试着翻翻后面其他资产的确认条件是不是这样，结果正如我所料。

判断的第一条件是存货是不是企业的，如根据销售合同已经售出的存货，其所有权已发生转移，已经不属于企业，那与该存货有关的经济利益也不可能流入企业，当然就不能确认为企业的存货了。

委托代销商品，在没有销售出去前，只是存放在受托人那里而已，所有权还是自己的，与该存货有关的经济利益很可能流入企业，当然就要将其确认为企业的存货了。

于是我在笔记本上继续记录：

根据销售合同已经售出的存货，不能确认为企业的存货；委托代销商品是企业的存货。

对于存货，首先就是初始计量，那存货是如何进行初始计量的呢？我开始扫描，按理说有关存货的初始计量的内容教材也就有两页，用眼睛扫描快速阅读的话，两分钟就能看完。可是我扫了半天，还是不知道该如何做笔记。笔记不仅是自己扫描后得出的答案，更是自己对考点最精炼的总结。当我不知道该如何记笔记时，就说明我的扫描是没有效果的。

我有点气馁，也许是我还没真正弄懂到底该如何快速扫描，我决定今天让杜老师再教教我。“叮”的一声，闹钟响了，我一看，早上7点整，赶忙收拾书本，往事务所跑去。

在事务所的时候，我把课本收起来，不让人看到，尽管我想打开看，但是我知道不能。杜老师说得很对，在工作的时候尽量不要做与工作无关的事情，尤其是像我这种新人。虽然事务所有些老员工，他们可以若无其事地看书、打私人电话，甚至大声吆喝着“老婆”“老公”，伴随着其他人的玩笑及起哄，但是我知道我不可以。我尽量让自己不在办公室里打私人电话，用自己的手机也不行，更不要说用公司的电话。

别人可以不守规矩，但新人一定要守规矩，这是杜老师私下教我的。开始的时候，我心里并不平衡，难道只许州官放火，不许百姓点灯？后来我明白了，一个新人连灯油都没攒起一点，忙着点什么灯啊？所以当你没资历的时候，唯一能做的就是去学习、去积累。

在事务所我尽量低调，我宁可被人评价为沉默，也不要被人评价为多嘴。我不相信什么“幽默是一种机智，是生活的调味品，是人际关系的润滑剂和成熟的表现”。其实幽默、开玩笑这些都是建立在平等的基础上的，当你与别人不在一个水准上的时候，你去开玩笑，这无疑是把别人的地位拉到与你一样，这就相当于贬低了别人，进而引起别人对你的反感。

多干活、少说话，尽心尽力地为别人打杂，这就是偷师学艺所要付出的代价。当然打杂的时候，我也会有个先后顺序，我会优先给那些真正愿意教我的人打杂，比如万老师、杜老师。

下午，当我看见杜老师把上次我和他审计的工作底稿拿出来放在办公桌上时，不等他叫我，我就连忙把早已整理好的那部分资料送了过去，然后很自然地帮他一起分析整理，直到装订归档，整个过程我们都配合得很默契，等到我们全部完成时，早就已经下班了。

为了感谢我，杜老师说要请我吃饭，我也趁机提出了希望他能帮助我复习《中级会计实务》的想法，让他教我如何快速扫描、抓住重点。

“原来你这么卖命地帮我干活，是有目的的呀？”杜老师笑着对我说。

我不承认，也不否认，只是看着他，含笑不语。当我不知道该怎么回答别人的时候，我唯一能做的就是微笑，而且微笑中通常还夹杂着点不好意思、难为情。常言道，伸手不打笑脸人。这招屡试不爽，因为没有人会拒绝一个女人略带羞涩的笑容，哪怕这个女人长得并不漂亮。

“不过，我喜欢，至少你知道自己想要什么。”杜老师见我不说话，连忙赞赏了我一句。

“我只是想学习你那快速扫描的方法，想知道扫描的时候该如何抓住重点，从而有效果。而且既然是扫描，那就是说顶多半个小时就能搞定一章了，刚好一顿饭的时间，所以我可以每天都请你吃饭。”我很真诚地对他说道。

“每天都请我吃饭？而且是美女，嗯，可以考虑。我正愁晚饭该如何解决呢！”杜老师半开玩笑半认真地回答。

于是，我们来到餐厅，点完菜，我就从包里拿出《中级会计实务》教材，翻到“第2章　存货”，请杜老师讲解。

杜老师边喝茶水边慢悠悠地说道：“在一项事物中，最重要的只占其中一小部分，约20%，其余80%尽管是多数，却是次要的；会计学习亦是如此，当我们理解了每章最重要的20%时，你就会豁然开朗，继而很快就能学会这章另外的80%。”

“那‘存货’这章最重要的20%在哪里呢？”我问道。

“我们可以扫描一下这章的标题，然后就会发现，这章主要讲了两个问题。知道是哪两个问题吗？”

“存货的初始计量和期末计量。”我翻了一下教材说道。

“初始计量其实就是存货刚进入企业时的计量，期末计量其实就是月末计量（会计期间一般以月份划分），可以这样理解不？”

“嗯。”

“而会计是对经济业务的核算，那你觉得在初始计量时，教材上主要讲了哪几种经济业务？”

“购买、委托加工，还有以存货作为资本投入。”

“嗯，其实核算就是将这些经济业务用会计分录表述出来，计量就是确定每笔分录的金额。那工业企业购买原材料的分录，你会做吗？”

“会。假如购买价为1 000元，增值税税率为13%，应付的款项为1 130元，则：

借：原材料　　1 000

应交税费——应交增值税（进项税额）　　130

贷：应付账款/银行存款　　1 130”

“那发生的仓储费、包装费、运输费用等相关费用（假如为100元）呢？需要支付吗？”

“当然需要支付。”

“那怎么计量呢？”

“应付账款增加100元，原材料也要增加100元。”

“原材料为什么也要增加100元呢？”

“原材料不增加100元，借贷就不平衡啦。再说，这些费用也是购买这批材料所付出的代价，所以当然要计入原材料成本。”

“分录怎么做？”

“借：原材料　　1 100

应交税费——应交增值税（进项税额）　　130

贷：应付账款/银行存款　　1 230”

“那假如运输的过程中损耗了一些原材料，这些需要运输单位赔偿，经过协商，需要赔偿50元呢？”

“那记入‘其他应收款’。

借：其他应收款　　50

贷：原材料　　50

合起来就是：

借：原材料　　950

应交税费——应交增值税（进项税额）　　130

其他应收款　　50

贷：应付账款/银行存款　　1 130”

“为什么要冲原材料成本呢？”

“因为我总共支付的是1 130元，但是130元进项税额是可以抵扣的，换句话说就是国家以后是可以给我的，损耗的50元，运输公司可以赔偿我，所以我实际付出的代价就是950元，因此我的原材料成本就是950元。”

“那假如这损耗是合理损耗，不需要赔偿呢？”

“那分录不变，仍是：

借：原材料　　1 000

应交税费——应交增值税（进项税额）　　130

贷：应付账款/银行存款　　1 130”

“为什么？”

“因为我买这批材料付出的总代价还是1 000元。”

“那假如这损耗是尚待查明原因的途中损耗呢？假如金额为250元。”

“既然是尚待查明原因的途中损耗，那这损耗的250元就只能记入‘待处理财产损溢’科目了。

借：原材料 750

应交税费——应交增值税（进项税额） 130

待处理财产损溢 250

贷：应付账款/银行存款 1 130”

“那综上所述，扫描存货后抓取的第1个重要考点就是外购存货（见表1-3）。不过商业企业还有两种其他的处理方式。”

“哪两种方式？”

“对进货费用的处理，也就是购买时发生的运输费、装卸费、保险费等。一种处理方式是先各个科目归集，然后根据销存情况分摊；另一种处理方式是直接计入当期损益。”

“不是直接计入存货成本吗？假如购买一批商品，不含税价是1 000元，增值税税率为13%，发生运输费等进货费用100元，那么总共要付款1 230元。我们的分录就是：

借：库存商品 1 100

应交税费——应交增值税（进项税额） 130

贷：应付账款/银行存款 1 230”

“对，这样处理是正确的，但同时也可以这样处理：一种处理方式是先归集，再分摊。如你所说‘假如购买一批商品，不含税价是1 000元，增值税税率为13%，发生运输费等进货费用100元，那么总共要付款1 230元’。那100元我先放在一个科目里，假如这个科目就是‘待摊进货费用’，则：

借：库存商品 1 000

待摊进货费用 100

应交税费——应交增值税（进项税额） 130

贷：应付账款/银行存款 1 230

进货后，你卖出了60%，那就在存货（库存商品）和主营业务成本中分摊，卖出60%，就分摊60%。

借：主营业务成本 60

贷：待摊进货费用 60

另一种处理方式是如果进货费用不是很大，你也认为无须核算得这么精确，那么你还可以在购买的时候，直接将其计入当期损益，如销售费用：

借：库存商品　1 000
　　销售费用　100
　　应交税费——应交增值税（进项税额）　130
　贷：应付账款/银行存款　1 230

这样，后面就无须分摊了。”

于是，我在笔记上翻看第2个考点（见表1-4）。

“第2个考点，教材上两句话就带过了。我也不知道对考试来说重不重要，以目前考试出题来说，主要是以第1个考点为主，但在实践中第2个考点还是很有用处的。”杜老师继续说道。

“我觉得我应该了解一下。”

“所以你看，教材上写了满满一大片，其实就是几笔分录而已。经济业务才是会计的本质，分录就是桥梁，它把经济业务用会计的语言描述出来，从而让经济业务进入会计系统，然后按照一定的登账汇总流程形成财务报告。”

“原来中级会计实务，顾名思义，就是以实务为主，理解了实务，其他的就都很容易理解了。”

“你理解了吗？那我就拿个考题给你做做。”

“可以。”

“某工业企业为增值税一般纳税人，2021年4月购入A材料1 000千克，增值税专用发票上注明的买价是30 000元，增值税税额为3 900元，该批A材料在运输途中发生1%的合理损耗，实际验收入库990千克，在入库前发生挑选整理费用300元。该批入库A材料的实际总成本为多少？”

“既然是外购业务，我直接套你上面的分录就行了。

借：原材料（（30 000+3 900+300）-3 900）　30 300
　　应交税费——应交增值税（进项税额）　3 900
　贷：应付账款（30 000+3 900+300）　34 200

原材料成本就是30 000+300=30 300（元）。”

“对，‘发生1%的合理损耗，实际验收入库990千克’这些条件都是陷阱，会计在确认入库总成本的时候，是不管数量的，只看购买这批材料付出的总代价是多少。在实际工作中，收发数量是库管负责的，会计只有在计算单位成本的时候，才会找库管要实际入库数量。”

“不过，考试的时候，这样写分录是不是太慢啦？”

“谁要你把分录写出来啊，这只是一个解题思路，你只在草稿纸上画画就行，如果把上面那个例子复杂化，那你更要有一个思路，否则绕来绕去，你很容易出错，而我给你总结的那个考点，其实就是一个思路。只要你有了思路，那与这个考点相关的考题，你都会做了。”

"噢，我明白了，这就叫以不变应万变，然后举一反三，触类旁通。"

"看来你还不是很笨，那我们看存货的第3个重要考点主要讲的是什么经济业务。"

"委托加工。"我翻着课本答道。

"委托加工业务就是企业购买材料，然后支付加工费让别人加工，加工完毕收回后，再直接销售或者继续生产加工后再销售。那会计实务就是把这个过程记录下来。教材上有个例子，我们可以对这个例子进行总结归纳，以理解核算的过程。所以教材上有例子的地方，一般都是重点。"

杜老师边讲，我边翻看笔记中存货的第3个重要考点（见表1-5）。

第4个考点比较简单，即用存货作为投入资本的核算（见表1-6）。

"那第5个考点是什么呢？"杜老师问道。

"存货期末计量。"

"那它的经济业务是什么呢？你知道，我们学习会计首先想到的是经济业务，然后就是如何用会计分录把它描述出来。那经济业务有哪些呢？就是说到底发生了什么经济事项呢？"

"经济事项就是存货跌价了，不值这么多钱了。"

"跌价了，那你是拿什么做参照的？"

"就是存货的账面成本与市场价格。"

"是吗？仓库材料被单独拿到市场卖的话，是跌价了，但是你的材料并不是用来出售的啊，而是用来生产的，生产出来的产品并没有跌价而是涨价了，你现在还认为你的材料存货不值钱了吗？"

"喔，我知道了，人都是趋利避害的，变现也要采用一种能够获取最大收益的变现方式。"

"对，这个在会计上就叫作可变现净值。要看存货是否跌价，就拿存货的账面成本与其可变现净值来比较。那我们现在来看看，用于出售且未签订合同的产成品、商品，该怎么计算跌价幅度。"

"又没有签订合同，而且变现方式只能是出售，那就只能拿到市面上去卖了，可变现净值=市场销售报价-销售时发生的费用及缴纳的相关税费。"

"那如果有一部分已经签订了合同，但是还没有发货呢？"

"既然已经签订了合同，那就用合同价格，可变现净值=合同报价-按合同销售发生的费用及缴纳的相关税费。"

"那原材料呢？"

"你说过，原材料一般不是用来直接销售的，而是用来生产产品的，那其可变现净值=生产的产成品市场报价-销售该产成品发生的费用及缴纳的相关税费-加工所需要花费的成本。

如果原材料生产的产品已经签订了销售合同，那其可变现净值=生产的产成品合同报价-销售该产成品发生的费用及缴纳的相关税费-加工所需要花费的成本。

如果因为企业转产，原材料不能用于生产了，那就只能通过销售变现了。那可变现净值=材料的销售报价-销售时发生的费用及缴纳的相关税费。”

“看来，你明白得挺快的。”

“那当然，我突然发现其实它们挺有规律的。”

“可变现净值确定了，就可以拿来与存货账面成本相比较了。如果跌了，就可以计提存货跌价准备。”

于是，我翻看存货的第5个考点（见表1-7）。

“存货实务只有5个考点，剩下的就是概念，如存货的概念和存货的确认条件等。考试出题，也就是从两方面入手，一方面是实务题，另一方面是概念题。其实只要你实务理解了，很多概念也就理解了。比如上次说的存货的概念题，工程物资是不是应该作为存货核算呢？其实，只要你对实务很熟悉，你会做分录，会记账，会出报表，那你一眼就可以瞅出工程物资不能作为存货核算，根本不需要根据存货的概念去判断。”

“所以，对付概念题，首先还是要理解实务，理解会计的核算过程，然后做题，对于实在理解不了的概念，你就把它记下来，大不了背嘛。不过一般这种情况很少的。”杜老师继续说道。

确实，存货这一章这么一归纳，就很简单了，就5个实务考点再加2个概念。在理解的基础上进行记忆，闭着眼睛也知道这章讲了什么，更重要的是快，整整一章，不到20分钟就扫完了。所以看书的时候，不一定非得一个字、一个字地看，而是要带着问题一目十行地看。

“好了，该吃饭了。没事的时候，就闭着眼睛，把刚才的5个考点和2个概念在脑子里过一遍。然后找本练习题做做，看看你是不是都会做。”

“那做什么题？”

“要做那种适合自身水平的题，更重要的是，要做有分析思路的题，我们不是为了做题而做题，而是为了学会他人的分析思路而做题。”

“还有就是我以前跟你说过的，做题的时候，先做主观题，因为主观题都是些实务题，一方面，可以检验你学得怎么样；另一方面，可以进一步加深你对实务的理解。当你把实务题做完、对完答案、归纳总结完后，再做客观题，你会发现除了个别的概念题外，其他你几乎全都会做了，这样你就会很有成就感。所以与其先在客观题那里遭受一遍打击，然后又在主观题这里再受一遍打击，还不如先做主观题，让它狠狠地先打击一遍，再在客观题那里获得喜悦。”

“哈哈，你这是典型的阿Q想法。”我大笑了起来。

"呵呵，人要学会给自己减压。不然的话，你从前往后一看，全是错的，那还不郁闷死啊。"

我笑了笑，表示赞同。杜老师说得很有道理，人要学会减压，心情好，才效率高，考试也好，工作也罢，我们都要有个愉快的心情。尤其是我们学会计的人，有考不完的试，更要有个好心情，这样才能轻装上阵，勇往直前。埃及金字塔是什么人建造的？有人说是天外来客，高中历史教材上用配图来讲解是古代奴隶所造。后来有个科学家用大量的数据来推断，是自由人所修造，因为皮鞭下的奴隶没有好的心情，是很难做出那么伟大的工程来的。

一个人不能同时秉持两种或两种以上的行为准则或者价值观念，否则他的工作和生活必将陷于混乱。

回家后，我总结了一下杜老师的快速扫描法。他扫描抓取重点其实是以经济业务为主线的，换句话说是以经济事项为主线的。在实际会计工作中，我们也是以经济事项为根本的。一般都是先发生一个经济事项，然后才要求我们去做分录、制凭证。在企业里做会计，如果你对这个企业的经济业务不熟悉、不理解，哪怕你会计学得再好，有时也不知道该怎么进行业务处理。考试出题一般也是以经济事项为主的，当然，一些概念题除外，但是如果你对实务的理解很透彻了，那些概念理解起来也就不难了。

杜老师总是说："没事的时候，就闭着眼睛，把学的考点和概念在脑子里快速地过一遍。"后来，我才明白这叫闭目记忆法。科学研究表明，最好的学习状态是脑波处于α波时的状态。α波是正常人脑电波的基本节律，其频率为每秒8~13次。那么，α波是在什么时候出现的呢？根据脑科学家的研究，人在清醒、安静并且闭目时，其α波最明显。当人睁开眼睛或受到其他刺激时，其α波会即刻消失。意思就是说，α波是人闭上眼睛之后才出现的，一睁开眼睛，α波就会立刻消失。可见，闭目是进入α波学习状态的前提条件之一，当然，不是充分条件，因为有时就算你闭上眼睛，也并不一定会出现α波（例如心情混乱的时候），但如果眼睛睁开，那α波是一定不会出现的，由此可见闭目学习的重要性。

对"存货"这一章，杜老师仅仅归纳了5个考点再加2个概念。所以，我脑子里会不时地回忆一下，如果回忆不起来也没关系，最多就打开笔记本再用心去理解一遍。我说的是理解，而不是背诵。因为我要的是理解记忆，而不是死记硬背。当然，我最喜欢的还是临睡前进行闭目回忆，因为黑夜比白天安静多了，我躺在床上，把笔记本翻开，盖在脸上，然后回忆，过一会儿，可能就稀里糊涂地睡着了，催眠效果极佳，且一觉睡到天亮。醒来时，笔记本早已经掉到床下，捡起来还可以再看两眼，然后再起床去上班。

上班的时候，依玲跑过来偷偷地问我："小艾，你是不是报考会计中级职称考试啦？”她这一说，吓了我一跳，我自认为已经很保密了，除了杜老师外，我没告诉其他任何人，而且上班的时候，我尽量不把教材拿出来，没想到她还是知道了，看来这世界上没有不透风的墙。依玲跟我一样，也是审计助理，不过她比我早来半年。

“嗯。”我点了点头。

“报了几门？”

“就报了一门‘中级会计实务’。”

“那你明年报考注册会计师考试吗？”

“当然要报了。”

“一会儿考中级，一会儿考注会的，你忙得过来吗？注会考试很难的，我去年报了两门，结果一门都没过。”

“尽力而为吧。”

“听说，中级职称只有在政府、国企、事业单位才有用，其他单位好像没什么用。”

“是吗？”

“是的，至少我知道在我们事务所没用。”

听她这么一说，我的心又开始矛盾起来，我也知道中级会计职称在事务所没用。“牛人”都去考注册会计师了，谁稀罕一个会计中级职称啊。而且每个人都说注册会计师考试很难，不花足够的时间和精力是考不过的。那我还要不要考中级呢？我是不是该放弃中级，一心一意准备明年的注册会计师考试呢？这个会计中级职称到底对我有没有用呢？复习中级职称考试到底会不会影响注册会计师考试的复习呢？整整一天，我都心绪不宁，烦躁不安。放弃还是不放弃，我一直在问自己。

下午，很多人都出外勤去了，办公室里人很少，本来我可以趁着这机会看书做题的，但是我却怎么也看不进去。我内心一直在矛盾，会计中级职称现在对我没用，注册会计师考试对我是有用的，我应该集中精力准备注会考试。但是准备注册会计师考试是一场持久战，万一我没考过，那就意味着几年后我仍然什么都没有，那还不如考取会计中级职称，至少出去还有个证。

我内心挣扎得很厉害，好像要做一个艰难的决定似的。看见杜老师回来了，我连忙逮着他就问：“杜老师，你说中级会计职称到底有没有用？”

“看你问的，当它有用的时候，自然有用，当它没用的时候，自然没用。”

“那你考中级了吗？”

“考了，但我是考完注册会计师后才考的。”

“那我是不是也应该像你一样考完注册会计师后再考中级职称呢？”

“你不是已经报名考中级了吗？”

“可是，注册会计师考试很难，我怕准备会计中级职称考试会影响注册会计师考试的复习。”

“那你的意思是想放弃中级？”

“我不知道，我又怕注册会计师考试太难了，也许我怎么努力都考不过，那还不如考个中级。”

杜老师听完我的话，大笑了起来，说：“我给你讲个故事吧。

从前，森林里生活着一群猴子，每天太阳升起的时候，它们外出觅食，太阳落山的时候回去休息，日子过得平淡而幸福。

有一天，一名游客穿越森林，把手表落在了一棵树下的岩石上，被一只名叫猛可的猴子拾到了。聪明的猛可很快就搞清了手表的用途，于是，猛可成了整个猴群的明星，每只猴子都向猛可请教确切的时间，整个猴群的作息时间也由猛可来规划。猛可逐渐建立起威望，当上了猴王。

做了猴王的猛可认为是手表给自己带来了好运，于是它每天在森林里巡查，希望能够拾到更多的手表。功夫不负有心人，猛可又拥有了第二块、第三块表。

但猛可也有了新的麻烦：每块表显示的时间都不尽相同，哪一块显示的才是确切的时间呢？猛可被这个问题难住了，当有下属来问时间时，猛可支支吾吾回答不上来，整个猴群的作息时间也因此变得混乱。过了一段时间，猴子们起来造反，把猛可推下了猴王的宝座，猛可的收藏品也被新猴王据为己有。但很快，新猴王也面临了猛可的困惑。

只有一块手表，可以知道时间，拥有两块或更多的手表，反倒无法确定到底是几点。拥有更多的表并不能告诉人们更准确的时间，反而会让看表的人失去对准确报时的信心。

这个故事也告诉我们：一个人不能同时挑选两种或两种以上的行为准则或者价值观念，否则他的工作和生活必将陷于混乱。所以你不能一会儿觉得它有用，一会儿又觉得它没用。你只有选择一个标准或行为准则的时候，做起事来才会心平气和、从容不迫；否则，你将变得无所适从。因为这个世界上没有绝对的对和错，也没有绝对的有用和没用。”

“那我该怎么选择呢？”

“你昨天是怎么选择的呢？”

“昨天，我先复习‘中级会计实务’，用你的快速学习法，快速扫描考点，之后再复习注会，一门一门来，复习完上一门，再复习下一门，复习下一门的时候，只要每天稍微巩固一下上一门就行了。”

“这样不是挺好的吗？那你今天继续就可以了。然后，你只要朝着有利于你的选择想就是了，比如：你把‘中级会计实务’学好了，复习注册会计师考试就很容易了，因为你有基础了啊。”

“哈哈，杜老师你总是这么阿Q。”

“不是阿Q，而是人要选择你所爱，爱你所选择，要竭尽全力，但不要患得患失。”

不管杜老师说得对不对，但经他这么一说，至少我心态平和了，选择你所爱，爱你所选择，自己选择的路就是跪着也要走完，不要反反复复；否则，你将永远停留在原地。

我回到座位上，开始做题，以巩固存货这一章的考点。

按照杜老师说的，先主观题、后客观题，先实务题、后概念题的思路来做。

【例题·案例题】长江股份有限公司为增值税一般纳税人，增值税税率为13%。原材料按实际成本计价核算，发出材料采用全月一次加权平均法计量，半年末和年度终了时，按单个存货项目计提存货跌价准备。长江公司2×21年12月初，A材料结存1 000千克，实际成本为40 000元。12月，发生有关A材料的业务如下：

（1）12月1日，从外地购入A材料2 000千克，增值税专用发票上注明的价款为80 000元，增值税税额为10 400元，另发生运杂费1 200元（假定不考虑增值税抵扣），装卸费800元，各种款项已用银行存款支付，材料已验收入库。

（2）12月8日，从本市购入A材料800千克，增值税专用发票上注明的价款为32 800元，增值税税额为4 264元。货款未付。

（3）12月15日，接受丙公司投资，收到A材料1 200千克，投资各方确认的价值为49 200元（含税），投资方未提供增值税专用发票。按投资协议，丙公司投资后占注册资本（400万元）中1%的股份。

（4）12月31日，本月共发出A材料3 000千克，其中产品生产领用2 000千克，企业管理部门领用1 000千克。

（5）12月31日，A材料用于生产丁商品，假设用A材料生产的丁商品总成本为91 000元，其中估计至完工时，将要发生的成本为20 000元，丁商品的估计售价为95 000元，估计丁商品销售费用及相关税费为5 000元。年末计提跌价准备前，A材料的跌价准备余额为零。

要求：

（1）编制与A材料初始计量有关的会计分录。

（2）编制发出A材料的会计分录。

（3）编制年末计提A材料跌价准备的会计分录。

（“应交税费”科目要求写出明细科目，单位：元）

我认真地看着这道题，一字一句恨不得都装进脑袋，可是这题太长了，满满的一大片，看题都要看半天。

突然我觉得有点不对劲，抬起头来，见杜老师正望着我笑，见我抬头，便慢条斯理地说道："人都说，认真的女孩最美丽，这话看来不假，你那认真的样子的确挺可爱的。不过呢，要是考试，都像你那么认真地看题，时间肯定是不够用的。而且，更重要的是，你看了半天，却不知道该如何下手。"

"那我该怎么看题？"

"其实拿到题时，可以先扫描问题，看看题目到底要你做什么。比如这个题：主要是编制会计分录，意思就是题中的经济业务你一笔一笔地把分录编出来就行了。然后再扫描一下前提条件：如增值税税率为13%，发出材料采用全月一次加权平均法，'应交税费'科目要写明细科目等，前提条件一般在题目的最前面或最后面。扫描这个只要几秒钟，然后你就可以开始做题了。"

"怎么做啊？"

"一个经济业务、一个经济业务地慢慢分析，边分析边解答，边看题边列分录，列分录的思路就是平时总结好的考点。

【解题思路】业务（1）是个外购业务，解题思路就是总结好的考点1（见表1-3），可以直接套用，如果你考点熟练了，想都不用想，直接写答案就行了。

①12月1日

借：原材料（92 400-10 400）	82 000	
应交税费——应交增值税（进项税额）	10 400	
贷：银行存款		92 400

（确定金额：购买材料，增值税专用发票上注明的税额是10 400元，因此'应交税费——应交增值税（进项税额）'的金额就是10 400元，相关款项已用银行存款支付（80 000+10 400+1 200+800=92 400（元）），剩下的原材料，直接倒挤，以达到借贷平衡）

业务（2）也是个外购业务，可以直接写答案。

②12月8日

借：原材料	32 800	
应交税费——应交增值税（进项税额）	4 264	
贷：应付账款		37 064

业务（3）是个投资业务，解题思路就是考点4（见表1-6）。

借：原材料	49 200	
贷：股本——丙公司		40 000
资本公积——股本溢价		9 200

（确定金额：原材料各方确认的价值是49 200元，未提供增值税专用发票，进项税额不能抵扣，则没有‘应交税费——应交增值税（进项税额）’这个科目；享有的股本为注册资本4 000 000元的1%，即4 000 000×1%=40 000（元）。贷记股本40 000元，借贷差额为资本公积）

业务（4）涉及的是以前的考点，即发出材料采用全月一次加权平均法计量。

本月总材料成本=40 000+82 000+32 800+49 200=204 000（元）

本月总结存数量=1 000+2 000+800+1 200=5 000（千克）

全月一次平均单价=204 000÷5 000=40.8（元）

产品生产领用=40.8×2 000=81 600（元）

企业管理领用=40.8×1 000=40 800（元）

借：生产成本　　　　81 600

　　管理费用　　　　40 800

　贷：原材料　　　　122 400

业务（5）涉及的业务是计提存货跌价准备，解题思路就是考点5（见表1-7）。

判断A材料所生产的丁商品是否跌价：如果A材料所生产的丁商品没有跌价，则A材料也没有跌价，无须对A材料计提存货跌价准备。

丁商品账面成本=91 000元

丁商品可变现净值=丁商品市场销售报价-销售时发生的费用及缴纳的相关税费

=95 000-5 000

=90 000（元）

丁商品贬值额=91 000-90 000=1 000（元）

由此看来，A材料需计提存货跌价准备。年末结存A材料2 000千克，则其实际成本为81 600元（2 000×40.8）。

A材料可变现净值=生产的产成品市场报价－销售该产成品发生的费用及缴纳的相关税费－加工所需要花费的成本

=95 000－5 000－20 000

=70 000(元)

A材料应计提的存货跌价准备=存货账面成本-可变现净值

=81 600-70 000

=11 600（元）

相关会计分录为：

借：资产减值损失　　　　11 600

　贷：存货跌价准备　　　　11 600

就几笔分录，几分钟就够了。你看是不是？当然前提条件是，你对我给你总结的那些考点已经全部理解了。不过没有全部理解也没关系，你可以打开笔记本再看一遍。总而言之，看题不能像你那样，看了半天，却不知道该如

何下手。"

"不过，这题还真有点多。"

"这题还多啊，你去看一下去年'中级会计实务'考试的综合题，再去看一下注册会计师考试的综合题。"

"我现在还不敢看。"我噘了噘嘴。

"题做完了，对答案，检查一下自己还有哪些考点没有掌握，比如业务(5)，年末计提跌价准备前，A材料的跌价准备余额为零。那就是说如果计提跌价准备前，A材料的跌价准备有余额，假如为1 000元，就意味着以前已经计提了1 000元，这次计提的存货跌价准备应减去这1 000元，那正确的应该是：

A材料计提的存货跌价准备=存货账面成本-可变现净值-A材料的存货跌价准备余额
=81 600-70 000-1 000
=10 600（元）

这个考点我归纳的时候没给你讲，你就应该补充到笔记本上，这样笔记本就慢慢地由薄变厚了；反之，你也可以把已经掌握的内容划掉，这样笔记本又慢慢地由厚变薄了，直到所有的笔记都让你划掉，就意味着你可以进考场了。当然，如果你觉得划得很难看，则可以把还没掌握的内容抄到新的笔记本上，从而加强理解记忆。"

我按照杜老师说的，把那个"本期计提数还应减去计提前存货跌价准备余额"的考点，补充到笔记本上，见表1-7。

接着，杜老师又说："没事的时候你还可以尝试自己出题，比如基于考点1（见表1-3），我可以出题：

【例题·计算题】某工业企业为增值税一般纳税人，2×21年4月购入A材料1 000千克，增值税专用发票上注明的买价是30 000元，增值税税额为3 900元，该批A材料在运输途中发生5%的损耗，实际验收入库950千克，其中1%为合理损耗，3%为运输公司处理不当所致，经协商运输公司需赔偿900元，剩下的1%（金额300元）为入库时发生的损耗，损耗原因未查明，在入库前发生挑选整理费用300元。该批入库A材料的实际总成本是多少？单位成本是多少？

你看是不是把这个考点的各个方面都涉及了，会做吧？"

"会，直接写分录，然后再确定金额。

借：原材料/库存商品（倒挤）	29 100
应交税费——应交增值税（进项税额）	3 900
待处理财产损溢	300
其他应收款	900

贷：银行存款/应付账款（30 000+3 900+300）　　34 200

A材料的总成本是29 100元，单位成本=29 100÷950=30.63（元/千克）。”

“虽然题目设定了很多条件，但是不管怎么变，都是万变不离其宗。你说是不是？”

我点了点头，表示赞同。接着，我按照上面的思路又做了一道题。

【例题·案例题】2×21年12月31日，甲公司存货的账面价值为1 390万元，具体情况如下：

（1）A产品100件，每件成本为10万元，账面成本总额为1 000万元，其中40件已与乙公司签订不可撤销的销售合同，销售价格为每件11万元，其余A产品未签订销售合同。

A产品2×21年12月31日的市场价格为每件10.2万元，预计销售每件A产品需要发生销售费用及相关税费0.5万元。

（2）B配件50套，每套成本为8万元，账面成本总额为400万元。B配件是专门为组装A产品而购进的。50套B配件可以组装成50件A产品。B配件2×21年12月31日的市场价格为每套9万元。将B配件组装成A产品，预计每件还需发生加工成本2万元。

2×21年1月1日，存货跌价准备余额为30万元（均为对A产品计提的存货跌价准备），2×21年对外销售A产品转销的存货跌价准备为20万元。

要求：编制2×21年12月31日计提或转回存货跌价准备的会计分录。

【解题思路】首先我快速浏览了一下题目，知道这是考查存货跌价准备这个考点的。如果是产品，我就先看它有没有销售合同，有销售合同的，计算可变现净值时，就用合同中的价格，无销售合同的，就用市场价格。

然后，分别找出其账面成本，再比较是否需要计提减值准备，如要计提，计算要计提多少。如果是原材料或配件，那么我首先看它生产或组装成对应的产品（按照上面的思路）有没有发生减值，如其对应的产品发生了减值，则再判断原材料或配件是否发生减值，是否需要计提减值准备。

我感觉它们之间属于套嵌关系。

（1）A产品：我判断一下A产品是否有销售合同。

有销售合同的部分：账面成本=40×10=400（万元）

A产品可变现净值=合同报价-按合同销售发生的费用及缴纳的相关税费

=40×11-40×0.5=420（万元）

账面成本-可变现净值=400-420=-20（万元）

因此，这部分存货无须计提跌价准备。

超过合同数量的部分（无合同部分）：

账面成本=60×10=600（万元）

A产品可变现净值=市场销售报价-销售时发生的费用及缴纳的相关税费

=60×10.2-60×0.5=582（万元）

账面成本-可变现净值=600-582=18（万元）

因此，总共需计提存货跌价准备18万元。但是，计提跌价准备前，存货跌价准备还有余额10万元（2×21年1月1日，存货跌价准备余额为30万元，2×21年对外销售A产品转销的存货跌价准备为20万元，因此2×21年12月31日计提跌价准备前，存货跌价准备余额为10万元），所以A产品本期应计提的存货跌价准备为：

A产品本期应计提的存货跌价准备＝存货账面成本－可变现净值－计提跌价准备前存货跌价准备余额

＝18－10＝8（万元）

（2）B配件：还未组成A产品，判断其组成的A产品没有销售合同，没有销售合同的A产品发生了减值（上面已判断），所以B配件应按照成本与可变现净值孰低法计量：

B配件账面成本=50×8=400（万元）

B配件可变现净值＝生产的产成品市场报价－销售该产成品发生的费用及缴纳的相关税费－加工所需要花费的成本

＝50×10.2－50×0.5－50×2＝385（万元）

B配件应计提的跌价准备=账面成本-可变现净值=400-385=15（万元）

会计分录如下：

借：资产减值损失　　230 000

　贷：存货跌价准备——A产品　　80 000

　　　　　　　　　——B配件　　150 000

做完后，我归纳了一下做题的主要步骤：

1.扫描题目。先扫描问题，即看看题中要你做什么。主观题的题目都很长，我们就要学会带着问题看材料。先通过看问题对整个材料有一个整体把握，清楚阅读方向，继而带着问题对材料进行阅读，边分析边解答。也就是说，阅读是为了做题，这样做题就快。在看具体的题目前，要先看前提条件，比如：增值税税率、消费税税率等，不要解题解到最后，才发现自己题都没看清楚。

2.分析解答。解题要有思路，思路其实就是平时总结好的考点，可以直接套用，熟练后，就可以游刃有余了。

3.练习反馈。通过做题，查漏补缺，把做错的、自己没有掌握的、遗漏的考点，补充到笔记本上，从而使笔记本由薄变厚。

4.精简笔记。可以把已经掌握的、理解的笔记内容划掉，从而把注意力集中到未能掌握的笔记内容上，直到所有的笔记都让你划掉，就意味着你可以进考场了。当然，有时候你会觉得划得很难看，则可以把还没掌握的内容抄到新的笔记本上，从而加强理解记忆。我一般是先划，等划得差不多了再抄，因为这时候一方面划得太难看了，另一方面要抄的内容也不多了。

5.没事的时候，还可以尝试自己出题，出题的思路就是那些总结的考点。这样会加深自己对考点的理解，同时也对自己的解题思路有帮助。

第2章

固定资产

（一）重复记忆法

教材的编写采用的是横向思维，但是考试出题往往采取的是纵向思维，所以我们复习的时候也要使用纵向思维，从而对教材重新进行排列组合。

《中级会计实务》教材中“存货”这一章，我就这么“马马虎虎”地学完了，本来我还想再做几道题，但是杜老师说不用了，先进入下一章。

我说：“我总感觉这一章好像还有很多地方都没弄懂，还不太放心。”

杜老师说：“那你就等看第二遍的时候再弄懂吧。现在最重要的是，你要把教材以最快的速度看完，等到看第二遍的时候，你就轻松多了，看第三遍的时候，就更轻松了，要整体把握，逐步攻破。每看一遍消化百分之几十的内容，慢慢地你就全消化了。”

我想了想觉得也对，我看第一遍，就算我只消化了一半的内容，看第二遍的时候，我再消化30%的内容，那通过考试的希望其实就很大了，因为我的目标是过中级，又不是考一百分。不管什么考试考一百分还是挺难的，现在就算让我去考小学一年级的数学，我都不敢保证能考满分。

“很多人，学习的时候，仍保留学生时代的习惯。”杜老师继续说道，“即如果不能彻底理解上一个问题，就无法进入下一个问题。但一般的学习者如果如此‘苛求完美’，就很难坚持下去。当然，如果你觉得自己意志够坚强，你仍然可以采取以前的学习方法。”

我立刻摇了摇头，谁都知道，我是个意志并不坚强的人。就像上次爬山，几乎所有的人都爬上去了，只有我爬到半山腰，最后我干脆打退堂鼓，直接下山。所有的人都笑我太过柔弱，不够坚强。爬山就应该爬上山顶，“会当凌绝顶，一览众山小”，从山顶往下看，山下的风景才美。我却嬉笑道：“既然山下风景很美，干嘛非得爬上山顶，身在其中岂不是更好？”当然，我这也是在为自己的懦弱“狡辩”。

“但是，我们平时不是常说‘如果学不会一，学二也是白费’吗？更别说学十了，根本不可能继续下去。”我就此向杜老师提出了疑问。

“你这是常见的左脑理论，但事实上人的大脑并不是按照这种理论来学习的。即使没有学会一，也完全可以继续学二。即使二还是有点不明白，也没关系，接着学三，总而言之，要高速、大量地输入信息，才能激活大脑。”

杜老师又把他那套大脑理论搬了出来，我对此将信将疑。但是，不管怎么样，我的学习思路越来越清晰了。

1.会计的本质是经济业务，所以学习的时候，要以经济业务为主，资产也好，负债也罢，从进入企业，到从企业消失，对整个过程，我们都要用会计分录描述出来，其实“中级会计实务”的核心就是做会计分录，如果你所有经济业务的会计分录都会做，那中级会计实务基本上不用学也能过。

2.把这些经济业务的分录认真地记在笔记本上，然后加强理解记忆，学习除了眼到、心到，还要手到，把笔记认真抄一遍，更能加深记忆。

3.最后做题练习，第一遍的时候不做客观题，而是做主观题，巩固笔记本上的考点。主观题更具有综合性，更能帮助我理解已经归纳好的考点。

经过上面这三个步骤，我相信，也许我对知识没有100%消化，但是消化50%~60%，是完全没有问题的。

（二）为什么会有折旧

一说起财务报表，我们就会很自然地想到三表——资产负债表、利润表和现金流量表，可是你知道从资产负债表的产生到利润表的出现，中间经过了多少年吗？答案是200年。

不是从一开始就有利润表的。

利润表要从哪里开始说起呢？

我们就从1666年英国的伦敦大火开始说起吧。

1666年，伦敦布丁巷（Pudding Lane）有一间面包铺失火。一阵大风使火焰很快吹过几条全是木屋的狭窄街道，然后又蔓延到泰晤士河北岸的一些仓库。

大火蔓延了整个城市，连续烧了4天，包括87间教堂、44家公司以及13 000间民房尽被焚毁，伦敦很多地方都变成了焦炭。

由此，“666”这三个数字，在西方特别不吉利，很多西方人对“666”很忌讳或者说很恐惧。比如美国总统夫妇南希·里根和罗纳德·里根，在1979年，将他们的家搬到洛杉矶时，他们的住址圣云路666号就被改为圣云路668号。

再比如美国新墨西哥州将境内一段190里长的原编号为666号的高速公路——有人称之为“恶魔的公路”——重新编号，改为491号高速公路。

CPU制造商英特尔于1999年推出核心时速为666.666MHz的PentiumIII时，他们将其命名为“Pentium III 667”，而不是按照惯例将其称为“Pentium III 666”。

在发生伦敦大火的前一年（1665年），欧洲暴发鼠疫，仅伦敦地区，死亡人数就超过6万。1665年6月之后的3个月内，伦敦的人口减少了1/10。

那时的英国可真是苦啊，可是大难不死，必有后福！

伦敦被烧了，就只能重建，重建需要大量的木材，再加上取暖、煮饭等，到处都需要木材。英国本来就没多大，再加上森林覆盖率低，木材严重短缺，同时英国还颁布了严禁砍伐树木的禁令。

木材不足，对炼铁、金属、玻璃等产业有很大的影响，因为这些产业需要大量的燃料。

于是，人们开始用砖头建房子，同时迫切需要新的能源燃料来替代木材，紧接着煤炭进入了人们的视野，煤炭在当时被称为“黑色钻石”。

然后，大家都开始挖煤了，有需求自然有供给，市场火热，因为挖煤赚钱啊！

但是在挖煤的过程中又出问题了，这个问题就是不断涌出来的地下水，于是人们又开始忙着排水。最先开始用马来汲水，但是效率太低，接着出现了划时代的排水泵。

排水泵在使用的过程中，又不断地被改良，其中，一个叫詹姆斯·瓦特的家伙改良得最好，除改良外，还把它变成了蒸汽机。

木材不足，煤炭替代，排水出问题，出现了蒸汽机，英国工业革命就这么开始了。

蒸汽机确实是个好东西，于是人们就想，要是装几个轮子让它跑起来，那就更好了！于是，就有了蒸汽机车，有个叫乔治·史蒂文森的家伙改良得最好，于是他被誉为“蒸汽机车之父”。

有了蒸汽机车，于是开始修建铁轨，铁路公司诞生了。

紧接着，利物浦—曼彻斯特这条铁路开通了，利物浦是个港口城市，人们的思想比较开放，修建铁路需要筹资，于是很多人都成了股东；曼彻斯特的人比较保守，没有投资。结果利物浦的很多人都发财了。

人们突然发现，哇，投资铁路好赚钱噢！

大家都疯狂地投资铁路，其中有个人叫乔治·哈德森，他投资了英国1/4的路线，成了“铁路之王”。修建铁路需要大量的资金，于是他向人们筹集资金，并许诺高分红。

铁路虽然赚钱，可是刚开始是不赚钱的，刚开始需要大量支出，等到运营以后，钱才能慢慢收回来。于是，这个乔治·哈德森为了让自己能筹集到更多的资金，他就一边筹资，一边分红，用第二条铁路的筹资给第一条铁路的股东分红，用第三条铁路的筹资，给前面第一条、第二条铁路的股东分红，以此类推，形成了典型的庞氏骗局。

最后股东们发现了，于是，乔治·哈德森身败名裂。

怎么办呢？

铁路刚开始运营的时候确实不赚钱，不赚钱怎么分红？

可是，股东们的热情高涨，人人都说投资铁路赚钱，你要是说你不赚钱，大家还会向你投资吗？

那怎么应对股东的期待呢？

于是，铁路公司"心生一计"，决定制定新的"游戏规则"，这个"游戏规则"叫折旧，如图2-1所示。

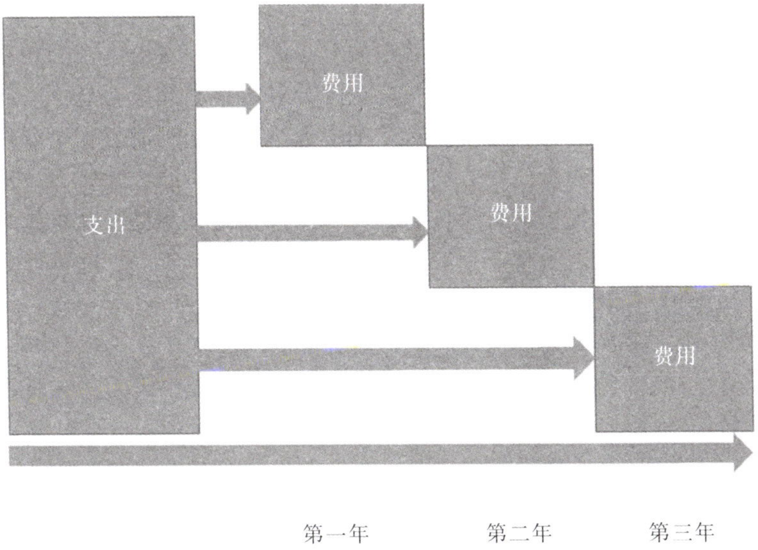

图2-1　折旧的由来

修铁路的总支出，先计入固定资产，然后通过折旧分摊到后面的年份。

于是，每一年的收入减去对应的费用，才是当年的利润。

收入-费用=利润

于是，伟大的利润表诞生了！权责发生制也应运而生！

以前只有收付实现制，比如我花了30亿元，修建一条铁路，可使用30年。假设铁路开通并正式运营后，从第1年开始每年能收回3亿元，那么我从第11年开始，才能赚到钱，因为前面10年收的钱要弥补本金。

但是有了折旧就不一样了，我每年的折旧费用是30÷30=1（亿元），相当于把这30亿元的支出平摊到每一年（假设采取平均年限法计提折旧，不考虑其他因素）。

第一年，我收回3亿元，即收入3亿元，折旧1亿元，费用1亿元，剩下没折旧完的29亿元，就是固定资产。

当年利润=收入-费用=3-1=2（亿元）

历经了200年，我们才有利润这个词，以前只有收支，即收到多少钱，支出多少钱，还剩下多少钱。

现在，虽然第一年收到的钱远远小于一开始支出的钱，但第一年我们公司实现利润2亿元。

既然有利润，那么可以给股东分红吗？可以，只不过不给你现金，可以给你红股。

红股是上市公司中期或年度盈利时分派送予股东的股份。投资者可将红股视为股息的一部分。

在上市公司分红时，我国股民普遍偏好送红股。其实对上市公司来说，在给股东分红时采取送红股的方式，与完全不分红、将利润滚存至下一年度等方式并没有什么区别。这几种方式，都是把应分给股东的利润留在企业作为下一年度发展生产所用的资金。一方面，它增强了上市公司的经营实力，进一步扩大了企业的生产经营规模；另一方面，它不像现金分红那样需要企业拿出较大额度的现金来派息，因为企业一般留存的现金都不多。所以，这种形式对上市公司来说是较为有利的。

而对于股东来说，采取送红股的形式分配利润将优于不分配利润。这种方式虽不会改变股东的持股比例，也不增减股票的含金量，因为送红股在将股票拆细的同时，也将股票每股的净资产额同比例降低了，但送红股却能直接提高股民的经济收益。在股票供不应求时，送红股增加了股东的股票数量，有利于股价的上涨，从而有助于提高股民的价差收入。也就是说，你可以在二级市场上兑换现金，俗称炒股。

因为这个支出总共为30亿元，我可以平摊到30年，每年摊1亿元，我也可以按其他方案摊。对于平摊的方法，我们叫它平均年限法，除了平均年限法，我们计提折旧时，还有双倍余额递减法、年数总和法等。不同的分配方案下，费用的数字就不一样，那当年的利润数字也不一样，如图2-2所示。

其实，本质就相当于把支出30亿元往后移，至于怎么个移法，那就有学问了，我可以通过移动方案的不同，从而改变各年利润的数字。

既然可以往后移动，那可不可以往前移动呢？也是可以的，比如计提各种减值准备，其实就相当于把费用往前移动。仓库里的存货还没卖出去，但我预计可能不怎么值钱了，于是我计提存货跌价准备。本来是应该等到以后卖出去才计入费用的，现在我把损失的这一部分提前计提了。

既然费用可以前后移动，那收入可不可以呢？可以。通过提前确认或者延后确认,即便货物卖出去，没收到钱，我还是可以确认收入；有时候收到钱了，我也不确认收入，预收嘛，这就是权责发生制。它跟收付实现制不一样，收付实现制是你要确认收入，就得收到钱；只要你收到钱了，就要确认收入。

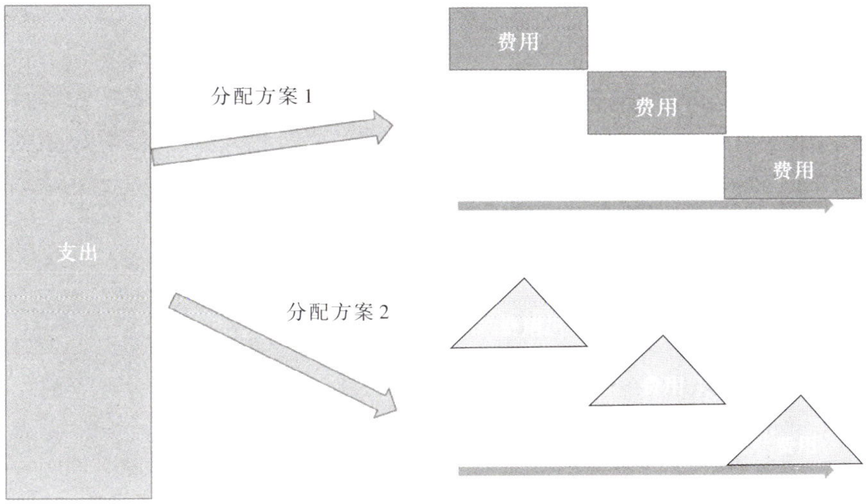

图 2-2　不同折旧方法下，计提费用的差异[1]

如果你前后“移动”收入和费用，是出于客观原因，那么是没问题的；但如果你前后“移动”收入和费用，是为了实现某种不可告人的目的，那问题就严重了。于是，我们需要规范它，什么时候确认收入，什么时候确认费用，相应出了很多会计准则。

固定资产折旧方法一般有如下几种（如图 2-3 所示）：

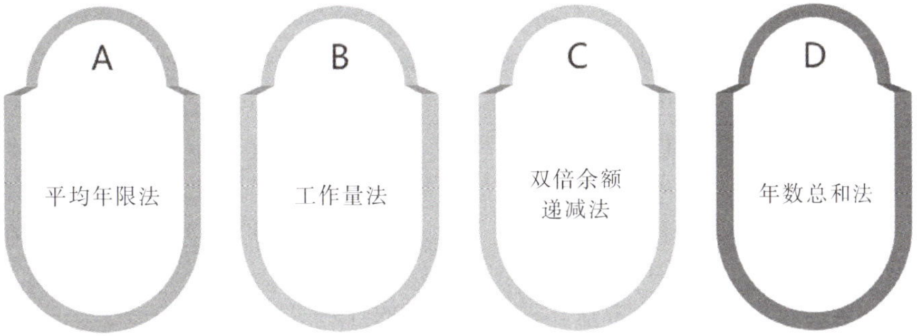

图 2-3　固定资产折旧方法

① 图中的费用用长方形和三角形表示，只是为了表示不同，是两个不同的分配方案。

使用不同的折旧方法算出来的费用不一样，那当年的利润也就不一样。

比如：艾米公司有一辆运输汽车，原价为1 400 000元，预计使用年限为5年，预计净残值为64 000元，预计行驶总里程为800 000千米。

我们现在分别按这四种方法算一下，看每年应计的折旧费用各是多少。

平均年限法（直线法）：

1 400 000-64 000=1 336 000（元）

每年折旧额=1 336 000÷5=267 200（元）

工作量法：

1 400 000-64 000=1 336 000（元）

1 336 000÷800 000=1.67（元/千米）

某年行驶了60 000千米，那这年的折旧额为：

1.67×60 000=100 200（元）

双倍余额递减法：

先不考虑残值，在最后两年才考虑。

第一年折旧额=1 400 000×（2÷5）=560 000（元）

第二年折旧额=（1 400 000-560 000）×（2÷5）

=336 000（元）

第三年折旧额=（1 400 000-560 000-336 000）×（2÷5）

=201 600（元）

最后两年折旧额=（1 400 000-560 000-336 000-201 600-64 000）÷2

=119 200（元）

年数总和法（年限合计法）：

1 400 000-64 000=1 336 000（元）

年数和=1+2+3+4+5=15

第一年折旧额=1 336 000×（5÷15）=445 333.33（元）

第二年折旧额=1 336 000×（4÷15）=356 266.67（元）

第三年折旧额=1 336 000×（3÷15）=267 200（元）

第四年折旧额=1 360 000×（2÷15）=178 133.33（元）

第五年折旧额=1 360 000×（1÷15）=89 066.67（元）

固定资产的折旧逻辑弄明白了，那无形资产的摊销逻辑其实是一样的。

考试的时候，一般会考这几种折旧方法的计算。

【例题·单选题】2019年12月31日，甲公司购入一台设备，入账价值为100万元，预计使用年限为5年，预计净残值为4万元，采用双倍余额递减法计算折旧，则该项设备2021年应计提的折旧额为（　　）万元。

A.25.6　　B.19.2

C.40　　D.24

【答案】D

【解析】2020年折旧额=100×2÷5=40（万元），2021年折旧额=（100－40）×2÷5=24（万元）。

【例题·多选题】下列各项中，关于企业固定资产折旧方法的表述正确的有（　　）。

A.年限平均法需要考虑固定资产的预计净残值

B.年数总和法计算的固定资产折旧额逐年递减

C.双倍余额递减法不需要考虑固定资产的预计净残值

D.年数总和法不需要考虑固定资产的预计净残值

【答案】AB

【解析】年数总和法下，需要考虑预计净残值。

不过，年数总和法、双倍余额递减法的第一年、第二年是指折旧年度，而××××年，比如2020年、2021年是指会计年度。考会计的时候，出题人经常在这儿给我们“挖坑”。举个例子：某公司2015年3月购买某固定资产，入账成本是102万元，净残值是2万元，使用年限是4年，使用年数总和法计提折旧，求2016年计提的折旧金额。

分析：3月购买的固定资产，4月份开始计提折旧。

102-2=100（万元）

年数和=1+2+3+4=10（年）

折旧年度：

第一年（2015.4—2016.3）计提折旧：100×4÷10=40（万元）

第二年（2016.4—2017.3）计提折旧：100×3÷10=30（万元）

第三年（2017.4—2018.3）计提折旧：100×2÷10=20（万元）

第四年（2018.4—2019.3）计提折旧：100×1÷10=10（万元）

现在要求2016年的折旧：40×3÷12+30×9÷12=10+22.5=32.5（万元）

（三）本章通关地图

根据提炼的考点，我画了本章的通关地图，如图2-4所示：

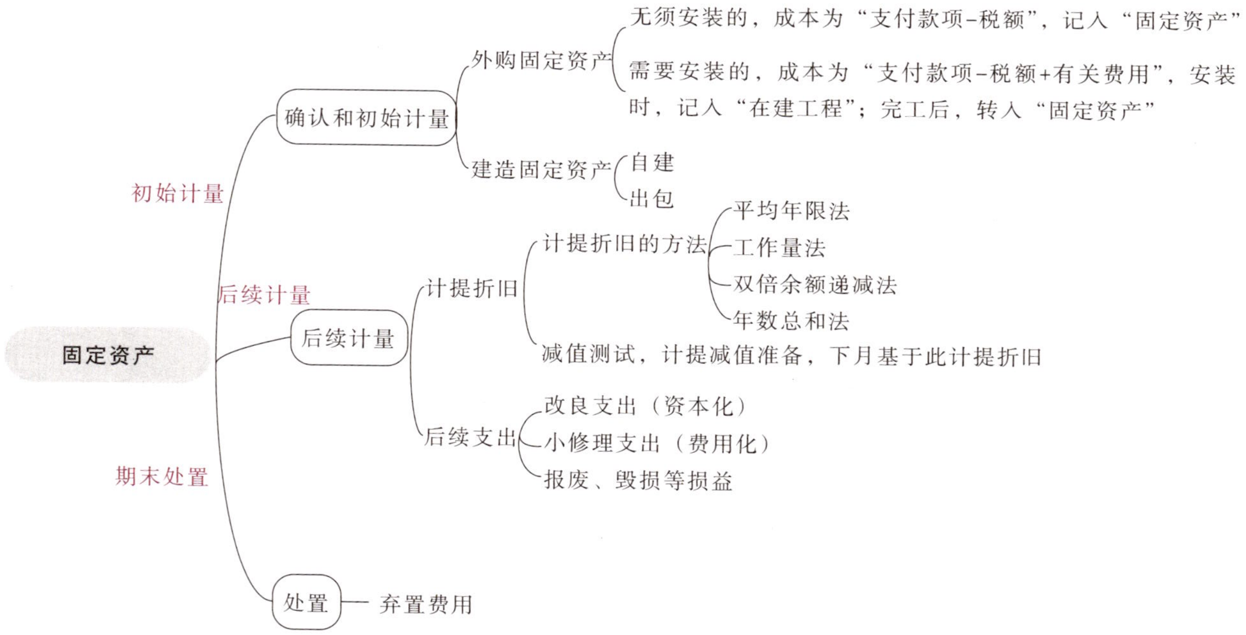

固定资产
初始计量
后续计量
期末处置
确认和初始计量
外购固定资产
无须安装的，成本为“支付款项-税额”，记入“固定资产”
需要安装的，成本为“支付款项-税额+有关费用”，安装时，记入“在建工程”；完工后，转入“固定资产”
建造固定资产
自建
出包
后续计量
计提折旧
计提折旧的方法
平均年限法
工作量法
双倍余额递减法
年数总和法
减值测试，计提减值准备，下月基于此计提折旧
后续支出
改良支出（资本化）
小修理支出（费用化）
报废、毁损等损益
处置
弃置费用

图2-4　本章通关地图

（四）高频考点提炼

考点1：外购固定资产（见表2-1）

表2-1　外购固定资产

考点1	外购固定资产
固定资产入账成本	买价+场地整理费+装卸费+运输费+安装费+专业人员服务费（员工培训费列入当期损益，不得计入固定资产成本）
不需要安装的固定资产	借：固定资产（倒挤） 　　应交税费——应交增值税（进项税额）（金额由增值税税额确定） 　贷：银行存款/应付账款（需要支付的所有款项）
需要安装的固定资产	借：在建工程（倒挤） 　　应交税费——应交增值税（进项税额）（金额由增值税税额确定） 　贷：银行存款/应付账款（需要支付的所有款项）
	安装时，支付材料和人工费用 借：在建工程 　贷：原材料 　　　库存商品 　　　应付职工薪酬
	安装完毕后，把在建工程转入固定资产 借：固定资产 　贷：在建工程

【例题·单选题】甲公司为增值税一般纳税人，适用的增值税税率为13%。2021年采用自营方式建造一条生产线，购买工程物资花费300万元，增值税进项税额为39万元，建造期间全部投入使用。另外领用原材料一批，账面价值为360万元（未计提跌价准备），计税价格为400万元；发生的在建工程人员的薪酬为20万元，资本化的借款费用为10万元，外聘专业人员的服务费为3万元，员工培训费为1万元，为达到正常运转发生负荷联合试车测试费6万元，试车期间取得收入2万元。假定该生产线已达到预定可使用状态，不考虑除增值税以外的其他相关税费，该生产线的入账价值为（　　）万元。

A.748　　B.1 564　　C.697　　D.699

（以下是本题的分析思路与答案，请先不要看）

分析思路：

1. 初步判断此题考查的是固定资产的入账成本。
2. 回顾考点1。
3. 做题的思路跟存货一样，采取倒挤的思路。

借：在建工程

　　应交税费——应交增值税（进项税额）

借：管理费用——职工教育经费

  贷：银行存款

    原材料

    库存商品

    应交税费——应交消费税

最后，将在建工程结转至固定资产。

4.关键考点一般有：

①与买价匹配的增值税可以抵扣；

②营改增后，运费的增值税可以抵扣；

③营改增后，安装设备时使用的原材料的进项税额无须转出；

④营改增后，领用的产品用于安装设备时不再视同销售；

⑤员工培训费不计入成本，但是专业人员服务费要计入；

⑥试车收入冲减在建工程。

5.本题中，主要考了增值税抵扣，员工培训费计入管理费用，试车收入冲减在建工程：

300+360+20+10+3+6−2=697（万元）

【答案】C

【分析】该生产线的入账价值=300+360+20+10+3+6−2=697（万元），员工培训费一般应计入管理费用。

考点2：建造固定资产的不同方式（见表2-2）

表2-2 建造固定资产的不同方式

考点2		建造固定资产的不同方式	
自建方式		出包方式	

（1）在建时，支付材料人工	借：在建工程
	  贷：原材料
	    应付职工薪酬
		（1）与承包方结算，支付款项或物资	借：在建工程——××工程
			  贷：银行存款
			如支付的是物资，则：
			借：在建工程——××工程
			  贷：工程物资

（2）达到预定可使用状态时，结转至固定资产	借：固定资产
	  贷：在建工程
	使用的次月，开始计提折旧
		（2）支付杂费，如工程过程中发生的管理费、可行性研究费、监理费	如只有一项工程，则直接计入该工程
			借：在建工程——××工程
			  贷：银行存款
			如是多项工程共用，则先归集到待摊支出，最后分摊
			借：在建工程——待摊支出
			  贷：银行存款

续表

自建方式		出包方式	
(3) 最后竣工结算时，按正确的金额调整原值	如后来又发生一些款项支出 借：固定资产 贷：银行存款 不调整已计提的折旧	(3) 最后公共杂费分摊 分摊比率=分摊的金额/各工程的总支出	按照比率分摊，分摊的金额计入某项工程 借：在建工程——××工程 贷：在建工程——待摊支出
		(4) 完工，结转至固定资产	借：固定资产——××工程 贷：在建工程——××工程

考点3：取得固定资产后，后续业务处理（见表2-3）

表2-3　　取得固定资产后，后续业务处理

考点3	取得固定资产后，后续业务处理	
	折旧方法	计算方法
月底计提折旧：购买的固定资产逐渐磨损，剩下的只有一点残值，那磨损的部分要逐渐分摊到成本费用中去，分摊的方法就是折旧方法。例：达森公司某运输汽车购买价款为1 400 000元，预计使用年限为5年，预计残值为64 000元，预计行驶总里程为800 000千米，月折旧率就是每月分摊的折旧金额占固定资产原值的比率，年折旧率=月折旧率×12	平均年限法	1 400 000-64 000=1 336 000（元） 即1 336 000元要在5年中分摊，那每月分摊多少呢？ 5年即60个月 1 336 000÷60=22 266.67（元） 月折旧率就是每月分摊的金额占固定资产原值的百分比 月折旧率=22 266.67÷1 400 000×100%=1.59% 所以我们并不需要死记硬背书上的公式
	工作量法	1 400 000-64 000=1 336 000（元） 也就是1 336 000元要在800 000千米里程中分摊，那每行驶1千米分摊多少呢？ 1 336 000÷800 000=1.67（元/千米） 某月行驶了6 000千米，那这个月的折旧额=1.67×6 000=10 020（元）
	双倍余额递减法	先不考虑残值，在最后两年才考虑残值 第一年折旧额=1 400 000×（2÷5）=560 000（元） 第二年折旧额=（1 400 000-560 000）×（2÷5）=336 000（元） 第三年折旧额=（1 400 000-560 000-336 000）×（2÷5）=201 600（元） 最后两年折旧额=（1 400 000-560 000-336 000-201 600-64 000）÷2=119 200（元）
	年数总和法	1 400 000-64 000=1 336 000（元） 也就是1 336 000元要在5年中分摊 年数和=1+2+3+4+5=15（年） 第一年折旧额=1 336 000×（5÷15）=445 333.33（元） 第二年折旧额=1 336 000×（4÷15）=356 266.67（元） 第三年折旧额=1 336 000×（3÷15）=267 200（元） 第四年折旧额=1 336 000×（2÷15）=178 133.33（元） 第五年折旧额=1 336 000×（1÷15）=89 066.67（元）

续表

	折旧方法	计算方法
月底计提折旧后，有时还要测试是否发生减值（资产减值是在第6章统一讲，但是我们的思维是按经济业务来的，考试也是按事件发生来考的）	减值测试	两种变现方式： （1）一种是按公允价值把固定资产卖掉，变现价值=公允价值-处置费用 （2）一种是把固定资产留在企业，变现价值=未来为企业带来的现金流入（未来各年期望现金流量×对应折现系数）之和 可收回金额=两者中金额较高者
	减值准备	计提减值准备后，固定资产账面价值=固定资产原价-累计折旧-固定资产减值准备=可收回金额 按照减值后的尚可使用年限和预计净残值继续计提折旧
计提减值准备后，下月继续计提折旧	减值后计提折旧	计提折旧按上面折旧方法计算，只不过，此时要分摊的金额要减去减值的部分，因为减值的部分已经计入费用中了
后续支出，大型维护、改建、改良等资本性支出	开始改良	在开始准备改良时，把账面价值全部转入在建工程 借：在建工程——×项目 　　累计折旧 　贷：固定资产——×项目
	购买工程物资	购买改良用的工程物资 借：工程物资 　　应交税费——应交增值税（进项税额） 　贷：银行存款
	工程物资用于在建工程	购买的工程物资用于工程改良在建 借：在建工程 　贷：工程物资
	在建时，发生人工费用	改良在建时，发生人工费用支出 借：在建工程 　贷：应付职工薪酬
	改扩建替换一部分（挖掉一部分）	借：银行存款或原材料（挖掉这部分的残料价值） 　　营业外支出（净损失） 　贷：在建工程（挖掉这一部分的账面价值） 注意：此处是账面价值，如果题中给出原价和折旧，就要换算成账面价值 比如，有一固定资产原价为100万元，累计折旧为20万元，现在替换这一部分的原价是20万元，替换部分残料价值为1万元，已入库。那原价20万元部分的累计折旧就是4万元，账面价值其实就是16万元，入库材料为1万元，损失为15万元 借：原材料　　10 000 　　营业外支出　　150 000 　贷：在建工程　　160 000
	完工	达到预定可使用状态时，把在建工程转入固定资产 借：固定资产 　贷：在建工程
	开始折旧	按重新确定的使用寿命、预计净残值和折旧方法计提折旧

<table>
<tr><th colspan="2"></th><th>折旧方法</th><th>计算方法</th></tr>
<tr><td colspan="2">小修理费用化支出</td><td>按部门计入费用</td><td>★固定资产修理费用
借：管理费用（生产车间和行政管理部门）
　　销售费用（与专设销售机构相关）
　　其他业务成本（出租设备）
　贷：银行存款
注意：生产车间的修理费用不能计入制造费用</td></tr>
<tr><td colspan="2" rowspan="5">出售、报废或毁损</td><td>固定资产转入清理</td><td>借：固定资产清理
　　累计折旧
　　固定资产减值准备
　贷：固定资产</td></tr>
<tr><td>发生清理费用</td><td>借：固定资产清理
　贷：银行存款</td></tr>
<tr><td>发生税费</td><td>借：固定资产清理
　贷：银行存款
　　　应交税费</td></tr>
<tr><td>出售收入、残料等的处理</td><td>借：银行存款/原材料等
　贷：固定资产清理
　　　应交税费——应交增值税（销项税额）</td></tr>
<tr><td>保险赔偿的处理</td><td>借：其他应收款/银行存款等
　贷：固定资产清理</td></tr>
<tr><td rowspan="5">清理净损益的处理</td><td rowspan="3">因已丧失使用功能或因自然灾害发生毁损等原因而报废清理产生的利得或损失，应计入营业外收支</td><td rowspan="2">净损失</td><td>①属于生产经营期间正常的清理报废处理损失
借：营业外支出——处置非流动资产损失
　贷：固定资产清理</td></tr>
<tr><td>②属于自然灾害等非正常原因造成的损失
借：营业外支出——非常损失
　贷：固定资产清理</td></tr>
<tr><td>净收益</td><td>固定资产清理完成后的净收益
借：固定资产清理
　贷：营业外收入——处置非流动资产利得</td></tr>
<tr><td rowspan="2">因出售、转让等原因产生的固定资产处置利得或损失，应计入资产处置损益（人为原因）</td><td>净损失</td><td>借：资产处置损益
　贷：固定资产清理</td></tr>
<tr><td>净收益</td><td>借：固定资产清理
　贷：资产处置损益</td></tr>
<tr><td colspan="3">账面价值、账面净值的区别：计提折旧、计提减值准备都是以账面价值为基础的</td><td>账面价值=固定资产原价-计提的减值准备-计提的累计折旧（固定资产净额）
账面余额=固定资产的账面原价
账面净值（固定资产净值）=固定资产的折余价值=固定资产原价-计提的累计折旧</td></tr>
</table>

【例题·单选题】甲公司系增值税一般纳税人，不动产、存货适用的增值税税率分别为9%、13%。2021年9月1日，甲公司取得正在建设的厂房一栋，取得增值税专用发票，价款为500万元，增值税税额为45万元；甲公司取得该厂房后继续建造，建造过程中领用生产用原材料，成本为3万元，领用自产产品，成本为5万元，计税价格为6万元，支付不含税工程款92万元，取得增值税专用发票，增值税税额为8.28万元。2021年10月16日，完工投入使用，甲公司预计使用年限为5年，预计净残值为40万元，采用双倍余额递减法计提折旧，该厂房2021年应计提的折旧额为（　　）万元。

A.34.23　　B.37.33　　C.40　　D.31.56

（以下是本题分析思路与答案，请先不要看）

分析思路：

1.此题初步判断考查的是：固定资产入账成本+折旧。

2.确定固定资产的入账成本（按照上题的方法）。

3.考核双倍余额递减法。

4.注意当月新增的固定资产要从下月起计提折旧，因此本年只能计提2个月的折旧。

【答案】C

【分析】固定资产（厂房）入账价值=500+3+5+92=600（万元），该厂房2021年应提折旧=600×2÷5×2÷12=40（万元）。

【例题·单选题】甲公司是增值税一般纳税人，适用的增值税税率为13%。甲公司董事会决定于2021年3月31日起对某生产用设备进行技术改造。2021年3月31日，该生产用设备账面价值为5 000万元，已提折旧3 000万元，未提减值；预计使用寿命为20年，预计净残值为零，采用直线法计提折旧。改造中发生支出2 249万元，被替换部分的账面价值为400万元。该技术改造工程于2021年9月25日完成，该设备已交付使用，改造后的资产预计尚可使用15年，预计净残值为零，折旧方法不变。2021年，该固定资产应计提的折旧额为（　　）万元。

A.134.32　　B.127.65　　C.126.65　　D.133.32

（以下是本题分析思路与答案，请先不要看）

分析思路：

1.此题初步判断考查的是：固定资产更新改造+折旧。

2.回顾考点3。

3.做题之前，我们脑海里要有画面，固定资产更新改造有几个程序：

（1）固定资产转入在建工程；

（2）在建工程发生料工费；

（3）替换时，挖掉一部分，注意挖掉的这部分，一定是账面价值，如果题中给出的是账面原价，那就是陷阱，我们得学会将其换算成账面价值，账面价值等于对应的账面原价减去对应的折旧；

（4）完工后，在建工程转入固定资产；

（5）新的固定资产，按新的原价、新的残值、新的折旧方法计提折旧。

4.本题固定资产转入在建工程，账面价值为5 000−3 000=2 000（万元）；

接着，发生支出2 249万元；

同时，挖掉一部分，其账面价值为400万元；

完工后，转入的固定资产为3 849万元（2 000+2 249−400）。

5.本年计提折旧，一个是更新改造前，旧的固定资产计提3个月折旧，新的固定资产9月份完工，10月份开始计提折旧，本年也是计提3个月折旧。

【答案】C

【分析】改造后的入账价值=（5 000−3 000）+2 249−400=3 849（万元），2021年折旧额=5 000÷20×3÷12+3 849÷15×3÷12=126.65（万元）。

考点4：弃置费用（见表2-4）

表2-4 弃置费用

<table>
<tr><td rowspan="4">弃置费用有关规定</td><td colspan="2">1.对特殊行业的特定固定资产，企业应当将弃置费用的现值计入相关固定资产的成本，同时确认相应的预计负债</td></tr>
<tr><td colspan="2">2.在固定资产的使用寿命内，按照预计负债的摊余成本和实际利率计算确定的利息费用，应当在发生时将其计入财务费用</td></tr>
<tr><td rowspan="2">3.由于技术进步、法律要求或市场环境变化等原因，特定固定资产履行弃置义务可能发生支出金额、预计弃置时点、折现率等变动，从而引起预计负债变动，应按照以下原则调整该固定资产的成本</td><td>（1）对于预计负债的减少，以该固定资产账面价值为限扣减固定资产成本。如果预计负债的减少额超过该固定资产账面价值，那么超出部分确认为当期损益</td></tr>
<tr><td>（2）对于预计负债的增加，增加该固定资产的成本
按照上述原则调整的固定资产，在资产剩余使用年限内计提折旧。一旦该固定资产的使用寿命结束，预计负债的所有后续变动就应在发生时确认为损益</td></tr>
<tr><td rowspan="2">弃置费用账务处理</td><td>1.预计弃置费用时</td><td>借：固定资产（以弃置费用的折现值入账）
　贷：预计负债</td></tr>
<tr><td>2.每期按市场利率计提预计负债的利息费用</td><td>借：财务费用
　贷：预计负债</td></tr>
</table>

【例题·单选题】经国家审批，某企业计划建造一个核电站，其主体设备核反应堆将会对当地的生态环境产生一定的影响。根据有关法律的规定，企业应在该项设备使用期满后将其拆除，并对由其造成的污染进行整治。2021年1月1日，该项设备建造完成并交付使用，建造成本共计200 000万元。预计使用年限为20年，预计弃置费用为10 000万元。当日弃置费用的现值为1 486.4万元。假定折现率（实际利率）为10%，不考虑其他因素，则2021年1月1日固定资产的入账价值为（　　）万元。

A.201 486.4　　B.200 000　　C.1 486.4　　D.210 000

（以下是本题分析思路与答案，请先不要看）

分析思路：

本题的关键点是理解什么是弃置费用，因为它是一个新名词，当一个新名词或者一种新观念出现的时候，接受它需要一个过程。

弃置费用就是我们未来（题中是20年后）丢弃它时需要付出的代价，因为核电站这样的项目不是随随便便就可以不要的，其污染比较严重，需要治理。

这个未来丢弃的代价也是与我们现在购建这个固定资产相关的代价，要计入固定资产的成本，那未来的10 000万元，相当于现在多少钱呢？需要按现值计算。

这里有一个现值的概念，现值体现了货币的时间价值，也就是说今天的100元不等于明年的100元，货币时间价值不仅是财务管理的基础，也是经济领域的常识。转行过来的、没有接触过经济领域相关学科的读者会觉得有些陌生，刚开始的时候甚至有点难以接受，你可以参考《小艾上班记5——备考2021——中级财务管理》中“财务管理基础”一章。对于同时备考中级财务管理和中级会计实务的读者，可以结合起来复习，有助于加深理解。

本题就是财务管理货币时间价值在会计上的实践应用。

【答案】A

【分析】固定资产入账价值=200 000+1 486.4=201 486.4（万元），相关会计分录如下：

借：固定资产	2 014 864 000	
贷：在建工程		2 000 000 000
预计负债		14 864 000

年末应负担的利息=1 486.4×10%=148.64（万元）

借：财务费用	1 486 400	
贷：预计负债		1 486 400

（五）学习需要转换思维角度

杜老师问：“固定资产的第一个经济业务是购买固定资产，那说到购买固定资产，你会想到什么？你脑海中闪现的场景有哪些？”

我一听，连忙习惯性地去翻教材。

“不要翻教材，自己用脑袋联想。”

“联想？我能想到什么呢？我所能想到的就是一台台机器设备被陆陆续续地运到公司。”

“那用银行存款购买固定资产的分录怎么做？”

我说：“这很简单，固定资产增加，银行存款减少，应交税费——应交增值税（进项税额）增加。根据借贷规则，可做如下分录：

借：固定资产

　　应交税费——应交增值税（进项税额）

　贷：银行存款”

“那金额该怎么确定？”

“固定资产就是发票上的价款，应交税费就是发票上的税额，银行存款就是我们支付的款项。”

“固定资产就是发票上的价款？这么说不是很准确，万一题中还有很多运费、杂费、保险费或者临时发生的搬运费，甚至损坏赔偿等条件呢？那这些是否要计入固定资产呢？”

“那你的意思是我们需要一项一项地去确认，那哪些该计入固定资产，哪些不需要计入固定资产呢？你帮我归纳一下吧。”

“教材上的描述是‘企业外购固定资产的成本，包括购买价款，相关税费，使固定资产达到预定可使用状态前所发生的可归属于该项资产的运输费、装卸费、安装费和专业人员服务费等’。而实际上我们考试的时候，不会这样一项一项地去确认，分录做出来的时候，我们就要确定分录的金额，也就是计量，取得某样东西的成本一般就是我们所要付出的代价。一般这种计量可以利用借贷平衡原理倒挤。”

“噢，又是倒挤？”

“是的，你看我们上面的分录，银行存款是我们要支付的所有款项，这个比较好判断，应交税费——应交增值税（进项税额）是由我们所取得的增值税发票上的税额来确定的，如果没有取得增值税专用发票，或者题中明确说明，不考虑相关税费，那就没有应交税费——应交增值税（进项税额）。最后固定资产，根据‘有借必有贷，借贷必相等’倒挤就行了。”

“这个方法好像很好，先确定容易的，再确定难的，利用借贷平衡原理来

倒挤。"

"那当然，对付考试这个方法比较好。有的人会认为，我逐一确定金额，最后再利用借贷平衡原理检查是否正确，岂不是更好？这样做是很谨慎，在实务中我们是应该这样，但是考试的时候，根本没有那么多时间让你去琢磨，而且，通常出题就是为了考你这个知识点。比如确认固定资产的入账价值，题目的条件可能特别多，结果你确认了半天，说不定还是错的。而反过来，如果你把那些容易的确认了，倒挤的肯定就正确了。"

"这个方法很不错，那是不是所有的分录都可以这样做？"

"是的，你可以在做题的时候慢慢尝试，而且后面的章节中诸如非货币性资产交换等复杂业务，更可以这样做。最后你就会发现，其实有了方法的话，应对考试还是挺简单的。现在你看这一章的考点，前面我一点一点地给你讲，主要是为了让你理解这种学习方法，而现在我要开始对你进行大量输入了，我要把所有的考点一次性都给你，然后你理解记忆，最后再做几道题巩固一下，这章就算学完了。考点是按业务场景梳理的。"（考点1见表2-1）

当购买固定资产的时候，我们还要考虑是否需要安装，如果需要安装，则我们先用"在建工程"这个科目，安装好了，再把它转入"固定资产"科目。如购买的固定资产的价格是10 000元，增值税税额为1 300元，运费、保险费等相关费用为1 000元，需要安装，安装发生材料费用117元（不包含增值税）、人工费用113元。

购进时：

借：在建工程	11 000	
应交税费——应交增值税（进项税额）	1 300	
贷：银行存款		12 300

安装时，发生材料和人工费用：

借：在建工程	230	
贷：原材料		117
应付职工薪酬		113

安装完毕后，再将在建工程转入固定资产：

借：固定资产	11 230	
贷：在建工程		11 230

2×21年4月21日，甲公司（一般纳税人）从乙公司（一般纳税人）一次性购入3套不同型号且具有不同产能的设备A、B和C，取得的增值税专用发票上注明的设备总价款为5 000 000元，增值税税额为650 000元，支付装卸费取得的增值税专用发票上注明的装卸费为20 000元，增值税税额为1 200元。全部以银行存款转账支付。A、B和C设备均满足固定资产确认条件，公允价

值分别为1 560 000元、2 340 000元和1 300 000元。假定不考虑其他相关税费。

这就是一笔款项购入多项没有单独标价的固定资产的业务。

（1）相关分录如下：

借：固定资产——A

——B

——C

应交税费——应交增值税（进项税额）

贷：银行存款

（2）确定金额如下：

“应交税费——应交增值税（进项税额）”科目的金额由增值税专用发票上的税额确定，即651 200元，“银行存款”科目的金额即支付的款项，为5 671 200元（5 000 000+650 000+20 000+1 200）。其分录为：

借：固定资产——A		
——B	5 020 000	
——C		
应交税费——应交增值税（进项税额）	651 200	
贷：银行存款		5 671 200

根据借贷平衡原理，固定资产的总成本应该是5 020 000元（5 671 200-651 200），那A、B、C的成本分别是多少呢？这就需要按它们的公允价值分摊了。

A、B、C总的公允价值=1 560 000+2 340 000+1 300 000=5 200 000（元）

A分摊的比例=1 560 000÷5 200 000×100%=30%

B分摊的比例=2 340 000÷5 200 000×100%=45%

C分摊的比例=1 300 000÷5 200 000×100%=25%

A分摊的成本=5 020 000×30%=1 506 000（元）

B分摊的成本=5 020 000×45%=2 259 000（元）

C分摊的成本=5 020 000×25%=1 255 000（元）

最后得到的分录如下：

借：固定资产——A	1 506 000	
——B	2 259 000	
——C	1 255 000	
应交税费——应交增值税（进项税额）	651 200	
贷：银行存款		5 671 200

“上面的考点，你理解了吧？”

“嗯。”

“光理解还不行，重要的是要在理解的基础上记忆。一边理解一边记忆，然后合上笔记本，闭目回忆，实在回忆不起来，就‘偷看’一眼，然后继续闭目回忆，直到把这个归纳好的考点深深地印在你的脑海里。掌握这种思维方法以后，考试答题的时候就轻松了。”

“固定资产除了可以外购外，企业还可以自己建造，特别是房屋建筑。自己建造又有两种方式：一种是自己请人，买材料，亲自施工；另一种是将工程承包给别人去施工，结算的时候，直接给钱就是了。相比于企业自己建造，出包方式要简单许多，因为自己建造的过程中，各种材料、人工都要算好，才可以得出建造固定资产的成本。而采用出包方式的话，材料、人工是别人算好了的，你只要结算付款就行了，知道哪个固定资产结算时付了多少钱，就知道取得这个固定资产的成本了。那这个过程用会计的语言该如何描述，也就是说会计分录该怎么做呢？”

自建方式下的分录我感觉比较容易理解，就是建造时发生了材料、人工等成本，直接计入在建工程，达到预定可使用状态时，把它结转至固定资产，最后结算时，按结算金额调整固定资产原值，但不调整已计提的折旧额。

出包方式下，支付承包方款项或物资时，成本记入“在建工程”科目，但是支付杂费的时候，就得分情况了。如果只是一项固定资产，则成本直接记入“在建工程”科目，但如果是多项固定资产，则先记入“在建工程——待摊支出”这个科目，后期再在各个固定资产间分摊，分摊的比率等于需要分摊的金额除以各工程的总支出。最后，把在建工程结转至固定资产。

我看着这个表格（表2-1）又仔细地理解了一下，然后开始做题，把教材中的例题当习题做，其实不管它是例题还是习题，都一样，我的目的只是加强对上面考点的理解与记忆，考试的时候我是靠掌握它来“攻城略地”的。

对于教材中的例题，我先快速浏览一下题目的开头和结尾，主要是看一些条件，比如考不考虑相关税费等信息，这样以免做到最后才发现自己题目都没看清。然后，按照业务的顺序逐一写分录，即开始答题。我在平时就养成这样的做题习惯，考试的时候才能从容不迫。

“题一定要做，但不能看答案，做完后再对答案”，这是杜老师一而再、再而三强调的。否则的话，你看着答案觉得很简单，等到考试的时候就不会做了。所以对待例题，也要像考试一样，把分录一笔一笔地写下来。

考点2见表2-2。

杜老师给我讲的第3个考点是固定资产进入企业后的业务处理，见表2-3。

这其实是把固定资产购买后的折旧、减值、修理、报废毁损等经济业务的过程都描述出来。我记得在审计固定资产的时候，就有一个很好的案例。虽然那个具体的实例我记不清了，但整个业务过程我还是记忆犹新的。

首先是1月，企业买了台大型机器设备，并且这台设备需要安装，不能立刻投入使用。假如设备的价款为100 000元，增值税税额为13 000元，运输保险等费用为10 000元，那企业共需支付123 000元。

借：在建工程　　110 000

　　应交税费——应交增值税（进项税额）　　13 000

　贷：银行存款　　123 000

我们一般都会先把分录写出来，然后再对分录金额进行确认，这部分先确认银行存款的金额是123 000元，然后增值税进项税额是13 000元，最后倒挤在建工程的成本就是110 000元。考试的时候，倒挤手法就很快，同时还能避免其他一些乱七八糟的条件把自己给绕晕了，确认容易确认的，难的就倒挤，这确实是一个好方法。所谓资产取得的成本其实就是获取此项资产所付出的代价，我们支付了银行存款，进项税额部分国家会抵扣，相当于我们付出的代价就是银行存款的金额减去应交税费——应交增值税（进项税额）的金额，从这个角度上理解也是合情合理的。

这台设备买回来后，我们就开始对其进行安装。安装时，我们领用了工程物资，其价值为10 000元。仓库里的工程物资减少，投入到在建工程中，在建工程的成本增加10 000元，即：

借：在建工程　　10 000

　贷：工程物资　　10 000

我们安装时还耗费了人工，相关薪酬是12 000元。

借：在建工程　　12 000

　贷：应付职工薪酬　　12 000

1月底时，安装完毕，我们把在建工程转入固定资产。上面在建工程的总金额为132 000元（110 000+10 000+12 000）。

借：固定资产　　132 000

　贷：在建工程　　132 000

2月初，用银行存款支付安装工人的薪酬12 000元。

借：应付职工薪酬　　12 000

　贷：银行存款　　12 000

2月开始投入使用。

2月底不计提折旧，因为当月投入使用的固定资产，当月不计提折旧。

3月底开始计提折旧，我们选择平均年限法计提折旧，在实际中平均年限法应用比较多，但是备考的时候需要掌握其他的方法，所以要把表格（表2-

3）中的算法多练习几遍直到自己理解为止。

我们预计残值为12 000元，使用年限为5年。

每年计提的折旧=（账面价值-残值）÷5

=（132 000-12 000）÷5

=24 000（元）

而账面价值其实就是剔除了累计折旧和减值准备的金额，这里上述设备是刚购买的，累计折旧和减值准备的金额都为零，所以账面价值等于原值132 000元。

每月计提折旧的金额为2 000元（24 000÷12），此设备是车间用来生产的，所以其耗费计入制造费用。

3月底记账：

借：制造费用　　2 000

　贷：累计折旧　　2 000

4月、5月、6月底计提的折旧与3月相同：

借：制造费用　　2 000

　贷：累计折旧　　2 000

同时6月得到信息，由于技术的更新发展，此种设备价格大跌，从而出现减值迹象。于是，开始对此设备进行减值测试，也就是预估（此内容在本书第6章资产减值中讲解）。第一种处理方式是假如把这台设备卖掉，能值多少钱。目前，其在市场上的公允价值为100 000元，卖的过程中发生的费用为5 000元。那采取这种方式处置的话，可获得95 000元。

第二种处理方式是测定其未来现金流量现值，即如果不卖，留在企业能够给企业带来多少现金流量，这些现金流量折合到当前是多少。

由这台设备生产的产品受市场行情波动的影响很大，在产品市场行情好、一般和差等可能情况下，产生的现金流量有较大差异。经估计，由此设备生产的产品未来5个年度每年产生的现金流量情况见表2-5。

表2-5　现金流量汇总表　单位：元

年限	市场行情好（30%的可能性）	市场行情一般（60%的可能性）	市场行情差（10%的可能性）
第1年	50 000	40 000	20 000
第2年	40 000	30 000	10 000
第3年	30 000	20 000	5 000
第4年	20 000	10 000	2 000
第5年	10 000	7 000	1 000

那每年的期望现金流量（每年的平均现金流量）为：

第1年的期望现金流量=50 000×30%+40 000×60%+20 000×10%=41 000（元）

第2年的期望现金流量=40 000×30%+30 000×60%+10 000×10%=31 000（元）

第3年的期望现金流量=30 000×30%+20 000×60%+5 000×10%=21 500（元）

第4年的期望现金流量=20 000×30%+10 000×60%+2 000×10%=12 200（元）

第5年的期望现金流量=10 000×30%+7 000×60%+1 000×10%=7 300（元）

这是未来的现金流入，但是未来的100元肯定不等于现在的100元，就像假如你现在在银行存入100元，银行给你5%的利率，那1年后你这100元钱就变成105元了，反过来就是1年后的这105元，除以（1+5%），等于100元（105×0.9524），即折现到现在就是100元。上面这个利率就是折现率，折现率其实就是资本盈利的能力，其只能根据企业的风险收益情况预计，考试的时候一般都会直接给出来（具体内容可以看《小艾上班记5——中级财务管理》）。

假如该企业确定的折现率为5%，则每年的折现系数见表2-6。

表2-6　折现系数表

年限	1	2	3	4	5
折现系数	0.9524	0.9070	0.8638	0.8227	0.7835

该企业各年的现金流量折现情况见表2-7。

表2-7　各年现金流量折现表　金额单位：元

年限	期望现金流量	折现系数	现值（现金流量×折现系数）
1	41 000	0.9524	39 048.40
2	31 000	0.9070	28 117.00
3	21 500	0.8638	18 571.70
4	12 200	0.8227	10 036.94
5	7 300	0.7835	5 719.55
合计			101 493.59

采取第二种方式可获得101 493.59元，采取第一种方式处置只能获得95 000元，所以第二种方式划算些。

由此看来，该设备的可收回金额取上述二者中较高者，为101 493.59元。

此设备的可收回金额为101 493.59元，而账面价值为原值减去4个月的累计折旧，即124 000元（132 000-2 000×4）。

账面价值大于其可收回金额，故需计提减值准备22 506.41元（124 000-101 493.59）。

借：资产减值损失　22 506.41

　贷：固定资产减值准备　22 506.41

7月底，计提折旧，账面价值=原值-累计折旧-减值准备=132 000-8 000-

22 506.41=101 493.59（元）。剩下的年限为56个月，总共应计提的折旧=账面价值-残值=101 493.59-12 000=89 493.59（元）。每月计提的折旧=89 493.59÷56=1 598.10（元）。

其实后面可以按照上面的思路多编几道题练习一下，对于这个考点就越来越熟悉了，同时也会对考试充满信心。

我把书合上，然后把固定资产从刚开始进入企业，到从企业消失的整个流程所涉及的分录闪电般地在脑海里过了一遍，闭目理解并记忆，最后拿些题进行练习。我相信熟能生巧，平时练习得很熟练了，那考试的时候，自然就会水到渠成。

重新翻看笔记上的考点（表格），把它们排列在一起，形成一个连续的图表，然后去理解记忆。按照事物发展的先后顺序用会计分录来表述，这就是一种纵向思维。

第3章

无形资产

（一）备考，要学会享受孤独

卓越的人注定是孤独的，但这孤独不是身体、心灵的孤独，而是精神的鹤立鸡群，思想的自由驰骋！

早上起来，我拿起教材打算进入下一章的学习，可当我打开书本的时候，心头却涌现出一种不好的情绪——一种深深的孤独感围绕着我。

自从选择了备考，在某种意义上，我也选择了孤独。在工作之余要看书，要学习，那就得远离身边的朋友，一个人关上门，静心修炼。备考难的不是看书，而是战胜孤独，战胜自己。

其实我也知道，我不是一个人在战斗，全国有很多会计考生和我做着同样的事情。孤独是痛苦的，因为我要拒绝诱惑。然而孤独过后又是幸福的，因为我能在这个过程中体验到跨越障碍后收获的喜悦，感受到自我的成长。当我面对之前百思不得其解的问题突然茅塞顿开的时候，当我对某一知识点顿悟其精髓的时候，当我势如破竹地解决一个又一个难题的时候，那种满足感、成就感是别人难以体会的，这个时候的独处反而让人感到相当充实、快乐。

在考试复习的过程中，多数人是需要独处的，因为只有在独处的状态下，才能尽量避免他人的打扰，保证自己的复习进度和质量。

我想起了备战高考时的自己，那时也是孤独的，不过那时候更多地背负着的是对自身前途的责任，是父母师长的殷殷期望。而现在，我再一次选择了孤独，但是此时的孤独，更多地承载着的是我的梦想。

想到这里，我播放音乐开始调节自己的情绪。每当心情沮丧的时候，我都会做点什么让自己心情平静，而音乐成为必不可少的治愈手段。

音乐响起，朴树的《来不及》轻轻“流淌”出来：

风不停
绿树荫
阳光晃眼
天真蓝
我们在奔跑
沿着夕阳
是你喘息
起伏不停
我闭上眼睛
我们躺在青草上仰望
看日子在飘荡
我们像那朵云彩一样
来不及回头望
Du Du Du Du…
真快啊
我的夏天
像浮云般飘散
说着　她再也不回来
真想再见
你们还在玩耍
和我　再漫天飞扬吧
别忘记呀
那天你的脸
再见
Du Du Du Du…

每当听到这首歌，我的心情都会变得平静，歌者的清唱好似河中的潺潺流水，字字句句都像春风一般和煦、温暖，一下子就深深地刻在我的心上。它使我想起小时候，躺在软软的草坪上，眼睛望着天，看着日子在云朵上整片整片地飘过。

歌曲中那种孤身漫步于山林小路的感觉，让我觉得孤独其实也很美好。我的思绪也随着歌声飞扬起来。曾经，我踩着绿草，越过苗圃，独自走进竹林。光线慢慢暗了下来，竹林内有条碎石子铺就的小路，绿莹莹的光线下，连石子都被染上了一层透明的绿色，风穿过竹林，竹叶发出沙沙的响声，轻悠悠的，好像我曾在梦里听到过的。一种难以言喻的静谧感沁入我的心脾，使我如置身幻境。周围静悄悄的，只听得到鸟鸣的声音。

碧叶咏清风，翠枝坠甘露，山径幽深，牛铃远去，花草迷离，大自然的感觉让人心态平和。

非淡泊无以明志，非宁静无以致远，备考，就得学会“享受”孤独。

我静静地打开教材中“无形资产”这一章，无形资产也是资产，它也得经受从进入企业到在企业消亡的过程，其实也就是我们付出成本代价取得无形资产，期末（如月底）的时候摊销、计提减值准备，最后处置报废的过程。那整个过程中，会计是如何进行账务处理的呢？会计是一门语言，一门商业语言，它得用独特的方式把这个过程中的每一个动作都描述出来。

我找到了这根主线后，就可以轻松地把书本上的考点全部串联起来（相关考点见表3-1）。

（二）用心比用脑重要

考试有时候要“将心比心”，不要一味地死记硬背。

比如《企业会计准则第6号——无形资产》第十四条规定：投资者投入无形资产的成本，应当按照投资合同或协议约定的价值确定，但合同或协议约定价值不公允的除外。

不管是中级还是注会，都喜欢考这个点。

【例题·单选题】S公司是甲、乙两个股东共同投资设立的股份有限公司，经营1年后，甲、乙股东之外的另一个投资者丙意图加入S公司。经协商。甲、乙同意丙以一项非专利技术投入，三方签订协议确认该非专利技术的价值为400万元。该项非专利技术的账面余额为560万元，市价为520万元，不考虑其他因素，则该项非专利技术在S公司的入账价值为（　　）。

A.400万元　　B.560万元　　C.0　　D.520万元

【答案】D

很多人会问，这道题为什么还是以市价入账，而不是按三方协议确定的价值入账。

其实回答这个问题，你只需要“将心比心”，假设你是丙，明明只是520万元的东西，现在他们说作价400万元，你会同意吗？

在学习的过程中，心比脑重要，脑是用来思考的，心是用来情感体验的，要想记得牢，最好是把记忆揉进你的个人情感体验中。这也是为什么通过实践人们可以学得更快，领悟得更透彻，因为实践中，你会动用情感，你会“将心比心”。

（三）本章通关地图（如图3-1所示）

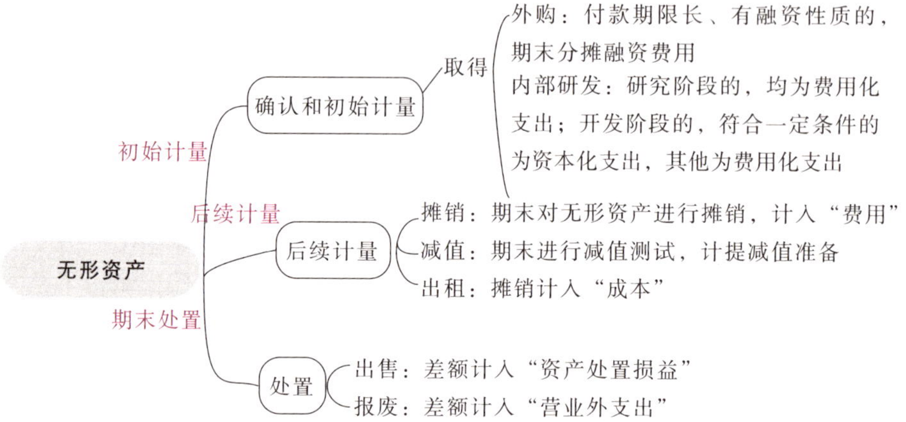

图3-1　本章通关地图

（四）高频考点提炼

考点：无形资产（见表3-1）

表3-1　　无形资产

考点	无形资产	
1.取得无形资产	外购无形资产	借：无形资产 　贷：银行存款
	外购时，所付款项期限长，有融资性质，付款时，期末分摊融资费用	借：无形资产（按现在购买的付款值确认） 　　未确认融资费用（差额） 　贷：长期应付款（需付总的款项）
		分摊融资费用 借：财务费用 　贷：未确认融资费用
		付款 借：长期应付款 　贷：银行存款
	内部研发无形资产：发生的支出分为费用化支出和资本化支出，然后费用化支出计入管理费用，资本化支出才计入无形资产	分为研究阶段和开发阶段，研究阶段的支出都作为费用化支出，而开发阶段的支出同时满足以下条件时，才确认为资本化支出： （1）完成该无形资产以使其使用或出售在技术上具有可行性 （2）具有完成该无形资产并使用或出售的意图 （3）无形资产产生经济利益的方式，包括能够证明运用该无形资产生产的产品存在市场或无形资产自身存在市场，无形资产将在内部使用的，应当证明其有用性 （4）有足够的技术、财务资源和其他资源支持，以完成该无形资产的开发，并有能力使用或出售该无形资产 （5）归属于该无形资产开发阶段的支出能够可靠地计量
		其实简单地说，就是研发阶段符合条件的计入资本化支出，其他的计入费用化支出，做题时，有时会直接告诉你，所有的研发支出中资本化支出是多少 发生的支出，如材料、人工、机器磨损等 借：研发支出——××技术（费用化支出） 　　　　　　——××技术（资本化支出） 　贷：原材料 　　　应付职工薪酬 　　　累计折旧 　　　银行存款

考点	无形资产	
1.取得无形资产	内部研发无形资产：发生的支出分为费用化支出和资本化支出，然后将费用化支出计入管理费用，将资本化支出计入无形资产	期末，费用化支出转入当期管理费用 借：管理费用——研究费用 贷：研发支出——××技术（费用化支出）
		技术达到预定使用状态时，资本化支出转入无形资产 借：无形资产——××技术 贷：研发支出——××技术（资本化支出）
	取得土地使用权时，要根据土地的用途来判断是否作为无形资产核算	（1）用于出租或资本增值（俗称炒地皮）时，作为投资性房地产处理
		（2）房地产开发企业取得的土地使用权用于建造对外出售的房屋建筑物，相关的土地使用权应当计入所建造的房屋建筑物成本
		（3）土地使用权用于自行开发建造厂房等地上建筑物时，土地使用权的账面价值不与地上建筑物合并计算成本，而单独作为无形资产核算 借：无形资产——土地使用权 贷：银行存款
		（4）企业外购房屋建筑物所支付的价款中包括土地使用权和建筑物的价值，应按照合理的方法区分土地和建筑物的价值，土地作为无形资产核算，建筑物作为固定资产核算，如确实不能区分的，则全部作为固定资产核算
2.摊销：期末，无形资产应进行摊销，无形资产摊销与固定资产折旧类似	确定残值	无形资产的残值一般为零，但下列情况除外： （1）有第三方承诺在无形资产使用寿命结束时购买该无形资产 （2）可以根据活跃市场得到预计残值信息，并且该市场在无形资产使用寿命结束时很可能存在
	残值复核	残值确定以后，至少应于每年年末进行复核，预计其残值与原估计金额不同的，应按照新的残值进行处理。如果无形资产的残值重新估计以后高于其账面价值，则无形资产不再摊销，直至残值降至低于账面价值时，再恢复摊销
	确定使用年限（寿命）	一般题中会告知，比如：运用此技术生产的产品在未来10年内会给公司带来经济利益
	确定摊销方法	与固定资产类似，根据预期实现方式，可以采用加速折旧的方法对无形资产进行摊销，也可以采取直线法进行摊销 借：制造费用/管理费用等 贷：累计摊销
	使用寿命不确定的无形资产	使用寿命不确定的无形资产不进行摊销
	持有待售的无形资产	持有待售的无形资产不进行摊销，按照账面价值与公允价值减去处置费用后的净额孰低进行计量

续表

考点	无形资产	
3.无形资产减值	期末，一般都要对无形资产进行减值测试	借：资产减值损失 　贷：无形资产减值准备
4.无形资产出售	把无形资产相关科目全部冲掉，同时缴纳相关税费，差额计入资产处置损益	借：银行存款 　　累计摊销 　　无形资产减值准备——××权 　贷：无形资产——××权 　　　应交税费——应交增值税（销项税额） 　　　资产处置损益
5.无形资产报废	把无形资产相关科目全部冲掉，差额计入营业外支出	借：累计摊销 　　无形资产减值准备——××权 　　营业外支出——处置非流动资产损失 　贷：无形资产——××权

【例题·单选题】2021年2月5日，甲公司以1 800万元的价格从产权交易中心竞价获得一项专利权（免征增值税），另支付相关税费90万元。为推广使用该专利权生产的产品，甲公司发生广告宣传费用25万元、展览费15万元。该专利权预计使用年限为5年，预计净残值为零，采用直线法摊销。对此无形资产，甲公司2021年进行的会计处理中，不正确的是（　　）。

A.甲公司竞价取得专利权的入账价值是1 890万元

B.甲公司发生的广告宣传费用25万元、展览费15万元计入当期损益（销售费用）

C.2021年，该无形资产的摊销额346.5万元计入制造费用

D.2021年年末，该无形资产的账面价值为1 512万元

(以下是本题分析思路与答案，请先不要看)

分析思路：

1.初步判断此题考查的是外购无形资产的入账成本及摊销。

2.无形资产入账成本跟外购固定资产和外购存货的入账成本是一样的，也是购买价款、相关税费以及直接归属于使该项资产达到预定用途所发生的其他支出。

3.但是，为引入新产品进行宣传发生的广告费、展览费、管理费用及其他间接费用，是不能计入无形资产成本的，而应计入销售费用。

因此本题中，甲公司发生的广告费25万元、展览费15万元，不能计入无形资产。

此专利权的入账价值=1 800+90=1 890（万元）

4.无形资产摊销。

借：制造费用（用于特定产品生产而列入该产品的成本）

借：管理费用（自用的一般无形资产）

其他业务成本（出租的无形资产）

贷：累计摊销

题中，为推广使用该专利权生产的产品，甲公司发生广告费25万元、展览费15万元。

可以看出，此专利权是用于产品生产的，因此其应该计入制造费用。

2月买入，2月开始摊销，当年摊销11个月。

1 890÷5×11÷12=346.5（万元）

5. 2021年年末，无形资产账面价值=1 890−346.5=1 543.5（万元）。

【答案】D

【分析】外购专利权的入账成本，不包括为使用专利权生产的新产品进行宣传发生的广告费、管理费用及其他间接费用，不包括无形资产已经达到预定用途以后发生的费用。无形资产的入账价值=1 800+90=1 890（万元）；2021年该无形资产的摊销额=1 890÷5×11÷12=346.5（万元），因为该专利权被用于生产产品，所以其摊销额应计入制造费用；2021年年末，无形资产账面价值=1 890−346.5=1 543.5（万元）。

【例题·单选题】A公司为非房地产开发企业，2020年1月1日，其支付50 000万元购入一项土地使用权，使用年限为50年，采用出包方式在该土地上建造自用办公楼。2021年12月31日，该工程完工并达到预定可使用状态，其以银行存款支付全部出包建造成本30 000万元。该办公楼预计使用年限为30年。假定不考虑净残值，采用直线法进行摊销和计提折旧。不考虑增值税等税费，A公司下列会计处理中，不正确的是（　　）。

A.土地使用权和地上建筑物分别作为无形资产和固定资产进行核算

B.2020年和2021年办公楼建造期间的土地使用权摊销额计入固定资产成本

C.2021年12月31日，办公楼达到预定可使用状态时，固定资产的入账价值为30 000万元

D.2022年土地使用权计提的摊销额1 000万元应计入管理费用

（以下是本题分析思路与答案，请先不要看）

分析思路：

1. 初步判断此题考查的是：土地使用权的核算。

2. 回顾相关考点。

3. 土地使用权的核算方法：

企业取得土地使用权时，通常应当按照取得时所支付的价款及相关税费将其确认为无形资产。

土地使用权用于自行开发建造厂房等地上建筑物时，土地使用权的账面价值不与土地上建筑物合并计算成本，而仍作为无形资产进行核算，土地使用权与地上建筑物分别进行摊销和计提折旧（自用时，房地分开核算）。

但下列情况除外：

（1）房地产开发企业取得的土地使用权用于建筑对外出售的房屋建筑物的，相关土地使用权应当计入所建造的房屋建筑物成本（开发成本）。

（2）企业外购房屋建筑物所支付的价款中包括土地使用权和建筑物价值的，应当对实际支付的价款按照合理的方法（例如，公允价值的相对比例）在土地使用权与地上建筑物之间进行分配。

（3）如果确实无法在土地使用权与地上建筑物之间进行合理分配，应当全部作为固定资产，按照固定资产确认和计量的原则进行会计处理。

4.土地使用权的摊销，如果是建造期间，则应计入在建工程，完工后，再计入管理费用。

小结如下（如图3-2所示）：

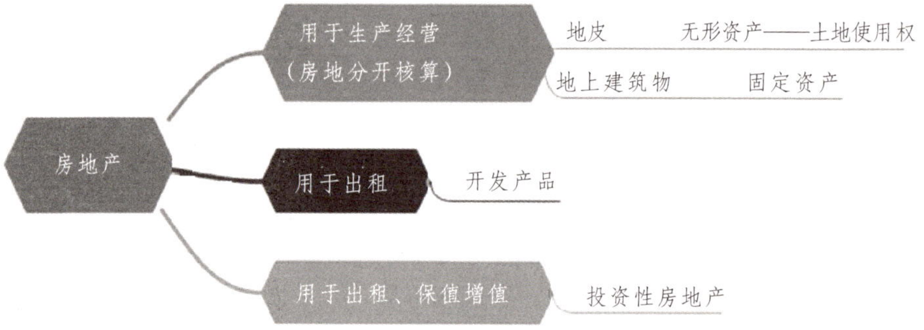

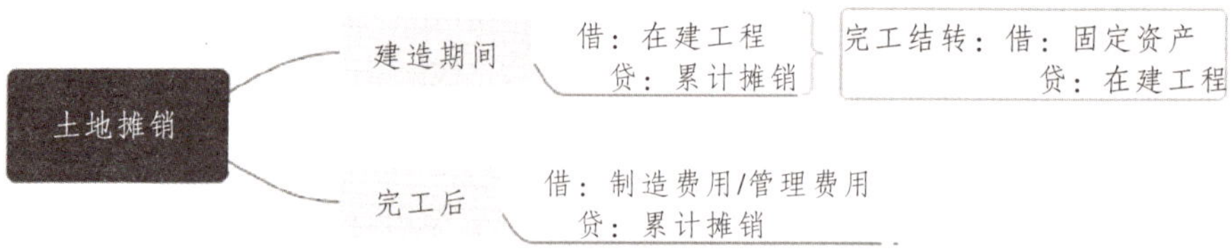

图3-2　分析思路小结

题中土地使用权的买价为50 000万元，分50年摊销，每年摊销1 000万元，建造时间从2020年1月1日—2021年12月31日，因此2 000万元应该计入在建工程，那固定资产入账价值=30 000+50 000÷50×2=32 000（万元）。

【答案】C

【分析】选项C，2021年12月31日，办公楼达到预定可使用状态时，固定资产的入账价值=30 000+50 000÷50×2=32 000（万元）。

【例题·单选题】甲公司内部研究开发一项专利技术项目，2020年1月研究阶段实际发生有关支出60万元。2020年2月—2021年2月为开发阶段，且此阶段的相关支出均为符合资本化条件的支出，包括材料费用100万元，人员薪酬60万元，在开发该无形资产过程中使用的其他专利权和特许权的摊销额10万元，以及按照借款费用的处理原则可以资本化的利息支出6万元。2021年2月，该专利技术达到预定用途，假定不考虑其他因素，该无形资产的入账价值为（　　）万元。

A.160　　B.210　　C.70　　D.176

（以下是本题分析思路与答案，请先不要看）

分析思路：

1. 初步判断此题考查的是：内部研发的核算。

2. 回顾相关考点。

3. 内部研发发生的费用，先看是发生于研究阶段，还是开发阶段，研究阶段的支出计入管理费用，开发阶段的支出，还要看它是否符合资本化条件，符合资本化条件的，计入无形资产，不符合资本化条件的，予以费用化。

借：研发支出——费用化支出
　　　　　　——资本化支出
　贷：银行存款
　　　原材料
　　　应付职工薪酬

借：管理费用
　贷：研发支出——费用化支出

借：无形资产
　贷：研发支出——资本化支出

【答案】D

【分析】研究阶段发生的支出，要全部费用化，不计入无形资产成本，所以该无形资产的入账价值=100+60+10+6=176（万元）。

无形资产这一章总体来说，还是比较简单的，就是取得无形资产，期末摊销减值，出租、出售、报废等内容。

考试时一般也是按照这个过程出题的（主要是主观题、非概念题，概念题后续可以统一复习）。我把这个过程，也就是这个表格（表3-1）里的考点加以记忆、理解、消化，合上教材和笔记本，脑子里开始回顾这个过程，回顾不出来时，再打开笔记本看一下。

虽然我在整理表格的时候，消化了一部分知识，但还是不够熟练，必须通过练习对上面的考点加深理解。只有考点理解透了，考试的时候才能得心应手。我们复习的时候，必须以考点为中心，做题是为了理解和消化考点，而不是为了做题而做题。因为考点是有限的，而习题是无限的。

【例题·案例题】A上市公司2×18年1月1日，从B公司购买一项商标权，由于A公司资金周转比较紧张，经与B公司协商，决定采用分期付款的方式支付款项。合同规定，该项商标权总计3 000 000元，A公司每年年末需付款1 000 000元，3年付清。假定：银行同期贷款利率为5%；未确认融资费用采用实际利率法摊销；取得的商标权采用直线法按5年摊销。2×22年1月1日，A公司将上述商标权对外出售，实际得到款项600 000元存入银行。假定不考虑相关税费，按年摊销无形资产和确认利息费用。

请编制A公司2×18年1月1日至2×22年1月1日，与上述业务有关的会计分录（假设计算现值时，不用保留小数，其他均保留小数）。

（以下是本题分析思路与答案，请先不要看）

分析思路：题中事项很简单，购买的无形资产，总价为3 000 000元，分3年付清，此付款带有融资性质，所以每年年末还款，确认融资费用，进行无形资产摊销。

当我碰到这种融资性质的付款业务时，首先想到的是：总付款其实就是本利和，它的本金是多少？所以我首先得算出它的本金，这样我才能知道每年的利息是多少，而利息其实就是融资产生的费用。

本金其实就是现值，也就是未来的钱的现值是多少，比如现在的100元，按5%的利率，1年后是105元，即105÷（1+5%）=100（元）。

无形资产现值（本金）=1 000 000÷（1+5%）+1 000 000÷（1+5%）^{2}+1 000 000÷（1+5%）^{3}

=2 723 248（元）

做这种融资性质的题目，我一般都会在草稿中列个表，跟按揭买房子算利息一样，每年支付的款项是相等的，里面包含利息和本金两部分，初始的本金就是现值。A公司每年支付款项的情况见表3-2。

表3-2　A公司每年支付款项列表　单位：元

年限	年末支付款项	支付款项中所含利息	支付款项中所含本金	剩余本金
0				2 723 248.00
1	1 000 000.00	136 162.40	863 837.60	1 859 410.40
2	1 000 000.00	92 970.52	907 029.48	952 380.92
3	1 000 000.00	47 619.08	952 380.92	0

计算过程：初始本金是2 723 248元。

第一年：支付的利息=2 723 248×5%=136 162.40（元）

共支付1 000 000元。

归还的本金=1 000 000−136 162.40=863 837.60（元）

剩余未归还的本金=2 723 248−863 837.60=1 859 410.40（元）

第二年：支付的利息=1 859 410.40×5%=92 970.52（元）

共支付1 000 000元。

归还的本金=1 000 000−92 970.52=907 029.48（元）

剩余未归还的本金=1 859 410.40−907 029.48=952 380.92（元）

第三年：支付的利息=952 380.92×5%=47 619.05（元）

共支付1 000 000元。

归还的本金=1 000 000−47 619.05=952 380.95（元）

剩余未归还的本金=952 380.92−952 380.95= −0.03（元）

结果出现了尾差，正确的应该是第三年年末所有的本金都已经还清，结果应该是零。所以为了避免尾差，最后一年应采取倒算利息的方法来计算。

最后一年共支付1 000 000元，其中归还的本金为952 380.92元。

支付的利息=1 000 000−952 380.92=47 619.08（元）

未归还的本金=952 380.92−952 380.92=0

相关的会计分录如下：

（1）2×18年1月1日，购买无形资产：

借：无形资产——商标权	2 723 248	
未确认融资费用	276 752	
贷：长期应付款		3 000 000

（2）2×18年12月31日，付款时：

借：长期应付款	1 000 000	
贷：银行存款		1 000 000
借：财务费用	136 162.40	
贷：未确认融资费用		136 162.40

无形资产摊销=2 723 248÷5=544 649.60（元）

借：管理费用	544 649.60	
贷：累计摊销		544 649.60

（3）2×19年12月31日：

借：长期应付款	1 000 000	
贷：银行存款		1 000 000
借：财务费用	92 970.52	
贷：未确认融资费用		92 970.52

无形资产摊销=2 723 248÷5=544 649.60（元）

借：管理费用　　544 649.60

　贷：累计摊销　　544 649.60

（4）2×20年12月31日：

借：长期应付款　　1 000 000

　贷：银行存款　　1 000 000

借：财务费用　　47 619.08

　贷：未确认融资费用　　47 619.08

无形资产摊销 = 2 723 248÷5 = 544 649.60（元）

借：管理费用　　544 649.60

　贷：累计摊销　　544 649.60

（5）2×21年12月31日：

无形资产摊销 = 2 723 248÷5 = 544 649.60（元）

借：管理费用　　544 649.60

　贷：累计摊销　　544 649.60

（6）2×22年1月1日出售，结转无形资产所有相关科目，差额计入营业外收支。

借：银行存款　　600 000

　　累计摊销　　2 178 598.40

　贷：无形资产　　2 723 248

　　　资产处置损益　　55 350.40

我不断地做题，重复看那张表格（表3-1），觉得哪个部分掌握得还不好，就挑与这个部分相关的大题来做，直到觉得自己都掌握了为止。如果觉得这章的考点掌握得都不好，就专挑这章的大题来做。

【例题·案例题】长江股份有限公司（以下简称“长江公司”）有关无形资产业务如下：

（1）2×19年1月，长江公司以银行存款2 400万元购入一项土地使用权（不考虑相关税费）。该土地使用年限为60年。

（2）2×19年6月，长江公司研发部门准备研究开发一项专利技术。在研究阶段，企业为了进行研究成果的应用研究、评价，以银行存款支付了相关费用600万元。

（3）2×19年8月，上述专利技术研究成功，转入开发阶段。企业将研究成果应用于该项专利技术的设计，直接发生的研发人员工资、材料费，以及相关设备折旧费分别为800万元、1 300万元和200万元，同时以银行存款支付了其他相关费用100万元。以上开发支出均满足无形资产的确认条件。

（4）2×19年10月，上述专利技术的研究开发项目达到预定用途，形成无形资产。长江公司预计该专利技术的使用年限为10年。长江公司无法可靠确定与该专利技术有关的经济利益的预期实现方式。

（5）2×20年4月，长江公司利用上述外购的土地使用权，自行开发建造厂房。厂房于2×20年9月达到预定可使用状态，累计发生的必要支出为5 550万元（不包含土地使用权）。该厂房预计使用寿命为10年，预计净残值为50万元。假定长江公司对其采用年数总和法计提折旧。

（6）2×22年5月，长江公司研发的专利技术预期不能为企业带来经济利益，经批准将其予以转销。

要求：

（1）编制长江公司2×19年1月购入该项土地使用权的会计分录。

（2）编制土地使用权2×19年摊销的会计分录，并计算长江公司2×19年12月31日该项土地使用权的账面价值。

（3）编制长江公司2×19年研究开发专利技术的有关会计分录。

（4）计算长江公司研究开发的专利技术至2×21年年末累计摊销的金额（假定没有计提减值准备）。

（5）分析土地使用权是否应转入该厂房的建造成本，计算长江公司自行开发建造的厂房2×21年计提的折旧额。

（6）编制长江公司该项专利技术2×22年5月予以转销的会计分录。

这道题目一看有点长，于是，我粗略地浏览了一下“龙头”“凤尾”，大意就是让我按照经济事项的发生顺序做会计分录。然后，我认真地看“猪肚”，边看边做会计分录。

（1）以银行存款购入无形资产——土地使用权。

借：无形资产——土地使用权　　24 000 000

　贷：银行存款　　24 000 000

（2）土地使用权每年的摊销金额=2 400÷60=40（万元）

借：管理费用　　400 000

　贷：累计摊销　　400 000

2×19年12月31日，土地使用权的账面价值=2 400-40=2 360（万元）。

（3）这道题考查的是内部研发无形资产的支出，研究阶段的支出计入费用化支出，开发阶段的支出，符合资本化条件的，计入资本化支出，其他计入费用化支出。

2×19年6月，发生研究阶段支出：

借：研发支出——费用化支出　　6 000 000

　贷：银行存款　　6 000 000

2×19年6月底，当期的费用化支出全部计入当期损益。

借：管理费用　　6 000 000

　贷：研发支出——费用化支出　　6 000 000

2×19年8月，尚处于开发阶段（题中：以上开发支出均满足无形资产的确认条件），所以有关支出为资本化支出。

借：研发支出——资本化支出　　24 000 000

　贷：原材料　　13 000 000

　　银行存款　　1 000 000

　　应付职工薪酬　　8 000 000

　　累计折旧　　2 000 000

2×19年10月，达到预定可使用状态，形成无形资产。

借：无形资产　　24 000 000

　贷：研发支出——资本化支出　　24 000 000

（4）此无形资产可用10年，即120个月，2×19年10月达到预定可使用状态，无形资产开始摊销（长江公司无法可靠确定与该专利技术有关的经济利益的预期实现方式，摊销方法为直线法）。

2×19年摊销3个月，2×20年摊销12个月，2×21年摊销12个月，即至2×21年年末，累计摊销了27个月。

累计摊销金额=2 400÷120×27=540（万元）

（5）考点：土地使用权用于自行开发建造厂房等地上建筑物时，土地使用权的账面价值不与地上建筑物合并计算成本，而单独作为无形资产核算。

上述土地使用权不应转入该厂房的建造成本，而应自行摊销。

2×20年9月达到预定可使用状态，固定资产总成本=5 550万元。

年数总和=（1+10）×10÷2=55

2×20年10月，开始计提折旧。

第一年（2×20年10月—2×21年9月）计提的折旧=（5 550−50）×（10÷55）

=1 000（万元）

第二年（2×21年10月—2×22年9月）计提的折旧=（5 550−50）×（9÷55）

=900（万元）

2×21年计提的折旧=1 000×9÷12+900×3÷12=750+225=975（万元）

（6）上述专利至2×21年年末累计摊销了27个月。

累计摊销金额=2 400÷120×27=540（万元）

2×22年5月，其报废转销。

2×22年摊销了4个月，摊销金额=2 400÷120×4=80（万元）。

至2×22年4月末，累计摊销金额=540+80=620（万元）。

借：累计摊销　　　　　　　　　　6 200 000

　　营业外支出　　　　　　　　　17 800 000

　贷：无形资产　　　　　　　　　　　　　24 000 000

整整一天，我都在归纳总结、做题练习，慢慢地竟完全投入其中了。虽然这一天我是一个人度过的，但是到黄昏的时候，我发觉今天过得很充实，甚至觉得比以前更快乐，一种淡淡的喜悦悄然涌上心头。以前每个周末，我都要计划怎么过，怎么热闹怎么过，因为我害怕孤独，有时为了不让自己孤独，我甚至主动陪同事加班，约朋友聚会，一起听音乐、喝果汁，音乐声震耳欲聋，笑脸热情洋溢，可是繁华过后凄凉便起，宴席散尽落寞遂升。

我突然有点明白了，想要做点事情，很多时候就不能随波逐流，而要学会忍受孤独，在孤独中充实自己，你才会有所收获。忍受孤独是有些痛苦，因为你要拒绝诱惑，延迟满足。为了追求更大的目标，获得更大的享受，就要克制自己的欲望，拒绝眼前的诱惑。这个拒绝的过程，其实也是心理建设的过程。但是煎熬过后，你会获得更大的满足、更多的快乐。

这让我想起了一个故事：在斯坦福大学校办的一个幼儿园里，研究人员找来数十名儿童，让他们每个人都单独处在一个只有一张桌子和一把椅子的小房间里，桌子上的托盘里有他们爱吃的东西——棉花糖。研究人员告诉他们，可以马上吃掉棉花糖，也可以等研究人员回来时再吃，这样可以再得到一颗棉花糖作为奖励。他们可以按响桌子上的铃，研究人员听到铃声会马上过来。对这些孩子来说，实验的过程颇为难熬。有的孩子为了不去看那诱人的棉花糖而捂住眼睛或是背转身体，还有一些孩子开始做一些小动作——比如踢桌子，拉自己的辫子，有的甚至用手去打棉花糖。最终，大多数孩子坚持不到3分钟就放弃了。一些孩子甚至没有按铃就直接把糖吃掉了，另一些则盯着桌上的棉花糖，半分钟后按了铃。大约1/3的孩子成功延迟了自己对棉花糖的欲望，他们等到研究人员回来兑现了奖励才吃，前后差不多有15分钟的时间。

小孩如此，大人也是一样，只不过我们面对的诱惑不是棉花糖，而是五光十色的世界。到了最后，得到奖励的人远远少于总数的1/3，所以我们要克制自己，转移注意力，延迟满足，才能取得更大的收获，卓越的人注定要经历孤独。

第4章 长期股权投资

（一）简单学习，简单生活

喜欢简单，一如清澈可见的一湾湖水，令人赏心；喜欢简单，犹如中月悬天，明朗可鉴。

晴朗的早晨，在睡意蒙眬中睁开双眼，阳光越过紫色的窗帘照到床前，带来一缕温暖，一丝和煦，瞬间让人感觉有股暖流在心中流淌。

一抹清新在呼吸中荡漾，苏醒，整个人沉浸在一种快乐的心情中。

下床打开窗户，让早晨清凉的风吹进暖暖的房间。

走到翠绿的文竹前，看一会儿我养的那些美丽的盆景，仰望窗外蓝蓝的天空，嗬，心情就会变得很轻松。在这种轻松的心情中酝酿着一天的前奏，简单却很温馨，生活就这样在随意与轻松中开始。

今天是星期六，不用上班，推掉一切约会，静静地待在窗前。不知道是源于个性，还是出于经历，我始终保持着简单的生活，不管是爱情还是友情，不管是学习还是工作，一切似乎都很简单。

我打开教材“第5章　长期股权投资”，不管是备考资料，还是历年试题分析，都说这一章是考试重点，而且难度大，考生应予以足够的重视。但是不管它多复杂，我都会尽力简化它，再复杂的事情，我也会想办法找到灵感，让其化繁为简。

我翻阅着教材，浏览着标题，思索着能不能用一条线索把相关的考点串联起来，就像用丝线串珍珠一样。

（二）成本法转权益法好比离婚

不管考中级还是注会，长期股权投资、金融资产、合并报表都是重点。这些问题搞明白了，中级会计实务的学习就完成了一大半了。

其中，长期股权投资的转换又是难点。比如权益法转成本法、成本法转权益法，其中成本法转权益法更难些，因为涉及追溯调整。

从前面也可以看出，教材中的语言都是专家语言，专家语言要的是严谨，就像国家的法律政策一样。

那我们可以尽量将其转换成生活语言，比如财政部是“妈妈”这种说法，因为我们要的不是严谨，而是有感觉，会做题。

目前，长期股权投资后续计量的账务处理为：合并状态一般用成本法，合并以外的方式一般用权益法。

什么叫合并状态？合并状态就是控制状态。那什么是控制状态？比如股权大于50%时，就是合并控制状态。

合并以外的方式，就是非合并状态，比如股份小于50%。

当然，我们除了用股权控制，有时候，也会通过各种协议控制。

不管你是打开中级教材，还是CPA教材，都会有一个关键词——合并以外的方式，用词非常谨慎。

我们会计人士求婚一般不说：“我们结婚吧！”而是说，“让我们合并报表吧！”

合并好比结婚。

合并以外方式取得的，换个生活词语就是“结婚以外方式取得的”。

我们平时工作，有时会有很多玩笑话，比如，年终汇算清缴纳税调整的时候，我们会说：“‘爸爸’‘妈妈’‘吵架’，我受罪！”

“爸爸”就是指税务局，“妈妈”就是指财政部，“吵架”，就是指《企业会计准则》和《税法》之间的差异与分歧，这些需要我们去调整。

有了这些行业经验及背景知识，我们现在再来看成本法转权益法。

成本法转权益法的意思是，从合并状态转为合并以外的状态，那这个账务处理该怎么做？

会计是一门商业语言，它没有喜好，它只是如实地记录各种经济业务。

我们从头开始，看一个完整的会计分录，因为“要想离婚，先要结婚，没有结婚，就不会有离婚”。

第一步：2018年1月2日“结婚”（达到合并状态）

2018年1月2日，A公司以银行存款6 300万元，取得B公司60%的股权，B公司可辨认净资产公允价值总额为10 000万元（假定公允价值与账面价值相同）。A公司和B公司在合并前后未受同一方最终控制，当日起A公司主导B公司的财务和经营政策（分录单位：万元，以下同）。

借：长期股权投资　　6 300

　贷：银行存款　　6 300

“结婚”时，能够付出6 300万元的一般是“豪门”了，婚后各种决策要想做到双方完全平等很难，假设“男方”（A公司）占的话语权为60%。（注：只是为了帮助大家理解会计，所以不谈其他）

第二步，2019年7月1日“离婚”（处置）

“离婚”前状态：长期股权投资是6 300万元，其占“女方”（B公司）股份的60%。

2019年7月1日，A公司将其持有的对B公司40%的股权处置，取得价款5 000万元。A公司出售B公司股权后仍持有B公司20%的股权，并在B公司董事会指派了一名董事。对B公司长期股权投资应由成本法改为按照权益法核算。

“离婚”时，男人得财产5 000万元，处置2/3，对应投入成本4 200万元（6 300×2/3），赚了800万元。

借：银行存款	5 000	
贷：长期股权投资		4 200
投资收益		800

第三步，“离婚”后藕断丝连（追溯调整）

只要女人态度不坚决，有些男人会藕断丝连，这时你跟他的关系处于合并以外的方式，也就是结婚以外的方式。如果还有孩子的话，就更可能藕断丝连。

藕断丝连的状态下，男人对女人没有绝对的话语权，但是还是有一定影响力，假设话语权是20%。

这种情况下，男方一般采用权益法核算。

（1）他会想：当初“结婚”（合并）时，即投资日，到底有收益没？

现在还剩下20%的股权，账面成本是2 100万元（6 300×1/3）。

当初购买时，100%股权的评估价是10 000万元，那20%的股权是2 000万元。

说明多付了100万元，这100万元当初算是商誉，没有收益。

不过，事已至此，只能算了，所以不用记账。

假设有收益，收益为100万元，那就立马记入“营业外收入”。

由于“离婚”是在2019年7月1日，“营业外收入”是当期损益类科目，2018年取得的收益，自然90%记入“利润分配——未分配利润”，10%记入“盈余公积”。

借：长期股权投资——投资成本	100	
贷：利润分配——未分配利润		90
盈余公积		10

（2）再从头到尾，把旧账翻一遍。看在一起这些年，损益调整、其他综合收益、其他权益变动等有没有记账，因为“结婚”后（成本法下），这些往往都不记账的。

B公司2018年实现净利润1 000万元，2019年前6个月B公司实现的净利润为500万元。

2018年的利润要记账，调整损益200万元（1 000×20%）。

由于现在已经是2019年了，所以不能计入投资收益，而是90%记入“利润分配——未分配利润”，10%记入“盈余公积”：

借：长期股权投资——损益调整	200	

贷：利润分配——未分配利润　　180

　　盈余公积　　20

2019年实现的利润要记账，调整损益100万元（500×20%）：

借：长期股权投资——损益调整　　100

　贷：投资收益　　100

再比如：同一控制下的合并，相当于“近亲结婚”，非同一控制下的合并，相当于“非近亲结婚”，更多的类比及账务处理，请看小艾微信公众号文章《长期股权投资和金融资产就像一场婚姻》，此处不再赘述。

（三）本章通关地图（如图4-1所示）

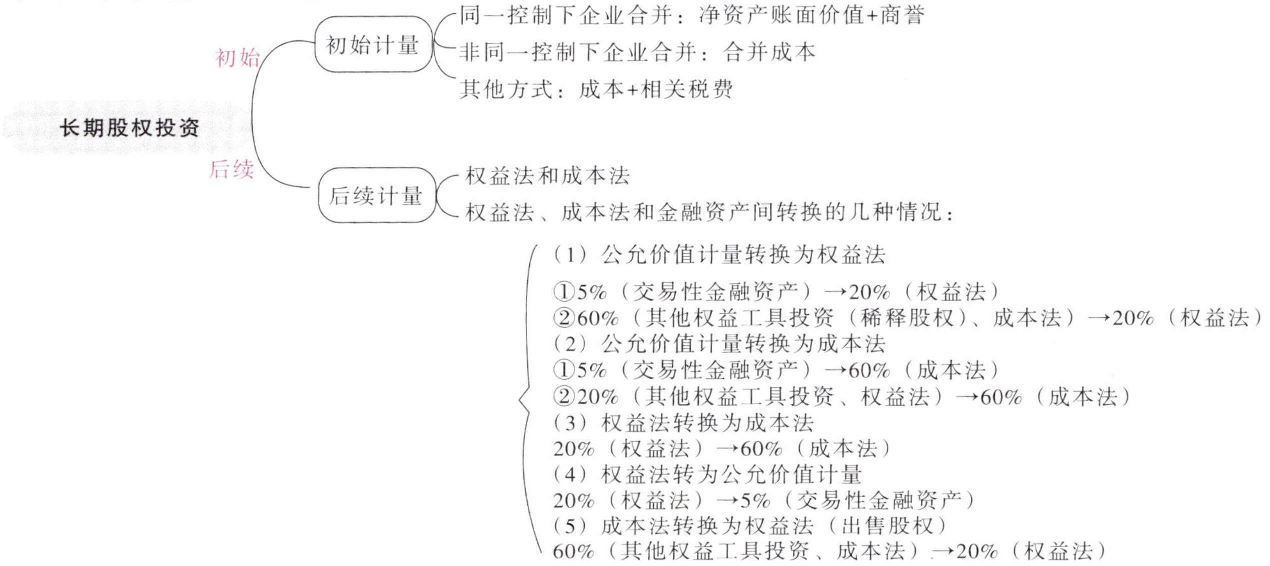

图4-1　本章通关地图

（四）高频考点提炼

考点1：长期股权投资的取得（见表4-1）

表4-1　长期股权投资的取得

项目	同一控制下企业合并	非同一控制下企业合并	企业合并以外的其他方式
初始计量	相对于最终控制方合并财务报表中的净资产账面价值的份额+最终控制方收购被合并方形成的商誉	付出对价的公允价值（合并成本）	付出对价的公允价值+直接相关税费
支付对价的差额	支付对价的账面价值与长期股权投资初始投资成本之间的差额计入资本公积、留存收益等	付出资产的公允价值与账面价值的差额计入当期损益（比照处置相关资产处理）；权益性证券公允价值与面值的差额计入资本公积	付出资产的公允价值与账面价值的差额计入当期损益（比照处置相关资产处理）；权益性证券公允价值与面值的差额计入资本公积
发生的审计、法律服务、评估咨询等中介费用	计入当期损益（管理费用）	计入当期损益（管理费用）	计入长期股权投资的初始投资成本
权益性证券或债务性证券的交易费用	不管是企业合并方式，还是企业合并以外的其他方式，投资方作为对价发行的权益性证券发生的佣金、手续费等冲减溢价发行收入，溢价发行收入不足冲减的，冲减留存收益；债务性证券的交易费用，应计入债务性证券的初始确认金额		

具体分录	同一控制下企业合并	非同一控制下企业合并
购买日取得计量	差额冲资本公积，资本公积不足以冲减的，冲减盈余公积和未分配利润	公允价值
以银行存款支付	借：长期股权投资 　　资本公积 　贷：银行存款	借：长期股权投资 　贷：银行存款
用无形资产投资	借：长期股权投资 　　资本公积 　　盈余公积 　　利润分配——未分配利润 　　累计摊销 　　无形资产减值准备 　贷：无形资产——土地使用权	借：长期股权投资 　　累计摊销 　　无形资产减值准备 　贷：无形资产 　　　资产处置损益

续表

具体分录	同一控制下企业合并	非同一控制下企业合并
用固定资产投资	（1）借：固定资产清理 累计折旧 固定资产减值准备 贷：固定资产 （2）借：固定资产清理 贷：应交税费——应交增值税 （3）借：长期股权投资 资本公积 盈余公积 利润分配——未分配利润 贷：固定资产清理	（1）借：固定资产清理 累计折旧 固定资产减值准备 贷：固定资产 （2）借：固定资产清理 贷：应交税费——应交增值税 （3）借：长期股权投资 贷：固定资产清理 借：固定资产清理 贷：资产处置损益
用股票支付	（1）发行股票时： 借：长期股权投资（账面净资产） 贷：股本 资本公积——股本溢价 （2）支付发行费用时： 借：资本公积——股本溢价 贷：银行存款	（1）发行股票时： 借：长期股权投资（公允价值） 贷：股本 资本公积——股本溢价 （2）支付发行费用时： 借：资本公积——股本溢价 贷：银行存款
合并直接费用及证券发行费用的会计处理	（1）同一控制、非同一控制下的企业合并中，合并方发生的审计、法律服务、评估咨询等中介费用以及其他相关直接费用，应当于发生时直接计入管理费用 （2）股票发行费用应冲减“资本公积——股本溢价”，如果溢价不够冲减或无溢价时，则冲减留存收益 （3）债券发行费用应冲减“应付债券——利息调整”	

【例题·单选题】甲公司2021年7月1日自母公司（A公司）取得乙公司60%的股权，当日乙公司个别财务报表中净资产的账面价值为3 200万元。该股权系母公司（A公司）于2018年6月自公开市场购入，A公司在购入乙公司60%的股权时，在合并财务报表中确认了800万元的商誉。2021年7月1日，以A公司取得该股权时乙公司可辨认净资产公允价值为基础持续计算的乙公司可辨认净资产的价值为4 800万元。为进行该项交易，甲公司支付有关审计等中介机构费用120万元。甲公司应确认的对乙公司长期股权投资的初始投资成本为（　　）万元。

A.2 720　　B.2 880　　C.1 920　　D.3 680

（以下是本题分析思路与答案，请先不要看）

分析思路：

1.此题考查的是同一控制下企业合并的长期股权投资入账成本。

2.回顾考点1。

3.同一控制下企业合并长期股权投资入账成本是以账面价值为主的，准确地说应该是：相对于最终控制方合并财务报表中的净资产账面价值的份额+最终控制方收购被合并方形成的商誉，但如果题目没有说明合并日被合并方在最终控制方合并财务报表中的净资产的账面价值，则直接用被合并方在个别财务报表中的以净资产的账面价值为基础计算的长期股权投资的初始投资成本。

4.题中明确说明，2021年7月1日，以A公司取得该股权时乙公司可辨认净资产公允价值为基础持续计算的乙公司可辨认净资产的价值为4 800万元，因此，我们应该以4 800万元为基础计算，4 800×60%（单位：万元），同时加上最终控制方收购被合并方形成的商誉800万元。

分录为：

借：长期股权投资　　3 680

　贷：银行存款等科目　　3 680

5.发生的审计、法律服务、评估咨询等中介费用，不管是同一控制下企业合并还是非同一控制下企业合并，都计入管理费用。

借：管理费用　　120

　贷：银行存款　　120

【答案】D

【分析】4 800×60%+800=3 680（万元）。提示：如果题目没有说明合并日被合并方在最终控制方合并财务报表中的净资产的账面价值，则直接用被合并方在个别财务报表中的以净资产的账面价值为基础计算的长期股权投资的初始投资成本。

【例题·单选题】2021年7月1日，A公司将一项专利权转让给B公司，作为取得B公司持有C公司80%股权的合并对价。该无形资产成本为3 000万元，已累计摊销1 200万元，未计提减值准备，其公允价值为2 100万元。另发生评估、审计等中介费用20万元，已用银行存款支付。股权购买日，C公司可辨认净资产公允价值与账面价值均为2 500万元。假定A、C公司在此次交易前不存在关联方关系，不考虑其他因素，A公司在购买日进行会计处理的下列表述中，不正确的是（　　）。

A.合并成本为2 120万元

B.无形资产的处置收益为300万元

C.发生的评估、审计等中介费用20万元应计入管理费用

D.购买日编制的合并资产负债表中确认合并商誉100万元

（以下是本题分析思路与答案，请先不要看）

分析思路：

1.此题考查的是非同一控制下企业合并的长期股权投资入账成本。

2.回顾考点，理解记忆，默写相关分录（单位：万元）。

3.非同一控制下企业合并的初始计量为付出对价的公允价值（合并成本）。

A公司为取得这个长期股权投资，付出了一项无形资产，其公允价值为2 100万元，相当于把这项无形资产卖了2 100万元，然后再进行一个价值2 100万元的长期股权投资，因此要同时确认无形资产的处置，因为无形资产已经没有了，要从账面消失。

借：长期股权投资　　2 100
　　累计摊销　　1 200
　贷：无形资产　　3 000
　　　资产处置损益　　300

股权购买日，C公司可辨认净资产公允价值与账面价值均为2 500万元，80%的股权为2 500×80%=2 000（万元）。

确认商誉：2 100−2 000=100（万元）

4.发生的审计、法律服务、评估咨询等中介费用，不管是同一控制下企业合并还是非同一控制下企业合并，都计入管理费用。

借：管理费用　　20
　贷：银行存款　　20

【答案】A

【分析】选项A，合并成本为公允价值2 100万元；选项B，无形资产的处置收益=2 100−（3 000−1 200）=300（万元）；选项C，发生的评估、审计等中介费用20万元计入管理费用，不计入合并成本；选项D，购买日编制的合并资产负债表中确认的合并商誉=2 100−2 500×80%=100（万元）。

考点2：权益法和成本法（见表4-2）

表4-2　权益法和成本法

考点2	权益法和成本法

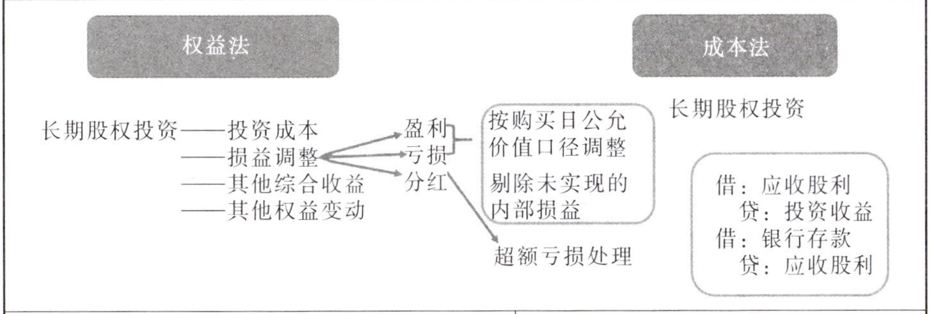

权益法	成本法
1.适用范围 共同控制（集体控制+一致同意）或重大影响（参与）	1.适用范围 控制（结合合并财务报表的合并范围）

续表

权益法	成本法
2.账务处理 （1）购入时 借：长期股权投资——投资成本 　贷：银行存款等 初始投资成本的调整： 初始投资成本与取得投资时应享有的被投资单位可辨认净资产的公允价值份额进行比较，收益记入“营业外收入” 借：长期股权投资——投资成本 　贷：营业外收入 （2）持有期间 ①投资损益的确认 在确认投资损益之前，要对被投资单位的净利润按公允价值口径调整。同时，要剔除未实现的内部交易【具体见表4-3】 a. 被投资单位赚钱时 借：长期股权投资——损益调整 　贷：投资收益 b. 被投资单位赔钱时 借：投资收益 　贷：长期股权投资——损益调整 ②取得现金股利或利润的处理（相应减少长期股权投资的账面价值） 借：应收股利 　贷：长期股权投资——损益调整 ③超额亏损的确认 确认时： 借：投资收益 　贷：（a）长期股权投资——损益调整（直至账面价值为0） 　　　（b）长期应收款 　　　（c）预计负债 还有未确认的，于备查账簿中登记 转回时（与确认时方向相反）： 借：（a）预计负债 　　（b）长期应收款 　　（c）长期股权投资——损益调整 　贷：投资收益 ④被投资单位实现的其他综合收益（金融资产、投资性房地产的转换等） 被投资单位其他综合收益增加时： 借：长期股权投资——其他综合收益 　贷：其他综合收益 被投资单位其他综合收益减少时： 借：其他综合收益 　贷：长期股权投资——其他综合收益 ⑤被投资单位所有者权益其他变动的处理（其他权益变动） 总体原则： 采用权益法核算时，投资企业对于被投资单位除净损益、其他综合收益以及利润分配以外的所有者权益的其他变动，应按所持股权比例计算应享有的份额，调整长期股权投资的账面价值，同时记入“资本公积——其他资本公积”，并在备查簿中予以登记 借：长期股权投资——其他权益变动 　贷：资本公积——其他资本公积 或反向	2.账务处理 （1）购入时（可能涉及两种情况：同一控制下企业合并或非同一控制下企业合并）[①] （2）持有期间（被投资单位宣告分配现金股利或利润） 借：应收股利 　贷：投资收益 【特别提示】 子公司将未分配利润或盈余公积转增股本（实收资本），且未向投资方提供等值现金股利或利润的选择权利，投资方并没有获得收取现金或者利润的权利，该项交易通常属于子公司自身权益结构重分类，投资方不应确认相关的投资收益

① 账务处理见表4-1。

续表

<table>
<tr><th>权益法</th><th>成本法</th></tr>
<tr><td colspan="2">（3）计提减值时（发放股利后要考虑）
总体原则：投资方应当关注长期股权投资的账面价值是否大于享有被投资单位所有者权益账面价值的份额等类似情况
出现类似情况时，投资方应当按照《企业会计准则第8号——资产减值》对长期股权投资进行减值测试，可收回金额低于长期股权投资账面价值的，应当计提减值准备
借：资产减值损失
　贷：长期股权投资减值准备
【特别提示】
计提减值后，不允许转回</td></tr>
<tr><td>（4）处置时
借：银行存款
　　长期股权投资减值准备
　贷：长期股权投资——投资成本
　　　　　　　　　——损益调整（可借可贷）
　　　　　　　　　——其他权益变动（可借可贷）
　　　　　　　　　——其他综合收益（可借可贷）
　　　投资收益（可借可贷）
同时：
借：资本公积——其他资本公积（按比例或全部结转）
　贷：投资收益
或反向
借：其他综合收益（按比例或全部结转）
　贷：投资收益
或反向</td><td>（4）处置时
借：银行存款
　　长期股权投资减值准备
　贷：长期股权投资
　　　投资收益（可借可贷）</td></tr>
</table>

相关注释说明见表4-3。

表4-3　　注释

<table>
<tr><td colspan="2">投资方确认投资损益之前，需要对被投资方的净利润按公允价值口径进行调整</td></tr>
<tr><td colspan="2">在确认应享有或应分担被投资单位的净利润或净亏损时，如果取得投资时被投资单位各项资产、负债的公允价值与其账面价值不同，则投资企业在计算确认投资收益时，不能完全以被投资单位自身核算的净利润与持股比例计算确定，而是需要在被投资单位实现净利润的基础上经过适当调整后确定
①对于存货：只有售出部分才会影响损益
②其他资产（如：固定资产、无形资产）=资产评估增值的部分÷尚可使用年限</td></tr>
<tr><td>1.存货</td><td>调整后的净利润
=账面净利润-［（投资日存货的公允价值-账面价值）×当期出售比例］×（1-25%）</td></tr>
<tr><td>2.固定资产（无形资产）</td><td>调整后的净利润
=账面净利润-（资产的公允价值÷资产尚可使用年限-资产的原值÷资产使用年限）×（1-25%）</td></tr>
</table>

续表

<table>
<tr><td>3.被投资方对相关的资产计提了减值</td><td colspan="2">应当以投资时资产的公允价值为基础确定应计提的减值损失，并据以调整被投资单位的净利润</td></tr>
<tr><td colspan="3">投资方确认投资损益之前，需要从被投资方的净利润中剔除内部未实现的内部交易损益</td></tr>
<tr><td>内部交易类型</td><td>顺流（投资方卖商品给被投资方）</td><td>逆流（被投资方卖商品给投资方）</td></tr>
<tr><td>未实现内部交易损益的界定</td><td colspan="2">如购入方将其作为存货，则指的是未将商品销售给第三方（非关联方企业）
如购入方将其作为固定资产核算，则指的是未提取折旧的部分</td></tr>
<tr><td rowspan="2">权益法下投资方的个别报表分录</td><td colspan="2">借：长期股权投资
　贷：投资收益
（被投资方的净利润-未实现内部交易收益）×持股比例</td></tr>
<tr><td colspan="2">未实现内部交易实现时，转回加上：
借：长期股权投资
　贷：投资收益（被投资方的净利润+未实现内部收益的实现部分）×持股比例</td></tr>
<tr><td colspan="3">应当说明的是，投资企业与其联营企业及合营企业之间发生的无论是顺流交易还是逆流交易产生的未实现内部交易损失，属于所转让资产发生减值损失的，有关的未实现内部交易损失不应予以抵销</td></tr>
</table>

【例题·单选题】A公司2019年1月3日取得乙公司30%的有表决权股份，其初始投资成本为165万元，采用权益法核算。投资时，乙公司可辨认净资产公允价值为500万元。当年乙公司实现净利润150万元，2020年乙公司发生净亏损750万元，2021年乙公司实现净利润300万元。假定取得投资时，乙公司可辨认净资产公允价值等于账面价值，双方采用的会计政策、会计期间相同。不考虑其他因素，2021年年末，A公司长期股权投资的账面价值为（　　）。

A.75万元　　B.90万元　　C.165万元　　D.0

（以下是本题分析思路与答案，请先不要看）

分析思路：

1.初步判断此题考查的是：权益法盈亏的处理。

2.回顾考点2。

3.2019年1月，初始投资成本为165万元。

借：长期股权投资　　1 650 000

　贷：银行存款等　　1 650 000

投资时，乙公司可辨认净资产的公允价值为500万元，30%为有表决权股份，即500×30%=150（万元）。

产生商誉：165-150=15（万元）

2019年盈利150万元，150×30%=45（万元）。

借：长期股权投资——损益调整　　450 000

　贷：投资收益　　450 000

长期股权投资账面余额=165+45=210（万元）

2020年亏损750万元，750×30%=225（万元）。

发生超额亏损，亏损金额超过了长期股权投资的账面余额，225-210=15（万元）。

4.借：投资收益　　2 100 000

　贷：长期股权投资——损益调整（以长期股权投资的账面价值为冲抵上限）　　2 100 000

　　长期应收款（如果投资方拥有被投资方的长期债权，超额亏损应视为此债权的减值，冲抵长期应收款）

　　预计负债（如果投资方对被投资方的亏损承担连带责任，须将超额亏损列入预计负债，如果投资方无连带责任，则应将超额亏损列入备查簿）

题中没有其他长期权益，也没有说要对被投资方的亏损承担连带责任，因此我们只确认210万元，剩下的15万元列入备查簿。

【答案】A

【解析】2021年年末，长期股权投资账面价值=300×30%-15=75（万元）。此处的15万元是指2020年年末备查簿中登记的尚未确认的损失，即（750-150）×30%-165=15（万元）。

考点3：成本法、权益法和金融资产之间转换的7种情况（见表4-4）

表4-4　　成本法、权益法和金融资产之间转换的7种情况

考点3	成本法、权益法和金融资产之间转换的7种情况
股权持有情况	假设持有的上市公司的股份在5%、20%、60%这三个数字之间转换
转换有7种情况	5%（金融资产），20%（权益法），60%（成本法） （1）5%（金融资产）→20%（权益法） （2）5%（金融资产）→60%（成本法）【涉及合并报表】 （3）20%（权益法）→60%（成本法）【涉及合并报表】 （4）20%（权益法）→5%（金融资产） （5）60%（成本法）→20%（权益法）【出售股权，涉及合并报表】 （6）60%（成本法）→20%（权益法）【稀释股权，涉及合并报表】 （7）60%（成本法）→5%（金融资产）【涉及合并报表】

考点4：情况1：公允价值计量转换为权益法核算（见表4-5）

表4-5　情况1：公允价值计量转换为权益法核算

<table>
<tr><th>考点4</th><th colspan="2">情况1：公允价值计量转换为权益法核算</th></tr>
<tr><td rowspan="3">公允价值计量转换为权益法核算（比如5%→20%）</td><td>交易性金融资产转换为权益法核算</td><td>借：长期股权投资——投资成本【原持有股权投资的公允价值+新增投资支付对价的公允价值】
贷：交易性金融资产【原持有股权投资的账面价值】
投资收益【原持有股权投资的账面价值与公允价值的差额】
银行存款等【新增投资而应支付对价的公允价值】
【提示】该金融资产终止确认时，之前计入公允价值变动损益的累计金额不再转入投资收益</td></tr>
<tr><td>其他权益工具投资转换为权益法核算</td><td>借：长期股权投资——投资成本【原持有股权投资的公允价值+新增投资支付对价的公允价值】
贷：其他权益工具投资【原持有股权投资的账面价值】
盈余公积、利润分配【原持有股权投资的账面价值与公允价值的差额】
银行存款等【新增投资而应支付对价的公允价值】
同时，之前计入其他综合收益的累计利得或损失应当从其他综合收益中转出，计入留存收益
借：其他综合收益【原计入其他综合收益的累计公允价值变动】
贷：盈余公积（或相反分录）
利润分配——未分配利润（或相反分录）</td></tr>
<tr><td colspan="2">比较上述计算所得的初始投资成本与按照追加投资后全新的持股比例计算确定的应享有被投资单位在追加投资日可辨认净资产公允价值份额，前者大于后者的，不调整长期股权投资的账面价值；前者小于后者的，差额应调整长期股权投资的账面价值，并计入当期营业外收入</td></tr>
</table>

考点5：情况2：公允价值计量转换为成本法核算（见表4-6）

表4-6　　情况2：公允价值计量转换为成本法核算

考点5	情况2：公允价值计量转换为成本法核算	
	分类	个别报表处理
公允价值计量（交易性金融资产）转换为成本法核算（通过多次交易，分步取得股权，最终形成非同一控制企业合并）（5%→60%）	交易性金融资产转换为成本法核算	借：长期股权投资【原持有股权投资的公允价值+新增投资支付对价的公允价值】 贷：交易性金融资产【原持有股权投资的账面价值】 投资收益【原持有股权投资的账面价值与公允价值的差额】 银行存款等【新增投资应支付对价的公允价值】 【提示】之前计入公允价值变动损益的累计金额不再转入投资收益
	其他权益工具投资转换为成本法核算	借：长期股权投资【原持有股权投资的公允价值+新增投资支付对价的公允价值】 贷：其他权益工具投资【原持有股权投资的账面价值】 盈余公积、利润分配【原持有股权投资的账面价值与公允价值的差额】 银行存款等【新增投资应支付对价的公允价值】 同时，之前计入其他综合收益的累计利得或损失应当从其他综合收益中转出，计入留存收益 借：其他综合收益【原计入其他综合收益的累计公允价值变动】 贷：盈余公积（或相反分录） 利润分配——未分配利润（或相反分录）

考点6：情况3：权益法核算转换为成本法核算（见表4-7）

表4-7　　情况3：权益法核算转换为成本法核算

考点6	情况3：权益法核算转换为成本法核算
	个别报表处理
权益法核算转换为成本法核算（通过多次交易，分步取得股权，最终形成非同一控制企业合并）（20%→60%）	（1）应当将原持有股权投资的账面价值加上新增投资成本（公允价值）之和，作为改按成本法核算的初始投资成本 借：长期股权投资【原持有股权投资的账面价值+新增投资的公允价值】 贷：长期股权投资——投资成本 ——损益调整 ——其他综合收益 ——其他权益变动 银行存款等 （2）购买日之前持有的股权采用权益法核算的，相关其他综合收益应当在处置该项投资时，采用与被投资单位直接处置相关资产或负债相同的基础进行会计处理，因被投资方除净损益、其他综合收益和利润分配以外的其他所有者权益变动而确认的所有者权益，应当在处置该项投资时相应转入处置期间的当期损益 无会计分录

考点7：情况4：权益法核算转为公允价值计量（见表4-8）

表4-8　情况4：权益法核算转为公允价值计量

考点7	情况4：权益法核算转为公允价值计量
权益法核算转为公允价值计量（交易性金融资产或者其他权益工具投资）（20%→5%）	（1）处置后的剩余股权应当改按金融工具确认并计量，其在丧失共同控制或重大影响之日的公允价值与账面价值之间的差额计入当期损益 借：交易性金融资产\其他权益工具投资【原持有股权投资的公允价值】 　贷：长期股权投资【原持有股权投资的账面价值】 　　　投资收益 （2）原采用权益法核算的相关其他综合收益应当在终止采用权益法核算时转入投资收益，但由于被投资方重新计量设定受益计划净负债或净资产变动而产生的其他综合收益除外；因被投资方除净损益、其他综合收益和利润分配以外的其他所有者权益变动而确认的所有者权益，应当在终止采用权益法核算时，全部转入当期损益 借：其他综合收益 　　资本公积——其他资本公积 　贷：投资收益

【例题·单选题】2021年7月1日，甲公司出售持有的乙公司15%的股权，取得价款1 980万元，相关手续于当日完成。甲公司无法再对乙公司施加重大影响，将剩余股权投资转为其他权益工具投资。剩余5%股权的公允价值为660万元。原股权为2018年甲公司取得乙公司20%的股权，出售时长期股权投资的账面价值为2 400万元，其中投资成本为1 500万元,损益调整为500万元,其他综合收益为200万元（均为其他权益工具投资公允价值变动）,其他权益变动为200万元。甲公司由长期股权投资权益法核算转换为其他权益工具投资应确认的投资收益是（　　）万元。

A.180

B.380

C.440

D.640

（以下是本题分析思路与答案，请先不要看）

分析思路：

1.初步判断此题考查的是：权益法核算转其他权益工具投资。

2.回顾考点，理解记忆，并默写相关分录（分录单位：万元）。

3.理解要点：

分成两部分，一部分卖掉（题中卖掉15%），总共是20%，相当于卖掉了3/4。

借：银行存款　　1 980

贷：长期股权投资——投资成本（1 500×3/4） 1 125
——损益调整（500×3/4） 375
——其他综合收益（200×3/4） 150
——其他权益变动（200×3/4） 150

投资收益 180

同时，既然已经卖掉了，那长期股权投资相关科目也应该清掉。

借：其他综合收益 150
资本公积——其他资本公积 150
贷：投资收益 300

4. 剩下的（1/4）5%的股权，由权益法核算转其他权益工具投资，其实相当于把权益法下的长期股权投资卖掉了，然后再进行一个其他权益工具投资。

因此，其他权益工具投资的入账价值就是公允价值660万元。

权益法下的长期股权投资被“卖掉”了，其就要从账面消失，相关科目亦要全部冲掉，并将差额计入投资收益。

借：其他权益工具投资 660
贷：长期股权投资——投资成本（1 500×1/4） 375
——损益调整（500×1/4） 125
——其他综合收益（200×1/4） 50
——其他权益变动（200×1/4） 50

投资收益 60

同时，既然已经“卖掉”了，那么长期股权投资相关科目也应该被清掉。

借：其他综合收益 50
资本公积——其他资本公积 50
贷：投资收益 100

5. 总共确认的投资收益=180+300+60+100=640（万元）

6. 从上面的分析可以看出，权益法下的长期股权投资转换成其他权益工具投资本质上都是卖掉了，只不过一部分卖掉后得到了银行存款，另一部分卖掉后没有得到银行存款，而是得到同等价值的其他权益工具投资。我们通过常识可以知道，金融资产也是钱，只是流动性比银行存款差点，现在题中要我们求卖掉后的投资收益，那我们就直接统一卖掉。那总共卖了多少钱呢？

1 980+660=2 640（万元）

这个长期股权投资的账面成本是多少呢？题中告诉我们账面价值是2 400万元，差额就是投资收益：2 640−2 400=240（万元）。

既然已经卖掉了，那么与长期股权投资相关的科目也应该转出，也就是其他综合收益200万元、其他权益变动200万元，也要全部转入投资收益：

240+200+200=640（万元）

我们可以得出结论，理解了相关本质后，做这类题目，我们可以一眼就“看”出答案。

【答案】D

【分析】甲公司由长期股权投资权益法核算转换为其他权益工具投资确认的投资收益=确认的处置损益180万元（1 980−2 400×15%÷20%）+将原确认的相关其他综合收益、其他权益变动全部转入当期损益400万元（200+200）+剩余股权投资转为金融资产当日公允价值与账面价值的差额60万元（660−2 400×5%÷20%）=640（万元）。

考点8：情况5：成本法核算转换为权益法核算（出售股权）（见表4-9）

表4-9　情况5：成本法核算转换为权益法核算（出售股权）

考点8	情况5：成本法核算转换为权益法核算（出售股权）
	个别报表处理
成本法核算转换为权益法核算（处置子公司而丧失控制权）（60%→20%，出售股权）	（1）因处置投资等原因导致对被投资单位由能够实施控制转为具有重大影响或者与其他投资方一起实施共同控制的，首先应按处置投资的比例结转应终止确认的长期股权投资成本 借：银行存款 　贷：长期股权投资 　　投资收益 （2）比较剩余长期股权投资的成本与按照剩余持股比例计算原投资时应享有被投资单位可辨认净资产公允价值的份额 借：长期股权投资——损益调整 　贷：盈余公积 　　利润分配——未分配利润（取得投资的以后年度处置） 　　营业外收入（取得当年处置） （3）确认原取得投资时至处置投资时（转为权益法核算）被投资单位所有者权益变动金额 借：长期股权投资——损益调整 　　　　　　——其他综合收益 　　　　　　——其他权益变动 　贷：盈余公积 　　利润分配——未分配利润 　　投资收益 　　其他综合收益 　　资本公积——其他资本公积

考点9：情况6：成本法核算转换为权益法核算（稀释股权）（见表4-10）

表4-10　　情况6：成本法核算转换为权益法核算（稀释股权）

考点9	情况6：成本法核算转换为权益法核算（稀释股权）
成本法核算转换为权益法核算（处置子公司而丧失控制权）（60%→20%，他方增资导致股权稀释）	在个别财务报表中，应当对该项长期股权投资从成本法转为权益法核算。首先，将按照新的持股比例确认本投资方应享有的原子公司因增资扩股而增加净资产的份额，与应结转持股比例下降部分所对应的长期股权投资原账面价值之间的差额计入当期损益；然后，按照新的持股比例视同自取得投资时即采用权益法核算进行调整 借：长期股权投资 　贷：投资收益 2×19年1月1日，甲公司以银行存款9 000万元从非关联方处取得乙公司60%的股权，能够对乙公司实施控制。当日，乙公司可辨认净资产的公允价值为14 500万元（假定公允价值与账面价值相同）。2×21年7月1日，非关联方丙公司向乙公司投资8 500万元，相关手续于当日完成。此项交易完成之后，甲公司对乙公司的持股比例下降至40%，其丧失对乙公司的控制权但仍具有重大影响。2×19年1月1日至2×21年7月1日期间，乙公司因其他权益工具投资变动增加其他综合收益200万元，实现净利润800万元；其中，2×19年1月1日至2×20年12月31日期间，乙公司实现净利润500万元。乙公司于2×20年分配现金股利100万元。除上述事项外，乙公司无其他所有者权益变动。甲公司按净利润的10%提取盈余公积。不考虑相关税费等其他因素的影响（分录单位：万元） 2×19年1月1日 借：长期股权投资　　9 000 　贷：银行存款　　9 000 2×21年7月1日 投资收益金额=8 500×40%-9 000÷60%×20%=400（万元） 借：长期股权投资　　400 　贷：投资收益　　400 同时权益法调整： 借：长期股权投资——其他综合收益（200×40%）　　80 　贷：其他综合收益　　80 借：长期股权投资——损益调整　　280 　贷：盈余公积　　16 　　　利润分配——未分配利润　　144 　　　投资收益（（800-500）×40%）　　120

考点10：情况7：成本法核算转换为金融资产（见表4-11）

表4-11 情况7：成本法核算转换为金融资产

考点10	情况7：成本法核算转换为金融资产
成本法核算转换为金融资产（出售股权而丧失控制权）（60%→5%）	（1）因处置投资等原因导致对被投资单位由能够实施控制转为以公允价值计量的，首先应按处置投资的比例结转应终止确认的长期股权投资成本 （2）在丧失控制权之日，剩余股权的公允价值与账面价值之间的差额计入当期投资收益 借：其他权益工具投资/交易性金融资产（公允价值） 　贷：长期股权投资（账面价值） 　　投资收益

考点11：合营安排的判断（见表4-12）

表4-12 合营安排的判断

含义	合营安排是指一项由两个或两个以上的参与方共同控制的安排
特征	合营安排同时具有以下两个特征： （1）各参与方受到该安排的约束 （2）两个或两个以上的参与方对该安排实施共同控制
共同控制	指按照相关约定对某项安排进行共同控制，并且该安排的相关活动必须经过分享控制权的参与方一致同意后才能决策 判断是否存在共同控制的两个步骤： ①先判断是否由所有参与方或参与方组合集体控制该安排 ②再判断该安排相关活动的决策是否必须经过这些参与方一致同意
集体控制	①如果所有参与方或一组参与方必须一致行动才能决定某项安排的相关活动，则称所有参与方或一组参与方集体控制该安排 ②在判断集体控制时，需要注意以下3点： a.集体控制不是单独一方控制 b.尽管所有参与方联合起来一定能够控制该安排，但集体控制下，集体控制该安排的组合指的是那些既能联合起来控制该安排，又使得参与方数量最少的一个或几个参与方组合 c.能够集体控制一项安排的参与方组合很可能不止一个
合营安排的判断流程	合营安排： ┌共同经营（相关资产和相关负债） └合营企业（净资产）（★★长期股权投资） ⇧ 首要条件：共同控制 ⇧ 集体控制（唯一）+一致同意（享有共同控制权的参与方） ⇧ 参与方组合数量最少

【例题·案例分析】

E公司所有重大决策需要51%以上（含本数）表决权通过方可做出。

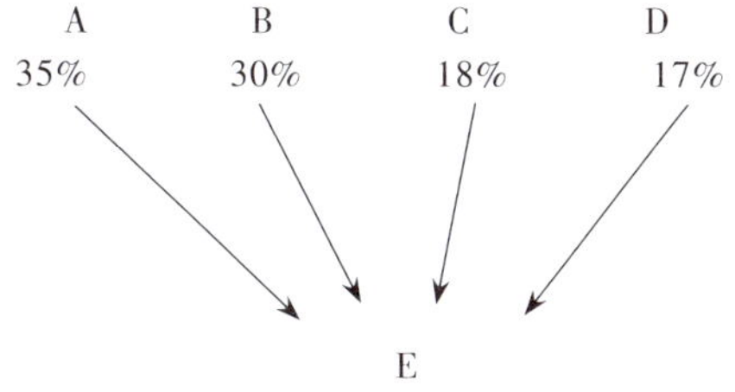

【答案】

集体控制：

①A公司（35%）+B公司（30%）【联合起来能够控制E公司的参与方数量最少的组合】

②A公司（35%）+C公司（18%）【联合起来能够控制E公司的参与方数量最少的组合】

③A公司（35%）+D公司（17%）【联合起来能够控制E公司的参与方数量最少的组合】

在此情况下，该安排要成为合营安排，需要在相关约定中指明哪些参与方一致同意才能对相关活动做出决策。

【例题·单选题】20×9年10月12日，甲公司与乙公司、丙公司共同出资设立丁公司。根据合资合同和丁公司章程的约定，甲公司、乙公司、丙公司分别持有丁公司55%、25%、20%的表决权资本；丁公司设股东会，相关活动的决策需要60%以上的表决权通过才可做出，丁公司不设董事会，仅设一名执行董事，同时其兼任总经理，由职业经理人担任，其职责是执行股东会决议，主持经营管理工作。不考虑其他因素，对甲公司而言，丁公司是（　　）。

A.子公司

B.联营企业

C.合营企业

D.共同经营

【答案】B

【解析】甲公司持有丁公司55%的股权，但丁公司股东会规定，相关活动的决策需要60%以上表决权通过才可作出，所以甲公司与乙公司或甲公司与丙公司组合一起，能对丁公司实施共同控制，该安排中存在两个参与方组合集体控制该安排，不构成共同控制，因此，对甲公司而言，丁公司是其联营企业，选项B正确。

【例题·单选题】甲企业由A公司、B公司和C公司组成，协议规定，相

关活动的决策至少需要75%表决权通过才能实施。假定A公司、B公司和C公司任意两方均可达成一致意见，但三方不可能同时达成一致意见，下列项目中属于共同控制的是（　　）。

A.A公司、B公司、C公司在甲企业中拥有的表决权分别为50%、35%和15%

B.A公司、B公司、C公司在甲企业中拥有的表决权分别为50%、25%和25%

C.A公司、B公司、C公司在甲企业中拥有的表决权分别为80%、10%和10%

D.A公司、B公司、C公司在甲企业中拥有的表决权分别为40%、30%和30%

【答案】A

【解析】选项A，A公司和B公司是能够集体控制该安排的唯一组合，属于共同控制；选项B，A公司和B公司、A公司和C公司是能够集体控制该安排的两个组合，如果存在两个或两个以上的参与方组合能够集体控制某项安排的，不构成共同控制；选项C，A公司可以对甲企业实施控制，不属于共同控制范围；选项D，任意两个投资者持股比例都达不到75%，不属于共同控制。

考点12：合营安排的账务处理（见表4-13）

表4-13　　合营安排的账务处理

合营安排中的不同参与方	只要两个或两个以上的参与方对该安排实施共同控制，一项安排就可以被认定为合营安排，并不要求所有参与方都对该安排享有共同控制 对合营安排享有共同控制的参与方（分享控制权的参与方）被称为“合营方”；对合营安排不享有共同控制的参与方被称为“非合营方”
合营安排的分类	1. 共同经营 指合营方享有该安排相关资产且承担该安排相关负债的合营安排
	2. 合营企业 指合营方仅对该安排的净资产享有权利的合营安排
合营安排分类的判断	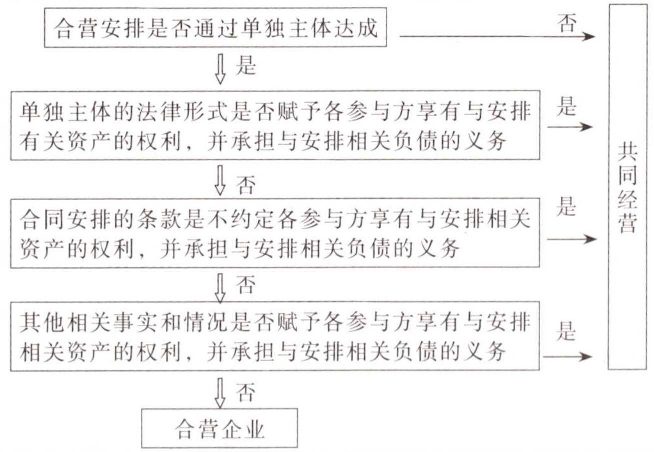

续表

合营企业账务处理	同长期股权投资权益法核算
共同经营账务处理	合营方应当确认其与共同经营中利益份额相关的下列项目，并按照相关企业会计准则的规定进行会计处理： 一是确认单独所持有的资产和单独所承担的负债 二是共同经营中的资产、负债、收入和费用按比例确定
	对共同经营不享有共同控制的参与方的会计处理原则（非合营方） 对共同经营不享有共同控制的参与方（非合营方），如果享有该共同经营相关资产且承担该共同经营相关负债的，比照合营方进行会计处理 否则，应当按照相关企业会计准则的规定对其利益份额进行会计处理。例如： 1. 如果该参与方对于合营安排的净资产享有权利并且具有重大影响，则按照长期股权投资准则等相关规定进行会计处理 2. 如果该参与方对于合营安排的净资产享有权利并且无重大影响，则按照金融工具确认和计量准则等相关规定进行会计处理 3. 向共同经营投出构成业务的资产的，以及取得共同经营的利益份额的，则按照合并财务报表及企业合并等相关准则进行会计处理

我用一根主线把教材中所有的考点都串联了起来，其实在串联的过程中，我就形成了自己的知识体系，在整理的过程中，我加深了对考点的理解，在抄写修改的过程中，我加深了对其的理解记忆，更重要的是，我非常有成就感，本章前述表格几乎包括了这一章所有的考点。我只要把这些表格多琢磨几遍，很多东西就会在琢磨的过程中被消化掉了。再就是教材中的考点四处分布，而我用一根主线、十几个表格将它们归纳在一起，这样记忆的时候就比较容易了，我把教材合上，脑海里立刻闪现出我自己总结的表格，而不是看完书后，把教材一合，什么印象也没有。

当然，尽管我在琢磨的过程中收获不少，但是，并没有完全理解消化所有内容，我需要做题来对这些知识进行巩固，另外，我也想检验一下今天的学习成果，是不是所有与这些考点相关的题目我都会做了。

做题是很重要的，用杜老师的话说，这其实是一种肌肉锻炼，锻炼会让你的肌肉变得更加灵活，如果你不做题，哪怕你对这个考点掌握了，考试的时候也会由于不熟练，而导致做不完或者做错，粗心大意一般都是不熟练的结果。

做题的最高境界应该是看到题，就能马上写出答案。本章的这些表格，其实可以算是一个大综合题了，而练习中的综合题其实只是这个大综合题的一小部分，所以我有信心把它们做对。

【例题·计算题】

2021年1月1日，A公司和B公司共同出资购买一栋写字楼，各自拥有该

写字楼50%的产权，用于出租收取租金。

合同约定，该写字楼相关活动的决策需要A公司和B公司一致同意方可做出；A公司和B公司的出资比例、收入分享比例和费用分担比例均为50%。

该写字楼购买价款为8 000万元，由A公司和B公司以银行存款支付，预计使用寿命20年，预计净残值为320万元，采用年限平均法按月计提折旧。

该写字楼的租赁合同约定，租赁期限为10年，每年租金为480万元，按月交付。该写字楼每月支付维修费2万元。

另外，A公司和B公司约定，该写字楼的后续维护和维修支出（包括再装修支出和任何其他的大修支出）以及与该写字楼相关的任何资金需求，均由A公司和B公司按比例承担。

假设A公司和B公司均采用成本模式对投资性房地产进行后续计量，不考虑税费等其他因素影响。

【答案】由于关于该写字楼相关活动的决策需要A公司和B公司一致同意方可做出，所以A公司和B公司共同控制该写字楼，购买并出租该写字楼为一项合营安排。

由于该合营安排并未通过一个单独主体来架构，并明确约定了A公司和B公司享有该安排中资产的权利、获得该安排相应收入的权利、承担相应费用的责任等，因此该合营安排是共同经营。

A公司的相关会计处理如下（分录单位：万元）：

（1）出资购买写字楼时

借：投资性房地产（8 000×50%）　　4 000

　贷：银行存款　　4 000

（2）每月确认租金收入时

借：银行存款（480×50%÷12）　　20

　贷：其他业务收入　　20

（3）每月计提写字楼折旧时

借：其他业务成本　　16

　贷：投资性房地产累计折旧　　16

（8 000－320）÷20÷12×50%＝16（万元）

（4）支付维修费时

借：其他业务成本（2×50%）　　1

　贷：银行存款　　1

【例题·计算题】甲股份有限公司（以下简称“甲公司”）2×18年至2×21年与投资业务有关的资料如下：

（1）2×18年11月1日，甲公司与乙股份有限公司（以下简称“乙公司”）

签订股权转让协议。该股权转让协议规定：甲公司收购乙公司持有的A公司股份总额的30%，收购价格为230万元，收购价款于协议生效后以银行存款支付；该股权转让协议于2×18年12月25日分别经甲公司和乙公司临时股东大会审议通过，并依法报经有关部门批准。该股权协议生效日为2×18年12月31日。

（2）2×19年1月1日，A公司股东权益总额为800万元，其中股本为400万元，资本公积为100万元，未分配利润为300万元（假定均为2×18年度实现的净利润）。

（3）2×19年1月1日，A公司董事会提出2×18年利润分配方案。该方案如下：按实现净利润的10%提取法定盈余公积，不分配现金股利。就该方案进行会计处理后，A公司股东权益总额仍为800万元，其中股本为400万元，资本公积为100万元，盈余公积为30万元，未分配利润为270万元。假定2×19年1月1日，A公司可辨认净资产的公允价值为800万元。

（4）2×19年1月1日，甲公司以银行存款支付收购股权价款230万元，并办理了相关的股权转让手续，甲公司对A公司能够施加重大影响。

（5）2×19年5月1日，A公司股东大会通过2×18年度利润分配方案。该分配方案如下：按实现净利润的10%提取法定盈余公积，分配现金股利100万元。

（6）2×19年5月5日，甲公司收到A公司分派的现金股利。

（7）2×19年6月30日，A公司因其他权益工具投资公允价值上升确认其他综合收益50万元。

（8）2×19年度，A公司实现净利润160万元。

（9）2×20年5月4日，A公司股东大会通过2×19年度利润分配方案。该方案内容如下：按实现净利润的10%提取法定盈余公积，不分配现金股利。

（10）2×20年度，A公司发生净亏损200万元。

（11）2×20年12月31日，甲公司对A公司投资的预计可收回金额为200万元。

（12）2×21年1月5日，甲公司将其持有的A公司股份全部对外转让，转让价款为195万元，相关的股权划转手续已办妥，转让价款已存入银行。假定甲公司在转让股份过程中没有发生相关税费，并且不考虑内部交易和所得税的影响。

要求：

（1）确定甲公司收购A公司股权交易中的“股权转让日”。

（2）编制甲公司与上述经济业务有关的会计分录。

当我看到这个题目时，内容满满的一大篇，着实让人有种无从下手的感

觉，但是也无须慌张。因为第一，它毕竟不是考试；第二，就算它是考试，我也应该让自己从容不迫地应对。我按照做题的习惯，浏览一下“龙头”“凤尾”，扫一眼“猪肚”（凡是这种综合性的题目，对前面的前提条件我都戏称为“龙头”，对后面的问题，我都称为“凤尾”，对中间的那些我看成“猪肚”）。先把“龙头”“凤尾”看清楚，对“猪肚”等做题的时候，边做边看。

此题要求很简单，就是让我按照日期做分录，其出题思维其实就是按照事物的发展顺序来展开的，跟我平时的复习方法类似，所以我只要按照时间顺序一路解答下来就行了。

【分析】

（1）依题意，“股权转让日”为2×19年1月1日。

（2）按时间顺序编制经济业务的分录。

2×19年1月1日，以230万元购买A公司股份总额的30%。根据表4-14，我们能立马找到购买30%股份的解题思路。

表4-14　解题思路列表

借：长期股权投资——投资成本 　贷：银行存款
借：长期股权投资 　贷：营业外收入
购买的商誉不用做账务处理，商誉是隐含的
借：长期股权投资——损益调整 　贷：投资收益 如果被投资单位发生亏损，则做相反分录： 借：投资收益 　贷：长期股权投资——损益调整
借：长期股权投资——其他综合收益 　贷：其他综合收益 若被投资单位其他权益工具投资公允价值下降，则做相反分录
如果增资前，被投资单位净资产账面价值为10 000万元，则甲公司占20%的份额，即10 000×20%=2 000（万元），由于其他股东增资4 000万元，所以甲所占份额下降为15%，但仍然能对被投资单位施加重大影响，14 000×15%=2 100（万元） 增加的100万元则确认为其他综合收益 借：长期股权投资——其他综合收益 　贷：其他综合收益

【答案】

（1）甲公司收购A公司股权交易的“股权转让日”为2×19年1月1日。

（2）有关会计分录：

①2×19年1月1日

借：长期股权投资——投资成本　　2 300 000

　贷：银行存款　　2 300 000

甲公司持有A公司股权投资初始投资成本230万元小于应享有A公司可辨认净资产公允价值的份额240万元（800×30%），应调整长期股权投资的初始投资成本。

借：长期股权投资——投资成本（2 400 000-2 300 000）　　100 000

　贷：营业外收入　　100 000

②2×19年5月1日

借：应收股利（1 000 000×30%）　　300 000

　贷：长期股权投资——损益调整　　300 000

③2×19年5月5日

借：银行存款　　300 000

　贷：应收股利　　300 000

④2×19年6月30日

借：长期股权投资——其他综合收益（500 000×30%）　　150 000

　贷：其他综合收益　　150 000

⑤2×19年12月31日

借：长期股权投资——损益调整（1 600 000×30%）　　480 000

　贷：投资收益　　480 000

⑥2×20年12月31日

借：投资收益（2 000 000×30%）　　600 000

　贷：长期股权投资——损益调整　　600 000

⑦2×20年12月31日，长期股权投资的账面余额=230+10-30+15+48-60=213（万元），因可收回金额为200万元，所以应对该投资计提减值准备13万元。

借：资产减值损失　　130 000

　贷：长期股权投资减值准备　　130 000

⑧2×21年1月5日

借：银行存款　　1 950 000

　　长期股权投资减值准备　　130 000

　　投资收益　　50 000

借：长期股权投资——损益调整（300 000-480 000+600 000） 420 000

　贷：长期股权投资——投资成本（2 300 000 +100 000） 2 400 000

　　　　　　　　　——其他综合收益 150 000

借：其他综合收益 150 000

　贷：投资收益 150 000

只做一道题，巩固的效果是有限的，还得多做几道，不断地理解记忆相关考点，并加以灵活运用，在灵活运用的过程中再一次加深理解，只有把笔记上的表格理解透了，考试的时候才能得心应手。

时间就在总结、做题、理解、记忆中慢慢逝去了，其实应试准备的过程中最苦恼的就是看不进去，或者不想看，但是如果你拿着笔记本，不断地去总结，不断地去思考，不断地去探索，带着一种研究的精神去学习，并形成自己的知识体系，你就会越来越集中精力，沉浸其中，并获得乐趣。当你掌握了，你收获的不只是这些表格里的知识，还会在整理这些表格的过程中，不知不觉地消化很多其他相关知识。

总结、组合、整理，用一根线把所有的考点串联起来，其实是一种不错的学习方法。它让你剔除了教材中的纷繁复杂，抽出了重点与精髓，并创造性地形成了自己的知识体系，再复杂的事情也尽力让其简单化，用简单的方式去勾勒，会让你收获意想不到的美好。

鱼在水里说："游来戏去便是我最大的快乐，只要一辈子不离开水，再简单的日子我也可以过。"于是，水柔和地应声："看来，向前一直流淌，就是我的终极追求！这样简单的奔腾也可以助我抵达彼岸！"

每天简单地学习，简单地生活，简单地前进，能够简单就很好！

第5章

投资性房地产

（一）内心的平静

如果你内心无法获得平静，那复习考试根本就无从谈起。所以，你必须使你的灵魂获得安宁，平静地生活、按部就班才是实现成功的真正途径。

这些日子压力越来越大，事务所里的工作任务也越来越繁重，大到正常的审计项目，小到一些档案的整理，甚至前两天文员请假了，她的一些工作也得由我完成。今天一大早，我来到所里就发现有些不对劲，所里的人似乎都用一种异样的眼光看着我。后来，我才得知，我订的机票出问题了。所长和其他三位出差的老师到了机场才发现，除了所长（所长的机票是自己订的），其他人都登不了机，服务人员说没订上票。据说当时所长的脸色很不好看，四个人出差，就他一个飞过去有什么用？情急之下，所长一狠心订了三张头等舱的机票！这消息听得我心里直翻腾。

明明说订好了，怎么会没订上呢？我连忙打电话询问原因，结果答复是订票的网站出了问题，信息失效。

“你怎么不找一个好一点的订票网站？连订机票这么简单的事情都做不了。”同事们似乎都在埋怨。

“不是你们叫我在这个网站上订的吗？说是这个网站的票比较便宜，公司订机票一般都在这个网站上订。”

我想这样为自己辩解，但是我没有，也许是我太过柔弱，不善于在公众场合与他人争论，我所能做的也只是默默走开。

晚上回到家里，心里久久都不能平静。我思来想去，最后还是归责于自己，一切都是因为自己经验不够。

想到这里，我告诫自己，一定要努力，一定要让自己一天天强大起来。我拿起桌子上的教材想要继续我的备考复习，可是却怎么也看不进去，我越逼着

自己一定要看进去，越恨不得把所有的知识都装进脑袋，就越看不进去，那些知识就像不认识我似的，一个个都跑得远远的。

最后，我只得宣告放弃，眼睛却无意中看到了楚帆送我的一本漫画。

这些天我一直在复习会计，在“借贷”中生活，这种闲书我碰都不敢碰。今天，我索性拿起漫画一页一页地翻阅，其中几米的漫画最吸引我，他的漫画充满都市感，而且画面精致得让人爱不释手，故事性强，非常富有哲理，诙谐有趣，意境深远，耐人寻味，让人完全沉浸其中，忘却已有的烦恼。

可是，当我看到几米的简介，才发觉他十多年前的画风和现在大相径庭。那时，几米还是一个不知名的小人物，虽然奋斗了多年，却始终找不到成功的机会，只能靠给杂志画些插图来维持生活。贫穷的生活、不被认可的身份、窘迫的经济环境，这一切都深深地刺痛了几米的心。为了摆脱贫困的生活，几米开始没日没夜地拼命工作，他心里只有一个目标，那就是靠自己手中的画笔来彻底改变现今这并不如意的生活。

我突然觉得我现在的心境和当初的他很像，我心里也只有一个目标：一定要努力，再努力，努力通过考试，改变现在这种不如意的生活。

但是当看到简介后面的内容时，我惊呆了。他太想成功了，太想得到别人的认可、体面的生活了，然而，老天跟他开了个玩笑，过度劳累的几米还没有看见自己的成功就先病倒了——一场大病几乎要了他的命。经历了生死之变、体验过人世无常的几米突然醒悟了。出院之后他仍旧画漫画，给杂志画插图，然而他的漫画风格却有了巨大的改变。这一次，他不是为金钱、荣誉去创作，而是卸下了肩上沉甸甸的担子，以平和的心境去画自己、画身边的生活、画他眼中的世界。纯净美好的思绪，就这样从几米的画笔下缓缓流出。

曾有人跟我说，会游泳的人都懂得这样一个常识：一旦溺水，最好的自救方法不是拼命挣扎，也不是大声呼救，而是尽量心无杂念，什么都不要想，全身放松。只要放轻松，就能浮上来。从某种角度来说，人们往往不是死于溺水，而是死于自己过于旺盛的求生欲望。越是在困境中，焦躁而强烈的欲望就越会成为你的负担，它会拉着你一步步向“水深处”走去。

也许几米是个聪明人，他没有被自己沉甸甸的“求生欲望”拉到水底，而是尽量忘却眼前的困境，身心放松，顺其自然。生活就是这样，太在乎输赢，往往就输得越惨；太想得到，失去得就越多；太期盼财富，离贫穷却越来越近；太想求生，反而更容易被死神召唤。命运好似一位“势利”的女神，她对向其顶礼膜拜的人不屑一顾，反而对那些“毫无顾忌”的人格外垂青。

看到这里，我突然觉得，对生命中的很多东西，都要学会坦然面对，心平气和。对于职场、爱情、友情、生活都要保持一种良好的心态，会计备考也是一样，要想自己看得进去，首先要战胜自己，让自己的灵魂获得安宁。要一步一步地往前看，而不让其他过多的情绪干扰自己，到考试那天，肯定是没问题的，毕竟现在我的时间还是很充裕的。

不要过分地逼迫自己，更不要拿别人的错误来惩罚自己，能看多少就看多少，尽量让自己在备考的过程中找到乐趣。那怎样在准备中级考试的过程中让自己饶有兴趣呢？这些日子里，跟着杜老师学习，我多多少少有点体会，他的方法就是场景法，然后把教材的内容重新组合一下，在组合的过程中，你会逐渐建立属于自己的知识体系，最后做些题目，练练手，巩固和完善这些考点。

不妨把这个过程当成一个游戏，将书中的考点重新组合编排，就像搭积木一样，搭出自己想要的结构，然后把它当游戏玩，以一种“玩世不恭”的态度对待，你就会找到乐趣，而且这个乐趣叫自得其乐。

（二）本章通关地图（如图5-1所示）

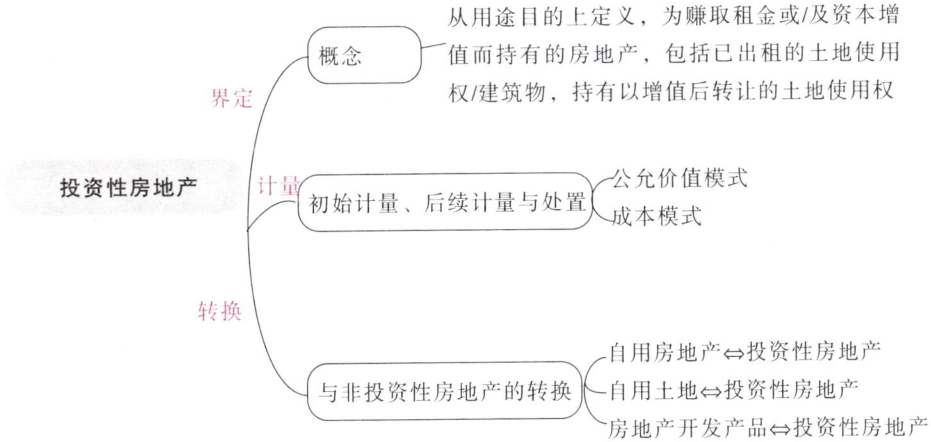

图5-1 本章通关地图

（三）高频考点提炼

考点1：投资性房地产（见表5-1）

表5-1 投资性房地产

考点1	投资性房地产
概念：从用途目的上定义	为赚取租金或资本增值，或者两者兼有而持有的房地产

续表

属于投资性房地产	不属于投资性房地产
1.已出租的土地使用权 2.持有并准备增值后转让的土地使用权 3.已出租的建筑物	1.自用的房屋：比如自己用于生产经营的办公楼、厂房等，我们一般作为固定资产 2.作为存货的房地产：对于房地产开发企业来说，房地产是它生产出来的存货 3.如果某项房地产部分用于赚取租金或资本增值，部分自用（用于生产商品、提供劳务或经营管理），能够单独计量和出售的，用于赚取租金或资本增值的部分，应当确认为投资性房地产;不能够单独计量和出售的，用于赚取租金或资本增值的部分，不确认为投资性房地产。该项房地产自用的部分，以及不能够单独计量和出售的，用于赚取租金或资本增值的部分，应当确认为固定资产或无形资产。换句话说，就是赚取租金或资本增值的部分要能够单独计量和出售 4.企业计划用于出租但尚未出租的土地使用权，不属于投资性房地产 5.根据国家有关规定认定的闲置土地，不属于投资性房地产 6.企业以经营租赁方式租入再转租的建筑物不属于投资性房地产 7.持有并准备增值后转让的房屋建筑物

考点2：投资性房地产从进入企业到处置的整个过程中的分录（见表5-2）

表5-2　　投资性房地产从进入企业到处置的整个过程中的分录

考点2	投资性房地产从进入企业到处置的整个过程中的分录	
存续期间计量模式	成本模式	公允价值模式
购买用来出租的房屋	借：投资性房地产 　贷：银行存款	借：投资性房地产——成本 　贷：银行存款
每月确认租金收入	借：银行存款 　贷：其他业务收入	借：银行存款 　贷：其他业务收入
成本模式下每月月底计提折旧，公允价值模式下每月不计提折旧，月底确认公允价值变动	借：其他业务成本 　贷：投资性房地产累计折旧（摊销）	借：投资性房地产——公允价值变动 　贷：公允价值变动损益 如果亏了，公允价值变少了，则为： 借：公允价值变动损益 　贷：投资性房地产——公允价值变动
减值	成本模式下计提减值准备 借：资产减值损失 　贷：投资性房地产减值准备	因为公允价值变动随时都在账上反映，所以不需要对减值进行处理

续表

开始改良扩建，把投资性房地产转入改扩建工程	借：投资性房地产——在建 投资性房地产累计折旧（摊销） 投资性房地产减值准备 贷：投资性房地产	借：投资性房地产——在建 贷：投资性房地产——成本 ——公允价值变动
支付扩建支出	借：投资性房地产——在建 贷：银行存款	借：投资性房地产——在建 贷：银行存款
完工：改良时，先把投资性房地产全部转入在建，完工后，再把在建全部转回来	借：投资性房地产 贷：投资性房地产——在建	借：投资性房地产——成本 贷：投资性房地产——在建
修理费用支出	借：其他业务成本 贷：银行存款	借：其他业务成本 贷：银行存款
处置投资性房地产（如出售得到处置收入）	借：银行存款 贷：其他业务收入	借：银行存款 贷：其他业务收入
把投资性房地产的各科目都冲掉，差额计入其他业务成本	借：其他业务成本 投资性房地产累计折旧（摊销） 投资性房地产减值准备 贷：投资性房地产	借：其他业务成本 其他综合收益 公允价值变动损益 贷：投资性房地产——成本 ——公允价值变动

【例题·单选题】某企业对投资性房地产采用成本模式计量。2022年1月15日，购入一幢房屋用于经营出租。该房屋的成本为320万元，预计使用年限为20年，预计净残值为20万元，采用直线法计提折旧。不考虑其他因素，该企业2022年应计提的折旧额为（　　）万元。

A.18　　B.13.75　　C.14.67　　D.15

（以下是本题分析思路与答案，请先不要看）

分析思路：

1.初步判断本题考查的是：投资性房地产成本模式的计量。

2.回顾相关考点，默写整个过程的相关分录。会计是一门经济语言，分录就是对经济业务的一种描述，我们需要用专业的语言将某个事件的整个过程描述一遍，这就是记录。

3.投资性房地产成本模式的计量，其本质跟固定资产、无形资产一样，该折旧就计提折旧，该摊销就摊销，唯一的区别是名称不一样，一边叫固定资产、无形资产，另一边叫投资性房地产。

本题中的投资性房地产，1月购入，购入当月不计提折旧，因此本年折旧只计提11个月。

【答案】B

【分析】2022年应计提的折旧=（320-20）÷20×11÷12=13.75（万元）

考点3：投资性房地产与非投资性房地产之间的转换（见表5-3）

表5-3　　投资性房地产与非投资性房地产之间的转换

考点3	投资性房地产与非投资性房地产之间的转换	
	成本模式下	公允价值模式下
自用房地产转为投资性房地产	借：投资性房地产——办公楼 累计折旧 固定资产减值准备 贷：固定资产——办公楼 投资性房地产累计折旧 投资性房地产减值准备	借：投资性房地产——成本（当日公允价值） 公允价值变动损益 累计折旧 固定资产减值准备 贷：固定资产 或者 借：投资性房地产——成本（当日公允价值） 累计折旧 固定资产减值准备 贷：固定资产 其他综合收益
自用土地转为投资性房地产	借：投资性房地产——土地 累计摊销 无形资产减值准备 贷：无形资产——土地 投资性房地产累计摊销 投资性房地产减值准备	借：投资性房地产——成本（当日公允价值） 公允价值变动损益 累计摊销 无形资产减值准备 贷：无形资产 或者 借：投资性房地产——成本（当日公允价值） 累计摊销 无形资产减值准备 贷：无形资产 其他综合收益

考点3	投资性房地产与非投资性房地产之间的转换	
	成本模式下	公允价值模式下
房地产开发企业的房地产开发产品转为投资性房地产	借：投资性房地产——写字楼 存货跌价准备 贷：开发产品	借：投资性房地产——成本（公允价值） 公允价值变动损益 存货跌价准备 贷：开发产品 或者 借：投资性房地产——成本（公允价值） 存货跌价准备 贷：开发产品 其他综合收益
投资性房地产转为自用房地产	借：固定资产——办公楼 投资性房地产累计折旧 投资性房地产减值准备 贷：投资性房地产——办公楼 累计折旧 固定资产减值准备	借：固定资产（公允价值） 贷：投资性房地产——成本 ——公允价值变动 公允价值变动损益 或者 借：固定资产（公允价值） 公允价值变动损益 贷：投资性房地产——成本 ——公允价值变动
投资性房地产转为自用土地	借：无形资产——土地 投资性房地产累计摊销 投资性房地产减值准备 贷：投资性房地产——土地 累计摊销 无形资产减值准备	借：无形资产（公允价值） 贷：投资性房地产——成本 ——公允价值变动 公允价值变动损益 或者 借：无形资产（公允价值） 公允价值变动损益 贷：投资性房地产——成本 ——公允价值变动
房地产开发的楼盘不再出租，从投资性房地产转为开发产品	借：开发产品 投资性房地产累计折旧 投资性房地产减值准备 贷：投资性房地产	借：开发产品（公允价值） 贷：投资性房地产——成本 ——公允价值变动 公允价值变动损益 或者 借：开发产品（公允价值） 公允价值变动损益 贷：投资性房地产——成本 ——公允价值变动

【例题·单选题】A公司将一栋自用办公楼转换为采用公允价值模式计量的投资性房地产，该办公楼的账面原值为5 000万元，已计提折旧100万元，固定资产减值准备200万元，转换日的公允价值为6 000万元，下列关于A公司在转换日的会计处理，不正确的是（　　）。

A.借记“投资性房地产”科目6 000万元

B.不需要将固定资产的账面价值转入“固定资产清理”科目

C.转换日的公允价值大于固定资产的账面价值的差额1 300万元，计入其他综合收益

D.转换日的公允价值大于固定资产的账面价值的差额1 300万元，计入公允价值变动损益

（以下是本题分析思路与答案，请先不要看）

分析思路：

1.初步判断此题考查的是：自用房地产转公允价值模式下的投资性房地产。

2.回顾考点3，相关分录最好都能默写出来。

3.借：投资性房地产——成本（转换日的公允价值）
　　累计折旧/累计摊销
　　固定资产减值准备/无形资产减值准备
　　公允价值变动损益（倒挤，借差）
　贷：固定资产/无形资产
　　其他综合收益（倒挤，贷差）

4.记忆要点：自用房地产转为投资性房地产，而且是以公允价值模式计量，那首先，肯定要借：投资性房地产——成本（转换日的公允价值）；然后，将自用模式下的固定资产相关科目全部冲掉，比如固定资产原价、累计折旧、固定资产减值准备；最后，看差额，差额如果在借方，就计入公允价值变动损益；如果在贷方，就计入其他综合收益。

5.借：投资性房地产——成本（转换日的公允价值）　60 000 000
　　累计折旧　1 000 000
　　固定资产减值准备　2 000 000
　贷：固定资产/无形资产　50 000 000
　　其他综合收益（倒挤，贷差）　13 000 000

【答案】D

【分析】自用房地产转为以公允价值模式计量的投资性房地产时，贷方差额应计入其他综合收益；如果是借方差额，则计入公允价值变动损益。

【例题·单选题】甲公司2021年12月将采用成本模式计量的投资性房地产转为自用固定资产，转换日该房地产的公允价值为20 000万元，转换日“投资性

房地产”科目余额为20 300万元，“投资性房地产累计折旧”科目金额为2 000万元，未计提减值准备。下列关于转换日的会计处理中，不正确的是（　　）。

A.原则是投资性房地产各相关科目与固定资产相关科目对应结转

B.冲减投资性房地产20 300万元，同时增加固定资产20 300万元

C.冲减投资性房地产累计折旧2 000万元，同时增加累计折旧2 000万元

D.确认转换损益1 700万元

（以下是本题分析思路与答案，请先不要看）

分析思路：

1.初步判断此题考查的是：成本模式下的投资性房地产转为自用固定资产。

2.回顾考点3，相关分录最好都能默写出来。

3.成本模式下一般是科目对转，口诀就是：原转原，折转折，摊转摊，减转减（固定资产原价转投资性房地产原价，固定资产累计折旧转投资性房地产累计折旧，无形资产累计摊销转投资性房地产累计摊销，固定资产减值准备转投资性房地产减值准备；反之，亦成立）。

借：固定资产/无形资产

　　投资性房地产累计折旧（摊销）

　　投资性房地产减值准备

　贷：投资性房地产

　　　累计折旧/累计摊销

　　　固定资产减值准备/无形资产减值准备

4.本题分录：

借：固定资产　　203 000 000

　　投资性房地产累计折旧　　20 000 000

　贷：投资性房地产　　203 000 000

　　　累计折旧　　20 000 000

【答案】D

【分析】成本模式下的投资性房地产转为固定资产时，是对应科目对应结转的，不会产生转换损益。

考点4：成本模式转公允价值模式（会计政策变更）（见表5-4）

表5-4　成本模式转公允价值模式（会计政策变更）

规定	企业对投资性房地产的计量模式一经确定，不得随意变更 成本模式转为公允价值模式的，应当作为会计政策变更处理，就计量模式变更时公允价值与账面价值的差额，调整期初留存收益（利润分配——未分配利润、盈余公积） 【特别提示】 已采用公允价值模式计量的投资性房地产，不得从公允价值模式转为成本模式

续表

分录	借：投资性房地产——成本（转换日的公允价值） 　　投资性房地产减值准备 　　投资性房地产累计折旧（摊销） 　贷：投资性房地产 　　　利润分配——未分配利润（倒挤，可借可贷） 　　　盈余公积（倒挤，可借可贷）

【例题·单选题】甲公司将其一栋写字楼租赁给乙公司使用，且一直采用成本模式进行后续计量。2022年1月1日，该项投资性房地产具备了采用公允价值模式计量的条件，甲公司决定对该投资性房地产从成本模式转换为公允价值模式计量。该写字楼的原价为3 000万元，已计提折旧1 500万元、减值准备250万元，当日该写字楼的公允价值为3 500万元。甲公司按净利润的10%提取盈余公积。不考虑所得税等因素的影响，该事项对"利润分配——未分配利润"科目的影响金额为（　　）。

A.2 025万元　　B.2 250万元　　C.0　　D.1 800万元

（以下是本题分析思路与答案，请先不要看）

分析思路：

1.初步判断此题考查的是：成本模式转公允价值模式。

2.成本模式转公允价值模式涉及会计政策变更。

3.我们要熟记成本模式转公允价值模式下的会计政策变更分录：

借：投资性房地产——成本（转换日的公允价值）
　　投资性房地产减值准备
　　投资性房地产累计折旧（摊销）
　贷：投资性房地产
　　　利润分配——未分配利润（倒挤，可借可贷）
　　　盈余公积（倒挤，可借可贷）

4.需理解的要点是：首先肯定是借，借：投资性房地产——成本（转换日的公允价值）；然后是把成本模式下的相关科目全部冲掉，比如投资性房地产、投资性房地产减值准备、投资性房地产累计折旧（摊销），因为我们已经转换成公允价值模式了，那成本模式下的科目就应该消失了；最后，差额计入留存收益，也就是"利润分配——未分配利润"和"盈余公积"，其中，"利润分配——未分配利润"占90%，"盈余公积"占10%。

5.应注意的是，已采用公允价值模式计量的投资性房地产，一般不得从公允价值模式转为成本模式。

【答案】A

【分析】该事项对“利润分配——未分配利润”科目的影响金额=［3 500-（3 000-1 500-250）］×（1-10%）=2 025（万元）。

相关会计分录为：

借：投资性房地产——成本	35 000 000	
投资性房地产累计折旧	15 000 000	
投资性房地产减值准备	2 500 000	
贷：投资性房地产		30 000 000
盈余公积		2 250 000
利润分配——未分配利润		20 250 000

（四）投资性房地产场景式学习

接着，我马上想到以下几个问题：

1.什么是投资性房地产？

2.投资性房地产进入企业时是怎么核算的？

3.投资性房地产在企业存续期间是怎么核算的？

4.投资性房地产清理，也就是使其从企业消失又是怎么核算的？

教材上说，投资性房地产的概念是：为赚取租金或资本增值，或者两者兼有而持有的房地产。投资性房地产应当能够单独计量和出售。

说到房地产，我立刻想到的是房屋和土地，房屋一般作为固定资产，如果是房地产开发公司的话，则将其视为存货，将土地使用权视为无形资产。

投资性房地产，是根据用途和目的来划分的，即用于出租赚取租金或者通过资本增值赚取差价的房屋和土地。

对于考试来说，只要记住哪些不是投资性房地产，剩下的就是投资性房地产了。相关的考点见表5-1。

在平时做练习的时候，我还可以查缺补漏，不断完善这个表格（表5-1）。比如：“持有并准备增值后转让的土地使用权”是投资性房地产，而“持有并准备增值后转让的房屋建筑物”却不属于投资性房地产。这点其实是我后来在做练习的时候自己加上的，这个题我当时做错了，而且看了答案后，还是不明白为什么“持有并准备增值后转让的房屋建筑物”不属于投资性房地产。后来，我想“持有并准备增值后转让的房屋建筑物”并不会像土地使用权一样，土地使用权持有并准备增值时肯定是处于闲置状态的，一片空地没办法使用，而持有并准备增值后转让的房屋建筑物则是可以自用的，应当按固定资产核算，虽然理由不是特别充分，但好像也有点道理，当然更重要的是考试的时候如果考到这个考点的话，我应该不会错了。

投资性房地产有两个对象：一个是房屋，另一个是土地。在我脑海里，闪

现的是这两种实物。同时，我脑海里还闪现出不同的场景，见表5-5。

表5-5 投资性房地产房屋场景列表

实物对象	房屋
场景一	如果企业买了套房屋，在买入的同时开始对外出租，那么这个房屋要作为投资性房地产核算
场景二	如果企业建了套房屋，先自己用一段时间，然后再开始出租，那么这套房屋先作为固定资产核算，然后在出租时，转为投资性房地产核算
场景三	如果企业买了套房屋，在买入的同时开始对外出租，出租一段时间后，又开始自用，那么这套房屋先作为投资性房地产核算，自用时转为固定资产核算
场景四	如果房地产开发企业建的房子，在达到预定可使用状态后，先用来卖，后来没卖出去，开始对外出租，则这套房子先作为存货核算，后来出租时作为投资性房地产核算

对于房子，你在上述场景的基础上，还可以组合其他场景，比如企业自己建造厂房，先自用，后出租，后又自用，又该如何核算？诸如此类，其实就是上面的一些情况的再组合。对于土地也一样，也会有很多组合，见表5-6。

表5-6 投资性房地产土地场景列表

实物对象	土地
场景五	企业购买土地使用权用于自行开发建造厂房，土地使用权作为无形资产核算并摊销
场景六	如果房地产开发企业购买土地使用权用于建造用来出售的房屋，则该土地使用权应作为房屋建筑物的成本核算
场景七	如果企业购买的土地使用权不自用，而是用来实现资本增值（俗称炒地皮），则应作为投资性房地产核算
场景八	企业外购的房屋建筑物自用，总价款应在房屋建筑物和土地使用权中进行分配（一般按公允价值比例进行分配），然后再分别作为固定资产和无形资产核算。如果实在不能分配，那就全部作为固定资产核算

这些组合其实就是教材上考点的相互组合，甚至是跨章节的组合，而考试出题的时候，也是这么组合的，组合的思维和逻辑就是，按照经济业务场景、事物发展的顺序，用会计的语言（分录）把它描述出来。

然后，我随便练习了一两种场景就可以把教材上的考点串联起来，形成一个体系，同时不断地灵活运用，从而予以消化。

投资性房地产存续期间的计量模式有两种：一种是成本计量模式，这种计量模式类似固定资产的折旧、无形资产的摊销；另一种是公允价值计量模式，这种计量模式是按照公允价值变动来计量的。一个企业对投资性房地产的计量模式一经确定，不能随意变更。采用成本计量模式的投资性房地产，条件成熟时，可以转为公允价值计量模式，转换时作为会计政策变更处理。但是采用公允价值计量模式的房地产，不得从公允价值计量模式转为成本模式。这个地方，我们可以结合后面会计政策、会计估计变更的有关内容一起看，也可以先放一放，等到后面学完会计政策变更时再看。书不一定非得一页一页按照顺序看，只要我能把里面的知识都学进去，并且能形成自己的知识体系，那就意味着我对这本书的知识已经消化得差不多了。投资性房地产从进入企业到处置的整个过程的分录见表5-2。

处置时要注意，在公允价值计量模式下，要把与投资性房地产有关的科目余额全部冲掉，包括与其相关的公允价值变动损益和其他综合收益，因为处置即意味着收入的实现，成本就要结转。其他综合收益的产生主要是公允价值计量模式下，非投资性房地产转为投资性房地产，且当日的公允价值大于账面价值，具体见考点3（表5-3）。

考点2中的房地产一开始就是投资性房地产，而在实际中，有可能是自用一段时间后出租了，转为投资性房地产。当然，也有可能是出租了一段时间后，又开始自用了。这就涉及非投资性房地产与投资性房地产之间的转换。

非投资性房地产与投资性房地产（成本模式）互转其实就是账面价值的互转，不会出现差额。

自用房地产转为投资性房地产，其实就是把固定资产对应的科目移到投资性房地产对应的科目中。如是自用房地产，则把固定资产及其累计折旧、减值准备都冲掉，转到对应的投资性房地产及投资性房地产累计折旧、减值准备中。

固定资产↔投资性房地产

累计折旧↔投资性房地产累计折旧

固定资产减值准备↔投资性房地产减值准备

如果是自用土地转为投资性房地产，则是把无形资产及其摊销、减值等科目冲掉，转到对应的投资性房地产及其摊销、减值中。

无形资产↔投资性房地产

累计摊销↔投资性房地产累计摊销

无形资产减值准备↔投资性房地产减值准备

如果房地产开发企业的开发产品转为投资性房地产，则把“开发产品”这个科目冲销掉，全部转到“投资性房地产”科目中。

借：投资性房地产——写字楼

　　贷：开发产品

非投资性房地产与投资性房地产（公允价值模式）互转，互转的入账价值都是按照转换日的公允价值入账，非投资性房地产转投资性房地产，非投资性房地产对应的科目全部冲掉，投资性房地产按公允价值计量，差额如果在借方，科目则为“公允价值变动损益”，差额如在贷方，科目则为“其他综合收益”。

如是投资性房地产转为非投资性房地产，那么差额不管是借方还是贷方，都记入“公允价值变动损益”科目。

如自用的房屋作为固定资产核算，原值为100万元，累计折旧20万元，某日开始出租，转为投资性房地产，当日，此房屋的市面公允价值为150万元，则投资性房地产入账价值为150万元，借记“投资性房地产”150万元，固定资产和累计折旧都冲掉，即贷记“固定资产”100万元，借记“累计折旧”20万元。具体分录如下：

借：投资性房地产　　1 500 000
　　累计折旧　　200 000
　贷：固定资产　　1 000 000

此分录不平，贷方还差70万元，则记入“其他综合收益”科目，完整的分录是：

借：投资性房地产　　1 500 000
　　累计折旧　　200 000
　贷：固定资产　　1 000 000
　　　其他综合收益　　700 000

无形资产、房地产开发企业的楼盘（开发产品）转为投资性房地产的情况同理。

投资性房地产转为非投资性房地产，如固定资产、无形资产或开发产品，它们的入账价值都是公允价值，“投资性房地产——成本”和“投资性房地产——公允价值变动”科目金额冲掉，差额记入“公允价值变动损益”科目。

如“投资性房地产——成本”科目余额为100万元，“投资性房地产——公允价值变动”科目余额为20万元，转换为固定资产，转换日的公允价值是150万元，则固定资产的入账价值是150万元，投资性房地产相关科目都冲掉，差额30万元（150-100-20）记入“公允价值变动损益”科目。

借：固定资产　　1 500 000
　贷：投资性房地产——成本　　1 000 000
　　　　　　　　　——公允价值变动　　200 000
　　　公允价值变动损益　　300 000

其实这一章主要就是上面4个考点，第1个考点是概念理解，所以具体的应用考点其实就是3个，这样一来就好记多了。一章才3个考点，所以无论如何都要掌握，我不断地结合教材上的例题对其进行理解记忆，并把这个过程在脑海中过几遍，然后再适当地做几道练习题予以巩固。考试一般是按照时间先后顺序，也就是事物发展的先后顺序出题的，具体来说就是将考点2和考点3结合出题。

【例题·案例题】长江房地产公司（以下简称“长江公司”）于2×18年1月1日将一栋商品房对外出租并采用公允价值计量模式，租期为3年，每年12月31日收取租金100万元。出租时，该商品房的成本为2 000万元，公允价值为2 200万元；2×18年12月31日，该商品房的公允价值为2 150万元；2×19年12月31日，该商品房的公允价值为2 120万元；2×20年12月31日，该商品房的公允价值为2 050万元。2×21年1月5日，长江公司将该商品房对外出售，收到2 080万元存入银行。

【要求】编制长江公司上述经济业务的会计分录（假定按年确认公允价值变动损益，并确认租金收入）。

【分析】这个题目其实就是公允价值计量模式下，把开发产品转为投资性房地产，投资性房地产进入企业后的一系列经济业务处理，它其实就是考点2和考点3的结合应用。如果你对表格（表5-2、表5-3）上的考点熟悉，则完全可以按照时间的先后顺序直接写答案。如果你对表格上的考点不熟悉，则可以通过做题进一步加深理解。

（1）2×18年1月1日，长江房地产公司开始将一栋商品房对外出租，即公允价值计量模式下，开发产品转为投资性房地产，投资性房地产入账价值则为当日公允价值2 200万元，开发产品冲掉，即贷记“开发产品”2 000万元，差额在贷方，则记入“其他综合收益”科目。

借：投资性房地产——成本　　22 000 000

　贷：开发产品　　20 000 000

　　　其他综合收益　　2 000 000

（2）2×18年12月31日，收取租金。

借：银行存款　　1 000 000

　贷：其他业务收入　　1 000 000

并且确认公允价值变动，公允价值减少了，则记入“公允价值变动损益”科目的借方。

借：公允价值变动损益　　500 000

　贷：投资性房地产——公允价值变动　　500 000

（3）2×19年12月31日，收取租金。

借：银行存款　　1 000 000

贷：其他业务收入　　1 000 000

并且确认公允价值变动，公允价值减少了，则记入“公允价值变动损益”科目的借方。

借：公允价值变动损益　　300 000

贷：投资性房地产——公允价值变动　　300 000

（4）2×20年12月31日，收取租金。

借：银行存款　　1 000 000

贷：其他业务收入　　1 000 000

并且确认公允价值变动，公允价值减少了，则记入“公允价值变动损益”科目的借方。

借：公允价值变动损益　　700 000

贷：投资性房地产——公允价值变动　　700 000

（5）2×21年1月5日，出售该商品房并收到价款。

借：银行存款　　20 800 000

贷：其他业务收入　　20 800 000

同时，把有关投资性房地产的两个明细科目——“成本”和“公允价值变动”中的相关金额冲掉。

借：其他业务成本　　20 000 000

其他综合收益　　2 000 000

投资性房地产——公允价值变动　　1 500 000

贷：投资性房地产——成本　　22 000 000

公允价值变动损益　　1 500 000

上面这道题其实涉及的考点不多：

1.开发产品转为投资性房地产（公允价值计量模式）。

2.每月收到租金并确认公允价值变动。

3.出售收到价款，同时冲销掉与投资性房地产相关科目的金额。

每做一道题目，我都能知道它考的是笔记中的哪些考点，我还可以多做几道题，以灵活运用表格里面的考点。在做题的同时，我还可以不断地完善笔记中的考点，进一步理清它的思路。我也可以按照上面考点的思维方法，自己给自己出题，出一道很复杂、综合性很强的题目，“自娱自乐”的同时，进一步加深理解，要知道考试的时候，变的是题目，不变的是考点，我掌握了这些考点，就可以“以不变应万变”。

对于这一章，需要特别注意的是，在一定条件下，投资性房地产可以从成本模式转换成公允价值计量模式。已采用公允价值计量模式的投资性房地产，不得从公允价值计量模式转换为成本模式。对成本模式转换成公允价值计量模式的，应当作为会计政策变更处理。

成本模式转换成公允价值计量模式一般会结合会计政策变更一起考，而且侧重考核的是会计政策变更，所以等学到会计政策变更时，我再慢慢研究这个问题。

其实回过头来看看，投资性房地产的考点通过几张表就可以概括出来了，而且考题都是通过把表格中的几个小考点组合在一起出的，这就好比一种积木游戏，可以随意组合，然后灵活运用。当抱着游戏的态度静静地、心平气和地品味这些考点时，你就不会感觉枯燥了。

第6章

资产减值

（一）好为人师

好为人师最大的好处就是总算把自己讲明白了。

快下班的时候，婉晴打电话过来，问道："小艾，最近过得怎么样?《中级会计实务》复习到哪儿了?"

我淡淡地回答道："日子每天都一样地过，《中级会计实务》复习到'资产减值'了。"

婉晴惊呼："天呐，才1个星期，你就已经复习到第8章了，我还原地不动，停留在第1章呢。"

"还在第1章？不会吧?"这次轮到我诧异了。

"真的，这《中级会计实务》实在是太枯燥了，我根本就看不进去，拿起书就犯困。"婉晴抱怨道。

"考试用书肯定枯燥，但是我们还是得想办法让自己看下去。"我安慰道。

"你难道不觉得那些概念实在是看不懂吗?"婉晴有点无奈。

"看不懂，就跳过去，不看概念，先看实务，等实务弄明白之后，再来领会概念。"

"这样行吗?"

"这有什么不行的？你想，在很久很久以前，会计肯定是没有概念，只有实践，后来人们开始对实践进行总结和提炼，然后上升到一定高度，成为理论，才有了概念。所以，我觉得，先实践后理论，这才符合我们大脑的认知。"

"你说得好像挺有道理的，小艾，要不今晚你到我家来，我们俩一起复习，好不好?"

"为什么?"

"我想学习一下你复习《中级会计实务》的方法。"

“这样啊，那你得拜师。”

“好，我拜，我知道你最好为人师。”

“好为人师？这应该是个贬义词吧？”

“对对，不是好为人师，我们小艾就是热情善良，乐于助人，心胸开阔，大公无私。”

“好啦，不要拍马屁了，小心拍到马腿上。”

“好，不拍了，你下班就直接过来，来我家吃饭。”

“好的。”

我挂上电话，收拾桌子，就去楼下吃了个快餐，然后赶往婉晴家，虽然她家我并不是第一次去，但感觉蹭饭毕竟不是件光荣的事情。

到了她家才发现，他们竟然在等我一起吃饭，盛情难却，我只能再吃一顿，把我撑得特别难受。

晚上，我们开始复习。婉晴说要我分享学习方法和心得体会。我想了半天都不知道该从哪儿说起才好。最后，婉晴说：“这样吧，你现在接着复习第8章‘资产减值’，我想知道你是怎么复习的。我要知道明确清晰的思维方法和步骤。然后我照着你的做，看有没有效果。”

“好吧。”

于是，我边实践边讲述。这一章，对于我来说，也是全新的，根本就不知道主要讲的是什么内容。好在我们是在讨论学习方法，再加上婉晴是多年的死党，我才敢在她面前充当老师的角色。

打开第8章“资产减值”，我并不马上开始讲，而是边浏览边思考此章的大体结构。看大体结构，主要是浏览标题，然后看标题之间的联系，抽出核心，理出一条线索。

本章主要讲的是减值，单项资产的减值、资产组的减值、总部资产的减值、商誉的减值（如图6-1所示）。那它们之间有什么联系呢？

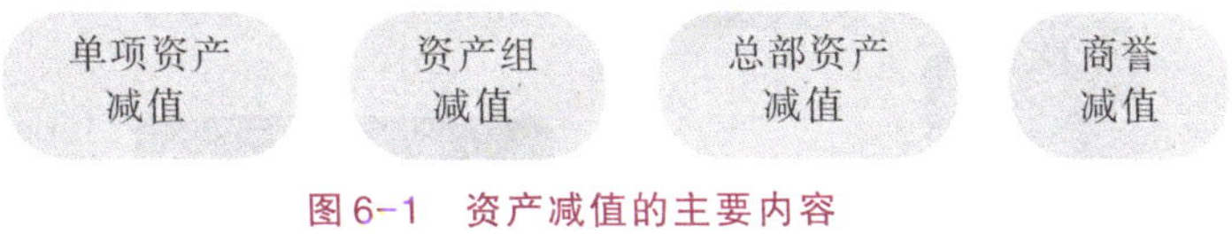

图6-1　资产减值的主要内容

我边浏览教材边思考，是不是几个资产组成资产组，几个小资产组和总部资产又组成一个更大的资产组，由总部资产组成的这个大的资产组几乎都等同于一家公司了？公司一般是有商誉的，如果和商誉在一起，那么岂不是组成了一个更大的资产组？那为什么要这么组合呢？我得慢慢细看下去，先粗后细，先整体把握，后逐步攻破，这叫战略战术。

资产减值是什么？资产减值应该是我们发现有些资产有减值迹象，于是我

们就开始评估，到底减值了多少。

那怎么评估呢？一个方法是拿到市场上估算能卖多少钱；另一个方法是不卖，而是估算它能为企业带来多少现金流量，这现金流量折现到现在值多少钱。这两个中的较大者则为可收回金额。这符合人趋利避害的本性，因为如果这个资产留着能赚更多的钱，企业肯定不会把它卖掉的。然后，拿可收回金额与账面价值比较，如果可收回金额低于账面价值，说明它减值了，如果可收回金额高于账面价值，那么说明它没有减值。

（二）本章通关地图（见图6-2）

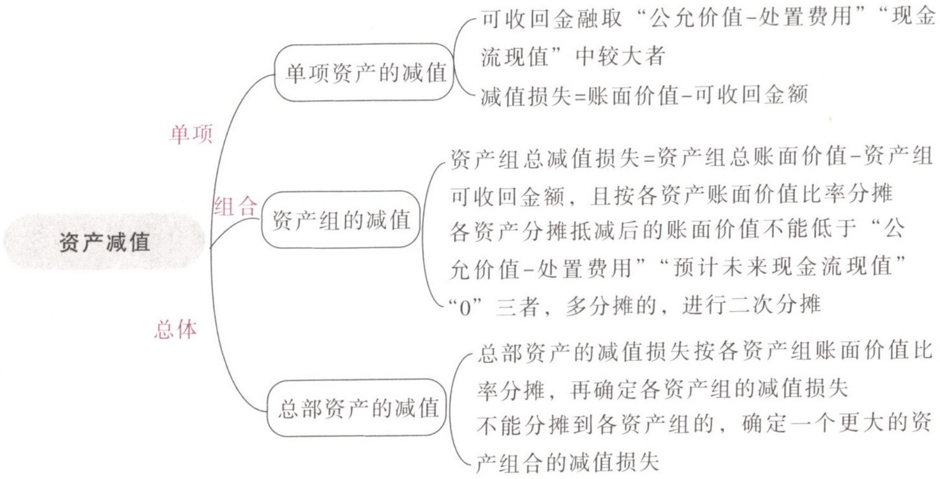

图6-2　本章通关地图

（三）高频考点提炼

考点1：单项资产的减值

单项资产的减值如图6-3所示。

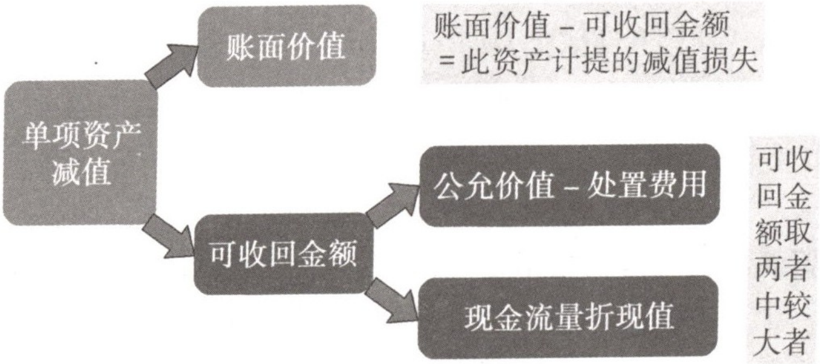

图6-3　单项资产的减值

公允价值减去处置费用这个很简单，一般是用市价减去处置费用就行了。现金流量折现值怎么计算呢？教材上是有例子的，我们可以直接看对应的例子。所以看书并不一定非得按顺序去看每一个字，而是按照自己的思路，重新把相关考点串联起来，理解记忆。

【例题·案例题】如果MN固定资产生产的产品受市场行情波动影响较大，在产品市场行情好、一般和差3种可能情况下，产生的现金流量有较大差异。MN固定资产预计未来3年每年产生的现金流量情况见表6-1。

表6-1　现金流量情况　单位：元

年限	市场行情好（30%的可能性）	市场行情一般（60%的可能性）	市场行情差（10%的可能性）
第1年	3 000 000	2 000 000	1 000 000
第2年	1 600 000	1 000 000	400 000
第3年	400 000	200 000	0

1.确定每年的现金流量（见表6-2）

表6-2　每年的现金流量

第1年预计现金流量	3 000 000×30%+2 000 000×60%+1 000 000×10%=2 200 000（元）
第2年预计现金流量	1 600 000×30%+1 000 000×60%+400 000×10%=1 120 000（元）
第3年预计现金流量	400 000×30%+200 000×60%+0×10%=240 000（元）

2.确定折现率

确定折现率，教材中说了很多方法，但是在实务题中，一般会明确告诉你折现率及折现系数，就像表6-3那样。

表6-3　折现系数表

折现率15%的折现系数（1~8年）
0.8696
0.7561
0.6575
0.5718
0.4972
0.4323
0.3759
0.3269

3.确定现金流量现值（见表6-4）

表6-4 现金流量现值表 金额单位：元

年　份	现金流量	折现系数（折现率为15%）	现金流量现值（现金流量×折现系数）
第1年	2 200 000	0.8696	1 913 120
第2年	1 120 000	0.7561	846 832
第3年	240 000	0.6575	157 800
合　计	3 560 000		2 917 752

4.确定可收回金额（账面价值-可收回金额=此资产计提的减值损失）

借：资产减值损失

　贷：固定资产减值准备

资产组的减值思路应该是一样的。所谓资产组，教材上的概念是：资产组，是指企业可以认定的最小资产组合，其产生的现金流入应当基本上独立于其他资产或资产组产生的现金流入。资产组应当由与创造现金流入相关的资产构成。

我们可以这样理解，资产单独卖出去可能值不了多少钱，但是组合在一起生产经营就可能创造出大量的现金流。就像一家企业一样，如果清算，把单项资产卖掉，那么肯定卖不了多少钱，但如果持续经营，那就可以不断发展壮大，创造巨大的现金流。

资产组是一个具有独立现金流的最小单位的组合，一个企业应该有很多资产组。那资产组的减值也可以按单项资产的减值思路，只不过确定了总的资产减值损失后，再按账面价值比率分摊减值损失，毕竟计提资产减值损失要具体到每项资产上。

考点2：资产组的减值

资产组减值损失计算如图6-4所示。

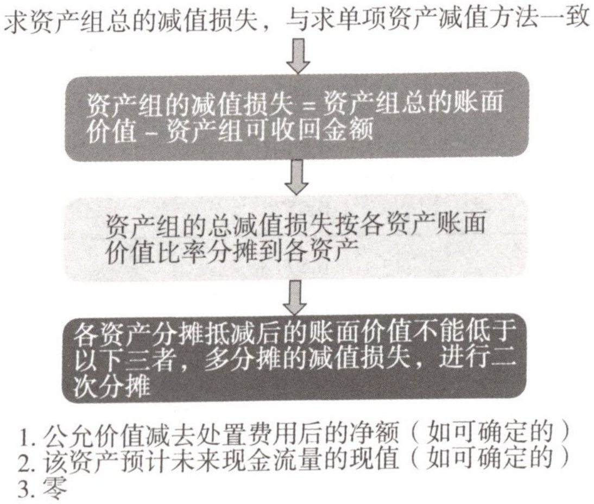

图6-4　资产组减值损失计算

【例题·案例题】丙公司拥有一条生产线以生产某精密仪器，该生产线由A、B、C三部机器构成，成本分别为800 000元、1 200 000元和2 000 000元。其使用年限均为10年，预计净残值为零，采用平均年限法计提折旧。

2×21年，该生产线生产的精密仪器有替代产品上市，导致丙公司精密仪器的销量锐减40%，该生产线可能发生了减值，因此，丙公司在2×21年12月31日对该生产线进行减值测试。假定至2×21年12月31日，丙公司整条生产线已经使用5年，预计尚可使用5年，以前年度未计提固定资产减值准备。

丙公司在综合分析后认为，A、B、C三部机器均无法单独产生现金流量，但整条生产线构成完整的产销单元，属于一个资产组。丙公司估计A机器的公允价值减去处置费用后的净额为300 000元，B和C机器都无法合理估计其公允价值减去处置费用后的净额以及未来现金流量的现值。

丙公司估计整条生产线未来5年的现金流量及其恰当的折现率后，得到该生产线预计未来现金流量现值为1 200 000元。由于无法合理估计整条生产线的公允价值减去处置费用后的净额，所以丙公司以该生产线预计未来现金流量现值为其可收回金额。

在2×21年12月31日，该生产线的账面价值为2 000 000元，可收回金额为1 200 000元，生产线的账面价值高于其可收回金额，该生产线发生了减值，应当确认减值损失800 000元，并将该减值损失分摊到构成生产线的A、B、C三部机器中。A机器的公允价值减去处置费用后的净额为300 000元，因此A机器分摊减值损失后的账面价值不应低于300 000元。

例题中很多问题都没有让我们去求，而是直接告诉我们答案，比如，固定资产的账面价值等，而考试的时候肯定会要求综合运用，即结合以前章节的考点来考查。

1.分析题意

对于文字较多的题目，一定要学会列表分析题意，资产减值损失最终的确定对象还是资产，对于固定资产等资产，我们要先求其折旧，进而确定其账面价值（见表6-5）。

表6-5　资产组折旧表　金额单位：元

机器	原值	折旧年限	折旧方法	账面价值	公允价值-处置费用	现金流量现值
A	800 000	5	平均年限法	400 000	300 000	无法确定
B	1 200 000	5	平均年限法	600 000	无法确定	无法确定
C	2 000 000	5	平均年限法	1 000 000	无法确定	无法确定

小艾上班记2

2.根据题意确定资产组：是否有独立的现金流

丙公司在综合分析后认为，A、B、C三部机器均无法单独产生现金流量，但整条生产线构成完整的产销单元，有独立的现金流，属于一个资产组。

3.资产组总的减值损失=资产组账面价值-可收回金额（见表6-6）

表6-6 资产组总的减值损失计算 单位：元

	A机器	B机器	C机器	整条生产线（资产组）
账面价值	400 000	600 000	1 000 000	2 000 000
可收回金额				1 200 000
总的减值损失				800 000

4.第一次分摊

A机器账面价值占资产组账面价值的比重=400 000÷2 000 000×100%=20%

B机器账面价值占资产组账面价值的比重=600 000÷2 000 000×100%=30%

C机器账面价值占资产组账面价值的比重=1 000 000÷2 000 000×100%=50%

每项资产分摊抵减后的账面价值不能低于以下三者：

（1）公允价值减去处置费用后的净额（如可确定的）；

（2）该资产预计未来现金流量的现值（如可确定的）；

（3）零。

根据题意，A机器分摊抵减后的账面价值不能低于300 000元（见表6-7）。

表6-7 资产组减值损失分摊 金额单位：元

	A机器	B机器	C机器	整条生产线（资产组）
账面价值	400 000	600 000	1 000 000	2 000 000
可收回金额				1 200 000
总的减值损失				800 000
分摊比例	20%	30%	50%	
按比例分摊损失	160 000	240 000	400 000	800 000
分摊后账面价值	240 000	360 000	600 000	
A机器分摊后的账面价值不能低于300 000元，所以A机器分摊的损失要重新倒挤				
分摊损失	100 000	240 000	400 000	740 000
分摊后账面价值	300 000	360 000	600 000	

5.二次分摊

由于A机器分摊损失的调整，导致还有60 000元的减值损失未分摊，需重新在B机器和C机器间分摊。分摊的原则是，按B和C第一次分摊后的账面价值比率计算。

B机器的分摊比率=360 000÷（360 000+600 000）×100%=37.5%

C机器的分摊比率=600 000÷（360 000+600 000）×100%=62.5%

二次分摊结果见表6-8。

表6-8　　二次分摊结果　　金额单位：元

	A机器	B机器	C机器	整条生产线（资产组）
分摊后账面价值	300 000	360 000	600 000	
尚未分摊的减值损失				60 000
二次分摊比例		37.5%	62.5%	
二次分摊减值损失		22 500	37 500	60 000
二次分摊后应确认减值损失总额		262 500	437 500	
二次分摊后账面价值		337 500	562 500	

6.做分录，记录减值损失

借：资产减值损失——A机器　　100 000
　　　　　　　　——B机器　　262 500
　　　　　　　　——C机器　　437 500
　贷：固定资产减值准备A——机器　　100 000
　　　　　　　　　　　B——机器　　262 500
　　　　　　　　　　　C——机器　　437 500

考点3：总部资产的减值

我们可以凭自己的常识想象一下，一般来说总部都是属于管理性质的，总部一般也不生产、销售，一般不产生独立的现金流，那么总部的资产该如何计提减值呢？

资产组是一个能产生独立现金流的最小组合，我就想，单项资产其实是一个特殊的资产组，这个资产组只有一个资产。也就是企业计提减值是以资产组为中心的，而且资产组的认定具有很多人为因素，一经确定，一般不能随意改变。

总部既然一般处于管理地位，就可以想象它旗下必定有多个资产组，那么总部资产减值的计提思路（如图6-5所示）应该是：

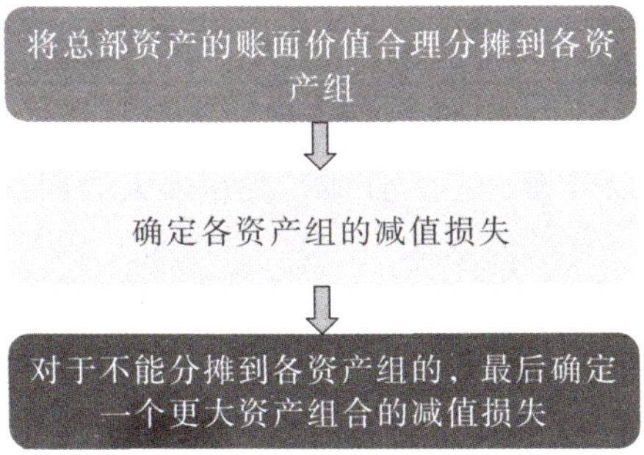

图6-5　总部资产减值的计提思路

（1）在合理和一致的基础上，将其分摊至各资产组，然后求出资产组的减值损失，最后按账面价值比率进行分摊，从而确定各资产的减值损失。

（2）有的总部资产不能在合理的基础上分摊，则在此基础上构造一个更大的资产组合。资产组之所以存在，就是因为有的资产的减值损失不能确定，才要把其放在一个组合中予以确定。

【例题·案例题】丁公司属于高科技企业，拥有A、B、C三条生产线，分别认定为三个资产组。在2×21年年末，A、B、C三个资产组的账面价值分别为4 000 000元、6 000 000元和8 000 000元；预计剩余使用寿命分别为10年、20年和20年，采用直线法计提折旧；不存在商誉。由于丁公司的竞争对手通过技术创新开发出了技术含量更高的新产品，且广受市场欢迎，从而对丁公司的产品产生了重大不利影响，用于生产该产品的A、B、C生产线可能发生减值，为此，丁公司于2×21年年末对A、B、C生产线进行减值测试。

首先，丁公司在对资产组进行减值测试时，应当认定与其相关的总部资产。丁公司的生产经营管理活动由公司总部负责，总部资产包括一栋办公大楼和一个研发中心，研发中心的账面价值为6 000 000元，办公大楼的账面价值为2 000 000元。研发中心的账面价值可以在合理和一致的基础上分摊至各资产组，但是办公大楼的账面价值难以在合理和一致的基础上分摊至各资产组。

其次，丁公司根据各资产组的账面价值和剩余使用寿命加权平均计算的账面价值分摊比例，分摊研发中心的账面价值。

1.列表分析题意（见表6-9）

表6-9 题意分析 金额单位：元

资产组及总部资产	账面价值	使用寿命及是否分摊
资产组A	4 000 000	10年
资产组B	6 000 000	20年
资产组C	8 000 000	20年
研发中心	6 000 000	可以按各资产组的账面价值和剩余使用寿命加权平均计算的账面价值分摊比例进行分摊
办公大楼	2 000 000	不能合理分摊到各资产组

2.对能够分摊的总部资产进行分摊

总部资产是否可以分摊，怎么分摊，受很多人为因素的影响，一般题中会告知。

例题中，研发中心根据各资产组的账面价值和剩余使用寿命加权平均计算的账面价值分摊比例进行分摊。

剩余使用寿命加权权重其实就是各资产组剩余使用寿命的比率=10：20：20=1：2：2。

具体分摊计算见表6-10。

表6-10　**分摊计算**　金额单位：元

资产组	资产组A	资产组B	资产组C	合　计
各资产组账面价值	4 000 000	6 000 000	8 000 000	18 000 000
各资产组剩余使用寿命	10	20	20	
按使用寿命计算的权重	1	2	2	
加权计算后的账面价值	4 000 000	12 000 000	16 000 000	32 000 000
研发中心分摊比例（各资产组加权计算后的账面价值/各资产组加权计算后的账面价值合计）	12.5%	37.5%	50%	100%
研发中心账面价值分摊到各资产组的金额	750 000	2 250 000	3 000 000	6 000 000
包括分摊的研发中心账面价值部分的各资产组账面价值	4 750 000	8 250 000	11 000 000	24 000 000

3.根据题意取得各资产组的可收回金额

题中假定各资产组和资产组组合的公允价值减去处置费用后的净额难以确定，丁公司根据其预计未来现金流量现值计算可收回金额，计算现值所用的折现率为15%。

其实例题中，现金流量现值是直接告诉我们的，如果没有告诉我们，那么只告诉我们现金流量和折现比率及折现系数，我们就可以按照前面的方法计算（见表6-11）。

表6-11　**各资产组未来现金流量计算**　单位：元

年限	资产组A		资产组B		资产组C		包括办公大楼在内的最小资产组组合（丁公司）	
	未来现金流量	现值	未来现金流量	现值	未来现金流量	现值	未来现金流量	现值
1	720 000	626 112	360 000	313 056	400 000	347 840	1 560 000	1 356 576
2	1 240 000	937 564	640 000	483 904	800 000	604 880	2 880 000	2 177 568
3	1 480 000	973 100	960 000	631 200	1 360 000	894 200	4 200 000	2 761 500
4	1 680 000	960 624	1 160 000	663 288	1 760 000	1 006 368	5 120 000	2 927 616
5	1 840 000	914 848	1 280 000	636 416	2 040 000	1 014 288	5 720 000	2 843 984
6	2 080 000	899 184	1 320 000	570 636	2 240 000	968 352	6 200 000	2 680 260
7	2 200 000	826 980	1 360 000	511 224	2 400 000	902 160	6 480 000	2 435 832
8	2 200 000	719 180	1 400 000	457 660	2 520 000	823 788	6 640 000	2 170 616
9	2 120 000	602 716	1 400 000	398 020	2 600 000	739 180	6 680 000	1 899 124
10	1 920 000	474 624	1 400 000	346 080	2 640 000	652 608	6 760 000	1 671 072
11			1 440 000	309 456	2 640 000	567 336	5 280 000	1 134 672

续表

年限	资产组A		资产组B		资产组C		包括办公大楼在内的最小资产组组合（丁公司）	
	未来现金流量	现值	未来现金流量	现值	未来现金流量	现值	未来现金流量	现值
12			1 400 000	261 660	2 640 000	493 416	5 240 000	979 356
13			1 400 000	227 500	2 640 000	429 000	5 240 000	851 500
14			1 320 000	186 516	2 600 000	367 380	5 120 000	723 456
15			1 200 000	147 480	2 480 000	304 792	4 880 000	599 752
16			1 040 000	111 176	2 400 000	256 560	4 600 000	491 740
17			880 000	81 752	2 280 000	211 812	4 320 000	401 328
18			720 000	58 176	2 040 000	164 832	3 880 000	313 504
19			560 000	39 368	1 720 000	120 916	3 400 000	239 020
20			400 000	24 440	1 400 000	85 540	2 840 000	173 524
现值合计		7 934 932		6 459 008		10 951 168		28 832 000

4.先确定各资产组的减值损失和减值后的账面价值（见表6-12）

表6-12 各资产组的减值损失和减值后的账面价值 单位：元

资产组	账面价值	分摊研发中心价值	分摊后总账面价值	可收回金额	减值损失（总账面价值-可收回金额）
资产组A	4 000 000	750 000	4 750 000	7 934 932	没有减值
资产组B	6 000 000	2 250 000	8 250 000	6 459 008	1 790 992
资产组C	8 000 000	3 000 000	11 000 000	10 951 168	48 832

资产组A没有减值，不用计提减值损失。

资产组B发生减值1 790 992元，其中：

分摊的研发中心减值=1 790 992×（2 250 000÷8 250 000）=488 452（元）

资产组B本身发生减值=1 790 992-488 452=1 302 540（元）

资产组C发生减值48 832元，其中：

分摊的研发中心减值=48 832×（3 000 000÷11 000 000）=13 318（元）

资产组C本身发生减值=48 832-13 318=35 514（元）

研发中心共计提减值损失=488 452+13 318=501 770（元）

各资产及资产组计提的减值损失及计提后的账面价值见表6-13。

表6-13 减值损失及计提后的账面价值计算 单位：元

资产及资产组	计提前账面价值	计提减值	计提后账面价值
资产组A	4 000 000	没有减值	4 000 000
资产组B	6 000 000	1 302 540	4 697 460
资产组C	8 000 000	35 514	7 964 486
研发中心	6 000 000	501 770	5 498 230

5.确定不能分摊到各资产组的资产的减值

资产组A、B、C及研发中心的减值都已经确定，现要确定办公楼的减值，办公楼的减值不能分摊到A、B、C组合当中，意味着其不能包含在这三个组合当中，因此，需要一个更大的组合，这个组合就是包括办公大楼在内的最小资产组组合（丁公司）（见表6-14）。

表6-14　新确定的资产组合　单位：元

资产及资产组合	账面价值	可收回金额	计提减值损失
资产组A	4 000 000	资产组A没有发生减值，资产组B、C及研发中心的减值都已经确定，账面价值为计提减值损失后的价值	
资产组B	4 697 460		
资产组C	7 964 486		
研发中心	5 498 230		
办公大楼	2 000 000	资产组合没有减值，则办公大楼没有减值	
包括办公大楼在内的最小资产组组合（丁公司）	24 160 176	28 832 000	资产组合没有发生减值

6.做分录，计提减值损失

借：资产减值损失——资产组B　1 302 540

——资产组C　35 514

——研发中心　501 770

贷：固定资产减值准备——资产组B　1 302 540

——资产组C　35 514

——研发中心　501 770

第7章

金融资产和金融负债

（一）品味书香

我心目中的女人形象，是闻过书香的鼻，拧过唐诗的腰，看过字画的眼。

从小喜欢读书，读春天的“迟日江山丽”，夏天的“接天莲叶无穷碧”，秋天的“霜叶红于二月花”，冬天的“千树万树梨花开”。有人说，文字之所以比烟花更璀璨，是因为可以看着它在光滑的纸页间静静旋舞，演绎出永恒，浅吟低唱岁月的旋律。

多美的语言！多美的意境！可是，当我打开会计备考书籍的时候，这种感觉就再也找不到了。

其实我也知道，读书有两种，一种是“万般皆下品，唯有读书高”，另一种是“书中自有黄金屋，书中自有颜如玉”。前者是非功利性读书，没有目的，很随意，在这随意的过程中只为享受读书的乐趣而读书；后者是一种功利性读书，主要是学校的必要学习，以及应付各类考试，有一定的强迫性质。而我们的会计备考属于后者，我们都是为了通过会计职称考试，为了将来能找份更好的工作，为了改变目前不如意的境况，为了让自己生活得更好而读书的，我们不是为了享受乐趣而去读书的。

可是，我还是想去寻找书香，因为要是没有香味的吸引，我很难让自己看下去，如果看不下去，就达不到我那功利性的目的。

那我怎样才能找到它的香味呢？香味是一种嗅觉，就像一说到香，我脑海里立马就闪现出一片花的海洋，在花海中站着一个美丽的女孩，正闭着眼睛在细嗅花香。但是一说到会计考试，我的思维立马停止，我脑海里的画面也立即消失。所以我发现一个规律，那就是感性的东西能够轻易地进入我的脑海，而理性的东西却很难。那我可不可以先想办法把理性的东西转换成感性的东西，如图片，然后让其以画面的形式进入我的脑袋，从而加深自己对其的理解呢？

（二）本章通关地图（如图7-1所示）

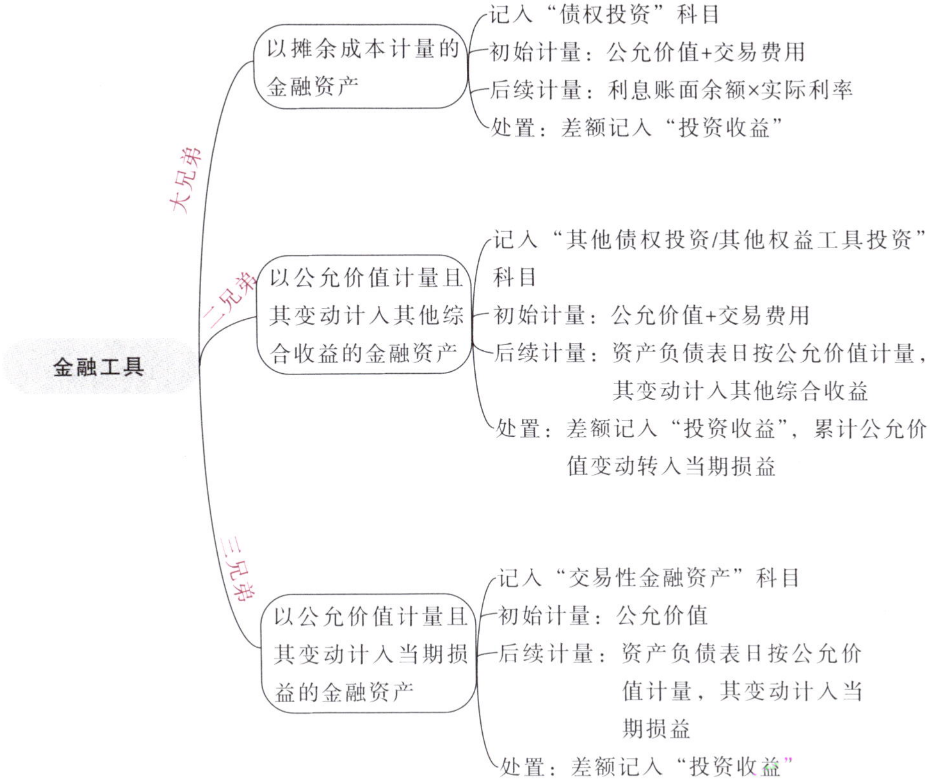

图7-1　本章通关地图

（三）高频考点提炼

根据业务模式和流量特征将金融资产划分为三类，比如购买的债券，如果业务模式是以收取合同现金流量为目标，又通过了现金流量测试（满足了合同现金流量特征），就划分为第一类，以摊余成本计量，科目是“债权投资”；如果业务模式既以收取合同现金流量为目标又以出售该金融资产为目标，且通过了现金流量测试（满足了合同现金流量特征），就划分为第二类，以公允价值计量且其变动计入其他综合收益，科目是“其他债权投资/其他权益工具投资”；剩下的就是第三类，以公允价值计量且其变动计入当期损益，科目是“交易性金融资产”。股票投资，一般被划分为第三类，但非上市公司股权也可以被划分为第二类。

考点1：金融资产的具体分类（见表7-1）

表7-1　　金融资产的具体分类

类型	条件	会计科目
1.以摊余成本计量的金融资产	①企业管理该金融资产的业务模式是以收取合同现金流量为目标	银行存款、贷款、应收账款、债权投资等
	②该金融资产的合同条款规定，在特定日期产生的现金流量，仅为对本金和以未偿付本金金额为基础的利息的支付 （如：银行向企业客户发放的固定利率的贷款）	
2.以公允价值计量且其变动计入其他综合收益的金融资产	①企业管理该金融资产的业务模式既以收取合同现金流量为目标，又以出售该金融资产为目标	其他债权投资
	②该金融资产的合同条款规定，在特定日期产生的现金流量，仅为对本金和以未偿付本金金额为基础的利息的支付	
	特殊情况： 【权益性投资：金融资产分类的特殊规定】 在初始确认时，企业可以将非交易性权益工具投资指定为以公允价值计量且其变动计入其他综合收益的金融资产，并按照规定确认股利收入。该指定一经做出，不得撤销 （如：企业投资其他上市公司股票或者非上市公司股权）	其他权益工具投资
3.以公允价值计量且其变动计入当期损益的金融资产 （含直接指定）	上述1和2分类之外的金融资产	交易性金融资产
4.重分类	企业改变其管理金融资产的业务模式时，应当按照规定对所有受影响的相关金融资产进行重分类	

【例题·判断题】应收账款不能分类为以摊余成本计量的金融资产。

【答案】错。

【解析】如果企业拟根据应收账款的合同现金流量收取现金，且不打算提前处置应收账款，则该应收账款可以分类为以摊余成本计量的金融资产。

【例题·判断题】企业管理金融资产的业务模式既以收取合同现金流量为目标，又以出售该金融资产为目标，则该金融资产应分类为以公允价值计量且其变动计入其他综合收益的金融资产。

【答案】错。

【解析】还要同时满足两个条件：（1）在特定日期产生现金流量；（2）仅为对本金和以未偿付本金金额为基础的利息的支付。

【注意】在非同一控制下的企业合并中，企业作为购买方确认的或有对价形成金融资产的，该金融资产应当分类为以公允价值计量且变动计入当期损益的金融资产，不得指定为以公允价值计量且变动计入其他综合收益的金融资产。

考点2：以摊余成本计量的金融资产（科目：债权投资）（见表7-2）

表7-2　　考点1：以摊余成本计量的金融资产（科目：债权投资）

以摊余成本计量的金融资产（科目：债权投资）	科目	债权投资——成本 ——应计利息（到期一次还本付息） ——利息调整 如果是分期付息，则科目用“应收利息”
	1.初始计量	总原则： ①以公允价值和交易费用之和作为初始入账金额 ②将已到付息期但尚未领取的利息单独确认为应收项目 借：债权投资——成本（面值） 应收利息/债权投资——应计利息 贷：银行存款 债权投资——利息调整（可借可贷）
	2.后续计量	分期付息处理总原则：采用实际利率法，按摊余成本（账面余额）（★★）进行后续计量
		①分期付息，确认利息 借：应收利息 债权投资——利息调整（与购入时相反） 贷：投资收益 【期初账面余额（摊余成本）×实际利率（经信用调整的实际利率）】 借：银行存款 贷：应收利息
		②收取本金 借：银行存款 贷：债权投资——成本

续表

以摊余成本计量的金融资产（科目：债权投资）	2.后续计量	到期一次还本付息处理总原则：采用实际利率法，按摊余成本（账面余额）（★★）进行后续计量
		①到期一次还本付息，确认利息 借：债权投资——应计利息 ——利息调整（与购入时相反） 贷：投资收益 【期初账面余额（摊余成本）×实际利率（经信用调整的实际利率）】
		②收取本金利息 借：银行存款 贷：债权投资——成本 ——应计利息（每期利息×期数）
	3.处置	总原则：出售所得的价款与其账面价值的差额计入当期损益 借：银行存款 债权投资减值准备 贷：债权投资——成本 ——利息调整（可借可贷，剩余部分） ——应计利息 投资收益（可借可贷）

【例题·计算分析题】2×13年1月1日，甲公司支付价款1 000万元（含交易费用）从上海证券交易所购入A公司同日发行的5年期公司债券12 500份，债券票面价值总额为1 250万元，票面年利率为4.72%，于年末支付本年度债券利息（即每年利息为59万元），本金在债券到期时一次性偿还。

合同约定，该债券的发行方在遇到特定情况时可以将债券赎回，且不需要为提前赎回支付额外款项。

甲公司在购买该债券时，预计发行方不会提前赎回。

甲公司根据其管理该债券的业务模式和该债券的合同现金流量特征，将该债券分类为以摊余成本计量的金融资产。

假定不考虑所得税、减值损失等因素。

计算该债券的实际利率r：

$$59\times(1+r)^{-1}+59\times(1+r)^{-2}+59\times(1+r)^{-3}+59\times(1+r)^{-4}+(59+1\,250)\times(1+r)^{-5}=1\,000\text{（万元）}$$

或者：

$$59\times(P/A,\ r,\ 5)+1\,250\times(P/F,\ r,\ 5)=1\,000\text{（万元）}$$

采用插值法，计算得出r=10%。

计算分析见表7-3、表7-4、表7-5、表7-6、表7-7和表7-8。

表 7-3 计算分析 1

明细科目 （共3个）	债权投资——成本 ——应计利息（到期一次还本付息） ——利息调整 （如果是分期付息，科目则为“应收利息”）
1.初始计量	总原则： ①以公允价值和交易费用之和作为初始入账金额 ②已到付息期但尚未领取的利息单独确认为应收项目 借：债权投资——成本（面值） 12 500 000 贷：银行存款 10 000 000 债权投资——利息调整 2 500 000

表 7-4 计算分析 2 单位：万元

日期	现金流入	实际利息（10%）	调整本金（归还）	摊余成本
2×13年1月1日				1 000
2×13年12月31日	59	100	-41	1 041

借：应收利息 590 000

债权投资——利息调整 410 000

贷：投资收益（10 000 000×10%） 1 000 000

借：银行存款 590 000

贷：应收利息 590 000

表 7-5 计算分析 3 单位：万元

日期	现金流入	实际利息（10%）	调整本金（归还）	摊余成本
2×13年1月1日				1 000
2×13年12月31日	59	100	-41	1 041
2×14年12月31日	59	104	-45	1 086

借：应收利息 590 000

债权投资——利息调整 450 000

贷：投资收益 1 040 000

借：银行存款 590 000

贷：应收利息 590 000

表 7-6 计算分析 4 单位：万元

日期	现金流入	实际利息（10%）	调整本金（归还）	摊余成本
2×13年1月1日				1 000
2×13年12月31日	59	100	-41	1 041
2×14年12月31日	59	104	-45	1 086
2×15年12月31日	59	109	-50	1 136

借：应收利息　590 000
　　债权投资——利息调整　500 000
　贷：投资收益　1 090 000

借：银行存款　590 000
　贷：应收利息　590 000

表 7-7　**计算分析 5**　单位：万元

日期	现金流入	实际利息（10%）	调整本金（归还）	摊余成本
2×13 年 1 月 1 日				1 000
2×13 年 12 月 31 日	59	100	−41	1 041
2×14 年 12 月 31 日	59	104	−45	1 086
2×15 年 12 月 31 日	59	109	−50	1 136
2×16 年 12 月 31 日	59	114	−55	1 191

借：应收利息　590 000
　　债权投资——利息调整　550 000
　贷：投资收益　1 140 000

借：银行存款　590 000
　贷：应收利息　590 000

表 7-8　**计算分析 6**　单位：万元

日期	现金流入	实际利息（10%）	调整本金（归还）	摊余成本
2×13 年 1 月 1 日				1 000
2×13 年 12 月 31 日	59	100	−41	1 041
2×14 年 12 月 31 日	59	104	−45	1 086
2×15 年 12 月 31 日	59	109	−50	1 136
2×16 年 12 月 31 日	59	114	−55	1 191
2×17 年 12 月 31 日	59	118	−59	1 250
	1 250			0

借：应收利息　590 000
　　债权投资——利息调整　590 000
　贷：投资收益　1 180 000

借：银行存款　590 000
　贷：应收利息　590 000

借：银行存款　12 500 000
　贷：债权投资——成本　12 500 000

考点3：以公允价值计量且其变动计入其他综合收益的金融资产（科目：其他债权投资、其他权益工具投资）（见表7-9）

表7-9　以公允价值计量且其变动计入其他综合收益的金融资产（科目：其他债权投资、其他权益工具投资）

以公允价值计量且其变动计入其他综合收益的金融资产	科目	债权投资	其他债权投资——成本 ——利息调整 ——应计利息 ——公允价值变动 应收利息
		股权投资	其他权益工具投资——成本 ——公允价值变动
	初始计量	总原则： ①以公允价值和交易费用之和作为初始入账金额 ②将已到付息期但尚未领取的利息或已宣告发放但尚未领取的现金股利单独确认为应收项目	
	初始计量	其他债权投资	借：其他债权投资——成本（面值） 应收利息/其他债权投资——应计利息 贷：银行存款等 其他债权投资——利息调整（可借可贷）
		其他权益工具投资	借：其他权益工具投资——成本（公允价值与交易费用之和） 应收股利 贷：银行存款等
	后续计量	总原则：资产负债表日按公允价值计量，公允价值的变动计入其他综合收益	
		其他债权投资	与“债权投资”核算原理相同 借：应收利息/其他债权投资——应计利息 其他债权投资——利息调整（可借可贷） 贷：投资收益【期初摊余成本（账面余额）×实际利率】
			①升值 借：其他债权投资——公允价值变动 贷：其他综合收益
			②贬值（正常情况） 借：其他综合收益 贷：其他债权投资——公允价值变动
		其他权益工具投资	与“交易性金融资产”核算原理相同 ①升值 借：其他权益工具投资——公允价值变动 贷：其他综合收益
			②贬值（正常情况） 借：其他综合收益 贷：其他权益工具投资——公允价值变动
			③持有期间被投资单位宣告发放现金股利 借：应收股利 贷：投资收益
	处置	其他债权投资	总原则： ①出售所得的价款与其账面价值的差额计入当期损益 ②将原直接计入其他综合收益的公允价值变动的累计额转出，计入当期损益 借：银行存款 贷：其他债权投资——成本 ——利息调整（可借可贷） ——应计利息 ——公允价值变动（可借可贷） 投资收益（可借可贷）

续表

以公允价值计量且其变动计入其他综合收益的金融资产	处置	其他债权投资	同时：（★★） 借：其他综合收益 　贷：投资收益 或反向
		其他权益工具投资	总原则： ①出售所得的价款与其账面价值的差额计入留存收益 ②将原直接计入其他综合收益的公允价值变动的累计额转出，计入留存收益 借：银行存款 　贷：其他权益工具投资——成本 　　　　　　　　　　　——公允价值变动（可借可贷） 　　盈余公积（可借可贷） 　　利润分配——未分配利润（可借可贷） 同时：（★★） 借：其他综合收益 　贷：盈余公积 　　利润分配——未分配利润 或反向

【例题·计算分析题】2×13年1月1日，甲公司支付价款1 000万元（含交易费用）从上海证券交易所购入A公司同日发行的5年期公司债券12 500份，债券票面价值总额为1 250万元，票面年利率为4.72%，于年末支付本年度债券利息（即每年利息为59万元），本金在债券到期时一次性偿还。

合同约定，该债券的发行方在遇到特定情况时可以将债券赎回，且不需要为提前赎回支付额外款项。

甲公司在购买该债券时，预计发行方不会提前赎回。

甲公司根据其管理该债券的业务模式和该债券的合同现金流量特征，将该债券分类为以公允价值计量且其变动计入其他综合收益的金融资产。

其他资料如下：

（1）2×13年12月31日，A公司债券的公允价值为1 200万元（不含利息）。

（2）2×14年12月31日，A公司债券的公允价值为1 300万元（不含利息）。

（3）2×15年12月31日，A公司债券的公允价值为1 250万元（不含利息）。

（4）2×16年12月31日，A公司债券的公允价值为1 200万元（不含利息）。

（5）2×17年1月20日，通过上海证券交易所出售了A公司债券12 500份，取得价款1 260万元。

假定不考虑所得税、减值损失等因素。

计算该债券的实际利率r：

$$59\times(1+r)^{-1}+59\times(1+r)^{-2}+59\times(1+r)^{-3}+59\times(1+r)^{-4}+(59+1\ 250)\times(1+r)^{-5}=1\ 000\text{（万元）}$$

或者：

$$59\times(P/A,\ r,\ 5)+1\ 250\times(P/F,\ r,\ 5)=1\ 000\text{（万元）}$$

采用插值法，计算得出r=10%。

计算分析见表7-10和表7-11：

表7-10　　计算分析1

<table>
<tr><td rowspan="2">初始计量</td><td colspan="2">总原则：
①按公允价值和交易费用之和作为初始入账金额
②已到付息期但尚未领取的利息单独确认为应收项目</td></tr>
<tr><td>债权投资</td><td>借：其他债权投资——成本（面值）　　12 500 000
　贷：银行存款　　10 000 000
　　　其他债权投资——利息调整　　2 500 000</td></tr>
</table>

表7-11　　计算分析2　　单位：万元

日期	现金流入	实际利息（10%）	调整本金（归还）	摊余成本	账面价值（等于公允价值）
2×13年1月1日				1 000	1 000
2×13年12月31日	59	100	-41	1 041	1 041+159=1 200
2×14年12月31日	59	104	-45	1 086	1 200+45+55=1 300
2×15年12月31日	59	109	-50	1 136	1 300+50-100=1 250
2×16年12月31日	59	114	-55	1 191	1 250+55-105=1 200
2×17年1月20日合计			-191		159+55-100-104=10

借：应收利息　　590 000

　　其他债权投资——利息调整　　410 000

　贷：投资收益　　1 000 000

借：银行存款　　590 000

　贷：应收利息　　590 000

借：其他债权投资——公允价值变动　　1 590 000

　贷：其他综合收益——其他债权投资公允价值变动　　1 590 000

借：应收利息　　590 000
　　其他债权投资——利息调整　　450 000
　贷：投资收益　　1 040 000
借：银行存款　　590 000
　贷：应收利息　　590 000
借：其他债权投资——公允价值变动　　550 000
　贷：其他综合收益——其他债权投资公允价值变动　　550 000

借：应收利息　　590 000
　　其他债权投资——利息调整　　500 000
　贷：投资收益　　1 090 000
借：银行存款　　590 000
　贷：应收利息　　590 000
借：其他综合收益——其他债权投资公允价值变动　　1 000 000
　贷：其他债权投资——公允价值变动　　1 000 000

借：应收利息　　590 000
　　其他债权投资——利息调整　　540 000
　贷：投资收益　　1 130 000
借：银行存款　　590 000
　贷：应收利息　　590 000
借：其他综合收益——其他债权投资公允价值变动　　1 040 000
　贷：其他债权投资——公允价值变动　　1 040 000

2×17年1月20日，全部出售，取得价款1 260万元，确认出售A公司债券实现的损益。

借：银行存款　　12 600 000（售价）
　　其他债权投资——利息调整　　600 000
　贷：其他债权投资——成本　　12 500 000
　　　　　　　　　——公允价值变动　　100 000
　　投资收益　　600 000（倒挤）

同时：

借：其他综合收益——其他债权投资公允价值变动　　100 000
　贷：投资收益　　100 000

【例题·计算分析题】（1）2×16年5月6日，甲公司支付价款1 016万元

（含交易费用1万元和已宣告但未发放现金股利15万元），购入乙公司发行的股票200万股，占乙公司有表决权股份的0.5%。甲公司将其指定为以公允价值计量且其变动计入其他综合收益的非交易性权益工具投资。

（2）2×16年5月10日，甲公司收到乙公司发放的现金股利15万元。

（3）2×16年6月30日，该股票市价为每股5.2元。

（4）2×16年12月31日，甲公司仍持有该股票；当日，该股票市价为每股5元。

（5）2×17年5月9日，乙公司宣告发放股利4 000万元。

（6）2×17年5月13日，甲公司收到乙公司发放的现金股利。

（7）2×17年5月20日，甲公司由于某特殊原因，以每股4.9元的价格将股票全部转让。

假定不考虑其他因素。

（1）借：其他权益工具投资——成本　　10 010 000

　　　　应收股利　　150 000

　　贷：银行存款　　10 160 000

股票单位成本=10 010 000÷2 000 000=5.005（元/股）

（2）2×16年5月10日，甲公司收到乙公司发放的现金股利15万元。

借：银行存款　　150 000

　贷：应收股利　　150 000

（3）2×16年6月30日，该股票市价为每股5.2元。

计算分析见表7-12和表7-13。

表7-12　　**计算分析1**　　金额单位：元

日期	股数	入账成本	每股成本	每股市价	公允价值变动
2×16年5月6日	200万股	10 010 000	5.005		
2×16年6月30日				5.2	390 000

2×16年6月30日，确认股票价格变动：

借：其他权益工具投资——公允价值变动［（5.20−5.005）×2 000 000］

　　390 000

　贷：其他综合收益　　390 000

（4）2×16年12月31日，甲公司仍持有该股票；当日，该股票市价为每股5元。

表7-13　　**计算分析2**　　金额单位：元

日期	股数	入账成本	每股成本	每股市价	公允价值变动
2×16年5月6日	200万股	10 010 000	5.005		
2×16年6月30日				5.2	390 000
2×16年12月31日				5.0	−400 000

2×16年12月31日，确认股票价格变动：

借：其他综合收益［（5.00−5.20）×2 000 000］　400 000

　贷：其他权益工具投资——公允价值变动　400 000

（5）2×17年5月9日，乙公司宣告发放股利4 000万元。

2×17年5月9日，确认应收现金股利：

借：应收股利（40 000 000×0.5%）　200 000

　贷：投资收益　200 000

（6）2×17年5月13日，甲公司收到乙公司发放的现金股利。

2×17年5月13日，收到现金股利：

借：银行存款　200 000

　贷：应收股利　200 000

（7）2×17年5月20日，甲公司由于某特殊原因，以每股4.9元的价格将股票全部转让。

借：银行存款（4.90×2 000 000）　9 800 000

　　其他权益工具投资——公允价值变动　10 000

　　盈余公积　20 000

　　利润分配——未分配利润　180 000

　贷：其他权益工具投资——成本　10 010 000

借：盈余公积　1 000

　　利润分配——未分配利润　9 000

　贷：其他综合收益——其他权益工具投资公允价值变动　10 000

考点4：以公允价值计量且其变动计入当期损益的金融资产（科目：交易性金融资产）（见表7-14）

表7-14　以公允价值计量且其变动计入当期损益的金融资产（科目：交易性金融资产）

以公允价值计量且其变动计入当期损益的金融资产（科目：交易性金融资产）	科目	交易性金融资产——成本 　　　　　　——公允价值变动 公允价值变动损益
	1.初始计量	总原则： （1）按公允价值计量，相关交易费用计入当期损益 （2）将已到付息期但尚未领取的利息或已宣告但未发放取的现金股利单独确认为应收项目 借：交易性金融资产——成本 　　应收股利/应收利息 　　投资收益（交易费用） 　贷：银行存款

以公允价值计量且其变动计入当期损益的金融资产（科目：交易性金融资产）	2.后续计量	总原则：资产负债表日按公允价值计量，公允价值的变动计入当期损益 （1）反映公允价值的变动 升值： 借：交易性金融资产——公允价值变动 　贷：公允价值变动损益 贬值： 借：公允价值变动损益 　贷：交易性金融资产——公允价值变动
		（2）持有期间 借：应收股利/应收利息 　贷：投资收益 借：银行存款 　贷：应收股利/应收利息
	3.处置时	总原则： 出售所得的价款与其账面价值的差额计入当期损益 借：银行存款（价款扣除手续费） 　贷：交易性金融资产——成本 　　　　　　　　　——公允价值变动（可借可贷） 　　投资收益（可借可贷）

【例题·计算分析题】（1）2×16年5月6日，甲公司支付价款1 016万元（含交易费用1万元和已宣告但未发放现金股利15万元），购入乙公司发行的股票200万股，占乙公司有表决权股份的0.5%。甲公司根据其管理乙公司股票的业务模式和乙公司股票的合同现金流量特征，将乙公司股票分类为以公允价值计量且其变动计入当期损益的金融资产。

（2）2×16年5月10日，甲公司收到乙公司发放的现金股利15万元。

（3）2×16年6月30日，该股票市价为每股5.2元。

（4）2×16年12月31日，甲公司仍持有该股票；当日，该股票市价为每股4.8元。

（5）2×17年5月9日，乙公司宣告发放股利4 000万元。

（6）2×17年5月13日，甲公司收到乙公司发放的现金股利。

（7）2×17年5月20日，甲公司由于某特殊原因，以每股4.9元的价格将股

票全部转让。

假定不考虑其他因素。

（1）2×16年5月6日，购入股票：

借：交易性金融资产——成本　　10 000 000

　　应收股利　　150 000

　　投资收益　　10 000

　贷：银行存款　　10 160 000

股票单位成本=10 000 000÷2 000 000=5（元/股）

（2）2×16年5月10日，甲公司收到乙公司发放的现金股利15万元。

借：银行存款　　150 000

　贷：应收股利　　150 000

（3）2×16年6月30日，该股票市价为每股5.2元。

计算分析见表7-15和表7-16：

表7-15　　**计算分析1**　　金额单位：元

日期	股数	入账成本	每股成本	每股市价	公允价值变动
2×16年5月6日	200万股	10 010 000	5		
2×16年6月30日				5.2	400 000

2×16年6月30日，确认股票价格变动：

借：交易性金融资产——公允价值变动［（5.20−5.00）×2 000 000］

　　400 000

　贷：公允价值变动损益　　400 000

（4）2×16年12月31日，甲公司仍持有该股票；当日，该股票市价为每股4.80元。

表7-16　　**计算分析2**　　金额单位：元

日期	股数	入账成本	每股成本	每股市价	公允价值变动
2×16年5月6日	200万股	10 010 000	5		
2×16年6月30日				5.2	400 000
2×16年12月31日				4.8	−800 000

2×16年12月31日，确认股票价格变动：

借：公允价值变动损益［（4.80−5.20）×2 000 000］　　800 000

　贷：交易性金融资产——公允价值变动　　800 000

（5）2×17年5月9日，乙公司宣告发放股利4 000万元。2×17年5月9日，确认应收现金股利：

借：应收股利（40 000 000×0.5%）　　200 000

　贷：投资收益　　200 000

（6）2×17年5月13日，甲公司收到乙公司发放的现金股利。2×17年5月13日，收到现金股利：

借：银行存款　　200 000

　贷：应收股利　　200 000

（7）2×17年5月20日，甲公司由于某特殊原因，以每股4.9元的价格将股票全部转让。

2×17年5月20日，出售股票：

借：银行存款（4.90×2 000 000）　　9 800 000

　　交易性金融资产——公允价值变动　　400 000

　贷：交易性金融资产——成本　　10 000 000

　　　投资收益　　200 000

【例题·计算分析题】（1）2×16年1月1日，甲公司从二级市场购入丙公司债券，支付价款合计1 020 000元（含已到付息期但尚未领取的利息20 000元），另发生交易费用20 000元。该债券面值1 000 000元，剩余期限为2年，票面年利率为4%，每半年末付息一次。甲公司根据其管理该债券的业务模式和该债券的合同现金流量特征，将该债券分类为以公允价值计量且其变动计入当期损益的金融资产。其他资料如下：

（2）2×16年1月5日，收到丙公司债券2×15年下半年利息20 000元。

（3）2×16年6月30日，丙公司债券的公允价值为1 150 000元（不含利息）。

（4）2×16年7月5日，收到丙公司债券2×16年上半年利息。

（5）2×16年12月31日，丙公司债券的公允价值为1 100 000元（不含利息）。

（6）2×17年1月5日，收到丙公司债券2×16年下半年利息。

（7）2×17年6月20日，通过二级市场出售丙公司债券，取得价款1 180 000元（含1季度利息10 000元）。

假定不考虑其他因素。

（1）2×16年1月1日，甲公司从二级市场购入丙公司债券，支付价款合计1 020 000元（含已到付息期但尚未领取的利息20 000元），另发生交易费用20 000元。该债券面值1 000 000元，剩余期限为2年，票面年利率为4%，每半年末付息一次。甲公司根据其管理该债券的业务模式和该债券的合同现金

流量特征，将该债券分类为以公允价值计量且其变动计入当期损益的金融资产。

借：交易性金融资产——成本　　1 000 000（面值）
　　应收利息　　20 000
　　投资收益　　20 000
　贷：银行存款（1 020 000+20 000）　　1 040 000

（2）2×16年1月5日，收到丙公司债券2×15年下半年利息20 000元。

借：银行存款　　20 000
　贷：应收利息　　20 000

（3）2×16年6月30日，丙公司债券的公允价值为1 150 000元（不含利息）。

计算分析见表7-17和表7-18：

表7-17　**计算分析1**　单位：元

日期	入账成本	公允价值	公允价值变动
2×16年1月1日	1 000 000		
2×16年6月30日		1 150 000	150 000

2×16年6月30日，确认丙公司债券公允价值变动和投资收益：

借：交易性金融资产——公允价值变动（1 150 000−1 000 000）
　　150 000
　贷：公允价值变动损益　　150 000
借：应收利息（1 000 000×4%÷2）　　20 000
　贷：投资收益　　20 000

（4）2×16年7月5日，收到丙公司债券2×16年上半年利息。

借：银行存款　　20 000
　贷：应收利息　　20 000

（5）2×16年12月31日，丙公司债券的公允价值为1 100 000元（不含利息）。

表7-18　**计算分析2**　单位：元

日期	入账成本	公允价值	公允价值变动
2×16年1月1日	1 000 000		
2×16年6月30日		1 150 000	150 000
2×16年12月31日		1 100 000	−50 000

借：公允价值变动损益（1 100 000−1 150 000）　　50 000

　贷：交易性金融资产——公允价值变动　　50 000

借：应收利息　　20 000

　贷：投资收益　　20 000

（6）2×17年1月5日，收到丙公司债券2×16年下半年利息。

借：银行存款　　20 000

　贷：应收利息　　20 000

（7）2×17年6月20日，通过二级市场出售丙公司债券，取得价款1 180 000元（含1季度利息10 000元）。假定不考虑其他因素。

借：银行存款　　1 180 000

　贷：交易性金融资产——成本　　1 000 000

　　　　　　　　　——公允价值变动　　100 000

　　投资收益　　80 000

考点5：金融资产重分类规定（见表7-19）

表7-19　　**金融资产重分类规定**

（1）以摊余成本计量的金融资产的重分类	①企业将一项以摊余成本计量的金融资产重分类为以公允价值计量且其变动计入当期损益的金融资产的，应当按照该资产在重分类日的公允价值进行计量。原账面价值与公允价值之间的差额计入当期损益。 借：交易性金融资产（重分类日的公允价值） 　债权投资减值准备 　贷：债权投资——成本/利息调整等（账面余额） 　　公允价值变动损益（倒挤：可借可贷）
	②企业将一项以摊余成本计量的金融资产重分类为以公允价值计量且其变动计入其他综合收益的金融资产的，应当按照该金融资产在重分类日的公允价值进行计量。原账面价值与公允价值之间的差额计入其他综合收益。该金融资产重分类不影响其实际利率和预期信用损失的计量 借：其他债权投资（重分类日的公允价值） 　贷：债权投资（账面余额） 　　其他综合收益——其他债权投资公允价值变动（可借可贷） 借：债权投资减值准备 　贷：其他综合收益——损失准备

续表

(2) 以公允价值计量且其变动计入其他综合收益的金融资产的重分类	①企业将一项以公允价值计量且其变动计入其他综合收益的金融资产重分类为以摊余成本计量的金融资产的，应当将之前计入其他综合收益的累计利得或损失转出，调整该金融资产在重分类日的公允价值，并以调整后的金额作为新的账面价值，即视同该金融资产一直以摊余成本计量。该金融资产重分类不影响其实际利率和预期信用损失的计量
	②企业将一项以公允价值计量且其变动计入其他综合收益的金融资产重分类为以公允价值计量且其变动计入当期损益的金融资产的，应当继续以公允价值计量该金融资产。同时，企业应当将之前计入其他综合收益的累计利得或损失从其他综合收益转入当期损益
(3) 以公允价值计量且其变动计入当期损益的金融资产的重分类	①企业将一项以公允价值计量且其变动计入当期损益的金融资产重分类为以摊余成本计量的金融资产的，应当以其在重分类日的公允价值作为新的账面余额 借：债权投资（重分类日的公允价值） 　贷：交易性金融资产 同时，如存在信用减值损失，则补提减值准备： 借：信用减值损失 　贷：债权投资减值准备
	②企业将一项以公允价值计量且其变动计入当期损益的金融资产重分类为以公允价值计量且其变动计入其他综合收益的金融资产的，应当继续以公允价值计量该金融资产 借：其他债权投资（重分类日的公允价值） 　贷：交易性金融资产 同时，如存在信用减值损失，则补提减值准备： 借：信用减值损失 　贷：其他综合收益——损失准备
对以公允价值计量且其变动计入当期损益的金融资产进行重分类的，企业应当根据该金融资产在重分类日的公允价值确定其实际利率。同时，企业应当自重分类日起对该金融资产适用金融工具减值的相关规定，并将重分类日视为初始确认日	

考点6：金融资产及重分类账务处理小结（见表7-20）

表7-20　　金融资产及重分类账务处理小结

债券	债权投资：摊余成本计量 其他债权投资： （1）利息收入、利息调整、减值计提同债权投资一样 （2）公允价值变动的计算 交易性金融资产
股票	其他权益工具投资：处置的时候，计入盈余公积和利润分配——未分配利润 交易性金融资产：初始的时候，交易费用计入投资收益
重分类通俗理解	（1）其他债权投资重分类为债权投资，成本转成本；公允价值变动冲掉，减值转减值 （2）债权投资重分类为其他债权投资，相当于把债权投资卖了，差额计入其他综合收益 （3）债权投资和其他债权投资重分类为交易性金融资产，视同按公允价值处置，差额计入公允价值变动损益 （4）交易性金融资产转债权投资或者其他债权投资，视同按公允价值买进（涉及交易性金融资产，视同买进卖出，其他债权投资视同卖出不买进）

【例题·债权投资重分类为其他债权投资】

2018年2月1日，乙公司以银行存款2 000万元购入一项债券投资组合，面值总额为2 000万元，分类为以摊余成本计量的金融资产。2018年12月31日，由于市场利率变动，该债务工具的信用风险自初始确认后已经显著增加，按照预期信用损失计量损失准备的金额为190万元。2018年年末，乙公司变更了其管理债券投资组合的业务模式，其变更符合重分类的要求，2019年1月1日将该债券从以摊余成本计量重分类为以公允价值计量且其变动计入其他综合收益的金融资产。重分类日该债券组合的公允价值为1 900万元。其账务处理见表7-21（分录单位：万元）：

表7-21　　债权投资重分类为其他债权投资

重分类前：债权投资	重分类后：其他债权投资
借：债权投资　　2 000 　贷：银行存款　　2 000 借：信用减值损失　　190 　贷：债权投资减值准备　　190	借：其他债权投资　　1 900 　债权投资减值准备　　190 　贷：债权投资　　2 000 　　其他综合收益　　90

【例题：债权投资重分类为交易性金融资产】

2018年1月6日，甲公司以银行存款1 000万元购入一项债务工具投资组合，面值总额为1 000万元，分类为以摊余成本计量的金融资产。2018年12月31日，由于市场利率变动，所以该债务工具的信用风险自初始确认后已经显著增加，按照预期信用损失计量损失准备的金额为90万元。2018年年末，甲公司变更了其管理债券投资组合的业务模式，其变更符合重分类的要求，2019年1月1日将该债券从以摊余成本计量重分类为以公允价值计量且其变动计入当期损益的金融资产。重分类日该债券组合的公允价值为1 100万元。其账务处理见表7-22（分录单位：万元）：

表7-22　债权投资重分类为交易性金融资产

重分类前：债权投资	重分类后：交易性金融资产
借：债权投资　1 000 　贷：银行存款　1 000 借：信用减值损失　90 　贷：债权投资减值准备　90	借：交易性金融资产　1 100 　　债权投资减值准备　90 　贷：债权投资　1 000 　　　公允价值变动损益　190

【例题：其他债权投资重分类为交易性金融资产】

2018年4月1日，丁公司以银行存款4 000万元购入一项债券投资组合，面值总额为4 000万元，分类为以公允价值计量且其变动计入其他综合收益的金融资产。2018年12月31日，由于市场利率变动，所以债务工具公允价值下跌至3 900万元，信用风险自初始确认后已经显著增加，按照预期信用损失计量损失准备的金额为390万元。2018年年末，重分类日该债券组合的公允价值为3 900万元。其账务处理见表7-23（分录单位：万元）：

表7-23　其他债权投资重分类为交易性金融资产

重分类前：其他债权投资	重分类后：交易性金融资产
借：其他债权投资——成本　4 000 　贷：银行存款　4 000 借：其他综合收益——其他债权投资公允价值变动　100 　贷：其他债权投资——公允价值变动　100 借：信用减值损失　390 　贷：其他综合收益——信用减值准备　390	合并编制： 借：交易性金融资产　3 900 　　其他债权投资——公允价值变动100 　　其他综合收益——信用减值准备390 　贷：其他债权投资——成本　4 000 　　　其他综合收益——其他债权投资公允价值变动　100 　　　公允价值变动损益　290

【例题：交易性金融资产重分类为债权投资】

2018年5月1日，戊公司以银行存款5 000万元购入一项债券投资组合，面值总额为5 000万元，分类为以公允价值计量且其变动计入当期损益的金融资产。2018年12月31日，债务工具公允价值为5 500万元，2018年年末，戊公司变更了其管理债券投资组合的业务模式，其变更符合重分类的要求，2019年1月1日将以公允价值计量且其变动计入当期损益的金融资产重分类为以摊余成本计量的金融资产。重分类日该债券组合的公允价值为5 500万元。其账务处理见表7-24（分录单位：万元）：

表7-24　交易性金融资产重分类为债权投资

重分类前：交易性金融资产	重分类后：债权投资
借：交易性金融资产　5 000 　贷：银行存款　5 000 借：交易性金融资产　500 　贷：公允价值变动损益　500	借：债权投资　5 500 　贷：交易性金融资产　5 500

【例题：交易性金融资产重分类为其他债权投资】

2018年6月1日，乙公司以银行存款6 000万元购入一项债券投资组合，面值总额为6 000万元，分类为以公允价值计量且其变动计入当期损益的金融资产。2018年12月31日，债务工具公允价值为6 600万元，2018年年末，乙公司变更了其管理债券投资组合的业务模式，其变更符合重分类的要求，2019年1月1日将以公允价值计量且其变动计入当期损益的金融资产重分类为以公允价值计量且其变动计入其他综合收益的金融资产。重分类日该债券组合的公允价值为6 600万元。其账务处理见表7-25（分录单位：万元）：

表7-25　交易性金融资产重分类为其他债权投资

重分类前：交易性金融资产	重分类后：其他债权投资
借：交易性金融资产　6 000 　贷：银行存款　6 000 借：交易性金融资产　600 　贷：公允价值变动损益　600	借：其他债权投资　6 600 　贷：交易性金融资产　6 600

把书上的例题倒腾过来倒腾过去，在草稿纸上逐步列表分析，直到弄懂为止。

等做完后，合上笔记本，闭目回忆一下，也就几个图片而已。

所以，我发现当把知识转化成图片后很容易记忆，记忆后再通过大量做题分析，逐步加深理解记忆。

在做题的过程中，严格按照时间顺序，逐步分析答题，不能让自己思维混乱。如果平时都思维混乱的话，那么考试的时候肯定就更乱了。

人随着年龄的增长，语义记忆能力渐渐地减弱，情景记忆能力渐渐地增强；所以为了能够适应这一变化，就必须让自己的脑海中有图片，这样你的记忆才会深刻。当你脑海里全是花花绿绿的图片时，你就不会觉得枯燥，你就会慢慢地发现原来会计也很美，你甚至会闻到，会计书里淡淡的清香。当你以这种心态去对待考试的时候，你就很容易坚持下去，而只要你坚持下去了，你离成功也就不远了。

第8章

职工薪酬及借款费用

（一）变换学习方法

复杂事情简单做，重复事情创新做。

没事喜欢玩星座，因为我是双子座。星座书上说，双子座女人像一个万花筒，一会儿变一个花样，你似乎永远弄不清她真正的样子。懒惰、机灵、好奇心重，这些都是双子座人的特征。除此之外，双子座的人还有一个最大的缺点，那就是很善变。不知道是因为星座分析真的很准确，还是因为人在自我探寻的过程中很容易受到周围信息的暗示，总之我觉得挺准的。

就像学习，我永远都不会只使用一种学习方法。记得以前记四六级单词的时候，我不知道尝试了多少种学习方法，反正呢，每次我发现一种新的学习方法时，就会去尝试，拿着那本厚厚的单词本开始记忆，但是每一种办法用不了三天，我就不想继续了。所以我的学习经常是“三天打鱼，两天晒网”。因此，在我的记忆中，A字打头的单词都很熟，但Z字打头的几乎从没见过。后来，我想了一个好办法，就是不断变换学习方法，但是在使用一种新的记忆方法时，我不再从头开始，而是接着上次的继续往下学。就这样，我顺利地一次性通过了英语四六级考试。

现在复习会计，我也只能想办法通过变换学习方法来保持我的学习兴趣，所以现在与其说我在学习会计，还不如说我是在尝试不同的学习方法。喜欢尝鲜是我的特性。什么毅力、坚忍，这样的品德在我身上恐怕是找不到的。我最大的爱好就是幻想，幻想自己一点就通、触类旁通，轻松过关。

比如“职工薪酬及借款费用”这一章，我一看，几十页，而我就想三言两语搞定。

（二）请年假该如何进行账务处理

会计专家们有一个特别牛的能力，那就是造词能力，比如请年假，叫“带

薪缺勤”。

下面这种“带薪缺勤”的题，很多人看完答案后还是会有点懵！

【例题·单选题】甲公司共有200名职工，其中50名为总部管理人员，150名为直接生产工人。从2019年1月1日起，该公司实行累积带薪缺勤制度。该制度规定，每名职工每年可享受5个工作日带薪年休假，未使用的年休假只能向后结转一个日历年度，超过1年未行使的权利作废；职工休年假时，首先使用当年享受的权利，不足部分再从上年结转的带薪年休假中扣除；职工离开公司时，对未使用的累积带薪年休假无权获得现金支付。2019年12月31日，每个职工当年平均未使用的带薪年休假为2天。

甲公司预计2020年有150名职工将享受不超过5天的带薪年休假，剩余50名总部管理人员每人将平均享受6天带薪年休假，该公司平均每名职工每个工作日的工资为400元。甲公司2019年年末因“带薪缺勤”计入管理费用的金额为（　　）元。

A.20 000　　B.120 000　　C.60 000　　D.0

【答案】A

【解析】甲公司2019年年末应当预计由于累计未使用的带薪年休假而导致预期将支付的工资负债，根据甲公司预计2020年职工的年休假情况，只有50名总部管理人员会使用2019年未使用的带薪年休假1（6−5）天，而其他2020年累计未使用的都将失效，所以应计入管理费用的金额=50×（6−5）×400=20 000（元）。

“带薪缺勤”分为累积带薪缺勤和非累积带薪缺勤。累积带薪缺勤，比如年假，今年没有休完，可以累计到明年休；非累积带薪缺勤，比如婚假、丧假等，这些一般不会今年没休完，累计到明年再休。

假设你一个月工作22天，每天的工资为1 000元（此处不考虑税费等相关因素）。

①正常工作。

借：管理费用——工资　　22 000
　贷：应付职工薪酬——工资　　22 000
借：应付职工薪酬——工资　　22 000
　贷：银行存款　　22 000

②当月休年假1天，按理应该扣工资1 000元，也就是说工资是21 000元，但是因为你休的是年假，所以，你的假期是带薪的，你的缺勤是带薪的，即你拥有带薪缺勤工资1 000元，当月到手的工资还是22 000元。

借：管理费用——工资　　21 000
　　　　——带薪缺勤薪酬　　1 000

贷：应付职工薪酬——工资　　21 000

——带薪缺勤薪酬　　1 000

借：应付职工薪酬——工资　　21 000

——带薪缺勤薪酬　　1 000

贷：银行存款　　22 000

③假设当年有年假5天，年底时剩余年假2天，没休完，预计下年休假，年底时的账务处理为：

借：管理费用——带薪缺勤薪酬　　2 000

贷：应付职工薪酬——带薪缺勤工资　　2 000

为什么在年底时计入？因为是当年的费用，按照权责发生制应在当年计入费用。

④第二年1月补休上年2天年假，当月发工资20 000元，但是带薪缺勤薪酬是2 000元，到手还是22 000元。

借：管理费用——工资　　20 000

贷：应付职工薪酬——工资　　20 000

借：应付职工薪酬——工资　　20 000

应付职工薪酬——带薪缺勤薪酬　　2 000

贷：银行存款　　22 000

本年不对上年的未休年假计费用，只是在支付款项时，冲减“应付职工薪酬——带薪缺勤薪酬”。

（三）本章通关地图（如图8-1所示）

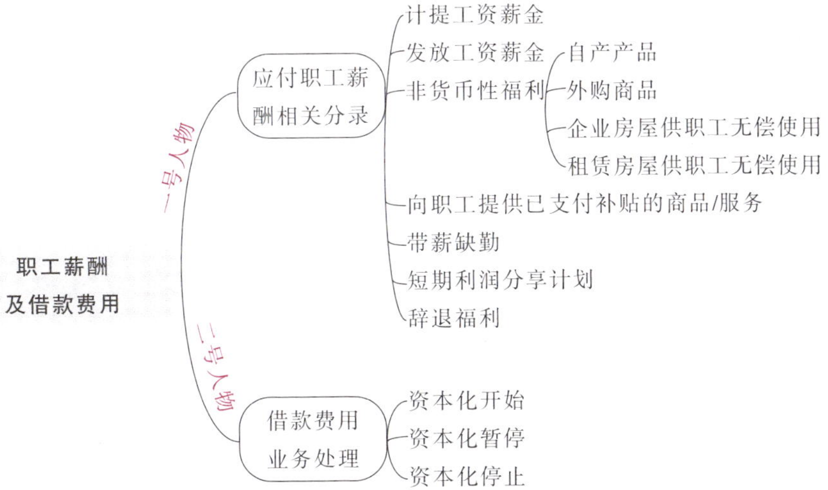

图8-1　本章通关地图

（四）高频考点提炼

1.职工薪酬

首先是职工薪酬，发工资对于我们有几年工作经验的会计来说，太熟悉了。浏览教材即可归纳得出考点1，见表8-1。

考点1：职工薪酬分录汇总

表8-1　职工薪酬分录汇总

计提各部门工资薪金	借：生产成本（生产人员） 　　制造费用（车间管理人员） 　　管理费用（行政管理人员） 　　销售费用（销售人员） 　　在建工程（基建人员） 　贷：应付职工薪酬——工资、奖金、津贴和补贴 　　　　　　　　——职工福利 　　　　　　　　——社会保险费 　　　　　　　　——住房公积金 　　　　　　　　——工会经费 　　　　　　　　——职工教育经费等
发放工资薪金及代扣各种款项	借：应付职工薪酬 　贷：其他应收款——代垫医药费 　　　　　　　——职工房租等 　　应交税费——应交个人所得税 　　银行存款
非货币性福利	1.企业以其自产产品作为非货币性福利发放给职工： 第一步，确认收入 借：应付职工薪酬——非货币性福利 　贷：主营业务收入 　　应交税费——应交增值税（销项税额） 第二步，结转产品成本 借：主营业务成本 　贷：库存商品 第三步，确认应付职工薪酬 借：生产成本 　　管理费用 　　销售费用等 　贷：应付职工薪酬——非货币性福利

续表

非货币性福利	2.以外购商品作为非货币性福利发放给职工： 第一步，购入 借：库存商品等 　　应交税费——应交增值税（进项税额） 　贷：银行存款 第二步，决定发放给各部门 借：生产成本 　　管理费用 　　销售费用等 　贷：应付职工薪酬——非货币性福利 第三步，发放 借：应付职工薪酬——非货币性福利 　贷：库存商品 　　　应交税费——应交增值税（进项税额转出）
	3.将企业拥有的房屋等资产无偿提供给职工使用： 借：管理费用 　　生产成本 　　制造费用等 　贷：应付职工薪酬——非货币性福利 同时 借：应付职工薪酬——非货币性福利 　贷：累计折旧
	4.租赁住房等资产供职工无偿使用： （1）确认应付职工薪酬时 借：管理费用 　　生产成本 　　制造费用等 　贷：应付职工薪酬——非货币性福利 （2）支付房租时 借：应付职工薪酬——非货币性福利 　贷：银行存款

续表

<table>
<tr><td rowspan="3">向职工提供企业支付了补贴的商品或服务</td><td>（1）如果合同规定职工在取得住房等商品或服务后至少应提供服务的年限，那么企业应将出售商品或服务的价格与其成本间的差额，作为长期待摊费用处理，在合同规定的服务年限内平均摊销，根据受益对象分别计入相关资产成本或当期损益
（2）如果合同没有规定职工在取得住房等商品或服务后至少应提供服务的年限，那么企业应将出售商品或服务的价格与其成本间的差额，作为对职工过去提供服务的一种补偿，直接计入向职工出售商品或服务当期的损益</td></tr>
<tr><td>2021年年初，甲公司为稳定管理队伍，与10名中层管理人员签订如下协议：（1）以每套50万元的价格售予每位管理人员一套公寓；（2）每位管理人员必须自协议签订之日起为甲公司服务10年，如违约，则由甲公司无偿收回公寓。此协议于2021年年初生效并当即执行。甲公司在2020年11月以每套80万元的价格购入10套公寓，假定不考虑相关税费</td></tr>
<tr><td>【解析】甲公司的会计处理如下（分录单位：万元）：
①2020年11月购入公寓时：
借：固定资产 800
　贷：银行存款 800
②2021年年初执行协议时：
借：银行存款 500
　　长期待摊费用 300
　贷：固定资产 800
③2021年分摊长期待摊费用时：
借：管理费用 30
　贷：长期待摊费用 30
④假如协议并未要求服务年限及其他附加条件，则2021年年初执行协议时：
借：银行存款 500
　　管理费用 300
　贷：固定资产 800</td></tr>
<tr><td rowspan="2">带薪缺勤</td><td>非累积带薪缺勤的会计处理
企业应当在职工实际发生缺勤的会计期间确认与非累积带薪缺勤相关的职工薪酬</td></tr>
<tr><td>累积带薪缺勤的会计处理
企业应当在职工提供服务从而增加其未来享有的带薪缺勤权利时，确认与累积带薪缺勤相关的职工薪酬，并以累计未行使权利而增加的预期支付金额计量
借：管理费用——累积带薪缺勤
　贷：应付职工薪酬</td></tr>
<tr><td>短期利润分享计划</td><td>借：管理费用
　贷：应付职工薪酬——利润分享计划</td></tr>
<tr><td>辞退福利</td><td>借：管理费用
　贷：应付职工薪酬</td></tr>
</table>

关于“带薪缺勤”好像不是很明白，我赶紧找两个例题琢磨琢磨。

【例题·单选题】心云公司共有200名职工，其中50名为总部管理人员，150名为直接生产工人。从2×20年1月1日起，该公司实行累积带薪缺勤制度。该制度规定，每名职工每年可享受5个工作日带薪年假，未使用的年假只能向后结转一个日历年度，超过1年未行使的权利作废；职工休年假时，首先使用当年享受的权利，不足部分再从上年结转的带薪年假中扣除；职工离开公司时，对未使用的累积带薪年假无权获得现金支付。2×20年12月31日，每个职工当年平均未使用的带薪年假为2天。心云公司预计2×21年150名直接生产工人将享受不超过5天的带薪年假，剩余50名总部管理人员每人将平均享受6天带薪年假，该公司平均每名职工每个工作日工资为400元。心云公司2×20年年末，因带薪缺勤计入管理费用的金额为（　　）。

A.20 000元　　B.120 000元　　C.60 000元　　D.0

【答案】A

【分析】心云公司2×20年年末应当预计由累计未使用带薪年假而导致预期将支付的工资负债，根据心云公司预计2×21年职工的年假情况，只有50名总部管理人员会使用2×20年的未使用带薪年假1天（6−5），而其他人2×20年累计未使用的年假都将失效，所以应计入管理费用的金额=50×（6−5）×400=20 000（元）。

【例题·单选题】仁义公司于2×20年年初制订和实施了一项短期利润分享计划，以对公司管理层进行激励。该计划规定，公司全年的净利润指标为2 000万元，如果在公司管理层的努力下完成的净利润超过2 000万元，公司管理层可以分享超过2 000万元净利润部分的10%作为额外报酬。假定至2×20年12月31日，仁义公司2×20年全年实际实现净利润2 500万元。假定不考虑离职等其他因素，仁义公司2×20年12月31日因该项短期利润分享计划应计入管理费用的金额为（　　）。

A.250万元　　B.50万元　　C.200万元　　D.0

【答案】B

【分析】应计入管理费用的金额=（2 500−2 000）×10%=50（万元）。

对于辞退福利，我们一般计入管理费用。

企业向职工提供辞退福利的，应当在企业不能单方面撤回因解除劳动关系计划或裁减建议所提供的辞退福利时与企业确认涉及支付辞退福利的重组相关的成本或费用时两者孰早日，确认辞退福利产生的职工薪酬负债，并计入当期损益。

借：管理费用

　贷：应付职工薪酬

对于预期在年度报告期末后12个月内不能完全支付的辞退福利，企业应当适用其他长期职工福利的相关规定。

2.借款费用

如果说前面主要侧重的是借款利息的计算，那么这一节主要侧重讲计算出来的利息到底是记入“财务费用”还是“在建工程”科目。

我是这样想的：先确定资本化的，即确定记入“在建工程”的利息，剩下的就费用化，即记入“财务费用”。那我主要的问题就是确定什么时候开始资本化，什么时候暂停资本化，什么时候终止资本化。

我不断地在书上找答案，并把这个过程列了出来（见表8-2）。

考点2：借款费用业务处理思路

表8-2　　借款费用业务处理思路

资本化开始	（1）已经开始动工兴建
	（2）资产已经支出：支付现金、转移非现金资产或承担带息债务
	（3）借款费用已经发生 ①专门借款 资本化期间的借款费用资本化，剔除尚未动用的借款资金存入银行取得的利息或投资收益 ②一般借款 资本化金额=累计资产支出超过专门借款部分的资产支出加权平均数×资本化率 资本化率=所占用一般借款当期实际发生的利息之和÷所占用一般借款面值加权平均数 ③每一会计期间的利息资本化金额不应超过当期相关借款实际发生的利息金额
资本化暂停	购建或生产发生非正常中断，且中断时间连续超过3个月
资本化恢复	购建或生产恢复
资本化停止	（1）符合资本化条件的资产的实体建造（包括安装）或者生产活动已经全部完成或者实质上已经完成
	（2）所购建或者生产的符合资本化条件的资产与设计要求、合同规定或者生产要求相符或者基本相符，即使有极个别与设计需求、合同规定或者生产要求不相符的地方，也不影响其正常使用或者销售
	（3）继续发生在所购建或生产的符合资本化条件的资产上的支出金额很少或者几乎不再发生

我把这个大致过程整理出来后，开始用同样的思路去分析所有的有关长期负债和借款费用的题目，即先计算利息，然后区分哪些应当资本化，哪些应当费用化。

如果书上所有的题目我用同一个思路全部能做对，就意味着这一章的题我都会做了，那么剩下的就是熟练的问题了，而我所要摸索的就是这个思路是否可行。

【例题·案例题】北方公司自2×19年1月1日起正式兴建一座办公楼，工期预计为1年半，工程采用出包方式，每月1日支付工程进度款。公司为建造办公楼，于2×19年1月1日专门借款2 000万元，借款期限为2年，票面利率为6%，每年1月1日支付上年的利息，到期时归还本金和最后一次利息，实际收到款项

1 992.69万元，实际利率为6.2%。2×19年1月1日至4月30日期间发生的专门借款利息收入为10万元；4月30日至8月31日的利息收入为12万元；9月1日至12月31日的利息收入为4万元。公司按年计算应予资本化的利息金额。工程项目于2×20年6月30日达到预定可使用状态。2×20年没有发生专门借款利息收入。2×21年1月1日，北方公司偿还上述专门借款并支付最后一期利息。

因质量纠纷，该工程于2×19年4月30日至8月31日中断。

要求：

（1）计算2×19年应予资本化的利息。

（2）计算2×20年应予资本化的利息。

（3）编制从取得专门借款到归还专门借款有关业务的会计分录（假定按年计提利息，确定利息收入）。

（以下是本题分析思路与答案，请先不要看）

1.分析题意

我一直认为做题时分析题意很重要，这也是对阅读能力的一种考核，在读题的时候就把相关的信息在草稿纸上整理清楚，使自己一目了然。当然，整理也是有技巧的，而所谓的技巧其实就是平时总结出来的类似表8-3的大体思路。

表8-3　**本题的整体思路**

工期	2×19年1月1日—2×20年6月30日	
专门借款	本金	2 000万元
	期限	2×19年1月1日—2×21年1月1日
	票面利率	6%
	支付方式	每年1月1日支付上年的利息，到期时归还本金和最后一次利息
	实际收到款项	1 992.69万元
	实际利率	6.2%
资本化期间判断	开始日	2×19年1月1日（正式动工、借款、支付进度款——3个条件）
	2×19年1月1日—4月30日	利息收入为10万元
	2×19年4月30日—8月31日	利息收入为12万元，工程中断（非正常、超过3个月）
	2×19年9月1日—12月31日	利息收入为4万元
	年末	公司按年计算应予资本化的利息金额
	2×20年6月30日	达到预定可使用状态
	2×20年6月30日—2×21年1月1日	利息费用化，偿还借款并支付最后一期利息

2. 看题答题

浏览问题，其实在一开始看题的时候就已经扫完了，求两年的利息并编制相关的分录。我甚至可以一边计算，一边做分录，所以有的题一问一问地答，而有的题可以同时解答，因为分录与计量本来就是同行的，且分录是一门语言，它能帮助你理清整个业务发展的过程，所以我分析时一般都以时间为顺序，以分录为中心。

（1）2×19年1月1日，取得专门借款

借：银行存款　　19 926 900

　　长期借款——利息调整　　73 100

　贷：长期借款——本金　　20 000 000

（2）2×19年12月31日，计提利息（见表8-4）

表8-4　2×19年年底计提利息　单位：万元

实际利率法（类似按揭计算）：名义利率与实际利率不同				
时　间	归还金额	实际利息	归还本金	剩余本金
2×19年1月1日				1 992.69
2×19年12月31日	120	123.55	-3.55	1 996.24

①应付利息

名义利息=2 000×6%=120（万元）

②实际利息一部分资本化，一部分费用化

资本化期间：2×19年4月30日—8月31日发生非正常中断，所以资本化期间为2×19年1月1日—4月30日（4个月）和2×19年9月1日—12月31日（4个月）。

资本化利息=资本化期间的实际利息-资本化期间取得的利息收入

=1 992.69×6.2%÷12×8-（10+4）

=68.36（万元）

费用化利息=实际利息-利息收入-资本化利息

=1 992.69×6.2%-（10+12+4）-68.36

=29.19（万元）

借：银行存款（利息收入）　　260 000

　　在建工程（资本化利息）　　683 600

　　财务费用（费用化利息）　　291 900

　贷：应付利息（名义利息）　　1 200 000

　　　长期借款——利息调整（差额调整，相当于归还的本金）　　35 500

（3）2×20年1月1日，支付利息

借：应付利息　　1 200 000

　贷：银行存款　　1 200 000

（4）2×20年12月31日，计提利息（见表8-5）

表8-5　**2×20年年底计提利息**　单位：万元

实际利率法（类似按揭计算）：名义利率与实际利率不同				
时　间	归还金额	实际利息	归还本金	剩余本金
2×19年1月1日				1 992.69
2×19年12月31日	120	123.55	-3.55	1 996.24
2×20年12月31日	120	123.76	-3.76	2 000

归还的本金、利息倒挤，否则出现尾差，最后剩余的本金就是归还的金额2 000万元。

①应付利息

名义利息=2 000×6%=120（万元）

②实际利息一部分资本化，一部分费用化

资本化期间：2×20年1月1日—6月30日（6个月）

资本化利息=资本化期间的利息-资本化期间取得的利息收入

=123.76÷12×6=61.88（万元）

费用化利息=实际利息-资本化利息=123.76-61.88=61.88（万元）

借：在建工程　　618 800

　　财务费用　　618 800

　贷：应付利息　　1 200 000

　　　长期借款——利息调整　　37 600

（5）2×21年1月1日，归还本金及最后一期利息

借：长期借款——本金　　20 000 000

　　应付利息　　1 200 000

　贷：银行存款　　21 200 000

这其实就是整个过程，也是3个问题的答案。当然，考试的时候我会把合适的答案写在合适的地方。

所以，这个题考查的是实际利率法与借款费用的综合应用。做这种题的思路慢慢地清晰起来了：名义利息是用来支付的，实际利息是用来承担的，一部分资本化，一部分费用化；写分录的时候，充分利用借贷平衡原理，先确定容易确定的，最后一个可以利用平衡原理倒挤。

这是解题的基本思路。我不断地练习，熟练固化这个标准的思维流程，那么考试的时候肯定就会得心应手。这样，才可以做到以不变应万变。

总结一下，大体思路见表8-6。

表8-6　实际利率法和借款费用综合应用的思路

1.分析题意	①列表：借款相关信息
	②列表：工期、资本化等期间信息
2.取得借款	实际款项与名义款项是否有差额
3.期末，计提利息	①应付利息：名义利息
	②实际利息：实际利率法计算
	③确定资本化期间
	④资本化期间承担的实际利息应予资本化
	⑤剩下的实际利息费用化

我用同样的思路再做一个题目：

【例题·案例题】长江公司于2×20年1月1日动工兴建一座办公楼，工程于2×21年9月30日完工，达到预定可使用状态。

长江公司建造工程的资产支出如下：

（1）2×20年4月1日，支出3 000万元；

（2）2×20年6月1日，支出1 000万元；

（3）2×20年7月1日，支出3 000万元；

（4）2×21年1月1日，支出3 000万元；

（5）2×21年4月1日，支出2 000万元；

（6）2×21年7月1日，支出1 000万元。

长江公司为建造办公楼于2×20年1月1日专门借款5 000万元，借款期限为3年，年利率为6%，按年支付利息。除此之外，无其他专门借款。

办公楼的建造还占用了两笔一般借款：

（1）从A银行取得长期借款4 000万元，期限为2×19年12月1日至2×22年12月1日，年利率为6%，按年支付利息。

（2）发行公司债券2亿元，发行日为2×19年1月1日，期限为5年，年利率为8%，按年支付利息。

闲置专门借款资金用于固定收益债券暂时性投资（假定暂时性投资的月收益率为0.25%），并将收到的款项存入银行。假定全年按360天计。因原料供应不及时，工程项目于2×20年8月1日至11月30日发生中断。

要求：

（1）计算2×20年和2×21年专门借款利息资本化金额及计入当期损益的金额。

（2）计算2×20年和2×21年一般借款利息资本化金额及计入当期损益的金额。

（3）计算2×20年和2×21年利息资本化金额及计入当期损益的金额。

（4）编制2×20年和2×21年与利息资本化有关的会计分录。

1.分析题意

浏览一下“龙头”“凤尾”就可以知道，这道题有好几笔借款，要求我分别求出它们的资本化金额和费用化金额并编制相关分录。分析题意过程见表8-7。

表8-7　　分析题意过程

工期	2×20年1月1日—2×21年9月30日（1年零9个月）	
专门借款	本金	5 000万元
	期限	2×20年1月1日—2×23年1月1日（3年）
	年利率	6%
	支付方式	按年支付利息
	闲置投资	0.25%的月收益率，存入银行，全年360天
一般借款1	本金	4 000万元
	期限	2×19年12月1日—2×22年12月1日（3年）
	年利率	6%
	支付方式	按年支付利息
一般借款2：公司债券	面值	20 000万元
	期限	2×19年1月1日—2×24年1月1日（5年）
	年利率	8%
	支付方式	按年支付利息
资本化期间判断：原则是先动用专门借款，然后才占用一般借款	资本化开始日	2×20年4月1日（正式动工、借款、支付进度款三个条件）
	2×20年1月1日—3月31日	3个月没有支出，专门借款获得收益 5 000×0.25%×3
	2×20年4月1日—5月31日	4月1日支出3 000万元 2 000万元闲置2个月，获得收益：2 000×0.25%×2
	2×20年6月1日—6月30日	6月1日支出1 000万元 1 000万元再闲置1个月，获得收益：1 000×0.25%
	2×20年7月1日—2×20年7月31日	7月1日支出3 000元，其中专门借款1 000万元、一般借款2 000万元
	2×20年8月1日—11月30日	非正常中断4个月，资本化暂停
	2×20年12月1日—12月31日	期末计提利息
	2×21年1月1日—3月31日	1月1日支出3 000万元，一般借款，3个月
	2×21年4月1日—6月30日	4月1日支出2 000万元，一般借款，3个月
	2×21年7月1日—9月30日	7月1日支出1 000万元，一般借款，3个月，9月30日完工
	2×21年10月1日—12月31日	借款尚未归还，利息全部费用化

2.看题答题

（1）专门借款

①2×20年12月31日，计提利息

A.应付利息=5 000×6%=300（万元）

B.实际利息等于应付利息，一部分资本化，一部分费用化。

资本化期间：2×20年4月1日—7月31日（4个月）和2×20年12月1日—12月31日（1个月）。

资本化期间取得的投资收益=2 000×0.25%×2+1 000×0.25%=12.50（万元）

资本化利息=资本化期间的实际利息-资本化期间取得的利息收入

=300÷12×5-12.50

=112.50（万元）

2×20年专门借款总的投资收益=5 000×0.25%×3+2 000×0.25%×2+1 000×0.25%=50（万元）

费用化利息=实际利息-投资收益-资本化利息=300-50-112.50=137.50（万元）

②2×21年12月31日，计提利息

A.应付利息=5 000×6%=300（万元）

B.实际利息等于应付利息，一部分资本化，一部分费用化。

资本化期间：2×21年1月1日—9月30日（9个月）。

专门借款2×21年没有闲置，无投资收益。

资本化利息=资本化期间的实际利息=300÷12×9=225（万元）

费用化利息=实际利息-资本化利息=300-225=75（万元）

（2）一般借款

①2×20年12月31日，计提利息

A.应付利息=4 000×6%+20 000×8%=1 840（万元）

B.实际利息等于应付利息，一部分资本化，一部分费用化。

资本化期间：2×20年7月1日—2×20年7月31日（1个月，金额2 000万元）。

2×20年12月1日—12月31日（1个月，金额2 000万元）。

一般借款支出加权平均数=2 000÷12×2=333.33（万元）

一般借款资本化利率=一般借款当年总的利息÷当年总的借款×100%

=（4 000×6%+20 000×8%）÷（4 000+20 000）×100%

=7.67%

资本化利息=333.33×7.67%=25.57（万元）

费用化利息=实际利息-资本化利息

=1 840-25.57

=1 814.43（万元）

②2×21年12月31日，计提利息

A.应付利息=4 000×6%+20 000×8%=1 840（万元）

B.实际利息等于应付利息，一部分资本化，一部分费用化。

资本化期间：2×21年1月1日—3月31日（3个月，金额5 000万元）

2×21年4月1日—6月30日（3个月，金额7 000万元）

2×21年7月1日—9月30日（3个月，金额8 000万元）

一般借款的支出占用要累计，不要忘了。

一般借款支出加权平均数=5 000÷12×3+7 000÷12×3+8 000÷12×3=5 000（万元）

一般借款资本化利率=一般借款当年总的利息÷当年总的借款×100%

=（4 000×6%+20 000×8%）÷（4 000+20 000）×100%

=7.67%

资本化利息=5 000×7.67%=383.50（万元）

费用化利息=实际利息−资本化利息=1 840−383.50=1 456.50（万元）

（3）资本化利息

2×20年资本化利息=专门借款的资本化利息+一般借款资本化利息

=112.50+25.57

=138.07（万元）

2×20年费用化利息=专门借款的费用化利息+一般借款费用化利息

=137.50+1 814.43

=1 951.93（万元）

2×21年资本化利息=专门借款的资本化利息+一般借款资本化利息

=225+383.50

=608.50（万元）

2×21年费用化利息=专门借款的费用化利息+一般借款费用化利息

=75+1 456.50

=1 531.50（万元）

（4）编制分录

①2×20年

借：在建工程（2×20年资本化利息）　　1 380 700

　　财务费用（2×20年费用化利息）　　19 519 300

　　银行存款（2×20年专门借款投资收益）　　500 000

　贷：应付利息（2×20年总的利息专门借款300万元、一般借款1 840万元）

21 400 000

②2×21年

借：在建工程　　6 085 000

　　财务费用　　15 315 000

　贷：应付利息　　21 400 000

所以，我觉得借款费用这一章所有的题都可以这样分析思考，不过这个题

没有考实际利率法，而是考了一般借款。我把刚才总结的思路再完善一下（见表8-8）。

表8-8 完善后的思路

1.分析题意	①工期
	②列表：借款相关信息
	③列表：判断资本化期间等信息
2.专门借款	①实际款项与名义款项是否有差额
	②应付利息：名义利息
	③实际利息：实际利率法计算或者直接等于名义利息
	④确定资本化期间
	⑤资本化期间承担的实际利息予以资本化
	⑥剩下的实际利息费用化
3.一般借款	①实际款项与名义款项是否有差额
	②应付利息：名义利息
	③实际利息：实际利率法计算或者直接等于名义利息
	④确定资本化期间及对应的金额
	⑤资本化期间承担的实际利息资本化 一般借款支出加权平均数 一般借款资本化利率=一般借款当年总的利息÷当年总的借款金额 一般借款资本化利息=一般借款支出加权平均数×一般借款资本化利率
	⑥剩下的实际利息费用化

在做题的过程中，我还可以不断地完善解题的思路，强化自己的这种思维，考试的时候就可以直接使用，因为考试要的不是创新，不是思考，而是直接给出答案。当自己固化了这种思维的时候，就会形成条件反射，看到这个题就知道第一步该做什么，第二步该做什么。

如何去固化思维呢？即要通过练习来强化。我不断地做这一章的练习，用同一种思维方法，多做几个，必然强化。记得有一位美国心理学家说过这样一句话：人类的学习也是一种操作反应的强化过程。通过操作强化，一个比较完整的新的行为单元可以被学会。

当然，为了保证自己的进度，我觉得自己差不多掌握就准备进入下一章了，因为我不想像以前识记单词的时候那样，A字打头的很熟悉，Z字打头的见都没见过。

第9章

或有事项

（一）杜老师的授课

长跑运动员刚开始训练时，腿上往往要绑沙袋。

早上刚醒，婉晴的电话就来了。我纳闷这家伙今天怎么这么勤快。

“小艾，你昨天去哪儿啦？我打电话你怎么关机呢？”

“我昨天去图书馆了，手机没电了。”

“我还以为你失踪了，没想到你去图书馆了，怎么不叫上我呀？”

“我本来是想叫你的，但因为是周末，我担心你有约会，怕自讨没趣。”

“亏你想得出来，我现在要复习中级，哪有心情约会。我们今天一起复习吧！”

“好，那你到我家来吧。”

“不去你家。”

“好，那去你家吧。”

“也不去我家。”

“那去哪儿啊？”

“市图书馆楼上的学术研讨室。”

“不会吧，复习个中级，你整个学术研讨室？你这级别也太高了点吧？”

“废话少说，你快点出来，我在山峡广场等你。”

我挂上电话，匆匆洗漱，出门。

下车，老远看见婉晴站在那儿，撑着一把遮阳伞，穿着一条圆领修身针织连衣裙，领边有着精致的蕾丝包钻，格外雅致，一条丝边腰带还束了个蝴蝶结系在腰间。

我上下打量着她，说道：“我的大小姐，你这身打扮，到底是跟我去复习，还是去约会？”

"怎么啦，嫉妒啦？这是我昨儿刚买的，好看吧？"

"好看，羡慕嫉妒恨。"我装着叹了口气。

我们边说边笑，来到市图书馆学术研讨室。据婉晴讲，那是他爸爸租的，是公司用来举办技术研讨会的，今天借她用。

"小艾，求你一件事。"婉晴边拿教材边对我说道。

"什么事？"

"想办法把你那位杜老师约出来呗。"

"约他做什么，来帮你复习中级？"

"知我者，小艾也。"

"原来，你今天是有目的的。"

"也不是啦，只是上次和你复习的时候，发现他教你那方法挺好用的，感觉比我上培训班还有用，所以就想让他亲自传授。"

"周末，人家可能有约会。"

"你不是说他单身吗？"

"他说他单身，但是我又没有审核其真实性，再说，单身更要抓紧时间约会。"

"你打个电话试试看嘛，说不定他现在正在家里无聊呢。"

我不理她。

"打吧，打吧，求你了……"婉晴撒娇道。

经不起她的折腾，我拿起了电话。

"喂。"

"喂……"我停顿了一会儿，不知道该怎么说才好，电话里出现了短暂的沉默。

"小艾，你在哪儿玩呢？"杜老师有点故作轻松地大声问道。

"我在市图书馆。"

"市图书馆？这么巧？我正要去还书呢。"

"是吗？"

"是呀，我马上就准备出门了。"

我挂上电话，没想到这么容易就把他请过来了。

婉晴在旁边偷笑，说："说不定人家正在等你电话呢。"

我没好气地白了她一眼，不理她，然后打开我的《中级会计实务》教材第12章"或有事项"。

不到十分钟，我手机响了，杜老师来了，我告诉他我们在三楼的学术研讨室。他打开门，看见俩美女趴在大会议桌上看书，愣了愣神。

大家你看看我，我看看你，突然都笑了起来。杜老师走到我面前，拿着我的教材惊讶地说："小艾，你把我骗到这里来，不会是要我帮你复习中级吧？"

"我没有骗你啊，是你自己说要还书啊。"

"你说你在研讨室，我还以为你在参加一个学术研讨会呢。"

"你看我们像搞学术研究的人吗？"

"那是，俩小女生，能研究什么？"

"帅哥，是我让小艾把你约出来的。"婉晴说道。

"你？"

"是呀，我可是久仰您的大名啊。"婉晴恭维道。

杜老师没说话，笑了笑。

"我叫婉晴，小艾的死党。"

"你好。我叫杜云轩。"

"我知道你叫杜云轩，你的名字早就使我如雷贯耳了。小艾每天杜老师长杜老师短的，把你当神供奉着，我也拿你当偶像来膜拜。"

这马屁拍得也太离谱了吧，也不怕拍到马腿上，我噘了噘嘴。

杜老师转过身来，看了我一眼，没说话，继续保持他那绅士般的笑容。

"我想拜你为师，让你教我复习《中级会计实务》。你就收我为徒吧，好不好？"婉晴的声音甜美柔和，像个孩子般，那样地纯净无邪，让人不忍心拒绝。

我坐在那儿自始至终一言不发，微笑地看着他们表演。

杜老师想了想说："好吧。"然后，拿起我摆在桌子上的书，说："第12章'或有事项'。"

"拿我的书，拿我的书吧，她看到前面去了，我还在后面呢。"婉晴一边说，一边匆匆忙忙从背包里把书拿了出来。

"都一样，授人以鱼还不如授人以渔，我教给你们的只是思维方法与观念，又不是知识，哪一章都一样。再说，《中级会计实务》各章既相互联系又相互独立。我们复习的时候就先联系，再独立，再联系，在联系中独立，在独立中联系。"

我不得不佩服杜老师，一个中级复习竟然上升到哲学境界了。

"什么叫先联系，再独立，再联系，在联系中独立，在独立中联系？"婉晴睁着一双大眼睛，疑惑地问道。

"先联系就是在拿到书时就看各章的联系，有个整体的轮廓，第一章是纯理论，最后两章是政府会计和民间非营利组织会计，相对来说，都不是特别重要，最后看。中间的章节分为三部分，第一部分是资产，第二部分是负债，第三部分是收入、报表及其调整。'再独立'就是你要一章一章地去复

习，‘再联系’就是你复习完后，又要看章节与章节的联系，综合题不是要跨章节考吗？”

“你太厉害了，小艾，我算是见识到你们家杜老师的厉害了。”婉晴夸张地说道。

“你说的什么话啦，杜老师什么时候成了我们家的了？”我生气地说道。

“也许就在不久的将来。”婉晴趴在我的耳边轻声地说道，气得我拿起拳头想揍她。

“你们俩再闹，我可要走啦。”杜老师不紧不慢地说道。

“别，别，我们不闹了，开始吧。”婉晴连忙说道。

“打开教材，翻到‘或有事项’。”杜老师还真一本正经地当起老师来。

“好。”婉晴打开教材，翻到“或有事项”。那动作还真乖。

“当你翻到这一章的时候，你该怎么看呢？”杜老师一边问，一边把书还给了我，不看书讲课，牛。

我开始习惯性地翻看这一章，从第一页翻到最后一页，看有几节，每一节的标题是什么，找寻各节之间的联系。

“婉晴，你看小艾翻书的动作就跟你不一样，这就是训练的结果。”杜老师说道。

“有什么不一样？”

“你拿到书的时候，就从第一页开始看，而她是看这一章有几节，每一节主要讲的是什么，各节之间的联系是什么，哪一节的内容会是这章的重点。小艾，我说的对吧？”

“嗯，这一章有三节，第一节是或有事项的特征，主要是讲一些概念；第二节是或有事项的确认和计量，主要讲确认、计量的原则；第三节是或有事项会计处理原则的应用。后两节是重点。其中，第三节是重中之重。”

“为什么？”

“因为，第三节是本章的综合应用，在综合应用中肯定要涉及前两节的内容。”

“对，那或有事项是个什么事项呢？书上有概念，你们可以大概浏览一下，不要去识记，也不要看太细，因为我们第一遍主要复习实务题。我们只要大概知道或有事项是个什么样的事项就行了。”

“或有事项就是有可能发生的事项，或有负债就是有可能形成的负债，或有资产就是有可能形成的资产。”我边浏览边说道。

“到底是可能还是有可能，还是很有可能？该看仔细的地方就应看仔细，该跳过的就应学会跳过。”

“很可能。”我答道。

“在哪儿呢？在哪儿呢？我怎么没看到这三个字呢？”婉晴问道。

“在第二节，你不要一行一行地看，要跟上自己的思路跳着看。”我说道。

“我现在没有思路。”

“你现在没思路，就把杜老师的思路当作你的思路。”

“把他的思路当作我的思路?”

“对呀，你把他约出来的目的不就是学习他的思路吗?”

“在你没有自己的思维体系的时候，就要学习别人的思维体系，然后在别人思维体系的基础上不断地修改完善，逐步形成自己的思维体系。”杜老师讲道。

“其实，第二节中，有一个表一眼就能看到（见表9-1）：

表9-1 结果的可能性与对应的概率区间

结果的可能性	对应的概率区间
基本确定	大于95%但小于100%
很可能	大于50%但小于或等于95%
可能	大于5%但小于或等于50%
极小可能	大于0但小于或等于5%

与或有事项有关的义务应当在同时符合以下3个条件时，确认为预计负债：（1）该义务是企业承担的现时义务；（2）履行该义务很可能导致经济利益流出企业；（3）该义务的金额能够可靠地计量。

意思就是说，或有负债可以确认，计入预计负债，那么或有资产能不能确认呢？答案是否定的。根据谨慎性原则，或有资产是不确认的，而只有基本确定可以收回的资产才可以在报表中确认。或有事项不管是或有负债还是或有资产都需要在报表附注中披露。

换句话说，本章的或有事项主要是讲或有负债的确认。更准确地说，本章主要是讲‘预计负债’这个科目的确认和计量。下面我们来看，哪些具体事项是或有事项，就是说在实践中，一般有哪些事件需要我们考虑预计负债的确认。”

“一、未决诉讼或未决仲裁

二、债务担保

三、产品质量保证

四、亏损合同

五、重组义务”

杜老师拿起白板笔，像模像样地在研讨室的黑板上写起板书来。他也许是习惯使然，因为每次事务所开会，需要他讲解某个项目的时候，他都会边讲边在黑板上写板书。

“所以，我们现在来学习这些事项是如何确认计量的。这些清楚了，考试也就不怕了，因为考试考实务题的时候，都是以这些事项出题的。所以，学习中级会计实务，一定要学会抓住具体的事项，这样你才会有一种感性的认识。有了感性的认识，再去理解那些理性的概念，就容易多了。好了，现在开始正式学习这些或有事项吧。”

“现在才开始正式学习，那刚才是干嘛?”婉晴不解地问道。

“铺垫。”

“铺垫?”婉晴伸了伸舌头。

“学习这些实务该怎么确认、计量，其实就是学习做分录。如果你明白这一点，事情就变得简单了，你只要理解、记住了这些分录该怎么做，那么这章你就学完了。这个过程中需要自己在笔记本上进行归纳总结。”杜老师边讲边又在白板上写起板书来（见表9-1）。

（二）本章通关地图（如图9-1所示）

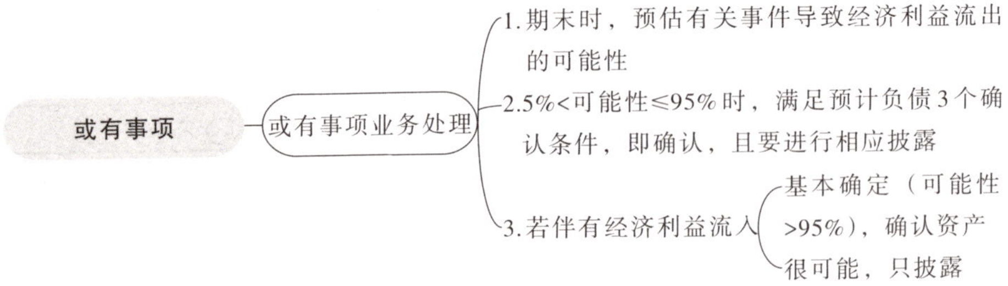

图9-1　本章通关地图

（三）高频考点提炼

考点：或有事项处理思路（见表9-2）

表9-2　或有事项处理思路

考点	或有事项处理思路		
第一步：看题分析	期末判断	事件：未决诉讼或未决仲裁、债务担保、产品质量保证、亏损合同、重组义务	
第二步：预估经济利益流出企业的可能性	根据事件可能性判断	基本确定	大于95%但小于100%（直接确认负债）
		很可能	大于50%但小于或等于95%（确认预计负债且披露）
		可能	大于5%但小于或等于50%（只是披露）
		极小可能	大于0但小于或等于5%（不需要披露）

第三步：可能性是很可能，满足预计负债确认的3个条件则确认，且要披露： （1）是否是现时义务 （2）是否很可能导致经济利益流出企业 （3）金额是否能够可靠计量	未决诉讼或未决仲裁	借：管理费用——诉讼费 营业外支出——罚息支出 贷：预计负债——未决诉讼
	债务担保	借：营业外支出——担保 贷：预计负债——担保
	产品质量保证	（1）本期实际发生保修费用 借：预计负债——产品质量保证 贷：银行存款 原材料 （2）期末确认预计负债 借：销售费用——产品质量保证 贷：预计负债——产品质量保证 （3）如果发现保证费用的实际发生额与预计数相差较大，则应及时对预计比例进行调整 （4）如果企业针对特定批次产品确认预计负债，则在保修期结束时，应将“预计负债——产品质量保证”余额冲销，同时冲销“销售费用——产品质量保证” 借：预计负债——产品质量保证 贷：销售费用——产品质量保证 （5）已对其确认预计负债的产品，如果企业不再生产了，那么应在相应的产品质量保证期满后，将“预计负债——产品质量保证”余额冲销，同时冲销“销售费用——产品质量保证” 借：预计负债——产品质量保证 贷：销售费用——产品质量保证
	亏损合同	（1）是不可撤销合同 （2）履行合同成本超过销售价格，不履行则支付违约金 （3）未生产的部分，损失取以上较低者确认预计负债——产品质量保证 借：营业外支出——亏损合同 贷：预计负债——亏损合同损失 （4）等产品生产出来后，冲减存货 借：预计负债——亏损合同损失 贷：存货 （5）已生产出来的部分，计提存货跌价准备 借：资产减值损失 贷：存货跌价准备
	重组义务	当满足预计负债的确认条件时，将重组发生的必须承担的直接支出确认为预计负债 借：营业外支出——重组 贷：预计负债——重组

续表

第四步： 确认分录金额	确定预计负债金额	一个金额、一个范围（取平均数）、概率（取概率加权平均数） 重组确认预计负债的金额必须是直接支出，且是重组必须承担的
第五步： 分析是否有经济利益流入	此事件如果伴有经济利益流入，则判断流入的可能性	“基本确定”做分录直接确认资产，“很可能”只能披露如： 借：其他应收款 　贷：营业外收入

“识记这个表格，并在练习中不断地理解记忆，消化完善。有练习题吗？”

“有，你上次给我的精讲习题集。”我答道。

“什么精讲习题集呀？让我看看。”婉晴一把就从我手上夺过去了。

“这是杜老师整理的比较典型的习题汇总。”

“你怎么想起整理习题来了，你又不是老师？”婉晴疑惑地问道。

“习题不在多，而在精。有些好题做好几遍都不为过，当然做不怎么样的题只能是浪费时间。最先开始的时候，进行整理只是因为我要考试。你知道考中级、考注会都要做大量的练习题，所以我就把那些能锻炼思维的题单独整理出来，后来就慢慢养成了习惯，一发现哪个题出得不错，就把它收集起来，或者有些题可以出得更好点，就改一下，再收藏。甚至有时候突然来了灵感，自己也会出个题玩玩。”

“竟然玩题，我觉得你简直不是人。”婉晴摇摇头说道。

我惊愕地望着她，这话说得也太口无遮拦了吧？

婉晴发现自己出言有误，赶忙嬉皮笑脸地说道：“我觉得你是神，神啊，救救我吧，你也给我一本。”

“自己复印去，你没看到我的也是复印的吗？”

“好啦，要复印等会儿复印，翻到习题集‘或有事项’这一章，看这个题。”

【例题·案例题】甲股份有限公司（以下简称“甲公司”）适用的所得税税率为25%，采用债务法核算所得税。甲公司按净利润的10%提取法定盈余公积。甲公司原材料按实际成本核算，其2×20年度的财务会计报告于2×21年4月20日批准报出，实际对外公布日为4月22日。甲公司于2×20年至2×21年4月20日发生如下交易或事项：

（1）甲公司于11月3日收到法院通知，被告知工商银行已提起诉讼，要求甲公司清偿到期借款本息5 000万元，另支付逾期借款罚息200万元。至12月31日，法院尚未作出判决。对于此项诉讼，甲公司预计除需偿还到期借款本息外，有60%的可能性还需支付逾期借款罚息100万元到200万元，以及诉讼费用15万元。

（2）因农业银行未按合同规定及时提供贷款，给甲公司造成损失500万元。甲公司要求农业银行赔偿损失500万元，但农业银行未同意。甲公司遂于2×20年11月5日向法院提起诉讼，要求农业银行赔偿损失500万元。至12月31日，法院尚未作出判决。甲公司预计将胜诉，可获得400万元赔偿金的可能性为40%，可获得500万元赔偿金的可能性为35%。

（3）甲公司某董事之子为丁企业的总会计师。甲公司与丁企业2×20年有关交易资料如下（不考虑2×20年其他销售业务，并假设售出产品的保修期均未满）：

①甲公司销售A产品给丁企业，售价为10 000万元，产品成本为8 000万元。按购销合同的约定，甲公司对售出的A产品保修2年。根据以往经验估计，销售A产品所发生的保修费用为该产品销售额的1%。甲公司2×20年实际发生的A产品保修人工费用为30万元，耗用的原材料实际成本为20万元。2×19年12月31日，甲公司已计提的A产品保修费用的余额为60万元。

②甲公司销售500件B产品给丁企业，单位售价为50万元，单位产品成本为35万元。按购销合同的约定，甲公司对售出的B产品保修1年。根据以往经验估计，销售B产品所发生的保修费用为其销售额的1.8%。甲公司2×20年实际发生的B产品保修人工费用为100万元，耗用的原材料实际成本为150万元。至2×19年12月31日，甲公司已计提的B产品保修费用的余额为150万元。

③甲公司销售一批2×20年度新研制的C产品给丁企业，售价为800万元，产品成本为600万元。甲公司对售出的C产品提供1年的保修，1年内产品若存在质量问题，则甲公司负责免费修理（含更换零部件）。甲公司预计发生的保修费用为销售C产品售价的2%~3%。2×20年未发生修理费用。

（4）甲公司于11月3日收到法院通知，被告知ABC公司状告甲公司侵犯其专利权。ABC公司认为，甲公司未经其同意，在试销的新产品中采用了ABC公司的专利技术，要求甲公司停止该项新产品的生产和销售，并一次性支付专利使用费80万元。甲公司认为其研制、生产和销售该项新产品并未侵犯ABC公司的专利权，遂于11月15日向法院提交答辩状，反诉ABC公司侵犯甲公司的知识产权，要求ABC公司赔偿损失费200万元。至12月31日，诉讼尚在进行中，甲公司无法估计可能得到的赔偿金和可能支付的赔偿金。

（5）甲公司拥有乙公司15%的股份，并为乙公司常年提供最新研制的产品生产技术。乙公司生产产品的80%销售给甲公司。甲公司为乙公司提供担保的某项银行借款共计10 000万元于2×20年5月到期。该借款系乙公司于2×11年5月从银行借入。甲公司为乙公司此项银行借款的本息提供60%的担保。乙

公司借入的款项至到期日应偿付的本息为11 500万元。由于乙公司无力偿还到期债务，债权银行于7月向法院提起诉讼，要求乙公司及为其提供担保的甲公司偿还借款本息，并支付罚息140万元。至12月31日，法院尚未作出判决。甲公司预计承担此项债务的可能性为50%。2×21年3月5日，法院作出一审判决，乙公司和甲公司败诉，甲公司需为乙公司偿还借款本息的60%。乙公司和甲公司对该判决不服，于3月15日上诉至二审法院。至财务会计报告批准报出前，二审法院尚未作出终审判决，甲公司估计需替乙公司偿还借款本息60%的可能性为51%，并且预计替乙公司偿还的借款本息能收回的可能性为80%。

要求：编制甲公司发生的上述或有事项的会计分录，并判断是否需要披露。

"哇，这个题也太长了吧，我看都看晕了。"婉晴叫道。

"看这种题是有技巧的，要先看'龙头''凤尾'。"

"什么'龙头''凤尾'?"

"就是最前面和最后面。"

"有什么用呢?"

"用处就是你知道这个题考的是哪一章的内容，知道要你干什么，还有就是了解一些前提条件。"

"嗯，这个题主要是考或有事项的处理。"

"既然是考或有事项的处理，那你脑海中马上就应闪现出这一章的思维方法和相关内容，然后再对题目进行逐一分析（见表9-3）。"

表9-3 事项（1）解题思路

第一步：看题分析	2×20年12月31日判断	事项（1）：未决诉讼或未决仲裁
第二步：预估经济利益流出企业的可能性	根据事件可能性判断	60%
第三步：预计负债，披露	未决诉讼或未决仲裁	借：管理费用——诉讼费 　　营业外支出——罚息支出 　贷：预计负债——未决诉讼
第四步：确认分录金额	确定预计负债金额	罚息100万元至200万元（平均数150万元） 诉讼费用15万元
第五步：分析是否有经济利益流入	无	

"你们看，思路不就出来了吗？当然，在考试的时候你没必要写这么多字，但你脑海中的思维步骤是这样的。你边看题边把题中相关信息在草稿纸上记录下来。"

如：

事项（1）：2×20年12月31日败诉（可能性为60%）

罚息：（100+200）÷2=150（万元）

诉讼费：15万元

然后直接答题做分录。

借：管理费用——诉讼费　　150 000

　　营业外支出——罚息支出　　1 500 000

　贷：预计负债——未决诉讼　　1 650 000

上述事项需要在报表附注中披露。

事项（2），扫一下题，是经济利益流入，可能性不够，不需要做分录，也不需要披露。直接进入第五步（见表9-4）。

表9-4　　事项（2）解题思路

第五步： 分析是否有经济利益流入	此事件如果伴有经济利益流入，则判断流入的可能性	“基本确定”做分录时直接确认资产，“很可能”只能披露

事项（3）：解题思路见表9-5。

表9-5　　事项（3）解题思路

第一步： 看题分析	期末判断	事件：产品质量保证
第二步： 预估经济利益流出企业的可能性	根据事件可能性判断	根据以往经验，将发生产品质量保证
第三步： 可能性是很可能，若满足预计负债确认的3个条件，则确认，且要披露	产品质量保证	根据题意，只编制或有事项的分录，实际发生费用的分录不用编制 期末确认预计负债： 借：销售费用——产品质量保证 　贷：预计负债——产品质量保证
第四步： 确认分录金额	确定预计负债金额	A产品： 销售额10 000万元 保修费用1% A产品计提的预计负债=10 000×1% =100（万元） B产品： 销售额25 000万元（500×50） 保修费用1.8% B产品计提的预计负债=500×50×1.8% =450（万元） C产品： 销售额800万元 保修费用介于2%~3% C产品计提的预计负债=800×（2%+3%）÷2 =20（万元） 共计提预计负债570万元（100+450+20）

续表

第五步： 分析是否有经济利益流入	此事件如果伴有经济利益流入，则判断流入的可能性	无流入

所以会计分录为：

借：销售费用——产品质量保证　　5 700 000

　贷：预计负债　　5 700 000

上述事项需要在报表附注中披露。

事项（4），扫一眼题目，甲公司2×20年12月31日，判断事件为未决诉讼，赔偿金额无法估计，不能确认预计负债，只能在当年的报表附注中披露。

事项（5）：甲公司2×20年12月31日，担保承担此项债务的可能性为50%，不应确认预计负债，只能在当年的报表附注中披露。

2×21年3月5日，偿还借款本息60%的可能性为51%，需要确认预计负债，金额为6 900万元（11 500×60%）。由于2×20年度的财务会计报告于2×21年4月20日批准报出，实际对外公布日为4月22日，所以要调整2×20年报表（将损益科目“营业外支出”直接用“以前年度损益调整”科目代替）。

借：以前年度损益调整——营业外支出　　69 000 000

　贷：预计负债　　69 000 000

同时，结转损益：

借：利润分配——未分配利润　　69 000 000

　贷：以前年度损益调整——营业外支出　　69 000 000

借：盈余公积　　6 900 000

　贷：利润分配——未分配利润　　6 900 000

上述事项需要在报表附注中披露。

经济利益流入：替乙公司偿还的借款本息能收回的可能性为80%。

不能基本确定，所以不能确认资产，只能在报表附注中披露或有资产。

做题的时候，不一定非得列表格，但是思路应该是这样。平时有了对思路的完整总结，考试的时候才不会遗漏，从而降低了粗心大意发生的概率。

当然，这个思路还需要自己在练习的过程中不断完善，通过训练，灵活运用，以不变应万变。

“没想到这个题看起来那么复杂，被你这么一分析，好像也不是那么难了。”婉晴说道，“不过，刚复习的时候就先做这种综合题吗？”

“当然，复杂的你会了，简单的你自然也就会了。这就是为什么我跟你们说，第一遍，先突破每章的实务题。只不过，你复习哪一章，就先做哪一章的综合题，尽量不要涉及其他的章节。”

“人们不是常说，要先易后难吗？”

“考试的时候，要先易后难，但平时复习的时候要先难后易。这跟长跑运动员刚开始训练时腿上绑沙袋是一个道理。你做几个本章的综合题，就可能把本章所有的考点都过了一遍，而且更重要的是，你连考点与考点之间的关联也弄清楚了。”

“那复习时该怎样才能做到先难后易呢？”

“至少要分成三遍：第一遍，攻克本章的实务题；第二遍，攻克章节与章节之间的综合实务题；第三遍，攻克所有章节的概念题。当然，还可以来个第四遍，模拟练习，查缺补漏，看前面哪一遍复习得还不到位，哪一章复习得不到位，再重新去看笔记，重新再复习。第五遍，你还可以自己出题、押题。”

“那在复习的时候，最重要的是什么？”

“你这问题问得……”

“就是最需要注意的是什么？”

“要注意的东西很多。不过，我觉得有一点很重要，那就是要保持进度，战线不要拉得太长。复习一章，就两三个小时搞定。不要复习了几天，还在这一章。如果你能快速地完成第一遍，第二遍就有望了。”

“那怎样才能快速地复习完第一遍呢？”

“按照我刚才的方法，快速浏览本章内容。阅读速度快的人，用不了半个小时，总结一下例题中的思路，然后开始做本章实务题，在做题中不断完善思路，形成笔记。然后，就可以复习下一章了。”

“这么快，那阅读岂不是囫囵吞枣？”

“就是要囫囵吞枣，别妄想一次你就能把所有的考点全记住，复习最忌完美主义，恨不得把每一个字都装进脑袋，结果看了一个星期，还停留在第一章。其实，你一遍消化个三四成，多复习几遍不就行了吗？”

“那第一遍你说做实务题，一般要做几个呢？”

“好题，一般五六个足矣。”

“那什么才是好题呢？”

“好题就是……”

婉晴的问题，像炮弹一样，一个一个地往杜老师身上扔，把杜老师“轰炸”得有些语塞了。

“杜老师的题就是好题。美女，你对我说的这个答案满意不？”我调侃道。

婉晴望了我一下，回过神来，连忙笑着说道："满意，满意，快拿来给我复印去。"

快到中午的时候，我们一起吃饭，婉晴抢着买单，杜老师不让，还说请美女吃饭是他的荣幸。下午的时候，我们一起去爬山。杜老师说，学习重要，身体更重要，每周都要坚持锻炼。还说，人要学会把时间分成三份，一份给自然，一份给书籍，一份与人相处。

第10章

收入

（一）学会时间管理

这个世界上根本不存在“没时间”这回事，有没有时间完全取决于是否能够成功管理自己的时间，这就是成功的秘诀所在。

早上，我慌慌张张地跑进办公室，结果还是迟到了。虽然事务所没有明确规定迟到有什么处罚，但迟到总不是什么好事情，更何况我是新人。在大家的注视下走进办公室，这本身就是件很尴尬的事情。

我坐下来，打开电脑，去茶水间打杯开水，然后拿起手机在头条上浏览新闻。本来我没有看新闻的习惯，但是别人都说不看就有很多信息你不知道，所以我也慢慢养成了看新闻的习惯。把手机放下，一看要10点了，我赶忙开始工作。月初了，好几家公司的报表都要出了。我刚工作一会儿，张老师走过来说：“上次审计的工作底稿你整理好了没有？整理好了，就去归档。”我马上停下工作，去翻审计工作底稿；还没找到，有个客户来了，说是要注册验资，需要银行询证，我又连忙去拿银行询证函；银行询证函还没拿来，桌上的电话又响了，是代理记账的客户，询问这个月的账务问题；好不容易把电话挂了，一看QQ不停地在跳，里面什么信息都有，客户咨询、朋友问候、同学聚会……我回复完，大家都已经开始吃中午饭了。

下午2点开始上班，饭后我趴在桌上午睡了一会儿，可醒来头痛、手痛、肩膀痛，感觉浑身都是痛的，人也晕晕的。都怪楚帆，非要拉我出去和他那帮狐朋狗友吃饭。吃饭就吃饭嘛，吃完饭，还要K歌，结果我半夜12点钟才回来，睡觉时都已经凌晨1点了，早上8点起床，9点上班，导致上班迟到不说，还睡眠不足，头晕晕的，效率极其低下。

我开始记账、出报表，可是总感觉哪里不对劲，不是这儿对不上，就是那

儿对不上。我越做越心烦。下午3点的时候，部门开项目会议。会议开完，已是下午4点了，再过一个多小时就要下班了。我感觉时间特别紧张。我一直都在不停地忙碌着，像打仗一样，可是最后却发现自己一天什么重要的事情都没做。

快下班的时候，王老师正在悠闲地刷视频，让人觉得他的工作好轻松。有时候我甚至疑惑，是不是事务所分配给新人的任务比较多。可是又一想，不对，任务多是好事情，大家都是拿提成的，项目多，提成也多啊。王老师的项目肯定不少啊，更何况每次客户来拿报表、报告的时候，他都会说："我都做好好几天了，就等着你们来拿了。"今天快下班的时候，又有五六个客户来找他取报表和报告，很多客户都跟他寒暄，甚是热闹。

"王老师，这个月你的项目不少噢，提成肯定很多。"等那些客户走后，杜老师说道。

"你的项目也不少啊。"王老师说。

"你们项目都很多，就我少。"我讪讪地说。

"你是新人，刚来嘛，以后就会多起来了。"杜老师安慰我。

"小艾，上周给了你几个代理记账的项目，你完成了吗？"王老师问。

"还没有。"我有点尴尬。

"都好几天了，怎么还没完成？现在月初，客户可能马上就要报表了。年轻人要努力点，今天早上还迟到了，是不是？"

"嗯。"我不好意思地笑了笑。

"不要睡懒觉。人们不是常说，一年之计在于春，一日之计在于晨嘛。我早上4点钟就起床了。"

"起来那么早？"我惊愕道。

"是呀，因为早上我要晨练，晨练后还要工作。早上空气清新，神清气爽。我们学会计的人，从事的都是脑力劳动，要跟数字打交道，就更要保持头脑清醒，才能减少差错。早上集中精力，多做些有创造力的事情，能让大脑发挥出更多潜力。这样大脑就会分泌出大量乙酰胆碱与多巴胺，你就会变得越来越聪明。"

"是吗？"

"是呀，现在很多人都不会管理自己的时间，工作效率低下。而且感觉每天他们都很忙，有的甚至忙得不吃早餐，为什么呢？因为他们没有时间吃早餐。不吃早餐还有什么精力去完成艰巨的工作呢？不仅如此，这样的生活方式对身体也是有百害而无一利的。"

我今天也一天都无精打采的，难道是因为没吃早餐？

"那怎样才能提高工作效率呢？"

“第一，早点起床；第二，合理安排工作的优先顺序。我发现你有很多不好的习惯，比如，早上一上班，你就开始看手机刷新闻，看手机你可以像我一样，快下班的时候看。下午3点前，要做需要创造力的工作，之后则用来会客、开会，傍晚到晚上则用来完成常规性的工作。所以，你要把自己今天要做的事情分为几个层次，哪些是重要且紧急的事情，哪些是紧急但不重要的事情，哪些是重要但不紧急的事情，哪些是不重要又不紧急的事情，然后理出优先顺序。”

“是不是先做重要且紧急的事情，然后再做紧急但不重要的事情，再是重要但不紧急的事情，最后才是不重要、不紧急的事情。”

“可以这么说。我们考虑事情一般都以重要性为准。只要前面没有十万火急的事情压着，就要先做重要的事情。所以，你要学会将自己每天要做的事情列一个清单，然后一一准确、高效地完成。这样你才能有更多的时间去做自己喜欢做的事情，也才会有更多的时间去约会，生活才会变得更美好，对不？”

“小艾，王老师希望你能多点时间出去找个如意郎君。”杜老师逗我。

“我是希望她能养成好习惯，年轻人总以为晚上有的是时间，于是就把事情拖到了晚上。晚上真的有很多时间吗？晚上一回去，熬夜，第二天起来又很晚，无精打采，恶性循环。再就是，他们用脑也不科学。我们都知道肾上腺素与肾上腺皮质类固醇这两种荷尔蒙。它们分泌的峰值在上午7点前后出现。半夜零点到凌晨3点的分泌量不到峰值的1/3。所以早上这段时间工作效率非常高。要是你在这段时间去会“周公”，可就吃大亏了。还有一点，大脑的营养源是葡萄糖，如果大脑‘吃到’了葡萄糖，记忆力、理解力就会提高。大脑生理学的研究结果显示，早上是葡萄糖输送量最大的时间段，早起的人为4个小时，而‘夜猫子’只有3小时。午饭后的峰值在下午2点到4点出现。这段时间的大脑能得到丰富的葡萄糖，灵活程度是最高的。这段时间里应该做什么呢？当然是最难的工作，尤其是需要动脑子的工作。所以下午4点之前，你一定要把一天所有的事情都做完。剩下的时间你就可以休闲休闲，早点下班。”

“王老师，你最近是不是在研究养生啊？”杜老师问道。

“我一直都研究养生。”

“难怪年龄这么大了，身体还那么健朗，思维还那么敏捷。”

“思维敏捷说不上了，不得老年痴呆就万事大吉了。”

杜老师和王老师在谈养生之道。我回到座位上开始列我的工作计划。我觉得王老师说得很对，早上4点钟起床，也许我做不到，那早上6点钟起床，应该没问题。早点坐车不会拥挤，头脑还清醒，上班之前还可以学习或处理工

作。我也希望自己的工作能在下午4点之前完成，剩下的时间就用来坐等下班，或者突然来了个临时的工作，也不至于让自己加班。

在确定事情的重要性上，我把考试复习放在了第一位，因为对于我目前的人生来说，它是最重要的；然后就是最重要的工作，依次排开来。就算最后没有全部做完，我也会觉得自己过得很充实，因为我已经把最重要的工作做完了，剩下的大概都是些可做可不做的事情。当然，把自己的私人事情优先放在第一位，这或许有点自私，但是它确实是我目前最重要的事情。

下班了，我在公司楼下吃了饭才回去，然后就开始复习了。

我听人说，哈佛有一个著名的理论：人的差别在于如何利用业余时间，而一个人的命运取决于如何利用晚上8点到10点这段时间。如果每晚抽出两个小时的时间用来阅读、进修、思考或参加有意义的演讲、讨论，你会发现，你的人生正在发生改变。坚持数年之后，成功会向你招手。

所以，晚上的这两个小时很重要，我不能浪费。至于做什么则以自己的目标为准，比如，我近期的目标是复习，等考试考完了，我又会给自己设定新的目标，哪怕是约会、交友，也是目标，即所谓人际目标。

昨天杜老师给我讲的收入，是中级会计实务中比较难的。我按照他总结的思路做了五六个大题，慢慢地就有点理解笔记中的考点了，而且每做一道题我都会尽量去分析，对笔记中不完善的地方，我还适当地补充，从而使用这个思路帮助我做对这章所有的大题。我想每一章要是都有这么一个工具，那我岂不是可以做对所有的大题？当然，这些大题一般都是主观题，但是很多客观题，如选择题、判断题，其实也是由主观题改编过来的。换句话说，除了概念题我可能还不会做之外，其他我应该都会做了，而对于概念题，当你理解了主观题、综合题，很多也就慢慢地理解了。剩下有些实在不好理解的，我就记住答案。所以，我坚定一个信念，一定要先攻破主观题。

我对“财务报告”这章的知识念念不忘，总是不停地翻看笔记，心想我能突破“中级会计实务”最后一道综合题啦，觉得特别有成就感。翻着历年考试试题分析，“收入”这章知识的分数至少是15分。15分啊！好像我已经得了15分似的。

（二）本章通关地图（如图10-1所示）

- 收入
  - 主角：概念
  - 确认：确认和计量
    - 确认原则：履行合同中的履约义务，即客户取得商品控制权
    - 销售收入的确认
      - 一般销售，直接确认收入
      - 销售后，还有条件义务，确认部分收入，履行后，确认其他收入
  - 结转：合同成本
    - 成本结转
    - 分摊合同折扣和分摊可变对价
  - 特例：特定交易
    - 建造合同
    - 附有销售退回条款的销售
    - 附有质量保证条款的销售
    - 附有客户额外购买选择权的销售
    - 客户未行使的权利
    - 售后回购
    - 不具有融资性质的分期收款销售
    - 委托代销
    - 其他

图10-1　本章通关地图

（三）高频考点提炼

考点1：收入的概念（见表10-1）

表10-1　收入的概念

收入的概念	收入：企业在日常活动中形成的、会导致所有者权益增加的、与所有者投入资本无关的经济利益的总流入
	【特别提示】企业以存货换取客户的存货、固定资产、无形资产以及长期股权投资等，按照本章的情况进行会计处理；其他非货币性资产交换，按照非货币性资产交换的规定进行会计处理
	本章适用于所有与客户之间的合同，但下列除外：长期股权投资、金融工具的确认和计量、金融资产的转移、合并财务报表、合营安排、租赁等

收入是发生在日常活动中的经济利益的流入，跟投入资本无关，因为投入资本也会导致经济利益流入企业，比如股东投入资金，钱肯定会到达企业的银行账户。

这个准则适用于所有与客户之间的合同，因此收入这个准则适用范围很大，如果有其他特别的专门准则，则按对应的准则处理，否则就可以用收入这个准则。

但是存货换取的存货、固定资产等不按非货币资产交换这个准则处理，而是按收入准则的非现金对价处理。

考点2：收入确认原则（见表10-2）

表10-2　收入确认原则

<table>
<tr><td rowspan="4">收入确认原则</td><td colspan="2">企业应当在履行了合同中的履约义务，即在客户取得相关商品控制权时确认收入</td></tr>
<tr><td rowspan="3">取得商品控制权同时包括下列三项要素</td><td>1. 能力，即客户必须拥有现时权利，能够主导该商品的使用并从中获得几乎全部经济利益</td></tr>
<tr><td>2. 主导该商品的使用。客户有能力主导该商品的使用，是指客户有权使用该商品，或者能够允许或阻止其他方使用该商品</td></tr>
<tr><td>3. 能够获得几乎全部的经济利益</td></tr>
</table>

国家在制定收入准则的时候，很明显，跟以往的思路完全不一样。以往都是从企业自身出发，看自己的风险和报酬是否发生了转移，而现在其以客户作为出发点，即客户取得相关商品控制权时确认收入。

考点3：销售收入一般分录总结（见表10-3）

表10-3　销售收入一般分录总结

<table>
<tr><th>考点3</th><th>销售确认收入</th></tr>
<tr><td>企业一般销售</td><td>借：银行存款/应收账款/应收票据
　贷：主营业务收入/其他业务收入
　　　应交税费——应交增值税（销项税额）
　　　　　　　——待转销项税额</td></tr>
<tr><td rowspan="3">企业销售后，还有条件义务</td><td>借：合同资产
　贷：主营业务收入/其他业务收入
　　　应交税费——应交增值税（销项税额）
　　　　　　　——待转销项税额</td></tr>
<tr><td>企业取得无条件收款时：
借：应收账款
　贷：合同资产</td></tr>
<tr><td>借：资产减值损失
　贷：合同资产减值准备</td></tr>
</table>

续表

企业获取收款权利后，还有一部分未履行的义务，比如销售手机送话费服务	借：银行存款/应收账款/应收票据 　贷：合同负债 　　　主营业务收入
履行义务时，才转为收入	借：合同负债 　贷：主营业务收入/其他业务收入 　　　应交税费——应交增值税（销项税额） 　　　　　　　——待转销项税额

考点4：成本结转一般分录总结（见表10-4）

表10-4　成本结转一般分录总结

归集履约成本	借：合同履约成本 　贷：银行存款/应付职工薪酬/原材料
摊销履约成本	借：主营业务成本/其他业务成本 　贷：合同履约成本
合同履约成本减值	借：资产减值损失 　贷：合同履约成本 转回时： 借：合同履约成本 　贷：资产减值损失
结转商品服务成本	借：主营业务成本/其他业务成本 　贷：库存商品/原材料等
归集合同取得成本	借：合同取得成本 　贷：银行存款/其他应付款
摊销合同取得成本	借：销售费用 　贷：合同取得成本
合同取得成本发生减值	借：资产减值损失 　贷：合同取得成本 转回时： 借：合同取得成本 　贷：资产减值损失

考点5：分摊合同折扣和分摊可变对价（见表10-5）

表10-5　　分摊合同折扣和分摊可变对价

分摊合同折扣	合同折扣，是指合同中各单项履约义务所承诺商品的单独售价之和高于合同交易价格的金额
	对于合同折扣，企业应当在各单项履约义务之间按比例分摊
	有确凿证据表明，对合同折扣与合同中的一项或多项（而非全部）履约义务相关的，企业应当将该合同折扣分摊至相关一项或多项履约义务
	合同折扣仅与合同中一项或多项（而非全部）履约义务相关，且企业采用余值法估计单独售价的，应当首先按照前款规定，在该一项或多项（而非全部）履约义务之间分摊合同折扣，然后采用余值法估计单独售价
分摊可变对价	分摊可变对价，对于可变对价及可变对价的后续变动额，企业应当按照准则规定将其分摊至与之相关的一项或多项履约义务，或者分摊至构成单项履约义务的一系列可明确区分商品中的一项或多项商品
	对于已履行的履约义务，应根据其分摊的可变对价后续变动额，调整变动当期的收入

【例题·案例题】某企业与客户签订一合同，以出售A、B、C三种产品，交易总价为200万元，A、B、C各产品的单独售价分别为80万元、110万元、90万元，合计280万元。因为该企业经常将B产品及C产品合并按120万元的价格出售，经常将A产品按80万元出售，合同中80万元的折扣应全部分摊给B产品及C产品。

【答案】

B产品的交易价格=110−110÷200×80=66（万元）

C产品的交易价格=90−90÷200×80=54（万元）

A产品的交易价格为80万元。

考点6：建造合同（见表10-6）

表10-6　　建造合同

合同结算	由于同一合同下的合同资产和合同负债应当以净额列示，企业也可以设置“合同结算”科目或其他类似科目，用来核算同一合同下属于在一段时间内履行的履约义务涉及的与客户结算对价所产生的合同资产或合同负债
	“合同结算——价款结算”科目反映定期与客户进行结算的金额
	“合同结算——收入结转”科目反映按履约进度结转的收入金额
	资产负债表日，“合同结算”科目的期末余额在借方的，根据其流动性，在资产负债表中分别列示为合同资产或其他非流动资产项目

续表

合同结算	期末余额在贷方的，根据其流动性在资产负债表中分别列示为合同负债或其他非流动负债项目	
账务处理	（1）实际发生料工费时	借：合同履约成本 　贷：原材料/应付职工薪酬等
	（2）期末，按履约进度，确认收入，结转成本	借：合同结算——收入结转 　贷：主营业务收入 借：主营业务成本 　贷：合同履约成本
	（3）双方工程结算	借：应收账款 　贷：合同结算——价款结算 　　　应交税费——应交增值税（销项税额）
	（4）实际收到款项	借：银行存款 　贷：应收账款

【例题·案例题】2020年1月1日，甲公司与乙公司签订一项大型设备建造工程合同，根据双方合同，该工程的造价为6 300万元，工程期限为1年半，预计2021年6月30日竣工，预计可能发生的总成本为4 000万元。

甲公司负责工程的施工及全面管理，乙公司按照第三方工程监理公司确认工程的完工量，每半年与甲公司结算一次。

假定该建造工程整体构成单项履约义务，应属于在某一时段履行的履约义务，甲公司按照已发生的成本占预计总成本的比例计算履约进度，增值税税率为9%，不考虑其他相关因素。

2020年6月30日，工程累计发生实际成本1 500万元，乙公司与甲公司结算的合同价款为2 500万元，甲公司实际收到价款2 000万元。

2020年12月31日，工程累计发生实际成本3 000万元，乙公司与甲公司结算的合同价款为1 100万元，甲公司实际收到价款1 000万元。

2021年6月30日，工程累计发生实际成本4 100万元，乙公司与甲公司结算，合同竣工价款为2 700万元，并支付剩余工程款3 300万元。

上述价款均不含增值税税额，假定甲公司与乙公司结算时即发生增值税纳税义务，乙公司在实际支付工程价款的同时，支付其对应的增值税税款，请作出甲公司进行账务处理的会计分录（见表10-7）。

表 10-7　　**甲公司的账务处理**

2020.1.1—2020.6.30的账务处理	（1）实际发生料工费时	借：合同履约成本　15 000 000 　贷：原材料、应付职工薪酬等　15 000 000
	（2）2020年6月30日，按履约进度，确认收入，结转成本	履约进度=15 000 000÷40 000 000×100%=37.5% 合同收入=63 000 000×37.5%×100%=23 625 000（元） 借：合同结算——收入结转　23 625 000 　贷：主营业务收入　23 625 000 借：主营业务成本　15 000 000 　贷：合同履约成本　15 000 000
	（3）双方工程结算	借：应收账款　27 250 000 　贷：合同结算——价款结算　25 000 000 　　应交税费——应交增值税（销项税额）　2 250 000
	（4）实际收到款项	借：银行存款　20 000 000 　贷：应收账款　20 000 000
	合同结算科目余额	2 500−2 362.2=137.8（万元） 应在资产负债表中“合同负债”科目列示
2020.6.30—2020.12.31的账务处理	（1）实际发生料工费时	借：合同履约成本　15 000 000 　贷：原材料、应付职工薪酬等　15 000 000
	（2）2020年12月31日，按履约进度，确认收入，结转成本	履约进度=30 000 000÷40 000 000×100%=75% 合同收入=63 000 000×75%−23 625 000=23 625 000（元） 借：合同结算——收入结转　23 625 000 　贷：主营业务收入　23 625 000 借：主营业务成本　15 000 000 　贷：合同履约成本　15 000 000
	（3）双方工程结算	借：应收账款　11 990 000 　贷：合同结算——价款结算　11 000 000 　　应交税费——应交增值税（销项税额）　990 000
	（4）实际收到款项	借：银行存款　10 000 000 　贷：应收账款　10 000 000
	合同结算科目余额	2 362.5−1 100−137.5=1 125（万元） 应在资产负债表中“合同资产”科目列示

续表

2021.1.1—2021.6.30的账务处理	(1)实际发生料工费时	借：合同履约成本　11 000 000 　贷：原材料、应付职工薪酬等　11 000 000
	(2)2021年6月30日，按履约进度，确认收入，结转成本	履约进度=100% 合同收入=63 000 000−23 625 000−23 625 000 =15 750 000（元） 借：合同结算——收入结转　15 750 000 　贷：主营业务收入　15 750 000 借：主营业务成本　11 000 000 　贷：合同履约成本　11 000 000
	(3)双方工程结算	借：应收账款　29 430 000 　贷：合同结算——价款结算　27 000 000 　　应交税费——应交增值税（销项税额）2 430 000
	(4)实际收到款项	借：银行存款　38 670 000 　贷：应收账款　38 670 000
	合同结算科目余额	1 125+1 575−2 700=0（万元）

考点7：附有销售退回条款的销售分录（见表10-8）

表10-8　附有销售退回条款的销售分录

销售时（预计退货率为20%）	借：应收账款 　贷：主营业务收入 　　预计负债——应付退货款 　　应交税费——应交增值税（销项税额） 借：主营业务成本 　应收退货成本 　贷：库存商品
收到货款	借：银行存款 　贷：应收账款
资产负债表日重新评估退货率（10%）	借：预计负债——应付退货款 　贷：主营业务收入 借：主营业务成本 　贷：应收退货成本

续表

实际退货率低于预计退货率（8%）	借：库存商品 应交税费——应交增值税（销项税额） 预计负债——应付退货款 主营业务成本 贷：应收退货成本 主营业务收入 银行存款
实际退货率等于预计退货率（10%）	借：库存商品 应交税费——应交增值税（销项税额） 预计负债——应付退货款 贷：应收退货成本 银行存款
实际退货率高于预计退货率（12%）	借：库存商品 应交税费——应交增值税（销项税额） 预计负债——应付退货款 主营业务收入 贷：应收退货成本 银行存款 主营业务成本

附有销售退回条件的会计分录比较难记，我们可以结合例子分析记忆。

【例题·案例题】甲公司是一家健身器材销售公司。2×20年10月1日，甲公司向乙公司销售5 000件健身器材，单位销售价格为500元，单位成本为400元，开出的增值税专用发票上注明的销售价格为250万元，增值税税额为32.5万元。健身器材已经发出，但款项尚未收到。

根据协议的约定，乙公司应于2×20年12月1日之前支付货款，且在2×21年3月31日之前有权退还健身器材。甲公司根据过去的经验，估计该批健身器材的退货率为20%。

在2×20年12月31日，甲公司对退货率进行了重新评估，认为只有10%的健身器材会被退回。甲公司为增值税一般纳税人，健身器材发出时纳税义务已经发生，实际发生退回时，取得税务机关开具的红字增值税专用发票。假定健身器材发出时控制权转移给乙公司。

分析思路与答案：

销售分录（一）见表10-9。

表10-9　　**销售分录（一）**

（1）2×20年10月1日销售5 000件，单位价格为500元，单位成本为400元	收入：500×5 000=2 500 000（元） 成本：400×5 000=2 000 000（元） 增值税：32.5万元
（预计退货率为20%） 5 000×20%=1 000（件）	借：应收账款　2 825 000 　贷：主营业务收入　2 000 000 　　预计负债——应付退货款　500 000 　　应交税费——应交增值税（销项税额）　325 000 借：主营业务成本　1 600 000 　应收退货成本　400 000 　贷：库存商品　2 000 000

记这笔分录的时候，我先假设是正常销售，对正常销售的分录，我非常熟悉，不用思考都能做出来。

借：应收账款　2 825 000

　贷：主营业务收入　2 500 000

　　应交税费——应交增值税（销项税额）　325 000

但是因为有退货条件，预估了退货率，那就意味着，不能全部确认为收入，要从2 500 000元里面拆一部分出来，放到“预计负债——应付退货款”这个科目里。

拆多少呢？20%（题中退货率是20%）。

2 500 000×20%=500 000（元），因此相当于把80%放在“主营业务收入”这个科目中，20%放在“预计负债——应付退货款”这个科目中。

考试的时候，如果紧张，突然想不起附销售退回条件的会计分录了，那么先把正常分录做出来，然后再拆分就行了。

同理，成本也是一样，先把正常情况下的成本结转分录做出来。

借：主营业务成本　2 000 000

　贷：库存商品　2 000 000

然后再从主营业务成本2 000 000元中，拆分20%到科目“应收退货成本”中（2 000 000×20%=400 000）。

借：主营业务成本　1 600 000

　应收退货成本　400 000

　贷：库存商品　2 000 000

销售分录（二）见表10-10。

表 10-10 **销售分录（二）**

（2）2×20年12月1日前收到货款	借：银行存款　　2 825 000 　贷：应收账款　　2 825 000
（3）2×20年12月31日，甲公司对退货率进行重新评估（10%）	借：预计负债——应付退货款　　250 000 　贷：主营业务收入　　250 000 借：主营业务成本　　200 000 　贷：应收退货成本　　200 000

原来预计退货20%，拆分了20%的收入到“预计负债——应付退货款”科目中，拆分了20%的成本到“应收退货成本”这个科目中，现在重新评估，发现不需要拆分这么多出来，于是又还原回去10%。从“预计负债——应付退货款”转10%（2 500 000×10%=250 000（元））到“主营业务收入”这个科目中。从“应收退货成本”转10%（2 000 000×10%=200 000（元））到“主营业务成本”中。

销售分录（三）见表10-11。

表 10-11 **销售分录（三）**

（4）2×21年3月31日发生销售退回，假定实际退货量为400件（退货率为8%），退货款项已经支付	借：库存商品　　160 000 　　应交税费——应交增值税（销项税额）　　26 000 　　预计负债——应付退货款　　250 000 　　主营业务成本　　40 000 　贷：应收退货成本　　200 000 　　　主营业务收入　　50 000 　　　银行存款　　226 000

这个分录太复杂了，如果死记硬背的话，根本就记不住。于是，我把它拆成3个小分录。

现在的“预计负债——应付退货款”科目的余额为250 000元，它的余额肯定是在贷方，因为它相当于不能确认的收入，就是性质还是收入性质，只不过，这个收入会退货。

同理，“应收退货成本”的性质跟“主营业务成本”一样，余额在借方，金额是200 000元。

预计负债——应付退货款

250 000	500 000
	250 000

应收退货成本

400 000	200 000
200 000	

销售分录（四）见表10-12。

表10-12　**销售分录（四）**

①实际退货率为8%，意味着，250 000元（占收入10%）的预计负债——应付退货款，有一部分确认收入2 500 000×2%=50 000（元），一部分退款2 500 000×8%=200 000（元）	借：预计负债——应付退货款　250 000 　贷：主营业务收入　50 000 　　　银行存款　200 000
②退款的这部分，同时对应的增值税也会退回去 325 000×8%=26 000（元）	借：应交税费——应交增值税（销项税额） 　　26 000 　贷：银行存款　26 000
③200 000元的“应收退货成本”，有一部分确认为主营业务成本2 000 000×2%=40 000（元），一部分商品退回2 000 000×8%=160 000（元）	借：主营业务成本　40 000 　　库存商品　160 000 　贷：应收退货成本　200 000
④最后，把上面三笔分录合在一起	借：库存商品　160 000 　　应交税费——应交增值税（销项税额） 　　26 000 　　预计负债——应付退货款　250 000 　　主营业务成本　40 000 　贷：应收退货成本　200 000 　　　主营业务收入　50 000 　　　银行存款　226 000

考试的时候，可以先做3个小分录，然后合并，就得到答案。

前面这个退货率是8%，如果把题目改一下，假设退货率刚好是10%，则销售分录（五）见表10-13；或者退货率超过10%，假设是12%，则销售分录（六）见表10-14。

表10-13　**销售分录（五）**

（5）2×21年3月31日发生销售退回，假定实际退货量为500件，退货款项已经支付，即退货率刚好是10%，则可以分三笔小分录来做	①借：预计负债——应付退货款　250 000 　贷：银行存款　250 000 ②借：应交税费——应交增值税（销项税额）　32 500 　贷：银行存款　32 500 ③借：库存商品　200 000 　贷：应收退货成本　200 000
最后，将三笔小分录合并	借：库存商品　200 000 　　应交税费——应交增值税（销项税额）　32 500 　　预计负债——应付退货款　250 000 　贷：应收退货成本　200 000 　　　银行存款　282 500

表 10-14　　销售分录（六）

（6）2×21年3月31日发生销售退回，假定实际退货量为600件，退货款项已经支付，即退货率为12%	①借：预计负债——应付退货款 250 000 主营业务收入 50 000 贷：银行存款 300 000 ②借：应交税费——应交增值税（销项税额） 39 000 贷：银行存款 39 000 ③借：库存商品 240 000 贷：应收退货成本 200 000 主营业务成本 40 000
最后，将三笔小分录合并	借：库存商品 240 000 应交税费——应交增值税（销项税额） 39 000 预计负债——应付退货款 250 000 主营业务收入 50 000 贷：应收退货成本 200 000 银行存款 339 000 主营业务成本 40 000

考点8：附有质量保证条款的销售分录（见表10-15）

表 10-15　　附有质量保证条款的销售分录

单项履约义务	借：银行存款/应收账款 贷：主营业务收入 合同负债（服务性质保） 借：主营业务成本 贷：库存商品
不构成单项履约义务	或有事项： 借：销售费用 贷：预计负债（保证性质保）

考点9：附有客户额外购买选择权的销售分录（见表10-16）

表 10-16　　附有客户额外购买选择权的销售分录（如奖励积分）

（1）销售时，赠送积分	借：银行存款 贷：主营业务收入 合同负债 注：可以这样理解，履行商品给付义务分两步，即一部分商品现在给你，另一部分商品，你用积分兑换时给你
（2）年底，按履约进度（兑换比例）确认收入	借：合同负债 贷：主营业务收入 注：相当于根据兑换的比例，慢慢地把合同负债转为主营业务收入
（3）第二年年底，按履约进度（兑换比例）确认收入	借：合同负债 贷：主营业务收入

【例题·案例题】2×21年1月1日，甲超市开始推行一项奖励积分计划。根据该计划，客户在甲超市每消费10元可获得1个积分，每个积分从次月开始

在购物时可以抵减1元。截至2×21年1月31日，客户共消费100 000元，可获得10 000个积分，根据历史经验，甲公司估计该积分的兑换率为95%。上述金额均不包含增值税，且假定不考虑相关税费影响。

分析思路与答案：

第一步，销售的时候，获得收入，但是这个收入是由两部分商品的销售构成的，一部分商品现在给你，另一部分商品，你用积分兑换时给你，因此商品的给付义务分成了两步。总共的收入金额要在这两部分商品中进行分摊。

客户购买商品的单独售价合计为100 000元，考虑积分的兑换率，甲公司估计积分的单独售价为9 500元（1×10 000×95%）。

也就是现在给客户的商品单独售价是100 000元，以后给客户的商品单独售价预计是9 500元。

商品分摊的交易价格=［100 000÷（100 000 +9 500）］×100 000= 91 324（元）

积分分摊的交易价格=［9 500÷（100 000 +9 500）］×100 000=8 676（元）

已经履行义务（给付义务）的这部分商品，确认主营业务收入；没有履行义务（积分兑换时履行，给付）的这部分商品，先欠着，记入合同负债。合同负债是一个科目的名称，这个新名字得记住。

年底时，按照履约进度（兑换比例），确认收入。

预计总的兑换积分是9 500个，现在已经兑换了4 500个，兑换比例=4 500÷9 500，兑换这部分商品总的交易价格是8 676元。

确认的收入=4 500÷9 500×8 676=4 110（元）

把合同负债转为主营业务收入。

第二年年底，累计兑换了8 500个积分，总共的兑换积分调整为9 700个，那现在的履约进度（兑换比例）=8 500÷9 700。

截至第二年年底应该确认的累计收入=8 500÷9 700×8 676=7 603（元）

第二年年底应该确认的收入=累计收入−上一年确认的收入

=8 500÷9 700×8 676−4 110=3 493（元）

销售分录见表10-17。

表10-17 销售分录

（1）消费10元获得1个积分，抵1元，那总共销售100 000元，获得10 000个积分，估计积分兑换率为95%	借：银行存款 100 000 贷：主营业务收入 91 324 合同负债 8 676
（2）年底，按履约进度（兑换比例）确认收入	借：合同负债 4 110 贷：主营业务收入 4 110
（3）第二年年底，继续按履约进度（兑换比例）确认收入	借：合同负债 3 493 贷：主营业务收入 3 493

考点10：客户未行使的权利（见表10-18）

表10-18 客户未行使的权利（如储值卡）

第一步，先充值，后续再慢慢提供商品和服务，充值时的商品和服务先欠着	借：库存现金 　贷：合同负债 　　　应交税费——待转销项税额 注：假定甲公司为增值税一般纳税人，在客户使用该储值卡消费时发生增值税纳税义务
根据储值卡的消费金额确认收入，同时将对应的待转销项税额确认为销项税额	借：合同负债 　　应交税费——待转销项税额 　贷：主营业务收入 　　　应交税费——应交增值税（销项税额）

【例题·案例题】甲公司经营连锁面包店。2×20年，甲公司向客户销售了5 000张储值卡，每张卡的面值为200元，总额为100万元。客户可在甲公司经营的任何一家门店使用该储值卡进行消费。根据历史经验，甲公司预期客户购买的储值卡中将有大约相当于储值卡面值金额5%（50 000元）的部分不会被消费。截至2×20年12月31日，客户使用该储值卡消费的金额为400 000元。假定甲公司为增值税一般纳税人，增值税税率为13%，在客户使用该储值卡消费时发生增值税纳税义务。

分析思路与答案：

第一步，先充值，后续再给付商品或服务，充值时，这些商品服务先欠着，记入合同负债，这个合同义务使用时履行。

第二步，使用时，确认收入，分为两部分：一部分是已经消费的金额全部确认收入；另一部分是不会被消费的金额，按消费进度确认收入。

销售分录见表10-19。

表10-19 销售分录

销售储值卡	借：库存现金　　1 000 000 　贷：合同负债　　884 956 　　　应交税费——待转销项税额　　115 044
2×20年储值	储值1 000 000元，预计50 000元不会被消费，那消费金额预计为950 000元
截至2×20年12月31日	使用该储值卡消费的金额为400 000元 消费进度=400 000÷950 000
2×20年12月31日确认收入	确认含税收入（1）400 000 确认含税收入（2）50 000×消费进度=50 000×400 000÷950 000 换算成不含税收入=（400 000+50 000×400 000÷950 000）÷（1+13%）=372 613（元）
根据储值卡的消费金额确认收入，同时将对应的待转销项税额确认为销项税额	借：合同负债　　372 613 　　应交税费——待转销项税额（400 000÷（1+13%）×13%）　　46 018 　贷：主营业务收入　　372 613 　　　应交税费——应交增值税（销项税额）　　46 018

考点11：售后回购（见表10-20）

表10-20　　售后回购

企业因存在：a. 与客户的远期安排而负有回购义务；或b. 企业享有回购权利的 回购价格≥原售价	①在收到客户款项时，确认金融负债，并将该款项和回购价格的差额在回购期间内确认为利息费用等 借：银行存款 　贷：其他应付款 　　　应交税费——应交增值税（销项税额） 借：发出商品 　贷：库存商品 借：财务费用 　贷：其他应付款 借：其他应付款 　　财务费用 　　应交税费——应交增值税（进项税额） 　贷：银行存款 ②企业到期未行使回购权利的，应当在该回购权利到期时终止确认金融负债，同时确认收入

【例题·案例题】1月1日，甲公司与乙公司签订协议，向乙公司销售商品，成本为90万元，增值税专用发票上注明的销售价格为110万元，增值税税额为14.3万元。协议规定，甲公司应在当年5月31日将所售商品购回，回购价为120万元，另需支付增值税税额15.6万元。假定商品已发出且货款已实际收付（分录单位：万元）。

（1）1月1日商品控制权没有发生转移

借：银行存款　　124.3

　贷：其他应付款　　110

　　　应交税费——应交增值税（销项税额）　　14.3

借：发出商品　　90

　贷：库存商品　　90

（2）1月31日（2月、3月、4月月末分录同此分录）

（120-110）÷5=2（万元）

借：财务费用　　2

　贷：其他应付款　　2

（3）5月31日回购

借：其他应付款　　118

　　财务费用　　2

　　应交税费——应交增值税（进项税额）　　15.6

　贷：银行存款　　135.6

如果把数字改一下，就可以出无数道题；如果结合资产负债表日后事项或者

差错更正等，就可以出一道综合题，比如故意把分录做错，然后让我们调整。

考点12：不具有融资性质的分期收款销售（见表10-21）

表10-21　不具有融资性质的分期收款销售

不具有融资性质的分期收款销售（比如1月1日支付20%，月底支付剩下的80%）	借：银行存款 　　应收账款 　贷：主营业务收入 　　　应交税费——应交增值税（销项税额） 借：主营业务成本 　贷：库存商品 借：银行存款 　贷：应收账款

考点13：委托代销委托方和受托方账务处理（见表10-22）

表10-22　委托代销委托方和受托方账务处理

委托代销委托方处理	
（1）发出商品	借：发出商品——丙公司 　贷：库存商品——W商品
（2）收到代销清单，同时发生增值税纳税义务	借：应收账款——丙公司 　贷：主营业务收入——销售W商品 　　　应交税费——应交增值税（销项税额） 借：主营业务成本——销售W商品 　贷：发出商品——丙公司 借：销售费用——代销手续费 　贷：应收账款——丙公司
（3）收到丙公司支付的货款	借：银行存款 　贷：应收账款——丙公司
委托代销受托方处理	
（1）收到商品	借：受托代销商品——甲公司 　贷：受托代销商品款——甲公司
（2）对外销售	借：银行存款 　贷：受托代销商品——甲公司 　　　应交税费——应交增值税（销项税额）
（3）收到增值税专用发票	借：受托代销商品款——甲公司 　　应交税费——应交增值税（进项税额） 　贷：应付账款——甲公司
（4）支付货款并计算代销手续费	借：应付账款——甲公司 　贷：银行存款 　　　其他业务收入——代销手续费

考点14：其他销售情景账务处理（见表10-23）

表10-23　　其他销售情景账务处理

合同中存在客户为企业提供重大融资活动，按应收合同价款处理	借：长期应收款 　贷：主营业务收入/其他业务收入 　　未实现融资收益
合同中存在企业为客户提供重大融资活动，按已收合同价款处理	借：银行存款 　未确认融资费用 　贷：合同负债
收到非现金资产时，应按该非现金资产在合同开始日的公允价值确认	借：库存商品/固定资产/无形资产 　贷：主营业务收入/其他业务收入 　　应交税费——应交增值税（销项税额）

我花了整整两个小时整理笔记。整理的过程其实就是学习的过程。每个人的思维方式都不一样，但是只要你能按照自己的思维方式，把相关的重要考点串联一遍即可。在串联的过程中你需要思考，而思考的过程，其实就是学习的过程。如果只是一字一句地看教材，最后的结果就是昏昏欲睡，自己都不知道自己在看什么，所以学习有时候还真的需要眼到、手到，才能真正做到心到。

我整理完后，闭上眼睛回忆笔记中的表格，看自己能够记住多少。我希望自己至少能记住80%，剩下的20%在做题中再慢慢消化。

晚上的时间我算是充分利用了。我发现时间管理真的很重要。我把复习作为晚上最优先的事情，回到家里，第一件事情就是马上复习，而不是像以前一样，回到家里，第一件事情就是打开电脑，在QQ上聊一会儿天，或者浏览一下网页，或者看段肥皂剧，还给自己一个借口，累了一天了，让自己放松一下，结果两个小时的时间一下子就过去了，等到自己想复习时，已经没有精力了。

事情的优先级很重要，所以从明天开始，我早上要早点起床上班，上班打开电脑后的第一件事就是做练习题。

洗漱后，躺在床上，我把笔记本盖在脸上，把表格里的考点又默记了一遍，然后不知不觉地进入了梦乡。

第11章

政府补助

政府补助这一章比较简单，粗略浏览一下，发现没几页纸，复习的思路一下子就清晰了，主要是区别哪些是政府补助，哪些不是政府补助，以及收到政府补助时，我们该怎样一步一步地思考和处理。

（一）本章通关地图（如图11-1所示）

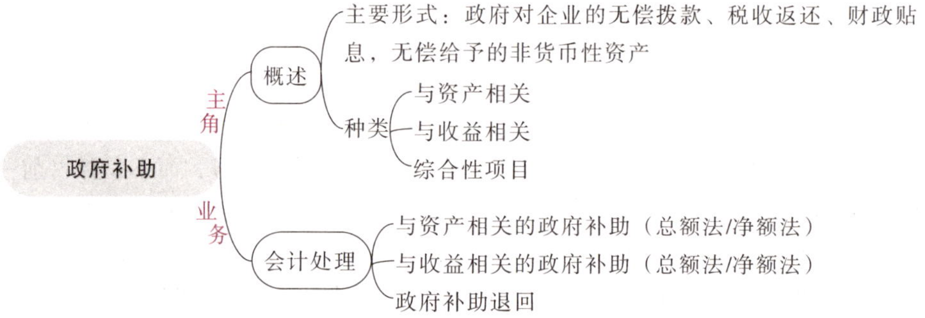

图11-1　本章通关地图

（二）高频考点提炼

考点：政府补助账务处理（见表11-1）

表11-1　政府补助账务处理

政府补助主要形式	包括政府对企业的无偿拨款、税收返还、财政贴息，以及无偿给予非货币性资产等
	【注】（1）政府资本性投入及政府采购属政府与企业间的双向互惠活动，不属于无偿补助 （2）政府补助通常附有一定的条件，这与政府补助的无偿性并不矛盾，并不表明这项补助有偿，而是企业经法定程序申请取得政府补助后，应当按照政府规定的用途使用该项补助 （3）不涉及资产直接转移的经济支持不属于政府补助准则规范的政府补助，如：直接减征、免征、增加计税抵扣额及抵免部分税额等 （4）增值税出口退税本质上是退还企业垫付的税款，不属于政府补助

续表

<table>
<tr><td>政府补助的种类</td><td colspan="2">与资产相关的政府补助：用于构建形成长期资产
与收益相关的政府补助：除与资产相关的政府补助之外的政府补助
综合性项目政府补助：要进行分解，分别处理，难以区分的，将其整体归类为与收益相关的政府补助，再进行处理</td></tr>
<tr><td>会计处理方法</td><td colspan="2">（1）总额法——将政府补助全额确认为收益
（2）净额法——将政府补助作为相关成本费用的扣减
（3）与企业日常活动相关的政府补助，记入其他收益或冲减成本费用
（4）与企业日常活动无关的政府补助，记入营业外收入或冲减营业外支出</td></tr>
<tr><td rowspan="2">与资产相关的政府补助</td><td>总额法</td><td>净额法</td></tr>
<tr><td>（1）收到时：
借：银行存款
　贷：递延收益
（2）购买资产时：
借：固定资产
　贷：银行存款
（3）计提折旧时，同时摊销：
借：制造费用
　贷：累计折旧
借：递延收益
　贷：其他收益
（4）资产报废的同时转销递延收益：
借：固定资产清理
　　累计折旧
　贷：固定资产
借：递延收益
　贷：固定资产清理
借：营业外支出
　贷：固定资产清理</td><td>（1）收到时：
借：银行存款
　贷：递延收益
（2）购买资产的同时冲减资产的账面价值：
借：固定资产
　贷：银行存款
借：递延收益
　贷：固定资产
（3）计提折旧时：
借：制造费用
　贷：累计折旧
（4）资产报废时：
借：固定资产清理
　　累计折旧
　贷：固定资产
借：营业外支出
　贷：固定资产清理</td></tr>
<tr><td rowspan="6">与收益相关的政府补助</td><td colspan="2">（1）用于补偿以后期间的相关成本费用损失</td></tr>
<tr><td>总额法</td><td>净额法</td></tr>
<tr><td>收到补助时：
借：银行存款
　贷：递延收益
成本费用发生时：
借：递延收益
　贷：其他收益
　　　营业外收入</td><td>收到补助时：
借：银行存款
　贷：递延收益
成本费用发生时：
借：递延收益
　贷：生产成本
　　　管理费用
　　　营业外支出等</td></tr>
<tr><td colspan="2">（2）用于补偿已经发生的成本费用损失</td></tr>
<tr><td>总额法</td><td>净额法</td></tr>
<tr><td>借：银行存款
　贷：其他收益
　　　营业外收入</td><td>借：银行存款
　贷：生产成本
　　　管理费用
　　　营业外支出等</td></tr>
</table>

续表

<table>
<tr><td rowspan="3">政府补助退回</td><td>（1）初始确认时冲减相关资产账面价值的，调整资产账面价值
借：固定资产
　贷：其他应付款</td></tr>
<tr><td>（2）存在相关递延收益的，冲减相关递延收益余额，超出部分计入当期损益
借：递延收益
　贷：其他应付款</td></tr>
<tr><td>（3）其他情况，直接计入当期损益
借：管理费用
　贷：其他应付款</td></tr>
</table>

【例题·案例题】按照国家有关政策，企业购置环保设备可以申请补贴以补偿其环保支出。丙企业于2×18年1月向政府有关部门提交了210万元的补助申请，作为对其购置环保设备的补贴。2×18年3月15日，丙企业收到了政府补贴款210万元。2×18年4月20日，丙企业购入无须安装的环保设备，实际成本为480万元，使用寿命为10年，采用直线法计提折旧（不考虑净残值）。2×26年4月，丙企业的这台设备发生损毁。本例中不考虑相关税费。

丙企业的账务处理见表11-2。

表11-2　**丙企业的账务处理**

<table>
<tr><th>业务</th><th>总额法</th><th>净额法</th></tr>
<tr><td>2×18年3月15日实际收到财政拨款</td><td colspan="2">借：银行存款　2 100 000
　贷：递延收益　2 100 000</td></tr>
<tr><td>2×18年4月20日购入设备</td><td>借：固定资产　4 800 000
　贷：银行存款　4 800 000</td><td>借：固定资产4 800 000
　贷：银行存款　4 800 000
借：递延收益2 100 000
　贷：固定资产　2 100 000</td></tr>
<tr><td>自2×18年5月起每个资产负债表日（月末）计提折旧，同时分摊递延收益</td><td>借：制造费用　40 000
　贷：累计折旧　40 000
借：递延收益　17 500
　贷：其他收益
　　（2 100 000÷10÷12）　17 500</td><td>借：制造费用　22 500
　贷：累计折旧
　　（2 700 000÷10÷12）22 500</td></tr>
<tr><td rowspan="2">2×26年4月设备损毁，同时转销递延收益余额</td><td>①设备损毁
借：固定资产清理　960 000
　　累计折旧（40 000×12×8）
　　　3 840 000
　贷：固定资产　4 800 000
借：营业外支出　540 000
　贷：固定资产清理　540 000</td><td rowspan="2">借：固定资产清理
　　540 000
　　累计折旧2 160 000
　贷：固定资产　2 700 000
借：营业外支出 540 000
　贷：固定资产清理　540 000</td></tr>
<tr><td>②转销递延收益余额
借：递延收益　420 000
　贷：固定资产清理　420 000</td></tr>
</table>

第12章

非货币性资产交换

（一）风景再美，也与我无关

专注的女孩最美丽！因为专注，所以成功。

清晨，第一缕阳光透过窗，射在我脸庞，路边的树枝上还留着隔夜露珠，微风柔和清凉地轻拂着，天空蓝得澄澈，让人感觉十分美好。我趴在窗边，对着玻璃深深地哈了一口气，用手指写下我的梦想。

“有房子就有窗子，有窗子就有人，人生活在窗子里面，可是窗外的世界比窗子里美丽。”我已不记得这是谁写的句子，只是觉得很美。窗外清清幽幽，恬恬静静，有花有草，有树有木，而我感觉自己好久都没这么望过窗外了。闹铃一响，我就紧张起来，快速洗漱，赶往公司，又是忙碌的一天。忙碌完毕，终于可以把头从文件堆里伸出来，瞥一眼旁边的窗户，公司的窗外比不上家里的窗外，外面永远都是车水马龙，两边街道繁华，这边叫人民路，那边叫广场路，两排法国梧桐像列兵似的在那儿站着，广场路边上有一个广场，过去叫人民广场，现在叫文化广场。文化广场中央有一根不锈钢旗杆船桅般高高挺立着，杆顶上的五星红旗随风飘扬；广场的南边有百货商场、商务大楼，还有小学、幼儿园、电影院、宾馆……给人的感觉就是繁华喧闹。

还有一个小时就要下班了，办公室里逐渐开始有声响了，看样子，大家忙碌了一天，工作也差不多完成了，开始有人聊天、嬉笑，甚至起哄。

恬静也好，嬉闹也罢，不管怎么样，一切都与我无关，我默默地做完所有的工作，就开始拿出我的《中级会计实务》教材，翻看第七章“非货币性资产交换”。

所谓翻看，那肯定就不是一个字、一个字地看，我浏览着，看这一章到底讲了个什么事情。这段时间我已经开始有了一点心得，从会计角度看，其实是先有业务，然后才有分录对其记录描述。会计是一门语言，一门商业语言，这

个观点我是赞同的。所以，我要做出非货币性资产交换这个业务的所有分录，那我首先得明白非货币性资产交换到底是怎么回事。书上的东西永远都是高深莫测的，而且废话特别多，我得用我自己的语言来理解它、描述它，否则我永远都不知道它在讲什么。

我想，非货币性资产交换，就是彼此拿东西交换吧。当然我现在不管它的概念，我现在主要攻克的是主观题，对那些概念题，等到最后再来理解吧。实在不行就死记答案，毕竟考试的时候，纯概念题一般还不是特别多，主要还是实务应用题，而且实务都会了，概念理解起来也就容易很多了。

非货币性资产交换，就好比我拿水来和你换可乐，不涉及金钱。如果实在要涉及金钱，那么也是少部分，书上有个比例是小于25%，也就是说，金钱占总的交易额的25%以下。比如，水是4元，可乐5元，咱俩交换，我补你1元钱，这1元钱占总的交易额的多少呢？就是20%（1÷5×100%）。

书上有个公式：

$$\frac{\text{支付的货币性资产}}{\text{换入资产公允价值（或换出资产公允价值 + 支付的货币性资产）}} < 25\%$$

或者：

$$\frac{\text{收到的货币性资产}}{\text{换出资产公允价值（或换入资产公允价值 + 收到的货币性资产）}} < 25\%$$

支付一方支付的货币性资产，就除以换入资产的公允价值（或换出资产的公允价值+支付的补价），其实我换入的是可乐，那我换入资产的公允价值是5元，换出的水是4元，同时还补了你1元钱，所以我换出资产的公允价值+支付的补价=4+1=5（元），还是5元，其实就是我们总的交易金额5元。一个很简单的东西竟然能搞出这么复杂的公式，不管怎么样，我再也不记书上的公式了，因为我已经完全理解了。

教材上解释了货币性资产，货币性资产除了钱之外，还有应收账款、应收票据以及准备持有至到期的债券投资。意思就是能以确定金额收回的则是货币性资产。固定资产是非货币性资产，你能说出它现在值多少钱吗？你能准确地说出一个数字吗？不能，它是一个实物，要拿到市场上卖，成交了，才知道它的价值。

"中级会计实务"考试，最主要的就是考你做分录，既然咱俩进行交换，就得考虑账务处理的问题。

1.得考虑有没有商业实质，因为也许我们是好朋友，我随便拿瓶水跟你换瓶可乐喝，根本谈不上什么买卖。

教材上写，"看有没有什么商业实质，有两个条件"，我半懂不懂，匆匆扫过：

（1）换入资产的未来现金流量在风险、时间和金额方面与换出资产显著不同；

（2）换入资产与换出资产的预计未来现金流量现值不同，且其差额与换入资产和换出资产的公允价值相比是重大的。

2.公允价值可以取得吗？其实现在的物品在市场上都是有价值的。当然，有的物品市场上比较少，不容易衡量其公允价值。

交换，其实就是一方面换入取得资产，另一方面换出处置资产。换入资产一般是以换出资产为代价的，所以它的成本是以换出资产为基础的。就像我们买一本书，这本书的取得成本是以我们支付的货币资金为基础的。

我一边翻书，一边思考。我从这一章的第一页翻到这一章的最后一页，又从这一章的最后一页翻到这一章的第一页，边思考边到书上看例题找答案。慢慢地，思路清晰了，所以教材是为我的思考服务的，而我却不是以记教材上的内容为目的的。

先看例题，以例题带文字，是我一贯的方法，而且看例题时主要看其思路，归纳总结出一个通用原则后，再做例题，来验证我归纳总结得对不对。

解题思路见表12-1。

表12-1　　解题思路

第一步	在草稿纸上列出两家公司相互交换的资产及相关价值，因为题中的文字看得人头晕，我要分析提炼
第二步	判断是否为非货币性交易，即涉及的现金、银行存款等货币性资产占总交易额比例是不是小于25%
第三步	（1）此非货币性资产交换是否具有商业实质 （2）换出资产的公允价值是否能够取得，或者换入资产的公允价值是否能够取得，优先选取换出资产的公允价值
第四步	如果两个条件都能满足，两家公司则分别按以下原则进行账务处理： （1）换出资产分别按各自公允价值出售，处置时与账面价值的差额则为损益 （2）换入资产按换出资产的公允价值取得，如果换入的是多项资产，则再分别按各自的公允价值比例分摊
第五步	如果第三步有一个条件不能满足，两家公司则分别按以下原则进行账务处理： （1）换出资产分别按各自账面价值处置，即不会出现损益 （2）换入资产以换出资产的账面价值取得，如果换入的是多项资产，则再分别按各自的账面价值比例分摊

解题思路简化图如图 12-1 所示：

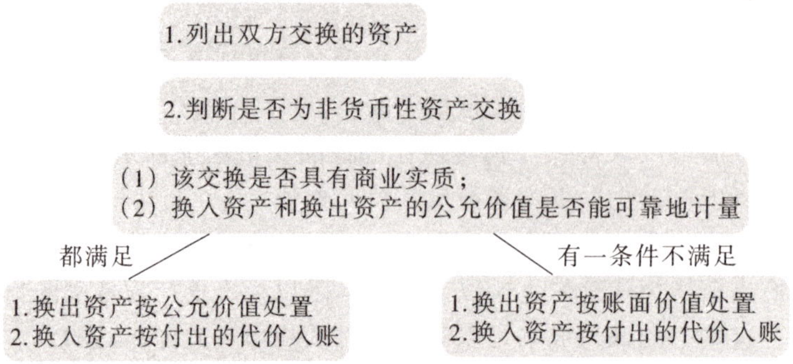

图 12-1　解题思路简化图

（二）高频考点提炼

考点 1：以公允价值计量的非货币性资产交换

以公允价值计量的非货币性资产交换，其换出资产的账务处理见表 12-2：

表 12-2　　换出资产的账务处理

换出资产	账务处理
①存货	应当视同销售处理，按收入准则的规定确定交易价格，确认销售收入，同时结转销售成本
②固定资产、在建工程、生产性生物资产、无形资产	换出资产公允价值与其账面价值的差额，计入资产处置损益
③长期股权投资（或金融资产）	换出资产公允价值与其账面价值的差额，计入投资收益等，注意要同时结转 a.长期股权投资：其他综合收益、资本公积 b.以公允价值计量且其变动计入其他综合收益的金融资产：其他综合收益
④投资性房地产	按换出资产公允价值或换入资产公允价值确认其他业务收入，按换出资产账面价值结转其他业务成本，二者之间的差额计入当期损益 注意：公允价值变动损益、其他综合收益

【例题·计算分析题】

2×21年5月1日，甲公司以2×19年购入的生产经营用设备交换乙公司的一批办公设备，甲公司换入的办公设备用于日常经营，乙公司换入的设备继续用于生产，甲公司设备的账面原价为1 500 000元，在交换日的累计折旧为525 000元，不含税公允价值为1 404 000元，计税价格等于公允价值，甲公司此前没有为该设备计提资产减值准备。此外，甲公司以银行存款支付清理费1 500元。

乙公司办公设备的账面原价为1 200 000元，在交换日的累计折旧为120 000元，在交换日的不含税市场价格为1 404 000元，计税价格等于市场价格，乙公司此前也没有为该批办公设备计提资产减值准备。

甲公司、乙公司均为增值税一般纳税人，适用的增值税税率为13%。假设甲公司和乙公司在整个交易过程中没有发生除增值税以外的其他税费，甲公司和乙公司均开具了增值税专用发票，增值税进项税额在取得资产时进行一次性抵扣。

计算分析见表12-3。

表12-3　**计算分析表**

2×21年5月1日　　单位：元

甲公司	公允价值	资产项目
固定资产——××设备	1 404 000	原值：1 500 000 累计折旧：525 000 支付清理费用：1 500
增值税	182 520	
乙公司	公允价值	资产项目
固定资产——办公设备	1 404 000	原值：1 200 000 累计折旧：120 000
增值税	182 520	
交易金额	1 404 000	
补价		

甲公司账务处理：

（1）借：固定资产清理　975 000（倒挤）
　　　　累计折旧　525 000
　　贷：固定资产——××设备　1 500 000

（2）借：固定资产清理　1 500
　　贷：银行存款　1 500

（3）借：固定资产——办公设备　1 404 000
　　　　应交税费——应交增值税（进项税额）　182 520
　　贷：固定资产清理　1 404 000
　　　　应交税费——应交增值税（销项税额）　182 520

（4）借：固定资产清理　427 500

贷：资产处置损益——处置非流动资产利得 427 500

乙公司账务处理：

（1）借：固定资产清理 1 080 000（倒挤）

累计折旧 120 000

贷：固定资产——办公设备 1 200 000

（2）借：固定资产——××设备 1 404 000

应交税费——应交增值税（进项税额） 182 520

贷：固定资产清理 1 404 000

应交税费——应交增值税（销项税额） 182 520

（3）借：固定资产清理 324 000

贷：资产处置损益——处置非流动资产利得 324 000

【例题·计算分析题】

2×18年10月1日，为适应业务发展的需要，经与乙公司协商，甲公司决定以生产经营过程中使用的机器设备和一项投资性房地产换入乙公司生产经营过程中使用的10辆货运车、5台专用设备和15辆客运汽车。

甲公司机器设备账面原价为4 050 000元，在交换日的累计折旧为1 350 000元，不含税公允价值为2 800 000元；甲公司采用成本模式对投资性房地产进行会计处理，该项投资性房地产的账面原价为6 000 000元，在交换日的累计折旧为1 500 000元，不含税公允价格为5 250 000元。

乙公司的货运车的账面原价为2 250 000元，在交换日的累计折旧为750 000元，不含税公允价值为2 250 000元；专用设备的账面原价为3 000 000元，在交换日的累计折旧为1 350 000元，不含税公允价值为2 500 000元；客运汽车的账面原价为4 500 000元，在交换日的累计折旧为1 200 000元，不含税公允价值为3 600 000元。

乙公司另外收取甲公司以银行存款支付的549 000元（价差与税差），其中包括由于换出资产和换入资产公允价值不同而支付的补价300 000元（8 350 000–8 050 000），以及换出资产销项税额与换入资产进项税额的差额249 000元。

假定甲公司和乙公司都没有为换出资产计提减值准备，甲公司换入乙公司的货运车、专用设备、客运汽车均作为固定资产使用和管理，乙公司换入甲公司的机器设备、投资性房地产作为固定资产使用和管理。

甲公司和乙公司均为增值税一般纳税人，房地产适用的增值税税率为9%，其他资产适用的增值税税率均为13%，计税价格等于公允价值，甲公司、乙公司均开具了增值税专用发票。

计算分析见表12-4。

表12-4　　**计算分析表**

交换日　　单位：元

甲公司	公允价值	销项税额	资产项目
固定资产——机器设备	2 800 000	364 000 （13%）	原价：4 050 000 累计折旧：1 350 000 账面价值：2 700 000
投资性房地产	5 250 000	472 500 （9%）	账面原价：6 000 000 累计折旧：1 500 000 账面价值：4 500 000
合计	8 050 000	836 500	
银行存款	549 000		
乙公司	公允价值	销项税额	资产项目
固定资产——10辆货运车	2 250 000	292 500	原价：2 250 000 折旧：750 000 账面价值：1 500 000
固定资产——5台专用设备	2 500 000	325 000	原价：3 000 000 折旧：1 350 000 账面价值：1 650 000
固定资产——15辆客运汽车	3 600 000	468 000	原价：4 500 000 折旧：1 200 000 账面价值：3 300 000
合计	8 350 000	1 085 500	
交易金额	8 350 000		
价差与税差	300 000	249 000	

甲公司账务处理：

300 000÷（2 800 000+5 250 000+300 000）=3.59%<25%

借：固定资产清理　　2 700 000
　　累计折旧　　1 350 000
　贷：固定资产——机器设备　　4 050 000
借：固定资产——货运车　　2 250 000
　　　　　　——专用设备　　2 500 000
　　　　　　——客运车　　3 600 000
借：应交税费——应交增值税（进项税额）　　1 085 500

贷：固定资产清理　　2 800 000
　　其他业务收入　　5 250 000
　　应交税费——应交增值税（销项税额）　　836 500
　　银行存款　　549 000

换入资产的总成本=2 800 000+5 250 000+836 500+549 000−1 085 500=8 350 000（元）

换入资产的公允价值总额=2 250 000+2 500 000+3 600 000=8 350 000（元）

货运车的成本=8 350 000×（2 250 000÷8 350 000×100%）=2 250 000（元）

专用设备的成本=8 350 000×（2 500 000÷8 350 000×100%）=2 500 000（元）

客运汽车的成本=8 350 000×（3 600 000÷8 350 000×100%）=3 600 000（元）

借：固定资产清理　　100 000
　贷：资产处置损益　　100 000

借：其他业务成本　　4 500 000
　　投资性房地产累计折旧　　1 500 000
　贷：投资性房地产　　6 000 000

乙公司账务处理：

300 000÷（2 250 000+2 500 000+3 600 000）=3.59%<25%

借：固定资产清理　　6 450 000（倒挤）
　　累计折旧　　3 300 000
　贷：固定资产——货运车　　2 250 000
　　　　　　　——专用设备　　3 000 000
　　　　　　　——客运汽车　　4 500 000

借：固定资产——机器设备　　2 800 000
　　　　　　——厂房　　5 250 000
　　应交税费——应交增值税（进项税额）　　836 500
　　银行存款　　549 000
　贷：固定资产清理　　8 350 000
　　　应交税费——应交增值税（销项税额）　　1 085 500

换入资产的总成本=8 350 000+1 085 500−549 000−836 500=8 050 000（元）

换入资产的公允价值总额=2 800 000+5 250 000=8 050 000（元）

机器设备的成本=8 050 000×（2 800 000÷8 050 000）×100%=2 800 000（元）

厂房的成本=8 050 000×（5 250 000÷8 050 000）×100%=5 250 000（元）

借：固定资产清理　　1 900 000
　贷：资产处置损益　　1 900 000

（公允价值 8 350 000 − 账面价值 6 450 000）

考点2：以账面价值计量的非货币性资产交换

【例题·计算分析题】甲公司以其持有的对联营企业丙公司的长期股权投资交换乙公司拥有的商标权。

在交换日，甲公司持有的长期股权投资账面余额为5 000 000元，已计提长期股权投资减值准备金额为1 400 000元，该长期股权投资在市场上没有公开报价，公允价值也不能可靠计量。

乙公司商标权的账面原价为4 200 000元，累计已摊销金额为600 000元，其公允价值也不能可靠计量，乙公司没有为该项商标权计提减值准备。

乙公司将换入的对丙公司的投资仍作为长期股权投资，并采用权益法核算。

假定整个交易过程中没有发生相关税费。

【分析】该项资产交换没有涉及收付货币性资产，因此属于非货币性资产交换，由于换出资产和换入资产的公允价值都无法可靠计量，因此，甲公司、乙公司换入资产的成本均应当按照换出资产的账面价值确定。

计算分析见表12-5。

表12-5　计算分析表

交换日　单位：元

甲公司	公允价值	资产项目
长期股权投资——丙公司		账面余额：5 000 000 减值准备：1 400 000
乙公司	公允价值	资产项目
无形资产——商标权		原价：4 200 000 累计摊销：600 000
交易金额		
补价		

甲公司的账务处理：

借：无形资产——商标权　3 600 000（倒挤）

　　长期股权投资减值准备——丙公司股权投资　1 400 000

　贷：长期股权投资——丙公司　5 000 000

乙公司的账务处理：

借：长期股权投资——丙公司　3 600 000（倒挤）

　　累计摊销　600 000

　贷：无形资产——商标权　4 200 000

【例题·计算分析题】2×21年3月1日，甲公司因经营战略发生较大转变，产品结构发生较大调整，原生产厂房、专利技术等已不符合生产新产品的需要，经与乙公司协商，甲公司将其生产厂房连同专利技术与乙公司正在建造过程中的一幢建筑物、乙公司对联营企业丙公司的长期股权投资（采用权益法核算）进行交换。

甲公司换出生产厂房的账面原价为2 000 000元，已提折旧1 250 000元；专利技术账面原价为750 000元，已摊销金额为375 000元。

乙公司在建工程截止到交换日的成本为875 000元，对丙公司的长期股权投资成本为250 000元。

甲公司厂房的公允价值难以取得，其专利技术市场上并不多见，公允价值也不能可靠计量。乙公司的在建工程因完工程度难以合理确定，其公允价值不能可靠计量；由于丙公司不是上市公司，所以乙公司对丙公司长期股权投资的公允价值也不能可靠计量。假定甲、乙公司均未对上述资产计提减值准备，且整个交易过程中没有发生相关税费。

计算分析见表12-6。

表12-6　计算分析表

交换日

单位：元

甲公司	公允价值	销项税额	资产项目
固定资产——生产厂房			原价：2 000 000 累计折旧：1 250 000 账面价值：750 000
无形资产——专利技术			原价：750 000 摊销：375 000 账面价值：375 000
合计			1 125 000
乙公司	公允价值	销项税额	资产项目
在建工程			原值：875 000
长期股权投资			投资成本：250 000
合计			1 125 000
交易金额			
补价			

甲公司账务处理：

借：固定资产清理　　750 000

　　累计折旧　　1 250 000

贷：固定资产——厂房　　2 000 000

借：在建工程——×工程　　875 000

长期股权投资　　250 000

累计摊销　　375 000

贷：固定资产清理　　750 000

无形资产——专利技术　　750 000

换入资产的总成本=750 000+750 000-375 000=1 125 000（元）

换入资产的账面价值总额=875 000+250 000=1 125 000（元）

在建工程成本=112 500×（875 000÷1125 000×100%）=875 000（元）

长期股权投资成本=112 500×（250 000÷1125 000×100%）=250 000（元）

乙公司账务处理：

借：固定资产清理　　875 000

贷：在建工程　　875 000

借：固定资产——厂房　　750 000

无形资产——专利技术　　375 000

贷：固定资产清理　　875 000

长期股权投资　　250 000

换入资产的总成本=875 000+250 000=1 125 000（元）

换入资产的账面价值总额=750 000+375 000=1 125 000（元）

厂房成本=1 125 000×（750 000÷1 125 000×100%）=750 000（元）

专利技术成本=1 125 000×（375 000÷1 125 000×100%）=375 000（元）

考点3：货币性资产及非货币性资产交换的判断

货币性资产和非货币性资产的区别见表12-7：

表12-7　货币性资产和非货币性资产的区别

货币性资产	指企业持有的货币资金和收取固定或可确定金额的货币资金的权利，包括现金、银行存款、应收账款和应收票据等（钱、短期债权等）
非货币性资产	指货币性资产以外的资产，包括存货（如原材料、包装物、低值易耗品、库存商品等）、固定资产、在建工程、生产性生物资产、无形资产、投资性房地产和长期股权投资等
【特别提示】预付账款属于非货币性资产	

【例题·多选题】下列各项资产中，属于货币性资产的有（　　）。

A.银行存款

B.预付款项

C.以公允价值计量且其变动计入当期损益的金融资产

D.应收票据

【答案】AD

【解析】货币性资产指企业持有的货币资金和收取固定或可确定金额的货币资金的权利。选项B和C，属于非货币性资产。

【例题·多选题】下列各项中，属于非货币性资产的有（　　）。

A.应收账款

B.无形资产

C.在建工程

D.长期股权投资

【答案】BCD

【解析】非货币性资产，指货币性资产以外的资产，该类资产在将来为企业带来的经济利益不固定或不可确定，包括存货（如原材料、库存商品等）、固定资产、无形资产、长期股权投资、在建工程等，选项B、C和D正确。

非货币性资产交换的含义、特征及认定见表12-8：

表12-8　　非货币性资产交换的含义、特征及认定

含义	非货币性资产交换：指企业主要以固定资产、无形资产、投资性房地产和长期股权投资等非货币性资产进行的交换。该交换不涉及或只涉及少量的货币性资产（即补价）
特征	①非货币性资产交换的交易对象主要是非货币性资产 ②非货币性资产交换是以非货币性资产进行交换的行为 ③非货币性资产交换一般不涉及货币性资产，但有时也可能涉及少量的货币性资产
非货币性资产交换的认定	认定涉及少量货币性资产的交换为非货币性资产交换，通常以补价占整个资产交换金额的比例低于25%作为参考。支付的货币性资产占换入资产公允价值（或占换出资产公允价值与支付的货币性资产之和）的比例低于25%（不含25%）的，视为非货币性资产交换；高于25%（含25%）的，则视为用货币性资产取得非货币性资产

【例题·单选题】

在不涉及补价的情况下，下列各项交易事项中，属于非货币性资产交换的是（　　）。

A.开出商业承兑汇票购买原材料（应付票据）

B.以持有的应收票据换入机器设备

C.以拥有的股权投资换入专利技术

D.以应收账款换入对联营企业投资

【答案】C

【解析】选项A，应付票据属于一项负债；选项B中的应收票据和选项D中的应收账款都是货币性资产，因此选项A、B和D均不属于非货币性资产交换。

【例题·多选题】

对于甲公司而言，下列各项交易中，应当认定为非货币性资产交换的是（　　）。

A. 甲公司以一批产成品交换乙公司一台汽车

B. 甲公司以所持丙公司2%股权交换乙公司一批原材料

C. 甲公司以一项专利权交换乙公司一项非专利技术，并以银行存款收取补价，所收取补价占换出专利权公允价值的30%

D. 甲公司以应收丁公司的2 200万元银行承兑汇票交换乙公司一栋办公用房

【答案】AB

【解析】选项C，交换的资产均属于非货币性资产，但涉及的补价比例超过25%；选项D，银行承兑汇票属于货币性资产。

我把书上的例题按照这种思维方式做完了，感觉这一章我基本上掌握了，至少最核心、最重要的部分我已经掌握了，整个这一章的思路都是这样的。而且我做练习题，也这样分析思考，基本上没什么问题，剩下的只是自己是否熟练的问题了。

一个小时搞定一章，感觉自己效率挺高的，我沉浸在自己的成就感中，满意地微笑。从书本中出来，回头一看办公室里的人都走光了，外面也不知什么时候，开始下起雨来了，淅淅沥沥的。我收拾桌子正准备离开，杜老师不知从什么地方钻了出来，对我说：“小艾，你看书的境界还真不一般啦，我叫了你好几遍，你都没听见。“

“真的吗？“

“当然。“

“有可能。看来看书时只有思考，才能集中注意力，如果脑袋不想问题，只是一个字、一个字在那里看，到了最后自己看了什么都不知道。”

“你蛮有心得的嘛。”

“那当然，你找我有什么事情吗？”

“我的电脑突然罢工了，想在你的电脑上找点资料。”

“好的，你用吧。“

“嗯，怎么上不了网啊？你没连网线啊？“

“是呀，我把网线拔了，你爬到桌子底下重新插上吧。”

“小艾，你搞什么啊，干嘛要把网线拔了啊？这不是故意捉弄我吗？”杜老

师爬到桌子下痛苦地说道，高大的身材缩做一团。

“我干嘛要捉弄你啊？再说我也不知道今天你的电脑会罢工呀，我是为了不让自己接触网络，为了让自己集中注意力。”

“网络确实让人分散精力，不过有时到网上找找资料也是好的呀，网上还是有很多好东西的。”

“我知道，但是，这需要自制力，上网之前可能想得很好，我要查找一些考试资料，绝不看其他内容。但是人总是有劣根性的，不由自主就点到了那些花花绿绿的网页上，世界真奇妙啊，科技真奇妙！殊不知，网上方一日，人间已千年。

在网上，时间一下子就过去了，然后就是后悔，后悔不该浪费这么多时间，考试已经很紧迫，复习时间不够了。而且“走下网”来，网络还像钟磬的余波一样，持续不断地影响你：不经意中，你会想起那个聊天的美眉俏皮的样子，还有那帅哥靓女们照片中极酷的造型，以及五颜六色的八卦新闻和互动游戏的惊险刺激……与这些比起来，学习真是一件太过枯燥的事情。然后就不想学了，心也不知道到哪儿去了。”

“嗯，你说得很对，网络光怪陆离，无奇不有，新鲜事物层出不穷，对任何一个人来讲，都充满极大的诱惑，有时甚至令人身不由己。而准备考试无疑需要全身心地投入，一旦分神，就需要用较长的时间才能恢复到淡泊宁静的状态，在时间比金钱都宝贵的备考阶段，的确有些得不偿失，所以我们要有意识地抵制来自外界的种种干扰。”杜老师赞同地说道。

“所以，我现在尽量不给自己上网的理由，哪怕是劳累困倦，想休息，我宁愿伏案小憩，也不开网络。把自己的心收回来，尽量在复习中找到乐趣。”

“不错，就凭这一点，你一定可以稳操胜券，我对你是越来越刮目相看了。”

“我要学会专注，学会自闭，闭上眼睛，我可以百毒不侵。”

“这就叫境界，天才的境界！”杜老师含着笑说道。

“好啦，不要取笑我了。”

“没有取笑你，许多政界、科学界和艺术界的伟人之所以成功，都是因为他们专注，甚至是因为有自闭症特征才能成功。都柏林圣三一学院的精神病学教授菲茨·杰拉德的著作《天才基因：阿斯伯格症天才如何改变世界》，讲的就是这些天才，像法国前总统戴高乐、美国前总统杰斐逊和英国政治家鲍威尔，还有牛顿、爱因斯坦、乔治·奥威尔、H.G.韦尔斯和维根斯坦。”杜老师说起这些伟人简直是如数家珍，也许每个男人都希望自己是一个伟人吧！

“你说这些到底是夸我专注呢？还是骂我有自闭症、神经病？”

“当然是夸你专注了，你刚才还说你可以百毒不侵，现在怎么又变得这么敏感呢？不过自闭也没什么不好，人有时候将自己封闭在一个小小的空间，打扫一方净土，直到自己的愿望实现。到那时，再去享受成功的喜悦、精彩的生活。”杜老师若有所思地说道。

外面的雨越下越大，屋檐下的雨滴滴答答地落下来，滴在石头上。石头说：“雨滴啊，你那么柔弱，那么易碎，为什么还总是往我的身上冲击呢？你难道不知道我是多么地坚硬吗？你太无知了。”雨说：“我知道你很坚硬，但是更相信专注，只要专注，没有干不成的事，只要专注，我就可以成功地把你滴穿。”

第13章

债务重组

（一）图书馆独自一日

图书馆时光，中级复习最美好的回忆。

每个人喜欢的地方都不一样，有人喜欢山，有人喜欢河，而我却喜欢图书馆。图书馆是一个大师云集、思想纷飞的地方，是静态的物质里以文字为载体的无比丰富的精神世界。在大学里，我大部分时间都是在图书馆里“泡”着的，尽管读的都是些闲书、杂书，但那悠闲的心境让人很是享受。静静地翻开一本书，轻轻抚去蒙在书面上的灰尘，虚心地聆听一位思想者低语，进而在自己的心灵深处腾起暖流或者卷起风暴，又或者独坐于书桌前，沉浸在书海中，温暖的夕阳把它的余晖毫不保留地洒在我身上，给我一片温馨的世界。就像博尔赫斯曾经在《关于天赐的诗》里这样说的：我心里一直在暗暗设想，天堂应该是图书馆的模样。

但是，自从毕业、实习、找工作、上班以来，我就再也没去过图书馆，每天都在忙碌奔波，疲于生计。早上醒来，我突然很是想念图书馆的日子，恰逢今天是周末，于是赶紧起床收拾，拿着书本，准备去附近学校的图书馆里复习。

走近图书馆，老远就看见门边的女保安，笔直地站在那里，蓝黑色的贝雷帽，合身的保安上衣，洁白的手套，蓝色短裙，长筒皮靴，还有那淡淡的微笑……可谓英姿飒爽、气宇非凡，让人心情大好，难怪现在很多地方都喜欢招女保安，既可以保护安全，又赏心悦目，保安兼前台，具有双重功效。

我找了个窗边的位置坐了下来，通风的窗户旁边的采光不错，窗外是楼房围成的天井，不必担心大路的嘈杂和过于诱人的风景。图书馆很安静，连咳嗽都不敢，只听见轻轻的翻书声，是个复习的好地方。

轻轻打开“债务重组”这一章，开始思考、复习。我已养成习惯，边思考边看书，主动寻求答案，而不是被动地接受书本的内容。

第一眼看过去，感觉不知所云，然后多看几眼，就立马发现了规律，非常简单。

债务重组的方式有如下几种（如图13-1所示）：

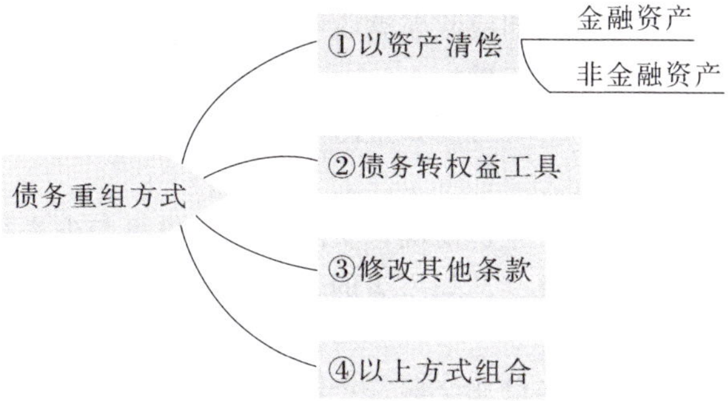

图13-1　债务重组方式

也就是，我欠债了，我可以用资产，比如银行存款、固定资产、无形资产等来偿还，我也可以债转股，也就是债务转换成股份，你不要当我的债权人了，我给你公司股份，你也来当股东，当然还可以修改条款，比如你现在还不起，那我给你展期，展期的利率我会提高等等。最后就是我把以上三种方式进行组合，用资产换一部分，转股也转一部分，剩下的我再给你展期并修改利率，那该如何进行账务处理呢？

如果对复杂的组合方式我知道该如何进行账务处理，那单项重组方式就显得很简单了。

（二）高频考点提炼

考点1：债务重组时债权人的账务处理（见表13-1）

表13-1　　债务重组时债权人的账务处理

债权人	1.债务重组采用组合方式进行的，一般可以认为对全部债务的合同条款做出了实质性修改，应当按照修改后的条款进行如下处理 （1）金融资产部分（两部分） ①以公允价值初始计量新的金融资产（第一部分：重组债权）（原来债权已经终止确认） ②受让的新金融资产（第二部分：确实是新收到的） （2）非金融资产部分 ①非金融资产的入账价值总额 =放弃债权在合同生效日的公允价值-重组债权当日公允价值（第一部分）-受让金融资产的当日公允价值（第二部分） ②按比例分配的非金融资产的入账价值 =非金融资产入账价值总额×（某项非金融资产公允价值/非金融资产公允价值总额） 2.放弃债权的公允价值与放弃债权的账面价值之间的差额，记入“投资收益”科目
具体分录	借：非金融资产1 ┐ 　　非金融资产2 ┘按公允价值比例分配 　　应收账款——重组债权 　　金融资产（公允价值） 　　坏账准备 　贷：应收账款等 ┐放弃债权的 ┐ 　　　投资收益 ┘公允价值 ├付出总代价 　　　××负债（承担的负债）┘

对于这个分录我是这样记忆的，债权人：花钱买东西。

债权人付出了代价，比如应收账款收不回来了，甚至有时合同还要求他承担负债，这些都是他付出的代价。

同时，他获得了资产，有可能是金融资产，也有可能是非金融资产，还有可能两者兼而有之。

确认顺序就是，先按公允价值确认金融资产，相当于先买金融资产，剩下的没花完的钱，买非金融资产，如果买的非金融资产是多项，那就按非金融资产的公允价值进行分摊。

【例题·计算分析题】（以非金融资产抵偿债务）

2×20年6月18日，甲公司向乙公司销售商品一批，应收乙公司款项的入账金额为95万元。甲公司将该应收款项分类为以摊余成本计量的金融资产。乙公司将该应付账款分类为以摊余成本计量的金融负债。

2×20年10月18日（合同生效日），双方签订债务重组合同，乙公司以一项作为无形资产核算的非专利技术偿还该欠款。

该无形资产的账面余额为100万元，累计摊销额为10万元，已计提减值准备2万元。10月22日（债务重组日），双方办理完成该无形资产转让手续，甲公司支付评估费用4万元。当日，甲公司应收款项的公允价值为87万元，已计提坏账准备7万元，乙公司应付款项的账面价值仍为95万元。

假设不考虑相关税费。

计算分析见表13-2。

表13-2 **计算分析表**

债权人：甲公司	应收账款95万元
无形资产——非专利技术	当日，甲公司应收款项的公允价值为87万元 已计提坏账准备7万元
	甲公司支付评估费用4万元

债权人花钱买东西，花了多少钱，付出了多少代价？87万元。因为这笔应收账款的公允价值就是87万元。

买了什么东西？买了一项无形资产。

这笔经济业务的本质是，花87万元，买了无形资产，同时支付评估费用4万元，那无形资产的入账成本就是91万元。

借：无形资产（870 000 + 40 000）　　910 000
　　坏账准备　　70 000
　　投资收益　　10 000（倒挤）
　贷：应收账款　　950 000
　　　银行存款　　40 000

如果问题转换成用银行存款87万元买了一项无形资产，同时支付评估费用4万元，然后要求我们做分录，大家都会做。

但是如果我放弃价值87万元的应收债权，来获取你的一项无形资产，同时支付评估费用4万元，很多人就开始蒙圈。

究其原因，是因为没有整体思维。

应收账款账面余额是95万元，坏账准备是7万元，那账面价值就是88万元，现在只值87万元，那损失就是1万元。这1万元，根据债务重组准则相关规定，应该记入科目：投资收益。

借：无形资产（870 000+40 000）　910 000
　　坏账准备　　　　　　　　　　70 000
　　投资收益　　　　　　　　　　10 000（倒挤）
　贷：应收账款　　　　　　　　　　950 000
　　　银行存款　　　　　　　　　　40 000

（坏账准备、投资收益、应收账款：借贷合计 87 000）

整体思维就是：应收账款-坏账准备-投资收益=950 000-70 000-10 000=870 000（元）。

所以我购买这项无形资产其实价款花了87万元，评估费花了4万元，总共花了91万元。

因此我们做分录的顺序可以先确定贷方，然后再确定借方。

考点2：债务重组时债务人的账务处理（见表13-3）

表13-3　　　　债务重组时债务人的账务处理

债务人	1.对于权益工具 （1）应当在初始确认时按照权益工具的公允价值计量 （2）权益工具的公允价值不能可靠计量的，应当按照所清偿债务的公允价值计量 2.对于修改其他条款形成的重组债务，债务人应当按照上述内容的规定，确认和计量重组债务 3.所清偿债务的账面价值与转让资产的账面价值以及权益工具和重组债务的确认金额之和的差额，记入“其他收益——债务重组收益”或“投资收益”（仅涉及金融工具时）科目
具体分录	借：应付账款（账面价值） 　贷：股本 　　　资本公积——股本溢价（股本、资本公积——股本溢价：公允价值） 　　　应付账款——重组债务（重组债务的公允价值） 　　　××资产（转让资产的账面价值） 　　　其他收益——债务重组收益 　　　或者： 　　　投资收益（仅涉及金融工具时）（倒挤，可借可贷）

对于债务人来说，如果我想把这笔欠债一笔勾销，我就得付出代价，比如

我给你一部分股份，给你一些资产，剩下的我日后再还。

把账面欠债冲掉，负债减少记借方，比如，借：应付账款，金额就是账面价值，贷方就是应该付出的代价。

股本、应付账款，这些都是金融工具，应付账款属于金融负债，应收账款属于金融资产，这是常识。

金融工具确认的时候按公允价值，其他资产确认的时候按账面价值。

我喜欢这样简化记忆：债务人的账务处理就是，资产、负债账面直接对冲，如果分录中只涉及金融工具，没有其他非金融资产，差额就计入投资收益，否则计入其他收益——债务重组收益。

【例题·计算分析题】（承接上个例题）

计算分析见表13-4。

表13-4　计算分析表

债务人：乙公司	应付账款：95万元
无形资产——非专利技术	无形资产：100万元 累计摊销额：10万元 无形资产减值准备：2万元

债务人拿一项非专利技术抵债95万元，资产、负债直接账面对冲，把应付账款冲掉，把无形资产相关科目全部冲掉，账务处理如下：

借：应付账款　950 000
　　累计摊销　100 000
　　无形资产减值准备　20 000
　贷：无形资产　1 000 000
　　　其他收益——债务重组收益　70 000（倒挤）

因为分录中涉及了非金融资产（无形资产），所以差额计入其他收益——债务重组收益。

【例题·计算分析题】（包括金融资产、非金融资产在内的多项资产抵偿债务）

2×19年11月5日，甲公司向乙公司赊购一批材料，含税价为234万元。

2×20年9月10日，甲公司因发生财务困难，无法按合同约定偿还债务，双方协商进行债务重组。乙公司同意甲公司用其生产的商品、作为固定资产管理的机器设备和一项债券投资抵偿欠款。

当日，该债权的公允价值为210万元，甲公司用于抵债的商品市价（不含增值税）为90万元，抵债设备的公允价值为75万元，用于抵债的债券投资市价为23.55万元。

抵债资产于2×20年9月20日转让完毕，甲公司发生设备运输费用0.65万元，乙公司发生设备安装费用1.5万元。

乙公司以摊余成本计量该项债权。

2×20年9月20日，乙公司对该债权已计提坏账准备19万元，债券投资市价为21万元。乙公司将受让的商品、设备和债券投资分别作为低值易耗品、固定资产和以公允价值计量且其变动计入当期损益的金融资产核算。

甲公司以摊余成本计量该项债务。

2×20年9月20日，甲公司用于抵债的商品成本为70万元；抵债设备的账面原价为150万元，累计折旧为40万元，已计提减值准备18万元；甲公司以摊余成本计量用于抵债的债券投资，债券票面价值总额为15万元，票面利率与实际利率一致，按年付息。当日，该项债务的账面价值仍为234万元。

甲、乙公司均为增值税一般纳税人，适用的增值税税率为13%，经税务机关核定，该项交易中商品和设备的计税价格分别为90万元和75万元。不考虑其他相关税费。

计算分析见表13-5。

表13-5　　计算分析表

债务人：甲公司	应付账款：234万元 重组日：2×20年9月10日
库存商品	商品成本：70万元
	公允价值：90万元 增值税：90×13%=11.7（万元）
固定资产——机器设备	账面原价：150万元 累计折旧：40万元 已计提减值准备：18万元 甲公司发生设备运输费用：0.65万元
	公允价值：75万元 增值税：75×13%=9.75（万元）
债券投资	债券投资（以摊余成本计量，票面利率与实际利率一致，按年付息） 票面价值总额：15万元 9月10日：市价23.55万元 9月20日：市价21万元

债务人拿库存商品、机器设备和债券投资抵债。其中，固定资产处置，得先通过"固定资产清理"这个中间科目核算，账务处理如下：

借：固定资产清理　　　　　　　　　　920 000（账面价值）

　　累计折旧　　　　　　　　　　　　　400 000

借：固定资产减值准备　　180 000

　贷：固定资产　　1 500 000

借：固定资产清理　　6 500

　贷：银行存款　　6 500

抵债时，资产、负债直接账面对冲，由于分录中涉及非金融资产，所以差额计入其他收益——债务重组收益，账务处理如下：

借：应付账款　　2 340 000

　贷：固定资产清理（920 000+6 500）　　926 500

　　库存商品　　700 000（成本价）

　　应交税费——应交增值税（销项税额）（117 000+97 500）　214 500

　　债权投资——成本　　150 000

　　其他收益——债务重组收益　　349 000（倒挤）

对于税务局来说，不管你是怎么抵债的，只要你的商品发生了转让，就按市价来计税。

计算分析见表13-6。

表13-6　**计算分析表**

债权人：乙公司	应收账款：234万元 重组日：2020年9月10日
低值易耗品 公允价值90万元	以摊余成本计量该项债权 9月10日：债权的公允价值210万元 9月20日：已计提坏账准备19万元 账面价值：234-19=215（万元） 投资收益：215-210=-5（万元）
在建工程——机器设备 公允价值75万元	乙公司发生设备安装费用1.5万元
交易性金融资产 9月10日：市价23.55万元 9月20日：市价21万元	9月10日是重组日，9月20日转让完毕 期间投资收益：21-23.55=-2.55（万元）

此经济业务相当于债权人花钱买了低值易耗品、固定资产和交易性金融资产，那它们的入账成本是多少呢？

这得看你付出的代价是多少。

此项债权值210万元，相当于付出代价210万元，交易性金融资产花了23.55万元，缴税缴了11.7万元，剩下的钱就由低值易耗品和在建工程这两项非金融资产按比例分配。

低值易耗品和在建工程的成本应当以其公允价值比例（90：75）对放弃债权公允价值扣除受让金融资产公允价值后的净额进行分配后的金额为基础确定。

低值易耗品的成本=（210-债券投资9月10日（合同生效日）公允价值23.55-低值易耗品的增值税11.7-设备的增值税9.75）×［90÷（90+75）］=90（万元）

在建工程的成本=（210-债券投资9月10日（合同生效日）公允价值23.55-低值易耗品的增值税11.7-设备的增值税9.75）×［75÷（90+75）］=75（万元）

2×20年9月20日，乙公司（债权人）的账务处理如下：

①结转债务重组相关损益：

借：低值易耗品　900 000

　在建工程——在安装设备　750 000

　应交税费——应交增值税（进项税额）（117 000+97 500）　214 500

　交易性金融资产（★★★初始确认时的公允价值）　210 000

　坏账准备　190 000

　投资收益　75 500

　贷：应收账款——甲公司　2 340 000

②支付安装成本：

借：在建工程——在安装设备　15 000

　贷：银行存款　15 000

③安装完毕达到可使用状态：

借：固定资产——××设备　765 000

　贷：在建工程——在安装设备　765 000

注：交易性金融资产，本来公允价值是23.55万元，不过办完手续后，公允价值就变成了21万元，亏损了2.55万元，计入投资收益。

考点3：修改条款（如图13-2所示）

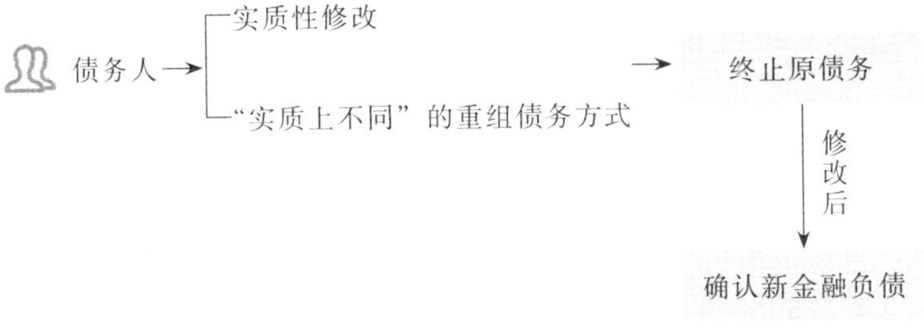

☆其中，如果重组债务未来现金流量（包括支付和收取的某些费用）现值与原债务的剩余期间现金流量现值之间的差异超过10%，则意味着新的合同条款进行了“实质性修改”或者重组债务是“实质上不同”的，有关现值的计算均采用原债务的实际利润。

图13-2　修改条款

【例题·案例题】A公司为上市公司，2×18年1月1日，A公司取得B银行

贷款1 000万元，约定贷款期限为4年（即2×21年12月31日到期），年利率7%，按年付息，原实际年利率为7%。A公司已按时支付所有利息。2×21年12月31日，A公司出现严重资金周转问题，多项债务违约，信用风险增加，无法偿还贷款本金，B银行同意与A公司就该项贷款重新达成协议。

情形1：

B银行免除A公司50万元债务本金，并将尚未偿还的债务本金950万元展期至2×22年12月31日，年利率为8%，假定市场利率为6%。剩余债务的公允价值为967.92万元。

重组债务未来现金流量现值=950×（1+8%）÷（1+7%）=958.88（万元）

原债务的剩余期间现金流量现值为1 000万元。

现金流变化=（1 000−958.88）÷1 000×100%=4.11%<10%，不属于实质性修改。

A公司会计处理如下（单位：万元）：

借：长期借款——本金　　1 000

　贷：长期借款——本金　　950

　　　　　　——利息调整　　8.88

　　　投资收益　　41.12

情形2：

B银行免除A公司200万元债务本金，并将尚未偿还的债务本金800万元展期至2×22年12月31日，年利率为8%，假定市场利率为6%。剩余债务的公允价值为815.09万元。

重组债务未来现金流量现值=800×（1+8%）÷（1+7%）=807.48（万元）

原债务的剩余期间现金流量现值为1 000万元。

现金流变化=（1 000−807.48）÷1 000×100%=19.25%>10%，属于实质性修改。

A公司会计处理如下（单位：万元）：

借：长期借款——本金　　1 000

　贷：短期借款——本金　　815.09

　　　投资收益　　184.91

【例题·案例题】A公司为上市公司，2×16年1月1日，A公司取得B银行贷款5 000万元，约定贷款期限为4年（即2×19年12月31日到期），年利率6%（与实际利率相等），按年付息，A公司已按时支付所有利息。

2×19年12月31日，A公司出现严重资金周转问题，多项债务违约，信用风险增加，无法偿还贷款本金 。

2×20年1月10日（合同生效日），B银行同意与A公司就该项贷款重新达成协议，新协议约定：

（1）A公司将一项作为固定资产核算的房产转让给B银行，用于抵偿债务本金1 000万元，该房产账面原值1 200万元，累计折旧400万元，未计提减值准备；

（2）A公司向B银行增发股票500万股，面值1元/股，占A公司股份总额的1%，用于抵偿债务本金2 000万元，A公司股票于2×20年1月10日的收盘价为4元/股；

（3）在A公司履行上述偿债义务后，B银行免除A公司500万元债务本金，并将尚未偿还的债务本金1 500万元展期至2×20年12月31日（延长1年），年利率8%。

如果A公司未能履行（1）和（2）所述偿债义务，B银行有权终止债务重组协议，尚未履行的债权调整承诺随之失效。

B银行以摊余成本计量该贷款，已计提贷款损失准备300万元。该贷款于2×20年1月10日（合同生效日）的公允价值为4 600万元，予以展期的贷款的公允价值为1 500万元。2×20年3月2日，双方办理完成房产转让手续，B银行将该房产作为投资性房地产核算。

2×20年3月31日，B银行为该笔贷款补提了100万元的损失准备。

2×20年5月9日，双方办理完成股权转让手续，B银行将该股权投资分类为以公允价值计量且其变动计入当期损益的金融资产，A公司股票当日收盘价为4.02元/股。

A公司以摊余成本计量该贷款，截至2×20年1月10日，该贷款的账面价值为5 000万元。不考虑相关税费。

计算分析见表13-7和表13-8。

表13-7　　计算分析表

债务人：A公司	长期借款5 000万元，摊余成本计量 重组日：2×20年1月10日
固定资产——房产抵债1 000万元	账面原价为1 200万元，累计折旧为400万元，未计提减值准备 2×20年3月2日，双方办理完成房产转让手续 固定资产清理：1 200-400=800（万元）
增发股票500万股，面值1元/股，占A公司股份总额的1%（抵债2 000万元）	2×20年1月10日：收盘价为4元/股 2×20年5月9日，双方办理完成股权转让手续，A公司股票当日收盘价为4.02元/股 股本：500万元 资本公积——股本溢价： （4.02-1）×500=1 510（万元）
B银行免除A公司500万元债务本金，并将尚未偿还的债务本金1 500万元展期至2×20年12月31日，年利率8%	短期借款——本金：1 500万元

抵债总分录：

借：长期借款——本金　　50 000 000

　贷：固定资产清理　　8 000 000

　　股本　　5 000 000

　　资本公积——股本溢价［（4.02－1）×5 000 000］　　15 100 000

　　短期借款——本金　　15 000 000

　　其他收益——债务重组收益　　6 900 000（倒挤）

注：债务人账务处理简易理解：账面价值直接对冲，差额有非金融资产的，记“其他收益”；差额无非金融资产的，记“投资收益”。

但是，做分录的时候，有时候要按日期做。

（1）债务人（A公司）的会计处理

该债务重组协议的执行过程和结果不确定性于2×20年5月9日（双方办理完成股权转让手续）消除时，债务人清偿该部分债务的现时义务已经解除，可以确认债务重组相关损益，并按照修改后的条款确认新金融负债。

债务人（A公司）的账务处理如下：

①3月2日：

借：固定资产清理　　8 000 000

　　累计折旧　　4 000 000

　贷：固定资产　　12 000 000

借：长期借款——本金　　8 000 000

　贷：固定资产清理　　8 000 000

②5月9日：

借款的新现金流量=1 500×（1+8%）÷（1+6%）=1 528.30（万元）

原债务的剩余期间现金流量现值=2 000×（1+6%）÷（1+ 6%）=2 000（万元）

现金流变化=（2 000−1 528.30）÷2 000×100%=23.59%＞10%

因此合同条款的修改构成实质性修改，应终止确认该部分负债。

借：长期借款——本金（50 000 000−房产偿还的部分 8 000 000）

　　42 000 000

　贷：股本（5 000 000×1）　　5 000 000

　　资本公积——股本溢价［（4.02－1）×5 000 000］　　15 100 000

　　短期借款——本金　　15 000 000

　　其他收益——债务重组收益　　6 900 000（倒挤）

（注意：包括房产抵债）

表 13-8 **计算分析表**

债权人：B银行	贷款——本金 5 000万元 重组日：2020年1月10日 该贷款已计提贷款损失准备300万元。2×20年3月31日，补提了100万元的损失准备
重组日	该贷款于2×20年1月10日的公允价值为4 600万元
投资性房地产	重组日：4 600−2 000−1 500=1 100（万元）
交易性金融资产（抵债2 000万元） 2×20年1月10日：收盘价为4元/股 2×20年5月9日：收盘价为4.02元/股	重组日：交易性金融资产为4×500=2 000（万元） 确认日：交易性金融资产为4.02×500=2 010（万元）
B银行免除A公司500万元债务本金，并将尚未偿还的债务本金1 500万元展期至2×20年12月31日，年利率8%	重组日：予以展期的贷款的公允价值为1 500万元 确认日：贷款——本金 1 500万元

债权人（B银行）的会计处理如下：

A公司与B银行以组合方式进行债务重组，同时涉及以资产清偿债务、将债务转为权益工具、包括债务豁免的修改其他条款等方式，可以认为对全部债权的合同条款做出了实质性修改，债权人在收取债权现金流量的合同权利终止时应当终止确认全部债权，即在2×20年5月9日该债务重组协议的执行过程和结果不确定性消除时，可以确认债务重组相关损益，并按照修改后的条款确认新金融资产。

债权人（B银行）的账务处理如下：

投资性房地产成本（非金融资产的入账价值总额）

=放弃债权公允价值4 600万元（合同生效日）−重组债权公允价值1 500万元（第一部分）−受让股权公允价值2 000万元（500×4）（受让的金融资产合同开始日的公允价值）（第二部分）=1 100（万元）

注：（1）由于只有一项非金融资产，所以无须按比例分配。

（2）债权人账务处理简易理解：重组日花钱买东西，先扣掉金融资产的公允价值，剩下的钱，即非金融资产按公允价值比例分摊。

债务人总分录：

借：投资性房地产　　11 000 000

　　交易性金融资产（4.02×5 000 000）　　20 100 000

（初始确认时的公允价值）

　　贷款——本金　　15 000 000

借：贷款损失准备　　4 000 000

　贷：贷款——本金　　50 000 000

　　投资收益　　100 000

投资收益的贷方金额：（两部分）

①放弃债权的公允价值4 600万元与放弃债权的账面价值4 600万元（5 000−400）之间的差额为0。

②交易性金融资产确认金额2 010万元（4.02×500万股）（转让手续履行完毕当日的公允价值）与合同日的公允价值（4×500万股）之间的差额。

具体按日期做，分录如下：

①3月2日：

借：投资性房地产　　11 000 000

　贷：贷款——本金　　11 000 000

②3月31日：

借：信用减值损失　　1 000 000

　贷：贷款损失准备　　1 000 000

③5月9日：

借：交易性金融资产（4.02×5 000 000）　　20 100 000

（初始确认时的公允价值）

　　贷款——本金　　15 000 000

　　贷款损失准备（3 000 000+1 000 000）　　4 000 000

　贷：贷款——本金（50 000 000−房产抵债11 000 000）　　39 000 000

　　投资收益　　100 000

不管题目有多复杂，我都有信心做出来，因为思维方式都是一样的。

一个上午就折腾了这几道题，不过，我感觉自己对这章掌握得差不多了。图书馆里的人也慢慢少了，已临近中午，大家都准备吃午饭去了。我也跟着他们，混进学校食堂，饱吃了一顿。好久没吃学校的饭菜了，感觉味道特别好。

吃完饭后休息了一会儿，我准备继续看下一章，却感觉自己怎么也看不进去了。其实，我也知道，如果连续看一门课程，你就会倦怠。会学习的人也会休息，没有效率还不如不看。

我停了下来，顺便在图书馆溜达一会儿。尽管窗外的风景很单调，但仍会诱惑着我走下楼去。好久没来学校了，突然觉得这里简直是个世外桃源。唉，以前怎么就不懂得珍惜呢？

美好的东西，总是在失去后才觉得它美好。图书馆里散发出淡淡的书香，随便抽一本翻开，细细地闻着它的香味，都觉得是一种享受。于是，我又开始不务正业了，看了一下午的闲书，直到夕阳隐没，我才恋恋不舍地离开。

第14章

所得税

（一）所得税分析套路

如果我看得远，那是因为我站在巨人的肩上。

——牛顿

今天，我开始复习第15章“所得税”，很多人都说这一章很难，我也莫名其妙地开始担心。我浏览着教材该章节的标题，什么计税基础、暂时性差异、递延所得税资产、递延所得税负债，这些名词确实让我觉得比较陌生。

杜老师经常说，越是复杂的东西，越要静下心来，对其层剥缕析，等到自己完全理解，揭开其面纱的时候，就会发现它只不过是只纸老虎，没什么好怕的。可是自从上次他在图书馆给我们讲过课后，我发现，很多东西，虽然自己琢磨也是可以琢磨出来的，但是如果别人直接告诉你，可以让你少走很多弯路，节省很多时间。而且更重要的是，整个过程一点不枯燥。人要学会利用资源，这是婉晴的至理名言，更何况杜老师每天都在我身边，待人又热情，从来不会因为我是新人，就在我跟前摆出居高临下的样子，我的境遇可谓天时、地利、人和。

人都是先在模仿中成长，然后在成长中创新，牛顿不是也说，“如果我看得远，那是因为我站在巨人的肩上”。所以，我首先要学习别人的方法、别人的经验，积累到一定程度时，自己慢慢就有体会了，到时我再在此基础上完善提炼，形成属于自己的学习方法。

下午快下班的时候，杜老师还在忙碌，我也不好意思过去打扰他。当时我就想，如果他有时间我就让他教我，如果他没有时间，我就先自己慢慢琢磨。

资产的计税基础，是指企业收回资产账面价值的过程中，计算应纳税所得额时按照税法的规定可以自应税经济利益中抵扣的金额，即某一项资产在未来期间计税时可以税前扣除的金额。

这段话实在是有点绕，我在心里默默读了三遍，也没弄清楚其真正含义。我连忙跳过这段，然后按照杜老师教我的，直接看后面的实务例子，边看边在草稿纸上画来画去。

“小艾，你怎么还不下班啊？”不知什么时候，杜老师走了过来，看样子他已经忙完了。

“我在复习‘所得税’这一章，这章实在是太难了。”我有点夸张地叫道。

“这章只是概念有点多，看起来很晦涩，其实很简单，主要就讲了一个分录。

借：所得税费用

　　递延所得税资产

　贷：应交税费——应交所得税

　　　递延所得税负债

你只要能够根据题意准确地把这个分录做出来，这章就基本掌握了。而要把这章所有的实务题做出来，只要五个步骤。”

“五步就可以？”

“是的。”说完，杜老师在草稿纸上画了一个表格（见表14-3）。

（二）财政部是“妈妈”，税务局是“爸爸”，于是有了递延所得税

关于递延所得税，很多人都学得很辛苦，大家会疑惑，为什么要有递延所得税呢？

如果用官方语言回答，那就是：《企业会计准则》就是这么规定的。“游戏规则”就是这么定的，你接受了，习惯成自然了，就不觉得辛苦了。

就像有人纠结2+2为什么等于4，我就不会因为2+2=4这个问题痛苦，因为我接纳了它。

但是有的人，你要他去接纳一件奇特的事、一个跟他价值观不一样的人、一个没听说过的观念，是很难的，尤其是新观念，一个他没听说过的新观念，他要经过艰苦的思想斗争才能接纳。

所以，美国作家菲兹·杰拉德（F.Scott Fitzgerald）在其小说《了不起的盖茨比》中说：“检验一流智力的标准，就是看你能不能在头脑中同时存在两种相反的想法，仍能维持正常行事的能力。”

因此，学习需要空杯心态，你先接纳它，不要抗拒，不要问为什么，默认它是对的，在没掌握之前，最好的方法就是按照它的步骤去做，不懂也去做，做多了，就有感觉了。

教材的第15章有很多专业术语，递延所得税、计税基础、应纳税所得额、可抵扣暂时性差异、应纳税暂时性差异、递延所得税资产、递延所得税负债

等，不管是考中级，还是考CPA，大部分人看这一章都会觉得有点懵，找不到头绪。

于是我换一种语言，用我们非常熟悉的事物，用一种不是逻辑的逻辑，去引导大家接纳它们。

（1）财政部是“妈妈”，税务局是“爸爸”，于是有了递延所得税

税务局=“爸爸”

财政部=“妈妈”

企业=“你”

你不是孙悟空，不是从石头缝里蹦出来的，没有爸爸、妈妈，就没有你。同理，没有税务局、财政部，就没有企业，因为企业一般叫法人，注册之日“诞生”，注销之日“死亡”。我们叫自然人，自然出生，自然死亡。

“爸爸”“妈妈”管教“你”的时候，各有自己的标准。

“爸爸”的标准是“税法”。

“妈妈”的标准是《企业会计准则》。

“妈妈”说：“宝贝，你应该这么做。”

“爸爸”说：“宝贝，你应该这么做。”

那你怎么办呢？

聪明如你，那自然是看菜吃饭，量体裁衣，到什么山上，唱什么歌。

因为“爸爸”一般不在家，平时都是“妈妈”管家，你的一言一行，自然就听“妈妈”的，严格遵守《企业会计准则》，该怎么记账，就怎么记账，最后收入减去成本和费用得到利润。

“爸爸”回来一看，说：“宝贝，你怎么没按我的要求来啊？你这样算的利润我不认可，你应该按照我的标准来算”。

比如罚款支出，你按照“妈妈”的要求，假设算出来的利润是100万元，其中有一项罚款支出10万元，你也算进去了。

但是“爸爸”说：“这项罚款支出不能算，都行政罚款了，还算进去？还抵减企业所得税？那这罚款力度不就减轻了吗？”

“爸爸”很严厉，但是他又不想怼“妈妈”，于是，他要你重新算一遍。

你一想，不就是10万元的差异吗？这10万元支出不算进去，直接在原来的基础上把它加上不就完了吗？100+10=110（万元）。这就叫间接法，也叫纳税调整。

于是，你当年给“妈妈”算的数字是100万元，给“爸爸”算的数字是110万元。

“妈妈”认可的利润叫“会计利润”，“爸爸”认可的利润叫“应纳税所得额”，它们都是利润，但是取名不一样。

当年缴税的时候，按给“爸爸”的数字缴税，即按应纳税所得额110万元缴税。

110×25%=27.5（万元）

当年的所得税费用=27.5万元

分录为（单位：万元）：

借：所得税费用　27.5

　贷：应交税费——应交所得税　27.5

缴税时候的分录为：

借：应交税费——应交所得税　27.5

　贷：银行存款　27.5

再比如固定资产，假设“爸爸”“妈妈”认可的固定资产折旧年限不一样。

假设某公司管理部门有一固定资产，原价40万元，无残值，2018年你开始计提折旧，“妈妈”要你采用2年期直线法计提折旧，“爸爸”认可的是4年期直线法计提折旧。

因为平时“爸爸”不常在家，所以你就按“妈妈”说的做。

40÷2=20（万元），2018年你计提的折旧就是20万元。

分录为（单位：万元）：

借：管理费用　20

　贷：累计折旧　20

固定资产账面价值=原价-累计折旧=40-20=20（万元）

假设2018年你最后算出来的利润是100万元，“爸爸”回来一看，不认可这利润。他规定的折旧年限是4年，2018年计提的折旧应为10万元（40÷4）。于是，他要你把账按他的要求再算一遍。

你想：在原来的基础上，稍微调一下，不就可以了吗？

“妈妈”的折旧是20万元，“爸爸”只认可10万元，你直接在总数的基础上调回来10万元，给“爸爸”就行了。

于是，你给“爸爸”的利润数字是110万元（100+10）。

即会计利润=100万元，应纳税所得额=110万元。

当年缴税的时候，按“爸爸”的数字缴税，即按应纳税所得额110万元缴税。

110×25%=27.5（万元）

当年的所得税费用=27.5万元

分录为（单位：万元）：

①借：所得税费用　27.5

　　贷：应交税费——应交所得税　27.5

缴税时候的分录为：

借：应交税费——应交所得税　　27.5

　贷：银行存款　　27.5

2018—2021年折旧差异见表14-1：

表14-1　　2018—2021年折旧差异　　单位：万元

年份	2018年	2019年	2020年	2021年
“妈妈”口径	20	20	0	0
“爸爸”口径	10	10	10	10
暂时性差异	10	10	-10	-10

这个差异，就叫暂时性差异，为什么叫暂时性差异呢？因为将4年的折旧合计后，是没有差异的，10+10-10-10=0。

这跟前面的罚款支出不一样，罚款支出不是暂时性差异，它只涉及当年，不涉及以后，没有时间差异。

按照“妈妈”的要求，固定资产账面价值=原价40-累计折旧20=20（万元）。

那按“爸爸”的要求，算出的账面价值=原价40-累计折旧10=30（万元）。

“爸爸”眼中的账面价值，有一个它自己的名字，这个名字就叫“计税基础”。

因此，此固定资产2018年年末：

账面价值=20万元

计税基础=30万元

暂时性差异=10万元

“妈妈”回来一看，怎么缴那么多税，按她确认的利润算，只要缴税25万元（100×25%）就可以了，按照“爸爸”的要求当年得缴税27.5万元。

“爸爸”说：“你以后可以抵扣啊，以后可以少缴税，只是一个时间性差异而已，从整体上来看，咱俩是没有分歧的。”

因此，这个差异叫可抵扣暂时性差异。

以后可以少缴多少税呢？

27.5-25=2.5（万元）

少缴税，就意味着对自己未来有利，因此这2.5万元就是一项资产，递延的资产，全名叫“递延所得税资产”。

资产的定义为：

①由过去的交易或事项形成的；

②企业拥有或者控制的；

③能在未来带来经济利益流入的资源。

递延所得税资产是可抵扣暂时性差异引起的，因此也可以直接这么计算：

10×25%=2.5（万元）

然后，“妈妈”说：“以后可以抵扣是吧？也行。”于是吩咐你，“记账上吧，免得到时候忘了。”于是，你记上一笔：资产增加记借方，费用减少记贷方。

分录为（单位：万元）：

②借：递延所得税资产　　2.5

　　贷：所得税费用　　2.5

①和②分录合并，那期末计提所得税费用的分录就变成（单位：万元）：

借：所得税费用　　25

　　递延所得税资产　　2.5

　贷：应交税费——应交所得税　　27.5

这样“爸爸”满意了，当期应交税费是27.5万元（110×25%）；“妈妈”也满意了，当期的所得税费用是25万元（100×25%）。

2020年、2021年差异会全部转回，最终是没有差异的。

那反过来，“妈妈”的口径是4年期直线法计提折旧，“爸爸”的口径是2年期直线法计提折旧。

2018—2021年折旧差异见表14-2。

2018年，按“妈妈”口径算出来的利润假设还是100万元，即会计利润=100万元。

按“妈妈”口径，当年计提的折旧是10万元，“爸爸”则要求当年计提折旧20万元。

那按“爸爸”的口径，算出来的利润则是90万元（100-10）：

应纳税所得额=90万元

当年缴税按应纳税所得额计算，即22.5万元（90×25%）。

分录为（单位：万元）：

①借：所得税费用　　22.5

　　　贷：应交税费——应交所得税　　22.5

“妈妈”一看，缴税不应该是25万元（100×25%）吗？怎么会是22.5万元呢？

“爸爸”说：“没事，剩下的2.5万元，你以后再缴吧，这个是由折旧差异引起的，从整体上看，在整个折旧期间，咱俩是没有分歧的。”

以后再缴，意味着对未来不利，就是负债，因为是以后的，所以是递延的负债，全名叫“递延所得税负债”，它是由暂时性差异引起的，这个差异叫“应纳税暂时性差异”，意思就是这个差异以后是要纳税的，因此递延所得税负债=应纳税暂时性差异10×25%=2.5（万元）。

于是，你把它记账上：

负债增加记贷方，费用增加记借方（分录单位：万元，下同）：

②借：所得税费用　　2.5

　　贷：递延所得税负债　　2.5

再将①和②分录合并：

借：所得税费用　　25

　贷：应交税费——应交企业所得税　　22.5

　　　递延所得税负债　　2.5

这样，“爸爸”满意了，当期应交税费是22.5万元；“妈妈”也满意了，当期的所得税费用还是25万元。

2020年、2021年差异会全部转回，最终是没有差异的。

（2）税“爸爸”和财“妈妈”理念的异同

从小到大，我们都知道，爸爸、妈妈会吵架，特别是在管教孩子时，理念难免会有分歧，税“爸爸”和财“妈妈”自然也不例外。

我们来看看，他们一般会在哪些地方有分歧（见表14-2）？

表14-2　　税“爸爸”与财“妈妈”的分歧

经济业务	“妈妈”：账面价值	“爸爸”：计税基础
固定资产	折旧年限、折旧方法、残值规定有可能不同	
	可以计提固定资产减值准备	减值不允许税前扣除
	实际成本-会计累计折旧-固定资产减值准备	实际成本-税法累计折旧
无形资产	摊销年限、摊销方法、残值规定有可能不同	
	可以计提无形资产减值准备	减值不允许税前扣除
	实际成本-会计累计摊销-无形资产减值准备（如果是使用寿命不确定的无形资产，则没有累计摊销）	实际成本-税法累计摊销
	内部研发：资本化和费用化均可以加计扣除75%，但此税企差异不形成递延所得税	
以公允价值计量的金融资产	当前的公允价值	取得时的成本
	【注意】以公允价值计量且其变动计入其他综合收益的金融资产，确认递延所得税资产或递延所得税负债，但是对应的科目不是所得税费用，而是其他综合收益	
以摊余成本计量的金融资产（不计提减值时）	摊余成本	摊余成本

续表

经济业务	“妈妈”：账面价值	“爸爸”：计税基础
投资性房地产（公允价值计量）	当前公允价值	实际成本−税法累计折旧（与固定资产类似）
计提减值准备的各项资产（如存货、应收账款等）	可以计提减值准备	减值不允许税前扣除
预计负债（如产品保修费用）	账面余额	0
预计负债（如未决诉讼）	①如果税法规定其支出无论是否实际发生，均不允许税前扣除，例如因债务担保引起的未决诉讼，其产生的损失无论是否实际发生均不允许税前扣除，因此其账面价值与计税基础相同，不产生暂时性差异 ②如果税法规定未决诉讼实际发生时可以税前扣除，则其账面价值与计税基础不相同，产生暂时性差异（具体看题）	
合同负债	账面余额	应计入应纳税所得额：0 不计入应纳税所得额：当前余额
行政性罚款、滞纳金	账面余额	账面余额
合理的职工薪酬	账面余额	账面余额
广告费、未弥补亏损、职工教育经费	广告费结转下期继续抵扣，确认递延所得税资产	
	未弥补亏损结转下期继续抵扣，确认递延所得税资产	
	职工教育经费结转下期抵扣，确认递延所得税资产	
国债利息	免税，不确认递延所得税资产或递延所得税负债	
业务招待费超额部分	不允许扣除，不确认递延所得税资产或递延所得税负债	
⋮	《税法》跟《企业会计准则》的差异很多，具体请结合《企业所得税法》一起学，表格中为常见考点	

国家，国家，国是大家，家是小家。

国有国法，家有家规，不管是大家，还是小家，在管教自己的“孩子”时都有自己的理念。

就像很多妈妈很苦恼，说自己时间总是不够，婆婆又不会带孩子，怎么样怎么样……

其实，婆婆带孩子有婆婆的想法，你带孩子有你的想法。婆婆带的时候，按她的想法带就好了；你带的时候，按你的想法带就好了；孩子爸爸带的时候，按爸爸的想法带就好了。

其实，孩子看菜吃饭、量体裁衣的能力就是这么来的。

这个世界上没有一种理念是绝对的真理，平衡才是硬道理！会计的本质就是平衡，我们在财政局、税务局、银行等各个部门游走，要的就是从小练就的“吃百家饭”的本领！

有了这种意识，再去学“所得税”这一章，就很轻松了。

（三）本章通关地图（如图14-1所示）

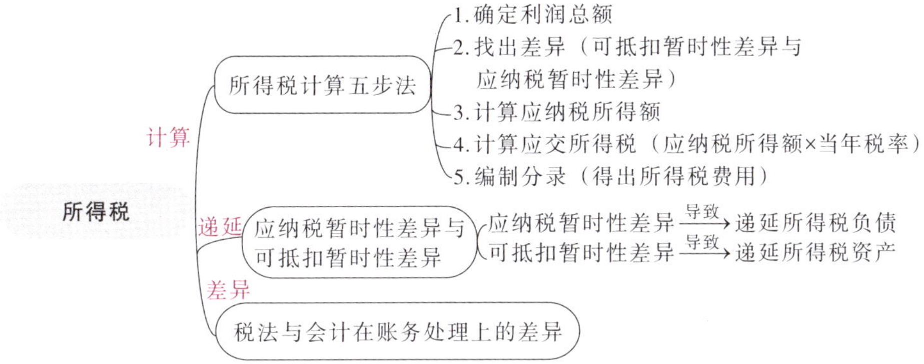

图14-1　本章通关地图

（四）高频考点提炼

考点1：所得税计算五步法（见表14-3）

表14-3　　　所得税计算五步法

第一步，确定会计利润总额：这是调整基础
第二步，找出差异：可抵扣暂时性差异（未来可以抵扣） 应纳税暂时性差异（未来应该纳税）
第三步，计算应纳税所得额：以税法为基准进行调整
第四步，计算应交所得税 应交税费——应交所得税=应纳税所得额×当年税率 递延所得税资产发生额=期末可抵扣暂时性差异×税率-期初可抵扣暂时性差异×税率 =期末递延所得税资产-期初递延所得税资产 递延所得税负债发生额=期末应纳税暂时性差异×税率-期初应纳税暂时性差异×税率 =期末递延税所得税负债-期初递延所得税负债 税率变化：递延所得税要按以后能预计到的税率计算
第五步，编制会计分录 借：所得税费用（所得税费用金额根据借贷平衡原理倒挤） 递延所得税资产 贷：应交税费——应交所得税 递延所得税负债 注意：并不是所有的递延所得税费用都记入“所得税费用”科目，有的还需记入“其他综合收益”等科目

考点2：应纳税暂时性差异与可抵扣暂时性差异

1.应纳税暂时性差异

应纳税暂时性差异，是指在确定未来收回资产或清偿负债期间的应纳税所得额时，将导致产生应税金额的暂时性差异。

应纳税暂时性差异通常产生于以下情况：

（1）资产的账面价值大于其计税基础；

（2）负债的账面价值小于其计税基础。

2.可抵扣暂时性差异

可抵扣暂时性差异，是指在确定未来收回资产或清偿负债期间的应纳税所得额时，将导致产生可抵扣金额的暂时性差异。

可抵扣暂时性差异通常产生于以下情况：

（1）资产的账面价值小于其计税基础；

（2）负债的账面价值大于其计税基础。

“你只要理解了这个表格的思路（见表14-3），很多东西你就都理解了。”所得税计算步骤如图14-2所示。

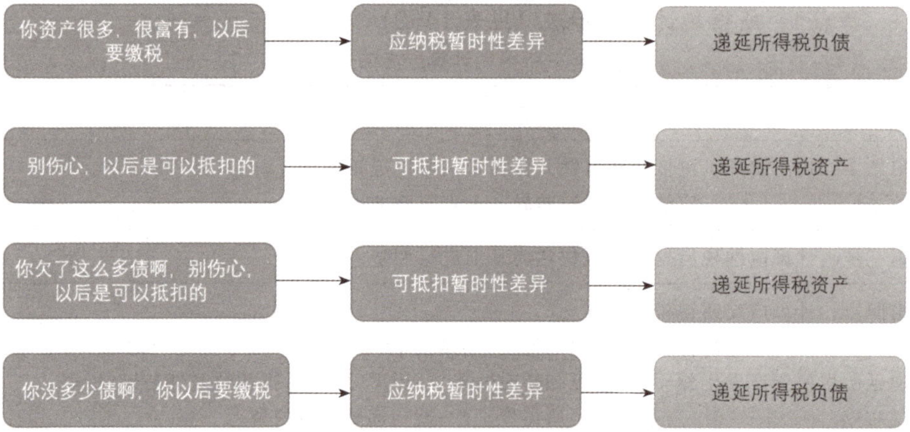

所得税步骤

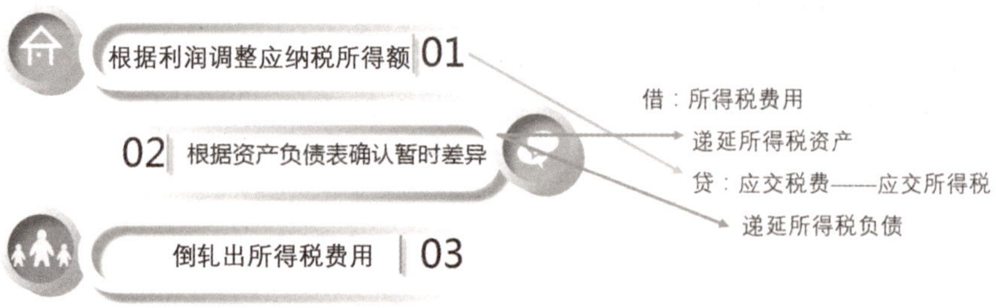

图14-2 所得税计算步骤

看着这个表格，我有点懵懵懂懂的感觉。

“谈到所得税，无非是要缴税，当然这里所说的所得税是指企业所得税，而不是个人所得税。做过会计的人都知道，平时都是按照会计准则来做账的，但是缴税的时候要以税法为中心，会计上计算出的那个利润总额，往往需要调整。比如：会计上按3年计提折旧，税法上偏要按5年计提折旧，两者算出来的折旧费用肯定是不一样的，利润总额自然也不一样，所以平时，我们一般先算出会计上的利润总额，然后再把它调整成税法上的利润总额，税法上的利润总额叫应纳税所得额。然后，再乘以所得税税率，得出应交税费——应交所得税。对吗？”

“好像是这样。”因为我对所得税汇算清缴这一块不是很熟，所以回答得不是很肯定。

“那你说，会计第一步是不是先做账、出报表，然后得出会计上的利润总额？”

“是的。”

“然后我们把会计上的利润调整成税法上的利润，在调整之前，我们是不是要寻找会计和税法的差异？”

“嗯，纳税是以税法为中心的。”

“刚才我说过会计上是按3年计提折旧，税法上偏要按5年计提折旧，两者算出来的折旧费用肯定是不一样的，那你说从一个长期的角度来看，折旧的总费用是不是一样的？”

“是一样的，因为不管是按3年计提折旧还是按5年计提折旧，最后这个资产都是要折旧完毕的。”

“所以会计和税法在账务处理上只是一个时间的差异，这种差异就叫暂时性差异。按3年折旧计算出来的折旧费用肯定比按5年折旧计算出来的费用多，‘税法’就说，‘多出来的费用，本期不允许抵扣，以后再抵扣，需要调增应纳税所得额，这就是可抵扣暂时性差异’。反过来，税法按3年折旧，会计按5年折旧，那会计当期算出来的折旧费用就少了，‘税法’就说，‘本期你可以多抵扣些，调减应纳税所得额，调减部分留作以后纳税，这就是应纳税暂时性差异’。综上所述，就两句话——未来可以抵扣的，就叫可抵扣暂时性差异；未来应该纳税的，就叫应纳税暂时性差异。”

你可以结合教材上的例子，深入理解这两个概念（见表14-4）。

考点3：税法与会计在账务处理上的差异（见表14-4）

表14-4　税法与会计在账务处理上的差异

科目	税法规定	理解	应纳税所得额	暂时性差异
减值准备	计提的存货跌价准备、坏账准备、其他资产减值准备不能税前扣除，等到实际发生时再扣除	本期不能抵扣，未来可以抵扣	调增	可抵扣暂时性差异
固定资产折旧	按税法上的年限、折旧方法计提折旧，不能多计提折旧	多计提部分本期不能多抵扣，未来可以抵扣	调增	可抵扣暂时性差异
无形资产	按税法上的年限、摊销方法计提摊销，不能多摊销	多摊销部分未来可以抵扣，本期不能抵扣	调增	可抵扣暂时性差异
内部研发无形资产加计扣除	形成无形资产的，按照无形资产成本的175%摊销	本期可以多摊销75%	调减	不确认有关暂时性差异的所得税影响
研发费用加计扣除	未形成无形资产计入当期损益的，在按照规定据实扣除的基础上，按照研究开发费用的75%加计扣除	本期应多抵扣75%的费用	调减	不产生暂时性差异
以公允价值计量且其变动计入当期损益的金融资产或投资性房地产	税法规定按照会计准则确认的公允价值变动在计税时不予考虑，仍以历史账面价值为准，不认可公允价值	公允价值变动损益还未真正实现，未来实现应该纳税，本期不纳税，反过来公允价值变动是亏损的，那本期也不能抵扣，未来实际发生时可以抵扣	调减或调增	应纳税暂时性差异（盈） 可抵扣暂时性差异（亏）
长期股权投资	税法中对于投资要求按规定确定其成本后，在转让或处置投资资产时，准予扣除其成本	采用权益法核算的长期股权投资账面价值与计税基础之间的差异	调减或调增	准备长期持有，不确认相关的所得税影响

续表

科目	税法规定	理解	应纳税所得额	暂时性差异
未弥补亏损	可以按规定弥补亏损		调减	可抵扣暂时性差异
小技巧：对于资产，先计算资产账面价值和计税基础，然后比较，若资产账面价值>计税基础，产生应纳税暂时性差异；反之，产生可抵扣暂时性差异				
预计负债	税法规定，与销售产品相关的支出应于实际发生时税前扣除，预提费用如产品质量保证不能税前扣除	未来可以抵扣，本期不能抵扣	调增	可抵扣暂时性差异
	未决诉讼			
合同负债	税法规定预收的款项应计入当期应纳税所得额	本期多纳税，未来可以抵扣	调增	可抵扣暂时性差异
应付职工薪酬	超标部分不允许扣除		调增	不产生暂时性差异
罚款滞纳金	不允许税前扣除		调增	不产生暂时性差异
小技巧：对于负债，一般先确定未来期间可以抵扣的金额，然后再确定计税基础，负债的计税基础=负债的账面价值-未来期间可税前扣除的金额				
广告费、业务宣传费	税法规定，企业发生的广告费、业务宣传费不超过当年销售收入15%的部分允许税前扣除，超过部分允许结转以后年度税前扣除	本期不能多抵扣，未来可以抵扣	调增	可抵扣暂时性差异

在杜老师的指导下，我结合教材上的实例，来理解可抵扣暂时性差异和应纳税暂时性差异这两个概念。在理解的过程中，我只需记住下面的话就可以了：未来可以抵扣的，叫可抵扣暂时性差异，未来应该纳税的，叫应纳税暂时性差异，对未来没有影响的，那自然就不会产生暂时性差异。在计算资产的可抵扣暂时性差异的时候，一般先计算此时资产在会计上的账面价值，然后按照税法的规定，计算税法上的账面价值，也就是计税基础。会计账面价值小，说

明会计多抵扣了，应留给未来抵扣，调增应纳税所得额，产生可抵扣暂时性差异。

本期产生的可抵扣暂时性差异乘以所得税税率，就是递延所得税资产发生额；至本期末，累计发生的可抵扣暂时性差异乘以所得税税率，就是递延所得税资产余额。同理，本期产生的应纳税暂时性差异乘以所得税税率，就是递延所得税负债发生额；至本期末，累计产生的应纳税暂时性差异乘以所得税税率，就是递延所得税负债余额。

做题我喜欢用模板进行分析，这个模板如图14-3所示。

2×20年	期末账面价值	期末计税基础	期末差异余额	期初差异余额	递延所得税发生额

图14-3　解所得税题思路模板

看到所得税题，我都用这个思路：

（1）资产的账面价值大于其计税基础，产生应纳税暂时性差异；

（2）资产的账面价值小于其计税基础，产生可抵扣暂时性差异；

（3）负债的账面价值小于其计税基础，产生应纳税暂时性差异；

（4）负债的账面价值大于其计税基础，产生可抵扣暂时性差异。

差异余额是一个时点的概念，为了确认对应的递延所得税发生额，我习惯用一个通用公式：

递延所得税发生额=期末差异×税率-期初差异×税率

当然也可以先求差异的发生额，然后乘以税率（如果期初、期末的税率相同的话）。

但是我还是喜欢用一个通用的公式，这样习惯成自然后，不管税率变不变化，我都不会轻易出错。

【例题·案例题】丙公司2×20年9月取得的某项以公允价值计量且其变动计入其他综合收益的其他债权投资，成本为2 000 000元，2×20年12月31日，其公允价值为2 400 000元。丙公司适用的所得税税率为25%。（解题过程参见表14-5）

【答案】

取得时：

借：其他债权投资——成本　　2 000 000

　贷：银行存款　　2 000 000

会计期末确认400 000元（2 400 000-2 000 000）的公允价值变动：

借：其他债权投资——公允价值变动　　400 000

　贷：其他综合收益　　400 000

表 14-5 会计分录 单位：元

2×20 年	期末账面价值	期末计税基础	期末差异余额	期初差异余额	递延所得税发生额
其他债权投资	2 400 000	2 000 000		400 000（应纳）	100 000（递延所得税负债）

【分析】

账面价值为 2 400 000 元，计税基础为 2 000 000 元，账面价值大于计税基础，产生应纳税暂时性差异，400 000×25%-0=100 000（元），这就是递延所得税负债，由于这个变动计入其他综合收益，所以对所得税的影响也计入其他综合收益。

确认应纳税暂时性差异的所得税影响：

借：其他综合收益 100 000

贷：递延所得税负债 100 000

【例题·案例题】甲公司 2×20 年度利润表中利润总额为 12 000 000 元，该公司适用的所得税税率为 25%，递延所得税资产及递延所得税负债不存在期初余额。

预计未来期间适用的所得税税率不会发生变化，未来期间能够产生足够的应纳税所得额用以抵扣可抵扣暂时性差异。

该公司 2×20 年发生的有关交易和事项中，会计处理与税收处理存在差别的有：（解题过程参见表 14-6 至表 14-13）

（1）2×19 年 12 月 31 日取得一项固定资产，成本为 6 000 000 元，使用年限为 10 年，预计净残值为 0，会计按双倍余额递减法计提折旧，税法按直线法计提折旧。假定税法规定的使用年限及预计净残值与会计规定相同。

会计折旧=6 000 000×2÷10=1 200 000（元）

税法折旧=6 000 000÷10=600 000（元）

表 14-6 解题思路（一） 单位：元

2×20 年	期末账面价值	期末计税基础	期末差异余额	期初差异余额	递延所得税发生额
固定资产	6 000 000-1 200 000=4 800 000	6 000 000-600 000=5 400 000	600 000（可抵）		150 000（递延所得税资产）

表 14-7 解题思路（二）

会计	税法
产生可抵扣暂时性差异，应确认递延所得税资产	本期应调增的应纳税所得额=1 200 000-600 000=600 000（元）

（2）向关联企业捐赠现金2 000 000元。

借：营业外支出　　2 000 000

　贷：银行存款　　2 000 000

表14-8　　解题思路（三）

会计	税法
不会产生暂时性差异	本期应调增的应纳税所得额=2 000 000元

（3）当年发生研究开发支出5 000 000元，较上年度增长20%。其中3 000 000元予以资本化；截至2×20年12月31日，该研发资产仍在开发过程中。税法规定，企业费用化的研究开发支出按175%税前扣除，资本化的研究开发支出按资本化金额的175%确定应予摊销的金额。

表14-9　　解题思路（四）

会计	税法
产生暂时性差异，但不确认递延所得税资产	本期应调减的应纳税所得额（加计扣除） =2 000 000×75% =1 500 000（元）

（4）应付违反环保法规定罚款1 000 000元。

借：营业外支出　　1 000 000

　贷：其他应付款　　1 000 000

表14-10　　解题思路（五）

会计	税法
不产生暂时性差异	本期应调增的应纳税所得额=1 000 000元

（5）期末对持有的存货计提了300 000元的存货跌价准备，该存货原值为8 300 000元。

借：资产减值损失　　300 000

　贷：存货跌价准备　　300 000

表14-11　　解题思路（六）　　单位：元

2×20年	期末账面价值	期末计税基础	期末差异余额	期初差异余额	递延所得税发生额
存货	8 000 000	8 300 000	300 000（可抵）		75 000（递延所得税资产）

表14-12　　解题思路（七）

会计	税法
产生可抵扣暂时性差异，应确认相应的递延所得税资产	本期应调增的应纳税所得额=300 000元

1. 2×20年当期应交所得税

应纳税所得额=会计利润+调增项目-调减项目

=12 000 000（已知）+600 000（折旧）+2 000 000（捐赠）-1 500 000（费用化加计扣除）+1 000 000（环保罚款）+300 000（存货跌价准备）

=14 400 000（元）

应交所得税=14 400 000×25%=3 600 000（元）

借：所得税费用　　3 600 000

　贷：应交税费——应交所得税　　3 600 000

2. 2×20年递延所得税

该公司2×20年12月31日有关资产、负债的账面价值，计税基础及相应的暂时性差异见表14-13。

表14-13　**解题思路（八）**　单位：元

2×20年	期末账面价值	期末计税基础	期末差异余额	期初差异余额	递延所得税发生额
固定资产	6 000 000-1 200 000 =4 800 000	6 000 000-600 000 =5 400 000	600 000（可抵）		150 000（递延所得税资产）
开发支出	3 000 000	5 250 000	2 250 000（不确认）		
其他应付款	1 000 000	1 000 000			
存货	8 000 000	8 300 000	300 000（可抵）		75 000（递延所得税资产）

确认递延所得税资产=150 000+75 000=225 000（元）

借：递延所得税资产　　225 000

　贷：所得税费用　　225 000

3. 把前面两笔分录合为一笔：

（当期所得税和递延所得税）

借：所得税费用　　3 375 000（倒挤）

　　递延所得税资产　　225 000

　贷：应交税费——应交所得税　　3 600 000

【例题·案例题】丁公司2×20年年初的递延所得税资产借方余额为1 900 000元，递延所得税负债的贷方余额为100 000元，具体构成项目见表14-14。

该公司2×20年利润表中的利润总额为16 100 000元，适用的所得税税率为25%。预计未来期间适用的所得税税率不会发生变化，未来期间能够产生足

够的应纳税所得额用以抵扣可抵扣暂时性差异。

表 14-14　　具体构成项目　　单位：元

项目	可抵扣暂时性差异	递延所得税资产	应纳税暂时性差异	递延所得税负债
应收账款	600 000	150 000		
交易性金融资产			400 000	100 000
其他债权投资	2 000 000	500 000		
预计负债	800 000	200 000		
可税前抵扣的经营亏损	4 200 000	1 050 000		
合计		1 900 000		100 000

该公司2×20年发生的有关交易和事项中，会计处理与税收处理存在差别的有：（解题过程参见表14-15至表14-25）

（1）年末转回应收账款坏账准备200 000元，根据税法的规定，转回的坏账损失不计入应纳税所得额。

借：坏账准备　　200 000

　贷：信用减值损失　　200 000

由于计提坏账准备的影响，期初可抵扣暂时性差异是600 000元，本期转回200 000元，那期末可抵扣暂时性差异为400 000元。

递延所得税资产本期发生额=400 000×25%-600 000×25%=-50 000（元）

表 14-15　　应收账款的计算　　单位：元

2×20年	期末账面价值	期末计税基础	期末差异余额	期初差异余额	递延所得税发生额
应收账款			400 000 （可抵）	600 000 （可抵）	-50 000 （递延所得税资产）

【注】这个分析模板并不需要全部填满，如果题中直接给出差异，我们就直接进行差异分析；如果题中给出的是账面价值等条件，我们就通过已知条件计算差异，然后进行分析（下同）。

表 14-16　　会计处理与税法处理的差别

会计	税法
以前期间因计提坏账准备形成可抵扣暂时性差异，曾确认递延所得税资产，现因坏账准备的转回，应冲减曾经确认的递延所得税资产	本期应调减的应纳税所得额=200 000元

（2）年末根据交易性金融资产公允价值变动确认公允价值变动收益200 000元，根据税法的规定，交易性金融资产公允价值变动收益不计入应纳税所得额。

借：交易性金融资产——公允价值变动　　200 000

　贷：公允价值变动损益　　200 000

由于公允价值变动的影响，期初有应纳税暂时性差异400 000元，本期又有变动收益200 000元，期末则有应纳税暂时性差异600 000元，应纳税暂时性差异产生递延所得税负债。

递延所得税负债本期发生额=600 000×25%-400 000×25%=50 000（元）

表 14-17　　交易性金融资产的计算　　单位：元

2×20年	期末账面价值	期末计税基础	期末差异余额	期初差异余额	递延所得税发生额
交易性金融资产			600 000（应纳）	400 000（应纳）	50 000（递延所得税负债）

表 14-18　　会计处理与税法处理的差别

会计	税法
形成应纳税暂时性差异，应确认递延所得税负债	本期应调减的应纳税所得额=200 000元

（3）年末根据其他债权投资公允价值变动确认增加其他综合收益400 000元，根据税法的规定，其他债权投资公允价值变动不计入应纳税所得额。

借：其他债权投资——公允价值变动　　400 000

　贷：其他综合收益　　400 000

受公允价值变动影响（上升），期初有可抵扣暂时性差异1 600 000元，本期回升400 000元，因此期末有可抵扣暂时性差异1 200 000元。

递延所得税资产本期发生额=1 200 000×25%-1 600 000×25%=-100 000（元）

表 14-19　　其他债权投资的计算　　单位：元

2×20年	期末账面价值	期末计税基础	期末差异余额	期初差异余额	递延所得税发生额
其他债权投资			1 200 000（可抵）	1 600 000（可抵）	-100 000（递延所得税资产）

表 14-20　　会计处理与税法处理的差别

会计	税法
形成应纳税暂时性差异，应确认递延所得税负债	对当期应纳税所得额无影响，递延所得税影响的是其他综合收益，不是所得税费用

（4）当年实际支付产品保修费用500 000元，冲减前期确认的预计负债，当年又确认产品保修费用100 000元，增加相应的预计负债；根据税法的规定，实际支付的产品保修费用允许税前扣除，但预计的产品保修费用不允许税前扣除。

借：预计负债　　500 000

　贷：银行存款　　500 000

借：销售费用　　100 000

　贷：预计负债　　100 000

受计提预计负债的影响，期初有可抵扣暂时性差异800 000元，本期冲了500 000元，计提了100 000元，期末则有可抵扣暂时性差异400 000元。

递延所得税资产本期发生额=400 000×25%-800 000×25%=-100 000（元）

表14-21　**预计负债的计算**　单位：元

2×20年	期末账面价值	期末计税基础	期末差异余额	期初差异余额	递延所得税发生额
预计负债			400 000（可抵）	800 000（可抵）	-100 000（递延所得税资产）

表14-22　**会计处理与税法处理的差别**

会计处理	税法处理
形成可抵扣暂时性差异，应确认递延所得税资产	①实际支付时，应调减应纳税所得额500 000元 ②计提的预计负债，应调增应纳税所得额100 000元

（5）当年发生业务宣传费8 000 000元，至年末尚未支付。

该公司当年实现销售收入50 000 000元。根据税法的规定，企业发生的业务宣传费支出，不超过当年销售收入15%的部分，准予税前扣除，超过部分，准予结转以后年度税前扣除。

借：销售费用　　8 000 000

　贷：其他应付款　　8 000 000

超出部分=8 000 000-50 000 000×15%=500 000（元），结转以后年度抵扣，产生可抵扣暂时性差异500 000元。

递延所得税资产本期发生额=500 000×25%-0=125 000（元）

表14-23　**业务宣传费的计算**　单位：元

2×20年	期末账面价值	期末计税基础	期末差异余额	期初差异余额	递延所得税发生额
业务宣传费			500 000（可抵）		125 000（递延所得税资产）

表 14-24　　会计处理与税法处理的差别

会计处理	税法处理
形成可抵扣暂时性差异，应确认递延所得税资产	应调增的应纳税所得额 =8 000 000-50 000 000×15% =500 000（元）

1. 2×20年当期应交所得税

①应纳税所得额=16 100 000（已知）-4 200 000（可税前弥补的亏损）-200 000（转回的坏账准备）-200 000（交易性金融资产的变动）-500 000（发生的保修费用）+100 000（计提的保修费用）+（8 000 000-50 000 000×15%）（超标的业务宣传费）
=11 600 000（元）

②应交所得税=11 600 000×25%=2 900 000（元）

借：所得税费用　　2 900 000
　贷：应交税费——应交所得税　　2 900 000

2. 2×20年递延所得税

表 14-25　　2×20年度递延所得税计算　　单位：元

2×20年	期末账面价值	期末计税基础	期末差异余额	期初差异余额	递延所得税发生额
应收账款			400 000（可抵）	600 000（可抵）	-50 000（递延所得税资产）
交易性金融资产			600 000（应纳）	400 000（应纳）	50 000（递延所得税负债）
其他债权投资			1 200 000（可抵）	1 600 000（可抵）	-100 000（递延所得税资产）
预计负债			400 000（可抵）	800 000（可抵）	-100 000（递延所得税资产）
业务宣传费			500 000（可抵）		125 000（递延所得税资产）
可税前抵扣的经营亏损				4 200 000（可抵）	-1 050 000（递延所得税资产）

①先确认其他债权投资的递延所得税资产=-100 000元，因为其他的递延所得税影响的不是所得税费用，而是其他综合收益，先把它确认完毕，以免不小心遗忘。

借：其他综合收益　　100 000
　贷：递延所得税资产　　100 000

②确认剩下的递延所得税资产=-50 000-100 000+125 000-1 050 000=-1 075 000（元）

借：所得税费用　　1 075 000

　贷：递延所得税资产　　1 075 000

③确认递延所得税负债=50 000元

借：所得税费用　　50 000

　贷：递延所得税负债　　50 000

3.最后把当期所得税和递延所得税分录合并：

借：所得税费用　　4 025 000

　贷：应交税费——应交所得税　　2 900 000

　　　递延所得税资产　　1 075 000

　　　递延所得税负债　　50 000

借：其他综合收益　　100 000

　贷：递延所得税资产　　100 000

不知不觉两个小时就过去了，杜老师停止了讲题，看了看手表说："快7点了，该回家了。你回去再做两个练习题，这章基本上就差不多了。"

杜老师这么快就把这一章讲完了，而且讲的全是精髓。如果让我自己琢磨，那么今天晚上琢磨到12点，也整不出什么五步法来。

我竭力要请他吃饭，一是为了感谢他对我的指导；二是我早已把他纳入我的人脉管理中。我曾看过这么一段话，说是无论你的月收入是多少，记得分成6份：第1份，用作生活费；第2份，用来交朋友，坚持1年，你的朋友圈就会为你产生价值了；第3份，用来感恩，每月给父母、爱人送一份礼物；第4份，用来学习，每个月买一本好书读；第5份，用来投资，培养自己的理财意识；第6份，用来储蓄，稳存保底。我觉得这段话挺有道理的，就照做了。

我每个月计划的交际费用一般为300元，至少可以让我请客2次。当然请客也不是随便什么人都请，而是请比我有思想的人和我需要感激的人。这个月忙于考试，交际费用还没用，用专业术语来说，就是预算执行率比较低。

所以，当天晚上，我请杜老师美美地大吃了一顿。杜老师边吃边说："小艾，你是第一个坚决请我吃饭的女孩，也是第一个辱没我绅士风度的女孩。"

（五）所得税体验式学习法

（摘自《小艾上班记3——"混"在财务圈》）

周六，我早早起床，趁着头脑清醒，赶紧研究递延所得税。递延所得税这一章有点难，陌生的概念很多。有时想想，干吗要把企业交所得税弄那么复杂？直接按企业会计算好的利润，乘以25%，缴税不就行了吗？非得调整，还得递延。

一会儿账面价值，一会儿计税基础，一会儿又是应纳税所得额，还有递延所得税资产、递延所得税负债，全是些新名词。

有时候盲目啃书本是挺痛苦的，老师讲课，也是在不断地给你解释这些概念，但越解释越复杂。

知识就是力量，知识可以改变自己，重塑自我。但是改变，要从体验开始。

学语文的时候，如果语文老师要求你背诵某篇文章，那是因为会考。历经千辛万苦，你终于背诵完了，考试也答对了。但是10年过后，你再来衡量这篇文章对你的影响，可能微乎其微，甚至你可能连一点印象都没有了。如果一篇文章，你并没有背诵，只是在看的时候，突然被其中的某个段落、某一句话触动了，那么你会发现，你在悄然改变。

被触动，意味着一个理性的知识和你自身的体验结合在了一起，成为你自己的东西了。

很多时候，我们常常觉得某个说法或者某件事有道理，但真正被触动是非常难的，因为需要达到情感共鸣。

会计教材上的每一句话都是专家精雕细琢过的，可谓句句真理，但是要触动你，其实挺难的。老师讲课的时候，如果只是照本宣科，绝大部分人都想睡觉，除非这个老师结合自身的体验给你讲，否则，你只能靠顽强的意志支撑自己，然后想方设法通过考试。但是，到了实践中，你依然觉得茫然。

那么，怎样结合自己的体验来学习呢？

缴企业所得税，缴多少，税法说了算；而会计记账，是按会计准则。因此这是两个体系，两套游戏规则。

会计按会计准则算出来的利润，税务局不认，税务局要按税法重新算一遍，它给算出来的利润，取了个新名字，叫应纳税所得额。

这么一想，思路就清晰了，因此学递延所得税的时候，得学会角色扮演。一会儿你扮演一下会计，一会儿你又得想象，税官站在你旁边，看着你算。

他会跟你说："国债利息收入，是免税的，不用纳税，你调整一下，减掉；你买的股票计入交易性金融资产，现在价格上涨了，但是你没卖出去，因此公允价值变动损益这部分收益，乘以25%，本期不用纳税，不要计入应交税费——应交所得税，等到以后你实际卖出去了，再纳税，要递延，因此计入递延所得税负债。"以后所得税问题，按照这个思路来想，就有场景了，然后很多问题就一通百通了。

第15章

外币折算

（一）关于做题

听讲、看书之后感觉的那种“懂”，只是表面的“懂”，没有大量的练习，不可能达到真的“懂”。

今天是星期六，本来可以好好睡个懒觉，补充一下睡眠，可是突然接到通知，说注协（注册会计师协会）星期天上午要对我们所的执业质量进行抽查，要我们回去加班，好好准备，以迎接检查。

我只好像往常一样来到事务所。办公室里静悄悄的，只听见翻阅各种工作底稿的声音。突然王老师大声地对杜老师说道：“小杜，你那学习方法还真管用，这个月我儿子的数学考试考了80多分，真是太感谢你了。你不知道，我以前请了好多老师给他辅导都不行，可是没想到，你那方法只用了一个月，竟然立马见效。”

“什么好方法啊？”办公室里所有人的好奇心都被吊了起来，大家都停下了手上的工作问道。

“到底是什么好方法呀？这么神奇？”

“小杜，快说呀。”

“其实，也不是什么神奇的方法，就是上次王姐说他儿子要中考了，数学成绩总是上不去，请了好几个老师辅导都不见效。孩子很用功，每天都在攻奥赛题，但是一到考试，成绩还是60分左右。我就对她说，不要做那些高难度的奥赛题了，而是做好两件事：第一，让孩子把数学考试大纲拿出来，对着知识点想。凡是一看就知道的就打钩，凡是看了之后完全不知道大纲说的那个点是个什么东西的，就打上叉。凡是打钩、打叉的都不要看，专看剩下的那种看了之后好像知道是怎么回事，但又觉得说不清楚的，把数学书翻出来仔细看上几遍。第二，把最近几年的中考题拿出来做一下，凡是会做的不要理它，一点不会的也不要理它，就是感觉好像会做，但是却拿不准的，把它们彻底拿准、吃透，就行了。”

“真的吗？”所有人都感到既惊讶又疑惑，特别是那些为孩子成绩着急的家长。

“真的，那种大概能看出点思路，但是要动点脑筋，在草稿纸上比划比划的题目就要多做，做到熟能生巧为止。这个部分，就是你能够短时间内进步最快的地方。”

“小杜，你怎么这么有经验呀？”

“我是过来人啊。”

“我也是过来人，可是我都不记得以前是怎么学习的了。你怎么就记得那么清楚呢？”

“那是因为我以前数学也不好，怎么努力成绩也上不去。高三时，我们班来了一个新的数学老师，他教了这么一个方法，还挺管用的。题目难度太大，对水平不够的人而言，再努力去做，收获也有限。只有多做跟自己水平相符的题目，才能让自己不断地找到学习的成就感，才能保持学习的兴趣和动力。当你把那些‘半生不熟’的题目彻底做‘熟’后，你自然就会发现原来那些‘全生’的题目也就随之变成‘半生不熟’的了，并成为你下一次要‘吃掉’的目标。”

“说得有道理，回去我也让我女儿试试。”陆老师说道，他正为他女儿的成绩发愁呢。

“总之一句话，要做那种稍微有点挑战性、稍微动点脑筋的题目，这样做下来就会有收获，做对了又有成就感，就会越做越爱做，越做越进步。”

“杜老师，那一本习题集应该做几遍？”我问道。

“习题集做几遍没有硬性规定，因为每个人的情况都是不一样的。只要你坚持我刚才说的原则，不做那种一眼就能看出答案的题目，也不做那种几乎一点头绪都没有的题目，只做这二者中间的，每一遍都这样，直到把这本习题集吃透，就可以了。所以，接受能力强的人，一遍也许就够了，接受能力差点的，做上两三遍也不为过。只要你能把这本习题集吃透，考试取得80分就是没有问题的。”

“为什么只有80分呀？”

“你难道还想考100分？想考100分还是很难的，就算你有能考100分的水平了，也不见得就能考100分。不信的话，你现在去参加小学三年级数学考试，看你能考100分不？”

我吐了吐舌头，没说话，开始整理手上的工作底稿，希望能快点完成，然后开始复习。

下午，工作完毕后，我打开《中级会计实务》第16章“外币折算”，按照

杜老师给的习题集上的思路方法复习。其实杜老师的习题集上是有学习思路和学习方法的，只是我以前不会利用。

第一步：快速阅读，找出主线。

参考思路：外币业务做分录——月底或结算日计算汇兑损益——年末外币报表折算。

做分录比较简单，如购买原材料等等，关键点是汇率的确定。

我浏览一下教材，这章的分录其实以前学过，像购买原材料这种分录一般学会计的人都会做，关键是分录写出来后，金额该如何确定，而外币金额确定的难点在于汇率的选择，一般题中会给你很多汇率，直到把你绕晕为止。

第二步：整理知识，形成体系。

参考知识体系见表15-1。

表15-1　杜老师讲解外币折算的知识体系

项目	具体事项	汇率选择
经济业务发生时做分录	如用外币购买原料、借款等	即期汇率
结算日	如应收账款收回、债权债务了结	用结算日汇率支付，差额计入汇兑损益
月底	外币性货币性项目，如库存现金、银行存款、应收账款、应付账款	按资产负债表日汇率重新计算，差额计入汇兑损益
	外币性非货币性项目，如存货、长期股权投资、交易性金融资产、固定资产、无形资产等	以历史成本计量，不改变其原记账本位币
	计提存货跌价准备	以资产负债表日汇率为准计算本位币，然后计提存货跌价准备
	公允价值变动损益计算	以资产负债表日的汇率为准计算本位币，然后计算公允价值变动损益
外币报表折算	资产负债表、利润表项目	即期汇率

当我看到这个表格时，没有什么感觉。换句话说，很多东西都需要自己去整理，才会有切身体会。但是别人的思路和体系是可以借鉴的。其实，上面的思路是按业务发展的进程展开的：假如在一家有外币业务的公司做会计，你的日常工作就是根据业务做分录，汇率用的是即期汇率，所谓即期汇率就是业务发生日的汇率，更准确地说就是中国人民银行公布的当日人民币汇率的中间

价；月底时，对外币性货币性项目，需要重新计算其本位币，对非外币性货币性项目以历史成本计量为准，不需要重新计算其本位币，但是涉及存货跌价准备的计提、公允价值变动损益的确认时，则应按资产负债表日的汇率计算。

一个是月中日常工作，一个是月底处理，还有一个是期末报表折算。我曾总结改编的24字备考方针是：借鉴思路，分析例题；整理笔记，背诵例题；做题练习，完善例题。例题是实践，是感性的东西，我只有根据例题才能理解笔记中整理出来的东西。

在杜老师的知识体系基础上，我边分析例题边总结，最后形成了属于我自己的、以例题为中心的知识体系（见表15-2）。

整理笔记时背诵例题，不是说要去死记硬背，而是在整理的过程中理解例题，并根据主线进行串联，将例题的核心部分纳入笔记中。具体的数字去掉即可，如果确实需要数字才能帮助自己理解，就使用最简单的数字。

这样，整理出来的笔记就是自己理解的结果。接下来，应该做练习，在练习中进一步加深理解，并且对整理的笔记进行完善，对自己在做练习时碰到的问题进一步加以总结，归纳到笔记上，日后复习的时候直接看笔记就行了。

做练习题时，我完全遵守杜老师所说的原则，那些一眼就能看出答案的可以不用做，那些几乎一点不会的也不用做，剩下的则认认真真地像考试答题一样，干净整齐地写在习题本上，而不是在草稿纸上随手画画。在草稿纸上画画就了事的人到考试时的表现往往就是眼高手低，好像都会做，可就是拿不到分。做完后，认真对答案，像老师批改作业一样用红笔对自己的练习打钩、打叉，并根据参考答案在练习本上用红笔更正，更正完后再归纳总结，看有无应纳入自己所建立的知识体系中的东西。

所以，在复习的时候，除了教材、练习题之外，我还准备了一支红笔、一本草稿纸、一个练习本。每次楚帆看见我那本练习本，就忍不住想笑，说我太可爱了，说这简直就是小学生做家庭作业。可是他哪知道，我一拿起练习本，就能想起我当初的分析思路是什么，哪个地方错了，为什么错了，现在还会不会错，可谓是一目了然，而且记忆深刻。

做习题的过程本质上是一个总结思路的过程，利用书中的原理、定理和公式来解决一些实际问题，随着题中所给条件难度的不断加深，我的思路不断地得到拓展。听讲、看书的“懂”，只是表面的“懂”，没有大量的练习，不可能达到“真懂”。就像下象棋，中国象棋的游戏规则是“马走日字象走田，车走直路炮翻山”，就算你背得滚瓜烂熟，但真正下起棋来，还是会丢三落四，常常忘了规则的应用。做习题很重要，但并不意味着要搞题海战术，而是在做每一道题目的时候，都要分析总结，看看自己是不是已经掌握了题中的考点，并对自己错误的地方进行更正，查漏补缺，完善自己的知识体系，而不是为了做题而做题。

（二）本章通关地图（如图15-1所示）

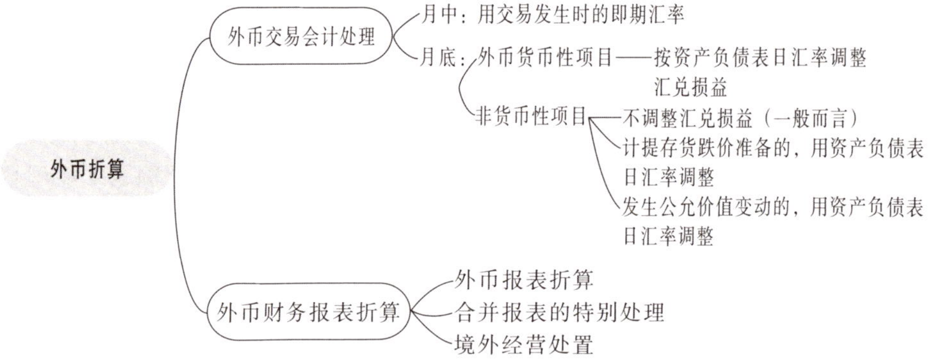

图15-1　本章通关地图

（三）高频考点提炼

考点：外币折算的知识体系（见表15-2）

表15-2　外币折算的知识体系

月中	外币涉及汇率时，用交易发生时的即期汇率；当汇率变化不大时，为简化核算，企业也可以采用当期平均汇率或加权平均汇率等	
	外币购买原材料	借：原材料（倒挤） 应交税费——应交增值税（进项税额）（用人民币支付） 贷：应付账款——乙公司（美元）（美元×即期汇率） 银行存款（美元×即期汇率）
	出口商品取得收入	借：应收账款——丙公司（欧元）（欧元×即期汇率） 贷：主营业务收入——出口××商品（欧元×即期汇率）
	短期借款	借：银行存款——××银行（英镑）（英镑×即期汇率） 贷：短期借款——××银行（英镑）（英镑×即期汇率）
	卖出外汇	借：银行存款——××银行（人民币）（欧元×买入价） 财务费用——汇兑差额 贷：银行存款——××银行（欧元）（欧元×中间价）
	买入外汇	借：银行存款——××银行（欧元）（欧元×中间价） 财务费用——汇兑差额 贷：银行存款——××银行（人民币）（欧元×卖出价）
	外币投资	借：银行存款——××银行（美元）（美元×即期汇率） 贷：实收资本——××（美元×即期汇率） 资本公积——资本溢价（差额） 只能采用交易发生时的即期汇率，不得采用合同汇率和近似汇率
	结算日按即期汇率结算	借：应付账款 贷：银行存款（美元×结算日汇率） 财务费用——汇兑差额（差额） 按照结算日汇率计算的本币余额与账面本位币余额的差额计入财务费用

月底	外币货币性项目	货币性资产包括现金、银行存款、应收账款、其他应收款、长期应收款等；货币性负债包括应付账款、其他应付款、短期借款、应付债券、长期借款、长期应付款
	计算汇兑损益	如应收账款1 000美元，发生日美元对人民币的汇率为6.50，则账面外币余额为1 000美元，本位币余额为6 500元，资产负债表日汇率为6.80
		汇兑损益=外币余额×资产负债表日汇率-账面本位币余额 =1 000×6.80-6 500=300（元）
		借：应收账款——×× 300 贷：财务费用——汇兑差额 300
	非货币性项目	非货币性项目是货币性项目以外的项目，如存货、长期股权投资、交易性金融资产（股票、基金等）、固定资产、无形资产等
		以历史成本计量，资产负债表日不应改变其原记账本位币金额，不产生汇兑差额
	计提存货跌价准备且以资产负债表日汇率调整	如存货10台，单价100美元，购买日汇率6.50 资产负债表日价格跌为80美元/台，资产负债表日汇率为6.80
		计提的存货跌价准备=数量×资产负债表日单价×资产负债表日汇率-账面本位币余额=10×80×6.80-100×10×6.50=-1 060（元） 负数表示损失 题中账面本位币余额=数量×购买单价×购买日汇率
		借：资产减值损失 1 060 贷：存货跌价准备 1 060
	公允价值变动损益	交易性金融资产即股票100股，账面外币余额1 000美元，本位币余额6 500元
		资产负债表日，每股股价为8美元，资产负债表日汇率为6.80
		公允价值变动=数量×资产负债表日单价×资产负债表日汇率-账面本位币余额=100×8×6.80-6 500=-1 060（元）
		借：公允价值变动损益 1 060 贷：交易性金融资产——公允价值变动 1 060

续表

外币报表折算	外币报表折算	资产负债表中的资产和负债项目，采用资产负债表日的即期汇率折算，所有者权益项目除“未分配利润”项目外，其他项目采用发生时的即期汇率折算
		利润表中的收入和费用项目，采用交易发生日的即期汇率折算；也可以采用按照系统合理的方法确定的、与交易发生日即期汇率近似的汇率折算
		产生的外币财务报表折算差额，在资产负债表中所有者权益项目的其他综合收益下单独列示
		当期计提的盈余公积采用当期平均汇率折算，期初盈余公积为以前年度计提的盈余公积按相应年度平均汇率折算后金额的累计，期初未分配利润记账本位币金额为以前年度未分配利润记账本位币金额的累计
		外币报表折算差额为以记账本位币反映的净资产减去以记账本位币反映的实收资本、资本公积、盈余公积及未分配利润后的余额
		企业选定的记账本位币不是人民币的，应当按照境外经营财务报表折算原则对其财务报表进行折算
	包含境外经营的合并财务报表编制的特别处理	1.少数股东应分担的外币财务报表折算差额，应并入少数股东权益列示于合并资产负债表 借：其他综合收益 　贷：少数股东权益 或作相反分录
		2.实质上构成对子公司（境外经营）净投资的外币货币性项目产生的汇兑差额的处理 母公司含有实质上构成对子公司（境外经营）净投资的外币货币性项目的情况下，在编制合并财务报表时，应分别以下两种情况编制抵销分录： （1）实质上构成对子公司净投资的外币货币性项目以母公司或子公司的记账本位币反映，则应在抵销长期应收应付项目的同时，将其产生的汇兑差额转入“其他综合收益”项目，即借记或贷记“财务费用”科目，贷记或借记“其他综合收益”科目 借：其他综合收益 　贷：财务费用 或作相反分录 （2）实质上构成对子公司净投资的外币货币性项目以母、子公司的记账本位币以外的货币反映，则应将母、子公司此项外币货币性项目产生的汇兑差额相互抵销，差额转入“其他综合收益”科目

续表

外币报表折算	包含境外经营的合并财务报表编制的特别处理	如果合并财务报表中各子公司之间也存在实质上构成对另一子公司（境外经营）净投资的外币货币性项目，在编制合并财务报表时，应比照上述原则编制相应的抵销分录 【注】作为集团整体，长期应收款和长期应付款应相互抵销，从合并财务报表角度，长期应收款和长期应付款产生的汇兑差额是由外币财务报表折算形成的，不应影响合并净利润，所以应将其由“财务费用”转入“其他综合收益”
	境外经营处置	企业在处置境外经营时，应当将资产负债表中所有者权益项目下列示的、与该境外经营相关的外币财务报表折算差额，自所有者权益科目转入当期损益；部分处置境外经营的，应当按处置的比例计算处置部分的外币财务报表折算差额，转入当期损益

第16章 租赁

（一）新租赁准则的魔法

租赁准则最大的变化就是承租人以前区分经营租赁和融资租赁，而新的租赁准则不再区分，采用统一的会计处理模型。新旧租赁准则会计处理差异如图16-1所示：

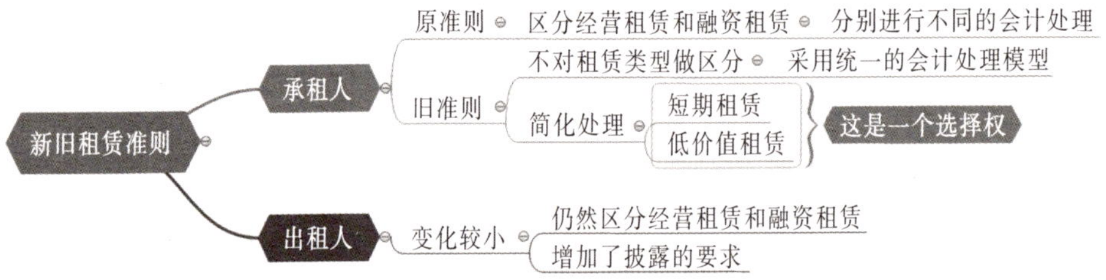

图16-1　新旧租赁准则会计处理差异

经营租赁在新旧准则下的账务处理异同见表16-1，在没有学租赁准则之前，你不需要深究这个账务处理的分录能不能记住，你只要简单地扫一眼，看一下它们的区别，就会发现：对于经营租赁，旧准则规定租金费用直接计入成本费用，然后进利润表，而新准则规定除了费用进利润表，还多了相关的资产和负债类科目，还进了资产负债表。

于是，你惊呼，坑爹啊！本来我租了一套房子，每个月租金3 000元，觉得挺好的，于是我准备租10年。我以前只要每个月直接做费用3 000元就好了，现在有了新准则，则要根据合同，把10年的租金36万元，折算成现值（假设未来10年的36万元等于现在的30万元）入资产负债表。于是，我账面突然多了一项资产——一套房子，价值30万元，同时还多了对应的负债30万元。

我从一个无产阶级，莫名地变成了有产阶级，可是问题是，这房子涨价又不归我，我只有使用权，又没有所有权。

表16-1 经营租赁在新旧准则下的账务处理异同

经营租赁	旧准则	新准则
租赁开始日	借：主营业务成本等 贷：银行存款 （初始直接费用）	借：使用权资产（未来租赁付款额的现值+初始直接费用） 贷：租赁负债（未来租赁付款额的现值） 银行存款（初始直接费用）
租赁开始日	借：主营业务成本等 贷：银行存款 （每期的租金）	借：财务费用（偿还利息） 租赁负债（偿还本金） 贷：银行存款（偿还的本金+利息） 借：主营业务成本等 贷：累计折旧
租赁变更（如租赁范围变小或租金变少）	分录与租赁开始日后相同，每期支付的金额变小或支付租金的期数变少	借：租赁负债 累计折旧 使用权资产减值准备 贷：使用权资产 资产处置损益（差额）

可是，新的租赁准则为什么要这么改呢？

原因就是某些人玩得太过了，本来是融资租赁，然后通过合同的签订、相关条款的变通，让这个租赁符合经营租赁的条件，于是按经营租赁的要求记账。

新准则也是没办法了，算了，全部统一吧，承租人不要分什么经营租赁和融资租赁了。

你知道新准则这么一改，后果是什么吗？

我们来看一个案例，某航空公司执行新的准则后，资产和负债分别多出了1 406亿元的使用权资产和1 067亿元的租赁负债。各位同学，你们没看错，是分别多出了1 400多亿元的资产和1 000多亿元的负债，几乎各占了该公司总资产和总负债的一半。

某航空公司2019年半年报的简化报表见表16-2。

同样一家企业，经营模式没有发生重大的变化，仅仅因为采用了新的租赁准则，资产负债表就发生了如此巨大的变化。

这些经营租赁的资产一入表，就导致该企业的资产负债表瞬间膨胀，企业的非流动资产上升，非流动负债也上升，进而导致企业的资产周转率下降，资产负债率提升，财务指标恶化，可能影响企业的后续融资。

表16-2　　某航空公司2019年半年报的简化报表　　单位：百万元

项目	20190630	20181231	两期变动
货币资金	1 740	7 308	-76%
其他流动资产科目	17 182	16 764	2%
流动资产合计	18 922	24 072	-21%
固定资产	81 398	170 039	-52%
在建工程	43 663	37 881	15%
使用权资产	140 612	0	N/A
其他非流动资产	15 576	14 663	6%
非流动资产合计	281 249	222 583	26%
资产总计	300 171	246 655	22%
流动负债合计	94 967	83 687	13%
其他长期负债	22 697	22 119	3%
租赁负债	106 714	0	N/A
应付融资租赁款	0	62 666	-100%
非流动负债合计	129 411	84 785	53%
股本	12 267	12 267	0
其他权益科目	63 526	65 916	-4%
所有者权益合计	75 793	78 183	-3%
负债和所有者权益合计	300 171	246 655	22%

因此，在原准则的框架下，存在大量租赁的企业有绝佳的动力，去构建交易以符合特定租赁的定义，以减少应入表的资产与负债，同时导致经济实质相同的交易的会计处理迥异，降低了财务报表的可比性与可靠性。基于以上的原因，新准则将原来承租人会计处理的“双重模型”修改为“单一模型”，将符合新准则定义的租赁全部（极少部分例外）纳入资产负债表中，确认相关的使用权资产和租赁负债。

新财务模型对资产负债表的影响见表16-3。

表 16-3　　新财务模型对资产负债表的影响

	表内	表外
新租赁准则	所有租赁	服务
旧租赁准则	融资租赁	经营租赁/服务

根据旧租赁准则，承租人对融资租赁和经营租赁分别采用"上表"和"不上表"两种截然不同的会计处理，新租赁准则提出全部"上表"的单一模型。除了满足豁免规定的情况外（短期租赁和低价值资产租赁），几乎所有租赁均需要上表，意味着承租人的资产负债表将随着现时经营租赁的租金承诺而相应大幅度膨胀。此外，对经营租赁承租人的费用分摊方式，旧租赁准则采用的是直线法，新租赁准则则采用与融资租赁一致的"前大后小"模式，即在租赁期的前半段时间内的总费用（即资产折旧加上利息）要高于旧租赁准则下直线法确认的经营租赁费用。

新旧模型下经营租赁费用对利润表的影响对比如图 16-2 所示：

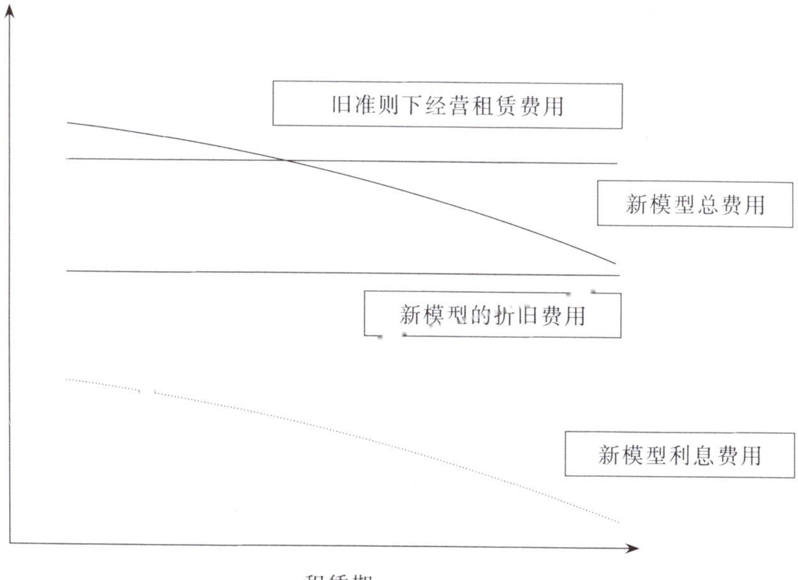

图 16-2　新旧模型下经营租赁费用对利润表的影响对比[1]

由于"前大后小"模式，执行新租赁准则后，净利润在租赁开始的最初几年相比旧租赁准则会计模式将会下降。

新租赁准则是 2018 年 12 月 7 日发布的，有效地借鉴了国际准则，同时又考虑了我国实际情况，除明确使用权资产仅应采用成本模式进行后续计量外，其他与国际新租赁准则基本趋同，进一步完善了我国企业会计准则体系并保持

① 简图，表明准则的变化对利润表的影响趋势。

持续全面趋同的国际趋势。

会计是分类的艺术，不同的分类，直接影响资产负债表和利润表上相关的数据。

因此，新的租赁准则让我们解决的第一个问题，就是：什么是租赁，租赁该如何识别？有人肯定会说，直接看租赁合同就是了，如果合同上面写了租赁两个字，就是租赁，那你也太天真了。

要不要分类为租赁，需要根据合同条款仔细辨别，专家们给了我们租赁的定义，而且还造了很多新名词，比如已识别资产。

学会计学到最后，最大的感受就是，专家们的造词能力真的很牛啊，这些新名词每一个字我都认识，连起来我都看不懂。

所以，学会计也像学语文一样，先学名词解释，小时候考语文的时候，直接进行成语默写，或者直接考名词解释。

因为一旦你对名词习以为常了，你就懂了。而一旦你钻牛角尖，绞尽脑汁拼命地想为什么，你反而很难理解。

归根结底，记忆才是一切智慧的源泉。

（二）高频考点提炼

考点1：租赁构成三要素（如图16-3所示）

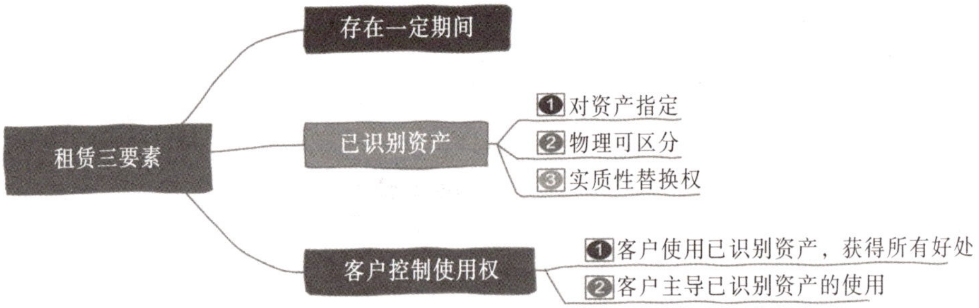

图16-3　租赁构成三要素

考点2：租赁的合并与分拆

同时符合下列条件，使用已识别资产的权利构成合同中的一项单独租赁：

（1）承租人可以从单独使用该资产或将其与易于获得的其他资源一起使用中获利。易于获得的资源是指出租人或其他供应方单独销售或出租的商品或服务，或者承租人已从出租人或其他交易中获得的资源。

（2）该资产与合同中的其他资产不存在高度依赖或高度关联关系。例如，若承租人租入资产的决定不会对承租人使用合同中的其他资产的权利产生重大影响，则表明该项资产与合同中的其他资产不存在高度依赖或高度关联关系。

考点3：租赁期

1.租赁期：承租人有权使用租赁资产且不可撤销的期间（如图16-4所示）。

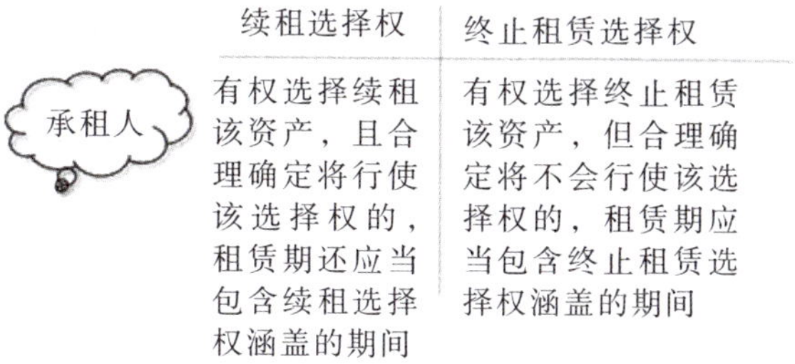

图 16-4　承租人有权使用租赁资产且不可撤销的期间

2. 租赁期开始日：是指出租人提供租赁资产使其可供承租人使用的起始日期。

【特别提示】

①租赁协议中对起租日或租金支付时间的约定，并不影响租赁期开始日的判断。

②租赁期自租赁期开始日起计算。

考点 4：承租人一般处理

基本处理原则：在租赁期开始日，承租人应当对租赁确认使用权资产和租赁负债，应用短期租赁和低价值资产租赁简化处理的除外。（★★不再区分融资租赁和经营租赁）

承租人的一般会计处理见表 16-4：

表 16-4　　承租人的一般会计处理

初始计量	租入资产时	借：使用权资产 　租赁负债——未确认融资费用 　贷：租赁负债——租赁付款额
后续计量	每期租赁付款时	借：租赁负债——租赁付款额 　贷：银行存款
	每期确认租赁费用时	借：财务费用 　贷：租赁负债——未确认融资费用
	每期提取折旧时	借：管理费用、制造费用等 　贷：使用权资产累计折旧

【例题·案例题】承租人甲公司与出租人乙公司签订了一份办公楼租赁合同，每年的租赁付款额为 50 000 元，于每年年末支付。甲公司无法确定租赁内含利率，可以确定其增量借款利率为 5%，不可撤销租赁期为 5 年，并且合同约定在第 5 年年末，甲公司有权选择以每年 50 000 元续租 5 年，也有权选择以 1 000 000 元购买该房产。甲公司在租赁期开始时评估认为，可以合理确定

将行使续租选择权，而不会行使购买选择权，因此将租赁期确定为10年。

1.租赁期开始日会计处理

在租赁期开始日，甲公司确认的租赁负债和使用权资产为386 000元［50 000×（P/A，5%，10），为便于计算，年金现值系数取两位小数］。

相当于借入386 000元，利率为5%，每年还50 000元，还10年（如图16-5所示），利息共为114 000元。

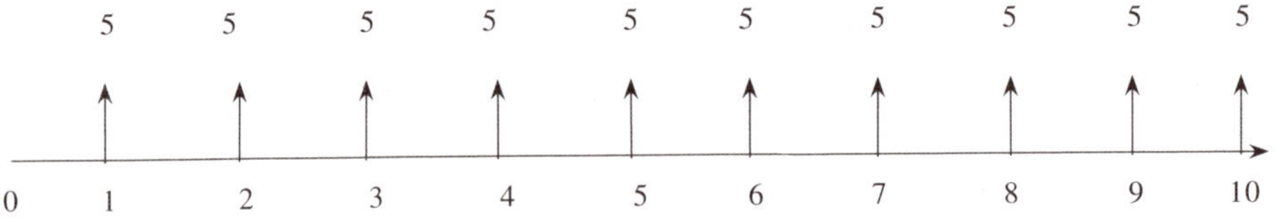

图16-5 每年还5万元，还10年

在租赁期开始日，甲公司的账务处理为：

借：使用权资产 386 000

　　租赁负债——未确认融资费用 114 000

　贷：租赁负债——租赁付款额 500 000

每年利息计算表见表16-5。

表16-5 每年利息计算表 单位：元

年度	租赁负债年初金额	利息	租赁付款额	租赁负债年末金额
	②	②=①×5%	③	③=①+②-③
1	386 000	19 300	50 000	355 300
2	355 300	17 765	50 000	323 065
3	323 065	16 153	50 000	289 218
4	289 218	14 461	50 000	253 679
5	253 679	12 684	50 000	216 363
6	216 363	10 818	50 000	177 181
7	177 181	8 859	50 000	136 040
8	136 040	6 802	50 000	92 842
9	92 842	4 642	50 000	47 484
10	47 484	2 516	50 000	—

2.第一年年末的会计处理

①支付租金时：

借：租赁负债——租赁付款额　　50 000

　贷：银行存款　　50 000

②确认租赁费用（相当于利息）时：

借：财务费用　　19 300

　贷：租赁负债——未确认融资费用　　19 300

以后每年同理。

3.采用年限平均法对使用权资产计提折旧，每年折旧计提时会计处理

借：管理费用　　38 600

　贷：使用权资产累计折旧　　38 600（386 000÷10）

4.在第 4 年，该房产所在地房价显著上涨，甲公司预计租赁期结束时该房产的市价为 2 000 000 元，甲公司在第 4 年年末重新评估后认为，能够合理确定将行使上述购买选择权，而不会行使上述续租选择权。

该房产所在地区的房价上涨属于市场情况发生的变化，不在甲公司的可控范围内。因此，虽然该事项导致购买选择权及续租选择权的评估结果发生变化，但甲公司不需重新计量租赁负债。

考点 5：承租人初始计量细化（见表 16-6 和表 16-7）

表 16-6　　承租人初始计量分录细化 1

初始计量	借：使用权资产（4 部分） 　租赁负债——未确认融资费用（差额） 　贷：租赁负债——租赁付款额（尚未支付的租赁付款额） 　　预付账款（租赁期开始日之前支付的租赁付款额，扣除已享受的租赁激励） 　　银行存款（初始直接费用） 　　预计负债（预计将发生的为拆卸及移除租赁资产、复原租赁资产所在场地或将租赁资产恢复至租赁条款约定状态等成本的现值） 　　（★★★ 注意：需要折现）

表 16-7　　承租人初始计量分录细化 2

使用权资产（4 项）	=租赁负债+租赁开始日及以前支付款项+初始费用+租赁结束复原费用
租赁负债	=未支付的租赁付款额的现值
租赁付款额（5 项）	=固定支付额+可变支付额+购买选择权+终止租赁选择权+承租人担保余值

先确定租赁付款额，然后确定租赁负债，最后确定使用权资产，即做分录

时，可以先确定贷方，再确定借方。

1.租赁付款额

租赁付款额 = 固定支付额 + 可变支付额 + 购买选择权 + 终止租赁选择权 + 承租人担保余值（表现形式:每年的现金流出量）

租赁付款额构成如图16-6所示：

租赁付款额
- （1）固定付款额及实质固定付款额
- （2）取决于指数或比率的可变租赁付款额
  - 与消费者价格指数挂钩的款项、与基准利率挂钩的款项和为反映市场租金费率变化而变动的款项等
- （3）购买选择权的行权价格
  - 前提是承租人合理确定将行使该选择权
- （4）行使终止租赁选择权需支付的款项
  - 前提是租赁期反映出承租人将行使终止租赁选择权
- （5）根据承租人提供的担保余值预计应支付的款项（★★★不应该考虑独立第三方——担保公司等的担保余值）

图16-6 租赁付款额构成

【提示】在计算租赁付款额时，承租人或与其有关的第三方提供的担保余值预计应支付的款项和承租人行使购买选择权而支付的款项，二者不会同时存在，即（3）和（5）不会同时存在。

计算租赁付款额时须注意事项如图16-7所示：

租赁付款额
- （1）存在租赁激励的，应扣除租赁激励相关金额
- （2）可变租赁付款额中，仅取决于指数或比率的可变租赁付款额纳入租赁负债的初始计量中

图16-7 计算租赁付款额时须注意事项

【注】（1）除了取决于指数或比率的可变租赁付款额之外，其他可变租赁付款额均不纳入租赁负债的初始计量中。应当在实际发生时计入当期损益，但按照《企业会计准则第1号——存货》等其他准则规定应当计入相关资产成本的，从其规定。

（2）担保余值是指，与出租人无关的一方向出租人提供担保，保证在租赁结束时租赁资产的价值至少为某指定的金额；未担保余值是指，租赁资产余值中，出租人无法保证能够实现或仅由与出租人有关的一方（如：出租方的母公

司）予以担保的部分（如图16-8所示）。

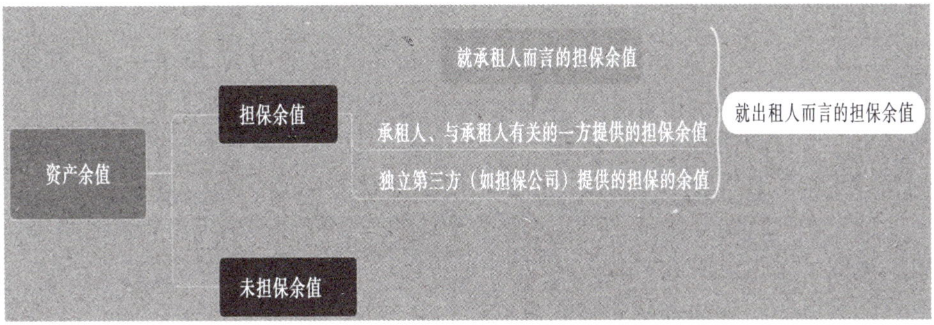

图16-8　资产余值与担保余值

（3）如果承租人提供了对余值的担保，则租赁付款额应包含该担保下预计应支付的款项，它反映了承租人预计将支付的金额，而不是承租人担保余值下的最大敞口。

【例题·案例题】承租人甲公司与出租人乙公司签订了汽车租赁合同，租赁期为5年。

合同中就担保余值的规定为：如果标的汽车在租赁期结束时的公允价值低于40 000元，则甲公司需向乙公司支付40 000元与汽车公允价值之间的差额，因此，甲公司在该担保余值下的最大敞口为40 000元。

假定在租赁期开始日，甲公司预计标的汽车在租赁期结束时的公允价值为40 000元。

结论：甲公司预计在担保余值下将支付的金额为零。因此，甲公司在计算租赁负债时，与担保余值相关的付款额为零。

2.租赁负债

租赁负债=未支付的租赁付款额的现值

折现率依次确定，如图16-9所示：

	首选	其次
计算租赁付款额现值时	租赁内含利率作为折现率	无法确定租赁内含利率的，应当采用承租人增量借款利率作为折现率

图16-9　计算租赁付款额现值时折现率的确定

3.使用权资产

使用权资产=租赁负债+租赁开始日及以前支付款项+初始费用+租赁结束复原费用

【例题·计算分析题】承租人甲公司就某栋建筑物的某一层楼与出租人乙公司签订了为期10年的租赁协议，并拥有5年的续租选择权。有关资料如下：

（1）初始租赁期内的不含税租金为每年50 000元，续租期间为每年55 000元，所有款项应于每年年初支付；

（2）为获得该项租赁，甲公司发生的初始直接费用为20 000元，其中，15 000元为向该楼层前任租户支付的款项，5 000元为向促成此租赁交易的房地产中介支付的佣金；

（3）作为对甲公司的激励，乙公司同意补偿甲公司5 000元的佣金；

（4）在租赁期开始日，甲公司评估后认为，不能合理确定将行使续租选择权，因此，将租赁期确定为10年；

（5）甲公司无法确定租赁内含利率，其增量借款利率为每年5%，该利率反映的是甲公司以类似抵押条件借入期限为10年、与使用权资产等值的相同币种的借款而必须支付的利率。假设不考虑相关税费影响。

【分析】承租人甲公司的会计处理如下：

第一步，在租赁期开始日，甲公司支付第1年的租金50 000元，并以剩余9年租金（每年50 000元）按5%的年利率折现后的现值计量租赁负债。计算租赁付款额现值的过程如下：

剩余9期租赁付款额=50 000×9
=450 000（元）

剩余9期租赁付款额的现值=50 000×（P/A，5%，9）
=355 391（元）

租赁负债=剩余9期租赁付款额－剩余9期租赁付款额的现值
=450 000−355 391
=94 609（元）

借：使用权资产（355 391+45 000）　400 391
　租赁负债——未确认融资费用　94 609
　贷：租赁负债——租赁付款额　450 000（未折现的原值）
　　银行存款　45 000（第一期支付额−租赁激励）

第二步，将初始直接费用计入使用权资产的初始成本。

借：使用权资产　20 000
　贷：银行存款　20 000

综上，甲公司使用权资产的初始成本为：400 391+20 000=420 391（元）

考点6：承租人租赁负债后续计量（见表16-8）

表16-8　　承租人租赁负债后续计量

租赁负债后续计量	（1）确认租赁负债的利息 借：财务费用——利息费用/在建工程等（租赁负债期初摊余成本——未付的本金×固定的周期性利率——折现率） 贷：租赁负债——未确认融资费用（增加租赁负债的账面金额）
	（2）支付租赁付款额 借：租赁负债——租赁付款额（减少租赁负债的账面金额） 贷：银行存款等
	（3）因重估或租赁变更等原因导致租赁付款额发生变动时，重新计量租赁负债的账面价值 当租赁负债增加时，增加使用权资产账面价值，当租赁负债减少时，减少使用权资产账面价值；若使用权资产的账面价值已调减至零，则： 借：租赁负债——租赁付款额（仍需进一步调减的租赁付款额现值） 贷：主营业务成本/制造费用/销售费用/管理费用/研发支出等 租赁负债——未确认融资费用（倒轧） 【说明】折现率的规定：（注意：周期性利率的含义） ①如果仅涉及每年的现金流量的变动，不涉及租赁期的变化，则折现率不变（浮动利率的变化除外） ②如果可能涉及租赁期的变化，则折现率应采用变动后的折现率

【例题·计算分析题】承租人甲公司与出租人乙公司签订了一份为期5年的设备租赁合同。甲公司计划开发自有设备以替代租赁资产，自有设备计划在5年内投入使用。

甲公司拥有在租赁期结束时以5 000元购买该设备的选择权。每年的租赁付款额固定为10 000元，于每年年末支付。甲公司无法确定租赁内含利率，其增量借款利率为5%。

在租赁期开始日，甲公司对行使购买选择权的可能性进行评估后认为，不能合理确定将行使购买选择权。这是因为，甲公司计划开发自有设备，继而在租赁期结束时替代租赁资产。

假设在第3年年末，甲公司作出削减开发项目的战略决定，包括上述替代设备的开发。该决定在甲公司的可控范围内（★★注意字眼），并影响其能否合理确定将行使购买选择权。此外，甲公司预计该设备在租赁期结束时的公允价值为20 000元。甲公司重新评估其行使购买选择权的可能性后认为，能合理确定将行使购买选择权。

原因是：在租赁期结束时不大可能有可用的替代设备，并且该设备在租赁期结束时的预期市场价值（20 000元）远高于行权价格（5 000元）。因此，甲公司应在第3年年末将购买选择权的行权价格纳入租赁付款额中。假设甲公司无法确定剩余租赁期间的租赁内含利率，其第3年年末的增量借款利率为5.5%。

【分析】

1. 在租赁期开始日，甲公司确认的租赁负债=10 000×（P/A，5%，5）

=43 300（元）

借：使用权资产　43 300

租赁负债——未确认融资费用　6 700

贷：租赁负债——租赁付款额（10 000×5）　50 000

租赁负债将按以下方法摊销（见表16-9）：

表16-9　租赁负债的摊销　单位：元

年度	租赁负债年初金额	利息	租赁付款额	租赁负债年末金额
	①	②=①×5%	③	④=①+②-③
1	43 300*	2 165	10 000	35 465
2	35 465	1 773	10 000	27 238
3	27 238	1 362	10 000	18 600
4	18 600	930	10 000	9 530
5	9 530	470**	10 000	—

注：*为便于计算，本题中，年金现值系数取两位小数。

** 第5年的利息费用10 000-9 530=470（元）。

2. 在第3年年末，甲公司重新计量租赁负债以涵盖购买选择权的行权价格，并采用修订后的折现率5.5%进行折现。（★★★在可控范围内）

重新计量后的租赁负债（支付前3年的付款额后）

=10 000×（P/F，5.5%，1）+（10 000+5 000）×（P/F，5.5%，2）

=22 960（元）

剩余租赁负债（18 600元）与变更后重新计量的租赁负债（22 960元）的差额4 360元，相应调整使用权资产的账面价值。

借：使用权资产　4 360

租赁负债——未确认融资费用　640

贷：租赁负债——租赁付款额（购买行权价）　5 000

此后，租赁负债将按表16-10所述方法进行后续计量：

表 16-10　租赁负债的后续计量　单位：元

年度	租赁负债年初金额	利息	租赁付款额	租赁负债年末金额
	①	② =①×5.5%	③	④ =① +② -③
4	22 960	1 263	10 000	14 223
5	14 223	777*	15 000	—

注：*第 5 年的利息费用=10 000+5 000（行权价格）-14 223=777（元）

考点 7：承租人使用权资产的后续计量

1. 计量基础

（1）在租赁期开始日后，承租人应当采用成本模式对使用权资产进行后续计量，即以成本减累计折旧及累计减值损失计量使用权资产。

（2）承租人按照新租赁准则有关规定重新计量租赁负债的，应当相应调整使用权资产的账面价值。

2. 使用权资产的折旧

（1）承租人应当参照《企业会计准则第 4 号——固定资产》有关折旧规定，自租赁期开始日起对使用权资产计提折旧。

（2）使用权资产通常应自租赁期开始的当月计提折旧，当月计提确有困难的，为便于实务操作，企业也可以选择自租赁期开始的下月计提折旧，但应对同类使用权资产采取相同的折旧政策。（注：固定资产从下月计提折旧）

（3）计提的折旧金额应根据使用权资产的用途，计入相关资产的成本或者当期损益。

（4）承租人在确定使用权资产的折旧方法时，应当根据与使用权资产有关的经济利益的预期消耗方式作出决定。

通常，承租人按直线法对使用权资产计提折旧，其他折旧方法更能反映使用权资产有关经济利益预期消耗方式的，应采用其他折旧方法。

（5）承租人在确定使用权资产的折旧年限时，应遵循以下原则：

① 承租人能够合理确定租赁期届满时取得租赁资产所有权的，应当在租赁资产剩余使用寿命内计提折旧；

② 承租人无法合理确定租赁期届满时能够取得租赁资产所有权的，应当在租赁期与租赁资产剩余使用寿命两者孰短的期间内计提折旧。

如果使用权资产的剩余使用寿命短于前两者，则应在使用权资产的剩余使用寿命内计提折旧。

（6）账务处理

借：主营业务成本 /制造费用 /销售费用 /管理费用 /研发支出等

贷：使用权资产累计折旧

3. 使用权资产的减值

在租赁期开始日后，承租人应当按照《企业会计准则第8号——资产减值》的规定，确定使用权资产是否发生减值，并对已识别的减值损失进行会计处理。

借：资产减值损失

贷：使用权资产减值准备

【特别提示】

①使用权资产减值准备一旦计提，不得转回。

②承租人应当按照扣除减值损失之后的使用权资产的账面价值，进行后续折旧。

考点8：短期租赁和低价值资产租赁

1. 处理原则

（1）对于短期租赁和低价值资产租赁，承租人可以选择不确认使用权资产和租赁负债。

（2）作出该选择的，承租人应当将短期租赁和低价值资产租赁的租赁付款额，在租赁期内各个期间按照直线法或其他系统合理的方法计入相关资产成本或当期损益。

（3）其他系统合理的方法能够更好地反映承租人的受益模式的，承租人应当采用该方法。

2. 具体规定

1）短期租赁

（1）含义

短期租赁：是指在租赁期开始日，租赁期不超过12个月的租赁。

【特别提示】包含购买选择权的租赁，即使租赁期不超过12个月，也不属于短期租赁。

（2）账务处理原则

①对于短期租赁，承租人可以按照租赁资产的类别作出采用简化会计处理的选择。

②如果承租人对某类租赁资产作出了简化会计处理的选择，未来该类资产下所有的短期租赁都应采用简化会计处理。

③按照简化会计处理的短期租赁发生租赁变更或者其他原因导致租赁期发生变化的，承租人应当将其视为一项新租赁，重新按照上述原则判断该项新租赁是否可以选择简化的会计处理。

2）低价值资产租赁

（1）含义

低价值资产租赁是指，单项租赁资产为全新资产时价值较低的租赁。

（2）判断原则

承租人在判断是否是低价值资产租赁时，应基于租赁资产的全新状态下的价值进行评估，不应考虑资产已被使用的年限。

考点9：出租人租赁分类

出租人应当在租赁开始日将租赁分为融资租赁和经营租赁。

一项租赁存在下列一种或多种情形的，通常分类为融资租赁：

1. 在租赁期届满时，租赁资产的所有权转移给承租人。

2. 承租人有购买租赁资产的选择权，所订立的购买价预计将远低于行使选择权时租赁资产的公允价值，因而在租赁开始日就可合理地确定承租人将会行使该选择权。

3. 资产的所有权虽然不转移，但租赁期占租赁资产使用寿命（★★★尚可使用寿命）的大部分。（指导性标准，结合其他条件进行判断）这里的“大部分”一般指租赁期占租赁开始日租赁资产使用寿命（尚可使用寿命）的75%以上（含75%）。

需要注意的是，这条标准强调的是租赁期占租赁开始日租赁资产使用寿命（尚可使用寿命）的比例，而非租赁期占该项资产全部可使用年限的比例。

如果租赁资产是旧资产，在租赁前已使用年限超过资产自全新时起算可使用年限的75%时，则这条判断标准不适用，不能使用这条标准确定租赁的分类。

4. 指导性标准，结合其他条件进行判断（见表16-11）

表16-11　出租人判断标准

种类	判断标准
出租人	租赁收款额的现值÷租赁开始日租赁资产 公允价值 ≥ 90%

5. 租赁资产性质特殊，如果不做较大改造，那么只有承租人才能使用。

考点10：出租人对融资租赁的会计处理

租出资产和租入资产初始计量比较见表16-12和表16-13。

表16-12　租出资产和租入资产初始计量比较表1

出租人明细科目设置	应收融资租赁款——租赁收款额（尚未收到的租赁收款额） ——未担保余值 ——未实现融资收益

续表

租出资产时	借：应收融资租赁款——租赁收款额（尚未收到的租赁收款额） ——未担保余值 贷：融资租赁资产（账面价值） 资产处置损益（公允价值－账面价值） 应收融资租赁款——未实现融资收益
租入资产时	借：使用权资产 租赁负债——未确认融资费用 贷：租赁负债——租赁付款额

表16-13　　租出资产和租入资产初始计量比较表2

使用权资产（4项）	=租赁负债+租赁开始日及以前支付款项+初始费用+租赁结束复原费用
租赁负债	=未支付的租赁付款额的现值
租赁付款（5项） （租赁负债）	=固定支付额+可变支付额+购买选择权+终止租赁选择权+承租人担保余值
租赁收款额 （应收融资租赁款）	=租赁付款额+独立第三方向出租人提供的担保余值
租赁投资总额 （应收融资租赁款）	=租赁收款额+未担保余值
租赁投资净额	=租赁收款额现值+未担保余值现值 =租赁付款额现值+独立第三方担保余值现值+未担保余值现值

出租人融资租赁初始计量和后续计量见表16-14和表16-15。

表16-14　　出租人融资租赁初始计量表

初始计量	①在租赁期开始日，出租人应当对融资租赁确认应收融资租赁款，并终止确认融资租赁资产（终止确认：风险和报酬已转移）
	②出租人对应收融资租赁款进行初始计量时，应当以租赁投资净额（★★★可以理解为租赁投资总额扣除未实现融资收益）作为应收融资租赁款的入账价值
	③出租人发生的初始直接费用包括在租赁投资净额中，也包括在应收融资租赁款的初始入账价值中

续表

初始计量	借：应收融资租赁款——租赁收款额（尚未收到的租赁收款额） ——未担保余值（预计租赁期结束时的未担保余值） 银行存款（已经收取的租赁款） 贷：融资租赁资产（账面价值）（业务不多，也可通过固定资产核算） 资产处置损益（公允价值-账面价值）（可借可贷） 银行存款（发生的初始直接费用） 应收融资租赁款——未实现融资收益
	企业认为有必要对发生的初始直接费用进行单独核算时： 借：应收融资租赁款——初始直接费用 贷：银行存款等 然后： 借：应收融资租赁款——未实现融资收益 贷：应收融资租赁款——初始直接费用
	若某融资租赁合同必须以收到租赁保证金为生效条件： a. 出租人收到承租人交来的租赁保证金时 借：银行存款 贷：其他应收款——租赁保证金 b. 承租人到期不交租金，以保证金抵作租金时 借：其他应收款——租赁保证金 贷：应收融资租赁款 c. 承租人违约，按租赁合同或协议规定没收保证金时 借：其他应收款——租赁保证金 贷：营业外收入等 【特别提示】 纳入出租人租赁投资净额的可变租赁付款额只包含取决于指数或比率的可变租赁付款额。在初始计量时，应当采用租赁期开始日的指数或比率进行初始计量

表 16-15　　出租人融资租赁后续计量表

后续计量	收到租赁收款额	借：银行存款 贷：应收融资租赁款——租赁收款额
	确认利息收入	a. 租赁企业/一般企业 借：应收融资租赁款——未实现融资收益 贷：租赁收入/其他业务收入 （期初租赁投资净额 ×固定的周期性利率）
		b. 金融企业 借：应收融资租赁款——未实现融资收益 贷：利息收入

续表

后续计量	定期复核未担保余值	出租人应定期复核计算租赁投资总额时所使用的未担保余值 若预计未担保余值降低（增加：无需考虑），出租人应修改租赁期内的收益分配，并立即确认预计的减少额 （影响以后每期的利息收入的计算） 联想： 租赁投资净额 = 租赁收款额的现值 +未担保余值的现值
	未纳入租赁投资净额计量的可变租赁付款额	出租人取得的未纳入租赁投资净额计量的可变租赁付款额，如与资产的未来绩效或使用情况挂钩的可变租赁付款额，应当在实际发生时计入当期损益 借：银行存款/应收账款等 　贷：租赁收入——可变租赁付款额
	减值准备	关于减值准备的相关规定 a. 计提减值时： 借：信用减值损失 　贷：应收融资租赁款减值准备 b. 转回时： 反向处理

【例题·计算分析题】2×19 年 12 月 31 日，甲公司与乙公司签订了一份租赁合同，从乙公司租入塑钢机一台。租赁合同主要条款如下：

（1）租赁资产：全新塑钢机。

（2）租赁期开始日：2×20 年 1 月 1 日。

（3）租赁期：2×20 年 1 月 1 日——2×25 年 12 月 31 日，共 72 个月（6 年）。

（4）固定租金支付：自 2×20 年 1 月 1 日，每年年末支付租金 160 000 元。如果甲公司能够在每年年末的最后一天及时付款，则给予减少租金 10 000 元的奖励。

（5）取决于指数或比率的可变租赁付款额：租赁期限内，如遇中国人民银行贷款基准利率调整时，出租人就会对租赁利率作出同方向、同幅度的调整。基准利率调整日之前各期和调整日当期租金不变，从下一期租金开始按调整后的租金金额收取。

（6）租赁开始日租赁资产的公允价值：该机器在 2×19 年 12 月 31 日的公允价值为 700 000 元，账面价值为 600 000 元。

（7）初始直接费用：签订租赁合同过程中乙公司发生可归属于租赁项目的手续费、佣金 10 000 元。

（8）承租人的购买选择权：租赁期届满时，甲公司享有优惠购买该机器的选择权，购买价为20 000元，估计该日租赁资产的公允价值为80 000元。

（9）取决于租赁资产绩效的可变租赁付款额：2×21年和2×22年两年，甲公司每年按该机器所生产的产品——塑钢窗户的年销售收入的5%向乙公司支付。

（10）承租人的终止租赁选择权：甲公司享有终止租赁选择权。在租赁期间，如果甲公司终止租赁，则需支付的款项为剩余租赁期间的固定租金支付金额。

（11）担保余值和未担保余值均为0。

（12）全新塑钢机的使用寿命为7年。

【分析】计算分析见表16-16。

表16-16　　计算分析表（第一步至第六步）

第一步	判断租赁类型（5条任意1条或多条）	（1）存在优惠购买选择权，优惠购买价20 000元远低于行使选择权日租赁资产的公允价值80 000元，因此在2×19年12月1日就可合理确定甲公司将会行使这种选择权 （2）另外，租赁期6年，占租赁开始日租赁资产使用寿命的86%（占租赁资产使用寿命的大部分） （3）同时，乙公司综合考虑其他各种情形和迹象，认为该租赁实质上转移了与该项设备所有权有关的几乎全部风险和报酬，因此将这项租赁认定为融资租赁
第二步	确定租赁收款额	=租赁付款额＋独立第三方向出租人提供的担保余值
		（1）承租人的固定付款额为考虑扣除租赁激励后的金额（160 000-10 000）×6年=900 000（元）
		（2）取决于指数或比率的可变租赁付款额 该款项在初始计量时根据租赁期开始日的指数或比率确定，因此本例题在租赁期开始日不做考虑（题目条件：基准利率调整日之前各期和调整日当期租金不变，从下一期租金开始按调整后的租金金额收取）
		（3）承租人购买选择权的行权价格 租赁期届满时，甲公司享有优惠购买该机器的选择权，购买价为20 000元，估计该日租赁资产的公允价值为80 000元。优惠购买价20 000元远低于行使选择权日租赁资产的公允价值，因此在2×19年12月1日就可以合理确定甲公司将会行使这种选择权 结论：租赁付款额中应包括承租人购买选择权的行权价格20 000元

续表

第二步	确定租赁收款额	(4) 终止租赁的罚款 虽然甲公司享有终止租赁选择权，但若终止租赁，甲公司需支付的款项为剩余租赁期间的固定租金支付金额 结论：根据上述条款，可以合理确定甲公司不会行使终止租赁选择权
		(5) 由承租人向出租人提供的担保余值： 甲公司向乙公司提供的担保余值为 0 综上所述，租赁收款额 =900 000+20 000=920 000（元）
第三步	租赁投资总额	租赁投资总额（未折现） =在融资租赁下出租人应收的租赁收款额 +未担保余值 =920 000+0=920 000（元）
第四步	确认租赁投资净额的金额和未实现融资收益	租赁投资净额（详见第五步）=租赁资产在租赁期开始日的公允价值 +出租人发生的租赁初始直接费用 =700 000+10 000=710 000（元） 未实现融资收益 =租赁投资总额−租赁投资净额 =920 000−710 000=210 000（元）
第五步	计算租赁内含利率	150 000 ×（P/A，r，6）+20 000×（P/F，r，6） = 700 000+10 000 计算得到租赁的内含利率为 7.82%
第六步	账务处理	2×20 年 1 月 1 日 借：应收融资租赁款 —— 租赁收款额　920 000 　贷：银行存款　10 000（初始直接费用） 　　融资租赁资产　600 000（账面价值） 　　资产处置损益　100 000（公允价值 −账面价值） 　　应收融资租赁款——未实现融资收益　210 000

未收的本金=租赁投资净额

=150 000×（P/A，7.82%，6）+20 000×（P/F，7.82%，6）

=租赁资产在租赁期开始日公允价值+出租人发生的租赁初始直接费用

=700 000+10 000

=710 000（元）

第七步，计算租赁期内各期的利息收入（见表 16-17）。

2×20 年 12 月 31 日收到第一期租金时的会计处理：

借：银行存款　150 000

　贷：应收融资租赁款 ——租赁收款额　150 000

表 16-17　　**租赁期内各期的利息收入计算表**　　单位：元

日期	租金	确认的利息收入	租赁投资净额余额
①	②	③ =期初④× 7.82%	期末④ =期初④ -② +③
2×20 年 1 月 1 日			710 000
2×20 年 12 月 31 日	150 000	55 522	615 522
2×21 年 12 月 31 日	150 000	48 134	513 656
2× 22 年 12 月 31 日	150 000	40 168	403 824
2×23 年 12 月 31 日	150 000	31 579	285 403
2×24 年 12 月 31 日	150 000	22 319	157 722
2×25 年 12 月 31 日	150 000	12 278*	20 000
2×25 年 12 月 31 日	20 000		
合计	920 000	210 000	

注：*作尾数调整 150 000+20 000−157 722=12 278（元）。

借：应收融资租赁款——未实现融资收益　　55 522
　贷：租赁收入　　55 522

此时：

收到的利息 =710 000×7.82%=55 522（元）

收到的本金 =150 000−55 522=94 478（元）

未收到的本金 =710 000−94 478=615 522（元）

2×21 年 12 月 31 日收到第二期租金时会计处理：

借：银行存款　　150 000
　贷：应收融资租赁款——租赁收款额　　150 000

借：应收融资租赁款——未实现融资收益　　48 134
　贷：租赁收入　　48 134

此时：

收到的利息 =615 522×7.82%=48 134（元）

收到的本金 =150 000−48 134=101 866（元）

未收到的本金 =615 522−101 866=513 656（元）

【特别提示】“租赁收入”科目核算租赁企业作为出租人确认的融资租赁和经营租赁的租赁收入。一般企业根据自身业务特点确定租赁收入的核算科目，例如“其他业务收入”等。

第八步和第九步会计处理见表 16-18。

表 16-18　　第八步和第九步会计处理

第八步	假设2×21年和2×22年，甲公司分别实现塑钢窗户年销售收入1 000 000和1 500 000元（年销售收入的5%）	根据租赁合同，乙公司2×21年和2×22年应向甲公司收取的与销售收入挂钩的租金分别为50 000元和75 000元 2×21年 借：银行存款（或应收账款）　50 000 　贷：租赁收入　50 000 2×22年 借：银行存款（或应收账款）　75 000 　贷：租赁收入　75 000
第九步	租赁期届满时的处理——承租人行使购买权	借：银行存款　20 000 　贷：应收融资租赁款——租赁收款额　20 000

考点11：出租人对经营租赁的会计处理（见表16-19）

表 16-19　　出租人对经营租赁的会计处理

租金的处理	①在租赁期内各个期间，出租人应采用直线法或者其他 系统合理的方法将经营租赁的租赁收款额确认为租金收入 ②如果其他系统合理的方法能够更好地反映因使用租赁资产所产生经济利益的消耗模式，则出租人应采用该方法 借：银行存款/应收账款/其他应收款等 　贷：租赁收入——经营租赁收入/其他业务收入等 　　预收账款
出租人对经营租赁提供激励措施	①出租人提供免租期的，出租人应将租金总额在不扣除免租期的整个租赁期内，按直线法或其他合理的方法进行分配，免租期内应当确认租金收入 举例： 出租汽车一辆，租期20个月，每月租金2 000元，免5个月租金。每月租金收入=2 000×15÷20=1 500（元） ②出租人承担了承租人某些费用的，出租人应将该费用自租金收入总额中扣除，按扣除后的租金收入余额在租赁期内进行分配。 （出租人代交物业费） 各期租金收入=（租金总额-出租人承担的费用）÷整个租赁期
初始直接费用	出租人发生的与经营租赁有关的初始直接费用应当资本化至租赁标的资产的成本，在租赁期内按照与租金收入相同的确认基础分期计入当期损益 （与原规定不同）

续表

折旧和减值	①对于经营租赁资产中的固定资产，出租人应当采用类似资产的折旧政策计提折旧 ②对于其他经营租赁资产，应当根据该资产适用的企业会计准则，采用系统合理的方法进行摊销 ③出租人应当按照《企业会计准则第 8 号——资产减值》的规定，确定经营租赁资产是否发生减值，并对已识别的减值损失进行会计处理
可变租赁付款额	①出租人取得的与经营租赁有关的可变租赁付款额，如果是与指数或比率挂钩的，应在租赁期开始日计入租赁收款额 ②除此之外的，应当在实际发生时计入当期损益 借：银行存款 /应收账款等 　贷：租赁收入——可变租赁付款额
经营租赁的变更	经营租赁发生变更的，出租人应自变更生效日开始，将其作为一项新的租赁进行会计处理，与变更前租赁有关的预收或应收租赁收款额视为新租赁的收款额

考点 12：转租赁（如图 16-10 所示）

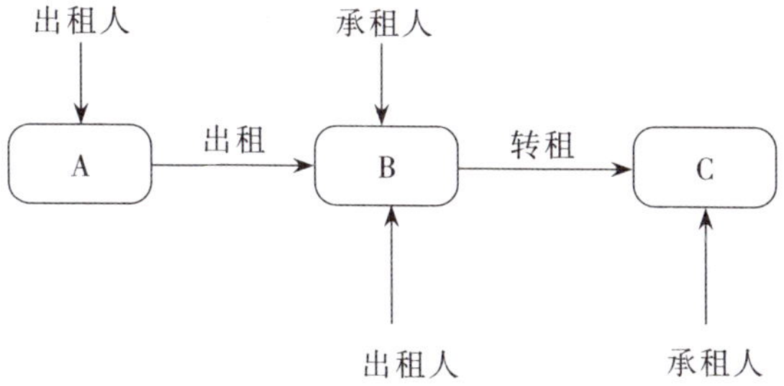

图 16-10　转租赁

从图 16-10 可以看出，这里包含两个租赁关系：

一是 A 出租给 B，A 是出租人，B 是承租人。

二是 B 转租给 C，B 是出租人，C 是承租人。

转租赁账务处理见表 16-20。

表 16-20　　转租赁账务处理

转租赁	账务处理原则
判断原则	是否实质上转移了与该项使用权资产有关的几乎全部风险和报酬： ①未转移：应将转租赁分类为经营租赁 ②已转移：应将转租赁分类为融资租赁

续表

<table>
<tr><th>转租赁</th><th colspan="2">账务处理原则</th></tr>
<tr><td rowspan="2">经营租赁</td><td colspan="2">转租赁分类为经营租赁：
①签订转租赁时：（★★★ 不终止确认）
转租出租人在其资产负债表中继续保留与原租赁相关的租赁负债和使用权资产</td></tr>
<tr><td colspan="2">②在转租期间：（★★★ 分别确认）
a.确认使用权资产的折旧费用和租赁负债的利息
b.确认转租赁的租赁收入</td></tr>
<tr><td rowspan="3">融资租赁</td><td colspan="2">转租赁分类为融资租赁：
①终止确认与原租赁相关且转给转租承租人的使用权资产，并确认转租赁投资净额（应收融资租赁款）
②将使用权资产与转租赁投资净额之间的差额确认为损益（资产处置损益）
③在资产负债表中保留原租赁的租赁负债，该负债代表应付原租赁出租人的租赁付款额（依然正常确认）
④在转租期间，中间出租人既要确认转租赁的融资收益（利息收入），也要确认原租赁的利息费用（财务费用等）</td></tr>
<tr><td>借：使用权资产
　　租赁负债——未确认融资费用
　贷：租赁负债——租赁付款额</td><td rowspan="2">借：应收融资租赁款——租赁收款额
　贷：使用权资产（账面价值）
　　　资产处置损益（公允价值-账面价值）
　　　应收融资租赁款——未实现融资收益</td></tr>
<tr><td>借：应收融资租赁款——租赁收款额
　贷：融资租赁资产（账面价值）
　　　资产处置损益（公允价值-账面价值）
　　　应收融资租赁款——未实现融资收益</td></tr>
</table>

考点13：生产商或经销商出租人的融资租赁会计处理

一般情况下，租赁都是出租人将自己拥有的固定资产出租给承租人，生产商生产的产品（就是存货）是用来出售的，但如果生产商或他的经销商用生产的产品为客户提供了可以租赁也可以购买的选择权时，客户选择了租赁，而且构成融资租赁，就属于我们这节要学习的特殊租赁。

从融资租赁的识别标准可以知道，融资租赁已经转移了资产上几乎所有的风险和收益，可以简单地理解为仅仅是因为分期付款就差没有转移所有权了。而且生产商生产的产品就是存货，存货就是持有以备出售的。所以，生产商或经销商以融资租赁方式出租自己的产品，本质上相当于一种变相的销售，只是以融资租赁这种形式体现而已。

既然本质上相当于销售，在进行会计处理时，也和正常销售一样，需要“确认收入，结转成本”。

1.租赁开始日账务处理

如果生产商或经销商出租其产品或商品构成融资租赁，那么应在租赁期开始日做如下会计处理见表16-21和表16-22。

表16-21　　生产商或经销商出租人的融资租赁会计处理1

确认收入	按照租赁资产公允价值与租赁收款额按市场利率（★★★ 注意：不是租赁内含利率）折现的现值两者孰低确认收入 （出于谨慎性原则考虑，防止高估收入）
结转成本	按照租赁资产账面价值扣除未担保余值的现值后的余额结转成本
两者的差额	收入和销售成本的差额作为销售损益

未实现融资收益=（租赁收款额-租赁收款额的现值）+（未担保余值-未担保余值的现值）

=未实现融资收益1（第一部分）+未实现融资收益2（第二部分）

表16-22　　生产商或经销商出租人的融资租赁会计处理2

借：应收融资租赁款——租赁收款额 贷：主营业务收入（按租赁资产的公允价值与租赁收款额的现值孰低确认） 应收融资租赁款——未实现融资收益1（第一部分）	借：应收融资租赁款——未担保余值（未折现的金额） 主营业务成本（账面价值-未担保余值的现值） 贷：库存商品（账面价值） 应收融资租赁款——未实现融资收益2（第二部分）
注：未收的本金=主营业务收入	注：未收的本金（未担保余值部分）=未担保余值的现值

2.后续账务处理（资产负债表日）：

借：银行存款

　贷：应收融资租赁款——租赁收款额

借：应收融资租赁款——未实现融资收益（两部分）

　贷：租赁收入

到期时：（假设租赁资产余值不变）

借：融资租赁资产

　贷：应收融资租赁款——未担保余值（原值）

3.由于取得融资租赁所发生的成本主要与生产商或经销商赚取的销售利得相关，生产商或经销商出租人应当在租赁期开始日将其计入损益，即与其他融

资租赁出租人不同，生产商或经销商出租人取得融资租赁所发生的成本不属于初始直接费用，不计入租赁投资净额。

借：销售费用

　贷：银行存款

考点14：售后租回交易的会计处理

售后租回交易示意图如图16-11所示：

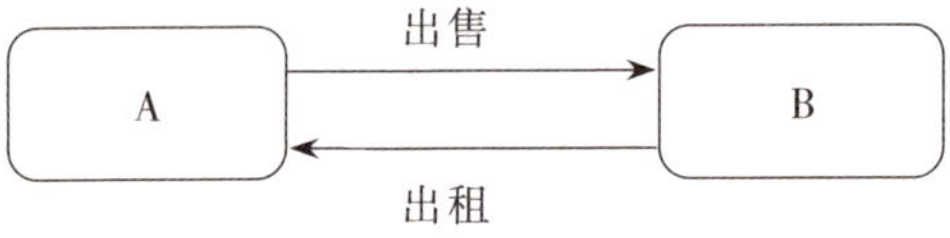

图16-11　售后租回

图16-11中包含了关于同一项资产的两个交易关系：

首先，A出售给B。A是卖方，B是买方。

然后，B出租给A。B是出租人，A是承租人。

A既是卖方，又是承租人，属于卖方兼承租人。

B既是卖方，又是出租人，属于买方兼出租人。

这样的业务就是售后租回交易。

A把资产卖给了B，又租回来，证明A对资产是有使用需求的。

那A为什么要卖掉？

因为A把资产出售给B可以一次性获得一大笔钱，但是租回资产，只需要按约定期限每期支付一小笔钱，A手里就会剩余一大笔资金可以利用。

这样既满足了A的资金使用需求，又满足了A的资产使用需求。对A来说，就是一种融资行为。

B从A买进资产，又出租给A，证明B对资产是没有使用需求的。那B为什么要买进？

从B的角度出发，如果不考虑资产的存在，其实就是B把一大笔钱借给了A，A分期向B还款。但这样对A来说风险很大，因为B随时可能还不上钱，所以通过把资产卖给B，A还不上钱时，B至少享有资产的所有权，类似用资产做担保，只是这里转移了资产的所有权。

这样既给了B一个投资有保障、风险又小的机会，又满足了B的获取投资收益的需求。对B来说，这就是一种投资行为。

售后租回的账务处理见表16-23和表16-24。

表 16-23　　售后租回账务处理 1

<table>
<tr><td rowspan="3">售后租回交易中的资产转让不属于销售</td><td colspan="2">属于融资交易：一方确认金融负债，另一方确认金融资产</td></tr>
<tr><td>卖方兼承租人</td><td>不终止确认所转让的资产，而应当将收到的现金作为金融负债（如长期应付款），并按照《企业会计准则第 22 号——金融工具确认和计量》进行会计处理</td></tr>
<tr><td>买方兼出租人</td><td>不确认被转让资产，而应当将支付的现金作为金融资产（如长期应收款），并按照《企业会计准则第 22 号——金融工具确认和计量》进行会计处理</td></tr>
</table>

表 16-24　　售后租回账务处理 2

<table>
<tr><td colspan="2">售后租回交易中的资产转让属于销售</td></tr>
<tr><td>卖方兼承租人</td><td>应当按原资产账面价值中与租回获得的使用权有关的部分，计量售后租回所形成的使用权资产，并仅就转让至买方兼出租人的权利确认相关利得或损失</td></tr>
<tr><td>买方兼出租人</td><td>根据适用的其他准则对资产购买进行会计处理，并根据新租赁准则对资产出租进行会计处理</td></tr>
</table>

【例题·计算分析题】甲公司（卖方兼承租人）以 24 000 000 元的价格向乙公司（买方兼出租人）出售一栋建筑物，交易前该建筑物的账面原值是 24 000 000 元，累计折旧是 4 000 000 元。与此同时，甲公司与乙公司签订了合同，取得了该建筑物 18 年的使用权（全部剩余使用年限为 40 年，年租金为 2 000 000 元，于每年年末支付，租赁期满时，甲公司将以 100 元购买该建筑物。

根据交易的条款和条件，甲公司转让建筑物不满足收入准则中关于销售成立的条件。假设不考虑初始直接费用和各项税费的影响，该建筑物在销售当日的公允价值为 36 000 000 元。

【答案】

在租赁期开始日，甲公司对该交易的会计处理如下：

借：银行存款　　24 000 000

　贷：长期应付款　　24 000 000

在租赁期开始日，乙公司对该交易的会计处理如下：

借：长期应收款　　24 000 000

　贷：银行存款　　24 000 000

第17章 持有待售

（一）从持有待售看会计专家如何拿捏人性

对“持有待售”这个准则粗一看，完全看不懂，如果会计语感差点的，那么读语句都读不通，主谓宾都找不到，但细一看，还挺有意思的。

假设有这么一个情境，一家重工生产企业上年度报表的固定资产还有1亿元，本年度因为大部分被处置掉了，只剩200万元。这对投资者来说，是极为震惊的，甚至欲哭无泪，我刚投资了你，你怎么突然就卖得只剩一点点了？你不做了或者打算转型，你得提前跟我说啊？现在好了，我年末拿到财务报表，发现固定资产都卖光了，才知道内情。

为了解决这个问题，企业会计准则就规定：企业如果想把一项非流动资产或处置组卖掉，不再使用，也就是主要（注意：用词）通过出售而非持续使用一项非流动资产或处置组收回其账面价值的，应当将其划分为持有待售类别。

（二）高频考点提炼

考点1：持有待售的分类及条件（见表17-1）

表17-1　持有待售的分类及条件

<table>
<tr><td colspan="2">（1）企业主要（注意：用词）通过出售而非持续使用一项非流动资产或处置组收回其账面价值的，应当将其划分为持有待售类别</td></tr>
<tr><td rowspan="2">（2）非流动资产或处置组划分为持有待售类别，应当同时满足两个条件</td><td>①可立即出售（惯例、具有出售的意图和能力、做好相关准备、包括具有商业实质的非货币性资产交换、进行债务重组）</td></tr>
<tr><td>②出售极可能发生（3个条件）：
a.企业已经就一项出售计划作出决议
b.获得确定的购买承诺（签订具有法律约束力的购买协议）
c.预计出售将在一年内完成</td></tr>
</table>

你满足一定条件，就得分类为持有待售资产。

但是企业并不愿意这么做，我都还没卖，只是有这个想法，你就让我披露，这不是暴露了企业的经营意图吗？企业的经营意图就是企业的商业秘密，我动不动就把我的秘密暴露在大众面前，那我还做什么生意？我以后还怎么融资？要知道，融资也是一个跟投资方博弈的过程啊。

所以，就算我满足你上面说的条件，我也不披露，因此，如果企业的固定资产或者处置组满足了准则的持有待售条件，但是它就是不分类为持有待售，那这条规定就形同虚设。

为了让企业经营者们乖乖听话，于是准则又“抛出”了一条规定，那就是：固定资产或者处置组划分至持有待售之后，这部分固定资产在最多一年之内是不需要提折旧的。

对于每年折旧费用动不动就几千万元的企业来说，这可是实实在在的好处啊，赤裸裸的诱惑！你想，我只要把这些固定资产分类为持有待售，我今年就不用计提折旧了，那就意味着我的利润表少了几千万元的费用。于是，我今年利润多了几千万元，扭亏为盈了，股价会上涨，企业高管绩效好，年终奖丰厚。你说，我想不想把它划分为持有待售？

我啥也不用干，就让会计填报表的时候，重新分个类，利润就多了几千万元，这简直是天上掉馅饼，必捡！

但是，馅饼是你想捡就捡的吗？你必须满足一定条件才能分类为持有待售，企业会计准则有非常严格细致的规定，于是又回到前面的问题，持有待售的定义是什么？划分为持有待售的条件是什么？对划分前、划分时、划分后、不再划分，以及终止确认该如何进行处理，会计准则都会有详细的规定。

考点2：延长一年期限的例外条款（见表17-2）

表17-2　　延长一年期限的例外条款

（1）有些情况下，由于发生一些企业无法控制的原因，可能导致出售未能在一年内完成（2种情形）	①如果涉及的出售是关联方交易，不允许放松一年期限条件
	②如果涉及的出售不是关联方交易，且有充分证据表明企业仍然承诺出售非流动资产或处置组，允许放松一年期限条件，企业可以继续将非流动资产或处置组划分为持有待售类别
（2）企业无法控制的原因（2个方面）	①意外设定条件 买方或其他方（注意：不是自己）意外设定导致出售延期的条件，企业针对这些条件：a.已经及时采取行动，且预计能够自设定导致出售延期的条件；b.一年内顺利化解延期因素
	②发生罕见情况 在最初一年内已经采取必要措施，主要指因不可抗力引发的情况、宏观经济形势发生急剧变化等不可控情况

考点3：不再继续符合划分条件的处理（见表17-3）

表17-3　不再继续符合划分条件的处理

持有待售的非流动资产或处置组不再继续满足持有待售类别划分条件的，企业不应当继续将其划分为持有待售类别
部分资产或负债从持有待售的处置组中移除后，如果处置组中剩余资产或负债新组成的处置组仍然满足持有待售类别划分条件，企业应当将新组成的处置组划分为持有待售类别，否则应当将满足持有待售类别划分条件的非流动资产单独划分为持有待售类别

考点4：专为转售而取得的非流动资产或处置组

对于企业专为转售而新取得的非流动资产或处置组，如果在取得日满足“预计出售将在一年内完成”的规定条件，且短期（通常为3个月）内很可能满足划分为持有待售类别的其他条件，企业应当在取得日将其划分为持有待售类别。

考点5：持有待售的长期股权投资

第一种情况：对子公司的投资

【特别提示】有些情况下，企业出售对子公司投资但并不丧失对其的控制权，企业不应当将拟出售的部分对子公司投资或对子公司投资整体划分为持有待售类别。

（1）企业因出售对子公司的投资等原因导致其丧失对子公司的控制权，无论企业是否保留非控制的权益性投资，应当在拟出售的对子公司投资满足持有待售类别划分条件时，做如下处理（见表17-4）：

表17-4　对子公司投资满足持有待售类别划分条件的处理

个别财务报表（母公司）	将对子公司投资整体划分为持有待售类别，而不是仅将拟处置的投资划分为持有待售类别
合并财务报表	①将子公司所有资产和负债划分为持有待售类别，而不是仅将拟处置的投资对应的资产和负债划分为持有待售类别 ②无论对子公司的投资是否划分为持有待售类别，企业始终应当按照《企业会计准则第33号——合并财务报表》的规定确定合并范围，编制合并财务报表

（2）企业出售对子公司投资后保留的部分权益性投资，应当区分以下情况处理（2种情况），见表17-5。

表 17-5　　企业出售对子公司投资后保留的部分权益性投资的处理

项目（分类）	企业对被投资企业施加共同控制或重大影响	企业对被投资企业不具有控制、共同控制或重大影响
个别财务报表（母公司）	应当按照《企业会计准则第 2 号——长期股权投资》有关成本法转权益法的规定进行会计处理	应当按照《企业会计准则第 22 号——金融工具确认和计量》进行会计处理
合并财务报表	应当按照《企业会计准则第 33 号——合并财务报表》的有关规定进行会计处理	

【例题·多选题】甲公司持有乙公司 80% 股权，能够对乙公司实施控制。20×9 年 12 月 20 日，甲公司与无关联关系的丙公司签订股权转让协议，拟将所持乙公司 60% 股权 转让给丙公司，转让后甲公司将丧失对乙公司的控制，但能够对乙公司施加重大影响。

截至 20×9 年 12 月 31 日，上述股权转让尚未成功，甲公司预计将在 3 个月内完成转让。假定甲公司所持乙公司股权投资在 20× 9 年 12 月 31 日满足划分为持有待售类别的条件，不考虑其他因素，下列各项关于甲公司会计处理的表述中，错误的有（　　）。

A. 自满足划分为持有待售类别的条件起不再将乙公司纳入 20×9 年度合并财务报表的合并范围

B. 在 20×9 年 12 月 31 日个别财务报表中将所持乙公司 80% 股权投资在“一年内到期的非流动资产”项目列示

C. 在 20×9 年 12 月 31 日个别财务报表中将所持乙公司 60% 股权投资在“持有待售资产”项目列示，将所持有乙公司 20% 股权投资在“长期股权投资”项目列示

D. 在 20×9 年 12 月 31 日合并财务报表中将所持乙公司 60% 股权投资在“持有待售资产”项目列示，将所持有乙公司 20% 股权投资在“长期股权投资”项目列示

【答案】ABCD

【解析】出售对子公司的投资满足持有待售类别的条件，无论企业是否保留非控制的权益性投资，应当在拟出售的对子公司投资满足持有待售类别划分条件时，在母公司个别财务报表中将对子公司投资整体划分为持有待售类别，而不是仅将拟处置的投资划分为持有待售类别；在合并财务报表中将子公司所有资产和负债划分为持有待售类别，而不是仅将拟处置的投资对应的资产和负债划分为持有待售类别，选项 C 和 D 错误。

在未转让 60% 股权投资前仍应编制合并财务报表，选项 A 错误；在 20×9

年12月31日个别财务报表中将所持乙公司80%股权投资在“持有待售资产”项目列示，选项B错误。

考点6：拟结束使用而非出售的非流动资产或处置组（如期满报废）

非流动资产或处置组可能因为种种原因而结束使用，且企业并不会将其出售，或仅获取其残值，企业不应当将其划分为持有待售类别。

对于暂时停止使用的非流动资产，不应当认为其拟结束使用，也不应当将其划分为持有待售类别。

【例题】某纺织企业H拥有一条生产某类布料的生产线，由于市场需求变化，该类布料的销量锐减，企业H决定暂停该生产线的生产，但仍然对其进行定期维护，待市场转好时重启生产。

【答案】由于生产线属于暂停使用，企业H不应当将其划分为持有待售类别。

考点7：持有待售准则与其他准则的关联

对于持有待售的非流动资产（包括处置组中的非流动资产）的计量，应当区分不同情况：

1.采用公允价值模式进行后续计量的投资性房地产，适用《企业会计准则第3号——投资性房地产》（注意区别：采用成本模式进行后续计量的投资性房地产）；

2.采用公允价值减去出售费用后的净额计量的生物资产，适用《企业会计准则第5号——生物资产》；

3.职工薪酬形成的资产，适用《企业会计准则第9号——职工薪酬》；

4.递延所得税资产，适用《企业会计准则第18号——所得税》；

5.由金融工具相关会计准则规范的金融资产，适用金融工具相关会计准则；

6.由保险合同相关会计准则规范的保险合同所产生的权利，适用保险合同相关会计准则；

7.除上述各项外的其他持有待售的非流动资产，按照下文所述的方法计量。

对于持有待售的处置组的计量，只要处置组中包含了上述第（7）项所述的非流动资产（以下简称适用本章计量规定的非流动资产），就应当采用下文所述的方法计量整个处置组。

处置组中的a.流动资产、b.上文所述的非流动资产（以下简称适用其他准则计量规定的非流动资产）和c.所有负债的计量适用相关会计准则。

持有待售准则与其他准则的关联见表17-6。

表 17-6　　持有待售准则与其他准则的关联

持有待售的非流动资产	1. 非流动资产（第1项至第6项）	适用相关会计准则
	2. 非流动资产（第1项至第6项以外的） 如：固定资产（在建工程）、无形资产（开发支出）、采用成本模式计量的投资性房地产、长期股权投资、商誉等	适用本章计量规定
持有待售的处置组	1. 流动资产	适用相关会计准则
	2. 非流动资产（第1项至第6项）	
	3. 所有负债（包括流动负债和非流动负债）	
	非流动资产（第1项至第6项以外的） 如：固定资产（在建工程）、无形资产（开发支出）、采用成本模式计量的投资性房地产、长期股权投资、商誉等	适用本章计量规定

考点8：持有待售类别的计量

把一项固定资产或者处置组划分为持有待售类别，有以下几个阶段（如图17-1所示）：

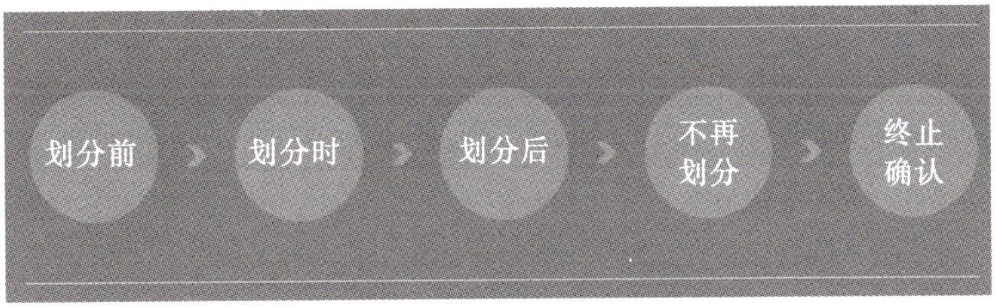

图 17-1　把一项固定资产或者处置组划分为持有待售类别的几个阶段

每个阶段该如何计量？如果我们将把固定资产划分为持有待售类别这件事比喻成“上贼船”，那就变成了以下几个问题（如图17-2所示）：

图 17-2　“上贼船”的几个步骤

1. 你上船前要做哪些准备？
2. 上船时你要做些什么？
3. 在船上会遇到什么问题，该怎么处理？
4. 我想下船可不可以？如果可以，那么怎么下？

5.下船后，消失（比如转让或报废等）怎么处理？

当然，事件发生的顺序不一定完全按这个顺序，比如我还没下船，在船上就消失了，该怎么处理？

1.划分为持有待售类别前的计量（正常计提折旧、摊销、计提减值）

企业在将非流动资产或处置组首次划分为持有待售类别前，应当按照相关会计准则规定计量非流动资产或处置组中各项资产和负债的账面价值。

2.划分为持有待售类别时的计量（是否计提减值？分为两个步骤）（见表17-7）

表17-7 划分为持有待售类别时的计量

步骤	具体内容
第一步	对于持有待售的非流动资产或处置组，企业在初始计量时，应当按照相关会计准则规定计量流动资产、适用其他准则计量规定的非流动资产（第1项至第6项）和负债
第二步	①如果持有待售的非流动资产或处置组整体的账面价值（持有待售资产合计－持有待售负债合计）低于其公允价值减去出售费用后的净额，则企业不需要对账面价值进行调整 ②如果账面价值高于其公允价值减去出售费用后的净额，则企业应当将账面价值减记至公允价值减去出售费用后的净额，减记的金额确认为资产减值损失，计入当期损益，同时计提持有待售资产减值准备
注意事项	对不适用本准则计量规定的资产和负债按照相关准则规定已经确认的损失，不应当重复确认
账务处理	借：资产减值损失 贷：持有待售资产减值准备——固定资产 ——无形资产 ——商誉等 注：先抵减商誉账面价值，仍不足，则按比例抵减第1项至第6项以外的非流动资产的账面价值
其他说明	1.出售费用：包括为出售发生的特定法律服务、评估咨询等中介费用，也包括相关的消费税、城市维护建设税、土地增值税和印花税等，但不包括财务费用和所得税费用 2.有些情况下，公允价值减去出售费用后的净额可能为负值，持有待售的非流动资产或处置组中资产的账面价值应当以减记至零为限。 对于是否需要确认相关预计负债，应当按照《企业会计准则第13号——或有事项》的规定进行会计处理

3.划分为持有待售类别后的计量

1）持有待售的非流动资产的后续计量（继续计提减值？转回？）

（1）企业在资产负债表日重新计量持有待售的非流动资产时，如果其账面价值高于公允价值减去出售费用后的净额，应当将账面价值减记至公允价值减去出售费用后的净额，减记的金额确认为资产减值损失，计入当期损益，同时计提持有待售资产减值准备。（计提减值）

（2）如果后续资产负债表日持有待售的非流动资产公允价值减去出售费用后的净额增加，以前减记的金额应当予以恢复，并在划分为持有待售类别后非流动资产确认的资产减值损失金额内转回（划分为持有待售：本质上属于流动资产——联想存货跌价准备，所以可以转回），转回金额计入当期损益，划分为持有待售类别前确认的资产减值损失不得转回。（转回减值）

2）持有待售的处置组的后续计量

（1）减值的后续计量（见表17-8）。

表17-8　持有待售类别减值的后续计量

1. 流动资产	适用相关会计准则
2. 非流动资产（第1项至第6项）	
3. 所有负债（包括流动负债和非流动负债）	
4.第7项非流动资产	本准则

先按相关会计准则确定处置组第1、2、3项的账面价值，然后再按本准则确定第4项的账面价值，最后将整个处置组的账面价值跟整体的公允价值减去出售费用净额相比较。

①企业在资产负债表日重新计量持有待售的处置组时，应当首先按照相关会计准则规定计量处置组中的流动资产、适用其他计量规定的非流动资产和负债的账面价值。

②在进行上述计量后，企业应当比较持有待售的处置组整体账面价值（持有待售资产合计－持有待售负债合计）与公允价值减去出售费用后的净额，如果账面价值高于其公允价值减去出售费用后的净额，则应当将账面价值减记至公允价值减去出售费用后的净额，减记的金额确认为资产减值损失，计入当期损益，同时计提持有待售资产减值准备，但不应当重复确认不适用本准则计量规定的资产和负债按照相关准则规定已经确认的损失。

③对于持有待售的处置组确认的资产减值损失金额，如果该处置组包含商誉，则应当先抵减商誉的账面价值，再根据处置组中适用本章计量规定的各项非流动资产账面价值所占比重，按比例抵减其账面价值。（先抵减商誉，再抵减非流动资产）

④确认的资产减值损失金额应当以处置组中包含的适用本章计量规定的各项资产的账面价值为限，不应分摊至处置组中包含的流动资产或适用其他准则计量规定的非流动资产。

（2）减值转回的后续计量。

①如果后续资产负债表日持有待售的处置组公允价值减去出售费用后的净额增加，则以前减记的金额应当予以恢复，并在划分为持有待售类别后适用本章计量规定的非流动资产（千万注意范围）确认的资产减值损失金额内转回，转回金额计入当期损益，且不应当重复确认适用其他准则计量规定的非流动资产和负债按照相关准则规定已经确认的利得。

②已抵减的商誉账面价值，以及适用本章计量规定的非流动资产在划分为持有待售类别前确认的资产减值损失不得转回。

③对于持有待售的处置组确认的资产减值损失后续转回金额，应当根据处置组中除商誉外适用本章计量规定的各项非流动资产账面价值所占比重，按比例增加其账面价值。

（3）如果处置组不符合终止经营定义，则持有待售资产确认的资产减值损失应当在利润表中以持续经营损益列示。企业同时应当在附注中进一步披露持有待售处置组的相关信息。

（4）持有待售的处置组中的负债和适用其他准则计量规定的金融资产、以公允价值计量的投资性房地产等的利息或租金收入、支出以及其他费用应当继续予以确认。

4.不再继续划分为持有待售类别的计量

非流动资产或处置组因不再满足持有待售类别划分条件而不再继续划分为持有待售类别或非流动资产，从持有待售的处置组中移除时，应当按照以下两者孰低计量：

（1）划分为持有待售类别前的账面价值，按照假定不划分为持有待售类别情况下本应确认的折旧、摊销或减值等进行调整后的金额。

（2）可收回金额。

由此产生的差额计入当期损益，可以通过“资产减值损失”科目进行会计处理。这样处理的结果是，原来划分为持有待售的非流动资产或处置组在重新分类后的账面价值，与其从未划分为持有待售类别情况下的账面价值相一致。

5.终止确认

持有待售的非流动资产或处置组在终止确认时，企业应当将尚未确认的利得或损失计入当期损益。

【例题·案例题】2×17年3月1日，L公司购入M公司全部股权，支付价款1 600万元。购入该股权之前，L公司的管理层已经做出决议，一旦购入M公司，将在一年内将其出售给N公司，M公司当前状况下即可立即出售。

预计L公司还将为出售该子公司支付12万元的出售费用。

L公司与N公司计划于2×17年3月31日签署股权转让合同。

分析思路及答案：

情形一：L公司与N公司初步议定股权转让价格为1 620万元。

（1）上船

M公司是专为转售而取得的子公司，其不划分为持有待售类别情况下的初始计量金额应当为1 600万元，当日公允价值减去出售费用后的净额为1 608万元（1 620－12），按照二者孰低计量。

L公司在2×17年3月1日的账务处理如下：

借：持有待售资产——长期股权投资　　16 000 000

　贷：银行存款　　16 000 000

（2）在船上

2×17年3月31日，L公司与N公司签订合同，转让所持有M公司的全部股权，转让价格为1 607万元，L公司预计还将支付8万元的出售费用。

2×17年3月31日，L公司持有的M公司的股权公允价值减去出售费用后的净额为1 599万元（1 607－8），账面价值为1 600万元（已知），以二者孰低计量，L公司在2×17年3月31日的账务处理如下：

借：资产减值损失　　10 000

　贷：持有待售资产减值准备——长期股权投资　　10 000

（3）消失

2×17年6月25日，公司L为转让公司N的股权支付律师费5万元。

6月29日，L公司完成对N公司的股权转让，收到价款1 607万元。

L公司在2×17年6月25日支付出售费用的账务处理如下：（签订合同）

借：投资收益　　50 000

　贷：银行存款　　50 000

L公司在2×17年6月29日的账务处理如下：

借：银行存款　　16 070 000

　　持有待售资产减值准备——长期股权投资　　10 000

　贷：持有待售资产——长期股权投资　　16 000 000

　　　投资收益　　80 000（倒轧）

情形二：L公司尚未与N公司议定转让价格，购买日股权公允价值与支付价款一致。

（1）上船

M公司是专为转售而取得的子公司，其不划分为持有待售类别情况下的初

始计量金额为1 600万元，当日公允价值减去出售费用后的净额为1 588万元（1 600－12），按照二者孰低计量。L公司在2×17年3月1日的账务处理如下：

借：持有待售资产——长期股权投资　　15 880 000

　资产减值损失　　120 000（倒挤）

　贷：银行存款　　16 000 000

（2）在船上

2×17年3月31日，L公司持有的M公司的股权公允价值减去出售费用后的净额为1 599万元，账面价值为1 588万元（已知），以二者孰低计量，L公司不需要进行账务处理。

注：上述资产减值损失无需转回（不属于划分为持有待售类别后计提的减值）

（3）消失

L公司在2×17年6月25日支付出售费用的账务处理如下：

借：投资收益　　50 000

　贷：银行存款　　50 000

L公司在2×17年6月29日的账务处理如下：

借：银行存款　　16 070 000

　贷：持有待售资产——长期股权投资　　15 880 000

　　投资收益　　190 000（倒轧）

注：本题只涉及"长期股权投资"，差额计入"投资收益"。

考点9：终止经营

终止经营：指企业满足下列条件之一的、能够单独区分的组成部分，且该组成部分已经处置或划分为持有待售类别：（三个条件之一）（见表17-9）

表17-9　终止经营划分为持有待售

1. 该组成部分代表一项独立的主要业务或一个单独的主要经营地区	★★★ 强调规模
2. 该组成部分是拟对一项独立的主要业务或一个单独的主要经营地区进行处置的一项相关联计划的一部分（健身中心、酒店）	
3. 该组成部分是专为转售而取得的子公司	★★★ 不强调规模

简化记忆：一定规模的已处置＋一定规模的持有待售＋（已待）转售的子公司＝终止经营

【例题】某快餐企业A在全国拥有500家零售门店，A决定将位于Z市的8家零售门店中的一家门店C出售，并于2×17年8月13日与企业B正式签订了转让协议，假设门店C符合持有待售类别的划分条件。判断C是否构成A的终止经营。

【答案】尽管门店C是一个处置组，也符合持有待售类别的划分条件，但由于它只是一个零售点，不能代表一项独立的主要业务或一个单独的主要经营地区，也不构成拟对一项独立的主要业务或一个单独的主要经营地区进行处置的一项相关联计划的一部分，因此该处置组并不构成企业的终止经营。

企业A应当在利润表中分别列示持续经营损益和终止经营损益（如图17-3所示）。

二、营业利润（亏损以"-"号填列）		
加：营业外收入		
减：营业外支出		
三、利润总额（亏损总额以"-"号填列）		
减：所得税费用		
四、净利润（净亏损以"-"号填列）		
（一）持续经营净利润（净亏损以"-"号填列）		
（二）终止经营净利润（净亏损以"-"号填列）		
五、其他综合收益的税后净额		

图17-3 企业A利润表截图

第18章 企业合并

（一）反向购买——资本运作中的蛇吞象

“企业合并”这一章有关同一控制下的企业合并和非同一控制下的企业合并在“长期股权投资”这一章已经详细讲完了，因此这里就不再赘述了。

去掉同一控制下的企业合并和非同一控制下的企业合并相关内容，那剩下的主要就是反向购买了。

“企业合并”这个准则粗看也是极其深奥的，不管你是看准则原文，还是看《中级会计实务》教材抑或CPA教材，结果都是不知所云，书上每一个字你都认识，连在一起你就读不懂了。

但当你真的看出点眉目的时候，你就会一身冷汗，里面居然全是“刀光剑影”“尔虞我诈”。

什么是反向购买？通俗地说，就是蛇吞象，在资本市场中常见于借壳上市。

我们先看一个现实中的案例。

【案例】顺丰控股借壳鼎泰新材

两个公司交易前持股比例如图18-1所示：

上市公司：

鼎泰新材（交易代码 002352.SZ）

净资产评估作价：7.96亿元

股权结构：

股东名称	持股比例
刘翼鲁（实际控制人）	42.90%
中科汇通	10.93%
刘凌云	6.16%
其他股东	40%
合计	100%

拟借壳公司：

顺丰控股

净资产评估作价：433亿元

股权结构：

股东名称	持股比例
明德控股（控股股东）	68.40%
顺达丰润	9.93%
招广投资	6.75%
嘉强顺风	6.75%
元禾顺风	6.75%
古玉秋创	1.35%
顺丰信合	0.07%
合计	100%

图18-1　两个公司交易前持股比例

为了完成此次收购，鼎泰新材向顺丰控股的所有股东发行股份39.5亿股，每股股价10.76元（前60个交易日鼎泰新材股票均价的90%，39.5×10.76正好就是两者净资产的差价425亿元）发行股票结束后，鼎泰新材的股权结构发生了很大变化（如图18-2所示）。

股东名称	本次交易之前		本次发行股份数量	本次交易之后	
	持股数量	持股比例		持股数量	持股比例
刘冀鲁	100,168,338	42.90%			
中科汇通	25,529,570	10.93%		25,529,570	0.61%
刘凌云	14,394,704	6.16%		14,394,704	0.34%
其他股东	93,403,728	40%		93,403,728	2.23%
[illegible]					
顺达丰润			392,253,457	392,253,457	9.38%
嘉强顺风			266,637,546	266,637,546	6.37%
招广投资			266,637,546	266,637,546	6.37%
元禾顺风			266,637,546	266,637,546	6.37%
古玉秋创			53,327,509	53,327,509	1.27%
顺信丰合			2,765,130	2,765,130	0.07%
合计	233,492,340	100%	3,950,185,873	4,183,678,213	100%

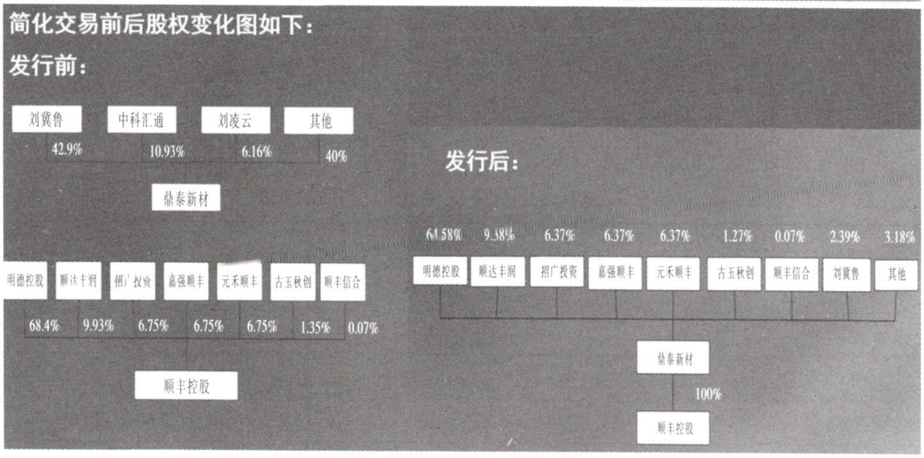

图18-2 交易前后持股比例对比

从图18-2中可以看出：顺丰控股的原股东通过控制鼎泰新材而控制了顺丰控股，可以理解为是顺丰控股控制了泰鼎新材，因为控制权最终体现为人在控制，顺丰控股和顺丰控股的股东属于同一利益体。

（二）高频考点提炼

考点1：反向购买的处理（只适用于合并财务报表）

（一）反向购买基本原则

非同一控制下的企业合并，以发行权益性证券交换股权的方式进行的，通常发行权益性证券的一方为购买方。

但某些企业合并中，发行权益性证券的一方因其生产经营决策在合并后被参与合并的另一方所控制的，发行权益性证券的一方虽然为法律上的母公司，但其为会计上的被购买方，该类企业合并通常称为“反向购买”。

例如：A公司为一家规模较小的上市公司，B公司为一家规模较大的公司。B公司拟通过收购A公司的方式达到上市目的，但该交易是通过A公司向B公司原股东（甲公司）发行普通股用以交换B公司原股东持有的对B公司股权方式实现（A给股份让B的原股东走人）。

进行了该项交易后，B公司原股东持有A公司50%以上股权，A公司持有B公司50%以上股权，A公司为法律上的母公司、B公司为法律上的子公司，但从会计角度看，A公司为被购买方，B公司为购买方。

1. 企业合并成本

反向购买中，企业合并成本是指法律上的子公司（B公司，会计上的购买方）如果以发行权益性证券的方式获取在合并后报告主体的股权比例，则应向法律上的母公司（A公司，会计上的被购买方）的股东披露发行的权益性证券数量与其公允价值计量的结果。

【例题】（名义上A公司编制合并财务报表，但尊重“实质重于形式”的原则）

A上市公司于20×7年9月30日通过定向增发本企业普通股对B企业进行合并，取得B企业100%股权。假定不考虑所得税的影响。A公司和B企业在合并前简化的资产负债表见表18-1。

表18-1　A公司和B企业合并前简化的资产负债表　单位：万元

项目	A公司	B企业
流动资产	3 000	4 500
非流动资产	21 000	60 000
资产总额	24 000	64 500
流动负债	1 200	1 500
非流动负债	300	3 000
负债总额	1 500	4 500
所有者权益		
股本	1 500	900
资本公积		
盈余公积	6 000	17 100
未分配利润	15 000	42 000
所有者权益总额	22 500	60 000
负债及所有者权益总额	24 000	64 500

其他资料：

（1）20×7年9月30日，A公司通过定向增发本企业普通股，以2股换1股的比例自B企业原股东处（甲公司）取得了B企业全部股权。A公司共发行了1 800万股普通股以取得B企业全部900万股普通股。

（2）A公司普通股在20×7年9月30日的公允价值为20元，B企业每股普通股当日的公允价值为40元。A公司、B企业每股普通股的面值均为1元。

（3）20×7年9月30日，A公司除非流动资产公允价值较账面价值（21 000万元）高4 500万元以外，其他资产、负债项目的公允价值与其账面价值相同。

（4）假定A公司与B企业在合并前不存在任何关联方关系（非同一控制下的企业合并）。

对于该项企业合并，虽然在合并中发行权益性证券的一方为A公司，但因其生产经营决策的控制权在合并后由B企业原股东（甲公司）控制，所以B企业应为购买方，A公司为被购买方。

【答案】

第一步，确定该项合并中B企业的合并成本（已知：A公司原股数1 500万股，B企业原股数900万股）。A公司在该项合并中向B企业原股东（甲公司）增发了1 800万股普通股，合并后B企业原股东（甲公司）持有A公司的股权比例为54.55%（1 800 ÷ 3 300）。假定B企业发行本企业普通股在合并后主体享有同样的股权比例，则B企业应当发行的普通股股数为750万股（900 ÷ 54.55% － 900），其公允价值为30 000万元［750万股× 40元/股（B企业）］，企业合并成本为30 000万元。

第二步，企业合并成本在可辨认资产、负债中的分配：合并成本30 000万元（750万股×40元/股），A公司可辨认资产、负债（公允价值）如下：

流动资产　　3 000万元

非流动资产　25 500万元［21 000＋ 4 500（评估增值）］

流动负债　　1 200万元

非流动负债　　300万元

商誉　　　　3 000万元（计算得出）

A公司20×7年9月30日合并资产负债表见表18-2：

表18-2　　A公司20×7年9月30日合并资产负债表　　单位：万元

项目	金额
流动资产	7 500（3 000＋ 4 500）
非流动资产	85 500（21 000＋ 4 500 ＋ 60 000）
商誉	3 000（计算得出）

续表

项目	金额
资产总额	96 000（上述3项合计）
流动负债	2 700（1 200＋ 1 500）
非流动负债	3 300（300＋ 3 000）
负债总额	6 000（上述2项合计）
股本（3 300万股普通股） A公司：（1 500＋1 800）万股	1 650（900万股＋ 虚拟股数750万股）
资本公积	29 250（倒挤或30 000－750×1）
盈余公积	17 100（B公司）
未分配利润	42 000（B公司）
所有者权益总额	90 000（资产－负债）
负债及所有者权益总额	96 000

2. 合并财务报表的编制

反向购买后，法律上的母公司（A公司）应当遵从以下原则编制合并财务报表：

（1）合并财务报表中，法律上子公司（B公司）的资产、负债应以其在合并前的账面价值进行确认和计量。

（2）合并财务报表中的留存收益和其他权益余额应当反映的是法律上子公司（B公司）在合并前的留存收益和其他权益余额。

（3）合并财务报表中的权益性工具的金额应当反映法律上子公司（B公司）合并前发行在外的股份面值以及假定在确定该项企业合并成本过程中新发行的权益性工具的金额。

但是，在合并财务报表中的权益结构应当反映法律上母公司（A公司）的权益结构，即法律上母公司发行在外权益性证券的数量及种类。

（4）法律上母公司（A公司）的有关可辨认资产、负债在并入合并财务报表时，应以其在购买日确定的公允价值进行合并，企业合并成本大于合并中取得的法律上母公司（被购买方）可辨认净资产公允价值的份额体现为商誉，小于合并中取得的法律上母公司（被购买方）可辨认净资产公允价值的份额确认为合并当期损益。

（5）合并财务报表的比较信息应当是法律上子公司（B公司）的比较信息（即法律上子公司的前期合并财务报表）。

（6）法律上子公司（B公司）的有关股东在合并过程中未将其持有的股份转换为法律上母公司（A公司）股份的，该部分股东享有的权益份额在合并财务报表中应作为少数股东权益列示。另外，对于所有股东，虽然在该项合并中其被认为是被购买方，但其享有合并形成报告主体的净资产及损益，不应作为少数股东权益列示。

3. 每股收益的计算（理论部分）（股数一定是A公司的，因为B公司很可能还没有上市）

发生反向购买，当期用于计算每股收益的发行在外普通股加权平均数为：

（1）自当期期初至购买日（1月1日—9月30日），发行在外的普通股数量应假设为在该项合并中法律上母公司（A公司）向法律上子公司（B公司）股东（甲公司）发行的普通股股数1 350万股（1 800×9÷12，B公司原股数为900万股，每2股换1股，所以为1 800万股）。

（2）自购买日至期末（9月30日—12月31日），发行在外的普通股数量为法律上母公司实际发行在外的普通股股数825万股［（1 800＋1 500）×3÷12］。反向购买后对外提供比较合并财务报表的，其比较前期合并财务报表中的基本每股收益，应以法律上子公司（B公司）在每一比较报表期间归属于普通股股东的净损益除以在反向购买中法律上母公司（A公司）向法律上子公司（B公司）股东发行的普通股股数计算确定（1 800万元÷1 800万股）。

【特别提示】上述计量假定法律上子公司（B公司）发行的普通股股数在比较期间内和自反向购买发生期间的期初至购买日之间未发生变化。如果法律上子公司发行的普通股股数在此期间发生了变动，则在计算每股收益时应适当考虑其影响并进行调整。

第三步，每股收益（股数：反映A公司的权益结构）

本例中假定B企业20×6年（上一年）实现合并净利润1 800万元，20×7年A公司与B企业形成的主体实现的合并净利润为3 450万元，自20×6年1月1日至20×7年9月30日，B企业发行在外的普通股股数未发生变化。

【答案】

A公司20×7年基本每股收益＝3 450÷（1 800×9÷12 ＋ 3 300×3÷12）

＝1.59（元/股）

在提供比较报表的情况下，比较报表中的每股收益应进行调整：

A公司20×6年的基本每股收益＝1 800（净利润）÷1 800

＝1（元/股）

考点2：母公司购买子公司少数股权（见表18-3）

表18-3 母公司购买子公司少数股权时的会计处理

<table>
<tr><th>特殊交易</th><th>个别报表处理</th><th colspan="2">合并报表处理</th></tr>
<tr><td rowspan="2">1.母公司购买子公司少数股东股权</td><td>母公司个别财务报表中对于自子公司少数股东处新取得的长期股权投资，应当按照《企业会计准则第2号——长期股权投资》的规定，确定长期股权投资的入账价值。即按照实际支付价款或公允价值确认长期股权投资</td><td colspan="2" rowspan="2">母公司购买子公司少数股东拥有的子公司股权，在合并财务报表中，因购买少数股权新取得的长期股权投资与按照新增持股比例计算应享有子公司自购买日或合并日开始持续计算的净资产份额之间的差额，应当调整资本公积（资本溢价或股本溢价），资本公积不足冲减的，调整留存收益。
合并资产负债表确认资本公积＝支付价款－新增长期股权投资相对应享有子公司自购买日持续计算的可辨认净资产份额</td></tr>
<tr><td>【思考】自子公司少数股东处新取得的长期股权投资，属于企业合并吗？
【答案】不属于企业合并</td></tr>
<tr><td colspan="4">【例题】甲公司2008年年初购得乙公司80%的股份，初始成本为5 000万元，当日乙公司可辨认净资产公允价值为6 000万元，2009年年初甲公司又购入了乙公司10%的股份，买价为800万元。自购买日开始持续计算的乙公司净资产为6 500万元（分录单位：万元）</td></tr>
<tr><td colspan="3">甲公司个别报表角度的会计处理
借：长期股权投资　　800
　贷：银行存款　　800</td><td>按合并角度此交易属于内部权益交易
借：长期股权投资　　650
　　资本公积　　150
　贷：银行存款　　800
合并报表的准备工作
借：资本公积　　150
　贷：长期股权投资　　150</td></tr>
</table>

第19章

财务报告

（一）答题法宝，知识工具化

恩格斯说过："没有一只猿手曾经制造过一把即使是最粗笨的石刀。"也就是说，是否会制造工具是人与动物的根本区别。

清晨，再厚的窗帘也挡不住耀眼的阳光。它一如既往、毫不吝啬地洒了进来，轻轻缭绕我的睡眼。闹钟叮叮当当响个不停，我一下子醒了。今天周一，我连忙掀开被子，穿衣洗漱，快速出门。

快到公司门口的时候，碰到了杜老师，我连忙微笑着打招呼："杜老师早。"

"小艾早。昨天玩得愉快吧？"杜老师愉快地回应我。

"很开心，昨天学习得很开心，玩得也很开心。"

"你复习得倒蛮快的，'或有事项'都复习完了，准备复习第三部分了吧？"

"对呀，昨天回去准备看'收入'这一章，没想到，倒到床上就睡着了。"

"看'收入'这一章啊，其实我建议你可以先看'合并报表'。"

"'合并报表'？'合并报表'是哪一章啊？你是不是说'财务报告'那一章啊？"

"噢，是的，其实'财务报告'这一章的主要内容就是合并报表，它经常和'长期股权投资'综合起来考。'中级会计实务'考试经常出两个综合题，共33分，考点几乎全在教材第三部分：一个是合并报表，另一个是收入及报表调整。"

"我看第三部分有很多章啊，怎么会只考两个问题呢？"

"确认收入，结转成本，完了是不是要缴税？也就是'所得税'这一章。所得税缴完了，报表出了，如果在次年发生了一些事项，有的是不是需要调整报表？也就是'资产负债表日后事项'这一章。还有可能发生会计差错更正、

会计政策变更、会计估计变更事项，如果有外币业务，还会涉及外币报表折算。你说它们的联系是不是很紧密？其实就是一个问题，涉及报表调整、收入调整、成本调整、所得税调整等等，而且考试出综合题的时候，它们也经常串联在一起考。那你还不如将其看成一个大问题复习。”

“噢，原来是这样呀，那为什么要先复习‘合并报表’呢？”

“‘合并报表’简单呀。”

“‘合并报表’怎么会简单呢？我看‘财务报告’这一章的内容好像很多，七八十页呢。”我连忙从包里拿出教材翻看。

“我是说相对于收入及报表调整，合并报表就简单多了。你把合并报表复习完了，相当于完成了第三部分的50%，剩下就只有一个问题了。第一遍复习马上就要大功告成了，是不是会很开心？”

“你真的很阿Q耶。”

“复习本来就要有点阿Q精神啊，这样才能看到希望，才能信心百倍，勇往直前啊。”

“不过，我感觉‘合并报表’这一章还是很难的，我翻着都觉得挺难。”

“不用怎么看书。”

“不看书，怎么考试啊？”

“等会儿我给你个‘法宝’，考试的时候，相关综合题包你拿下。”

“什么‘法宝’？”

“一个答题工具。”

“什么工具？”

“等一下你就知道了。”

我们走进办公室，杜老师给了我一个笔记本，上面密密麻麻地记满了笔记。

“你不是说给我一个工具吗？怎么会是笔记？”

“笔记就是工具啊。”

“这笔记怎么会是工具呢？”

“你的思维受限了。你以为一说工具，马上就是什么锄头、斧子、刀啊，这是狭义的工具。工具本身的意思是为达到、完成或促进某一事物或目的而采取的手段。只要是帮助你达到目的的方法和手段就叫工具。你回想一下，在你进事务所之前，你感觉审计是怎么开展的？”

“我想审计应该就是查账吧。具体怎么查，我不知道。”

“那审计现在在你脑海里是怎样的？”

“就是把那一大堆表格按要求填完。每张表格得出一个结论，最后综合一下，出个审计报告。”

“那一大堆表格是什么呀？”

“是什么呀？是表格呀。”

“我当然知道是表格。更准确地说，应该是审计的工具。最先开始审计的人，要有很丰富的经验，然后去企业审计，收集资料，分析、整理得出结论。后来，他就把这些经验总结出来，形成一套表格流程，那么后续的人只要按着这套表格、流程，也会照葫芦画瓢进行审计了。慢慢地，审计就变得标准化、流程化了。当然，我们也会根据经济业务的变化逐渐完善这套表格、这套流程。”

“原来这就叫工具啊。”

“我再举个例子。比如，上次我们从系统里导出资料到Excel表格中，是不是很乱？然后我们需要整理，有些空格需要删除，有些需要调整。但是，我们再次导出资料的时候，还要这样整理，就很麻烦。后来小王把这个整理的过程在Excel里编了个宏，还加了个漂亮的小按钮图标，现在我们整理的时候只要点这个图标，电脑就自动整理了。这个就是我们的资料整理工具。”

“我还是有点糊涂。”

“还没反应过来？那说明你不具备工具化思维，不会想到去制造一个工具来帮助自己达到目的。恩格斯说过：‘没有一只猿手曾经制造过一把即使是最粗笨的石刀。’也就是说，是否会制造工具是人与动物的根本区别。”

“动物？”

“其实我是在用工具化思维帮助你备战中级。”

“怎么备战啊？”

“那你复习中级的目的是什么啊？”

“应付中级考试啊。”

“更准确地说，应该是把题做正确吧？因为只有把题做正确，你才可以通过考试。”

“对啊。”

“中级会计实务考试，最后两个综合题中的一个是合并报表的内容。我总结了一个工具，不用看书，你也可以把题做对，前提条件是你要理解这个工具。”

“有那么神奇吗？”

“不信，你试试看。”

做这一章的题，首先在浏览题目的时候就列表（见表19-1），把相关的权益变动信息罗列出来，然后理解并熟练套用已经总结好的工具图。

表 19-1 看题列表

	2×20.1.1		2×20.12.31
股本			
资本公积			
其他综合收益			
盈余公积			
未分配利润			
合计			
商誉			
长期股权投资 80%			
少数股东权益			

注：商誉（或营业外收入）=投资额-被投资单位可辨认净资产公允价值×投资比率

（二）本章通关地图（如图 19-1 所示）

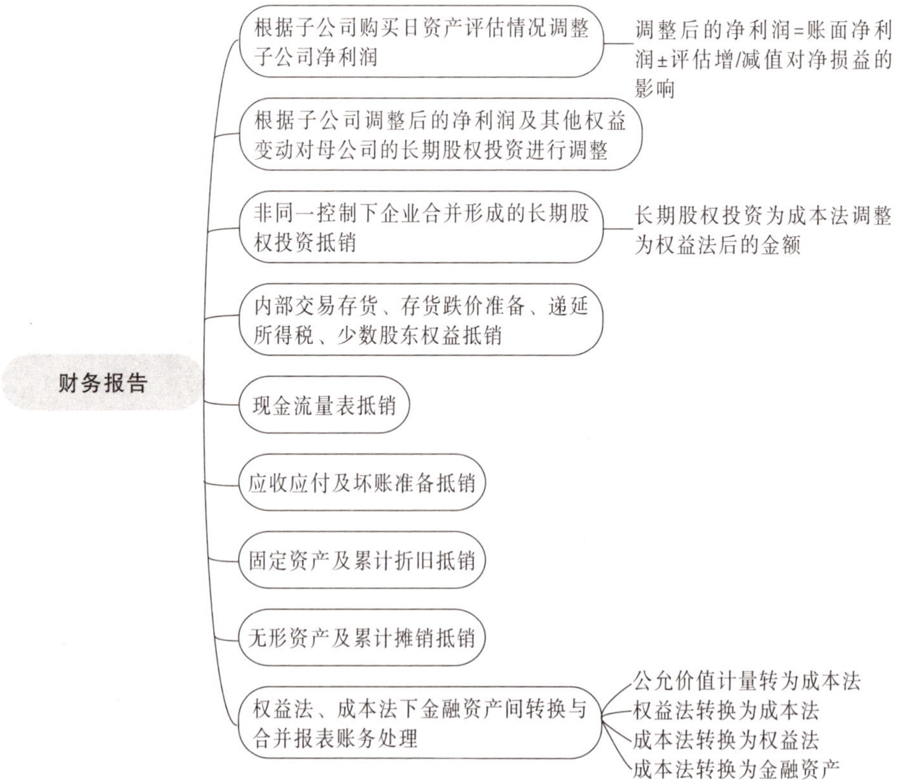

图 19-1 本章通关地图

（三）高频考点提炼

考点1：根据子公司购买日资产评估情况调整子公司的净利润（见表19-2）

表19-2　　根据子公司购买日资产评估情况调整子公司的净利润

（仅适用于非同一控制下的企业合并）

购买日资产评估增值	调整后的净利润（★★★） =账面净利润（子公司）±评估增值或减值对净损益的影响 以固定资产、无形资产、存货为例
购买日账务处理	①借：固定资产——原价/存货/无形资产等 　　贷：资本公积 ②借：资本公积 　　贷：递延所得税负债
第1年年末（购买日当年年末）： 先把购买日的分录直接抄下来，然后再补提折旧摊销，结转成本 ①借：固定资产——原价/存货/无形资产等 　　贷：资本公积 ②借：资本公积 　　贷：递延所得税负债 ③借：管理费用等（当年补提折旧、摊销） 　　贷：固定资产——累计折旧/无形资产——累计摊销 ④借：营业成本（如果评估增值的存货对外出售，结转成本） 　　贷：存货	第2年年末： 对上一年度调整会计分录，股本（或实收资本）、资本公积、其他综合收益、盈余公积等科目加“——年初”，损益类科目如管理费用用“未分配利润——年初”代替 ①借：固定资产——原价/存货/无形资产/未分配利润——年初等 　　贷：资本公积——年初 ②借：资本公积——年初 　　贷：递延所得税负债 ③借：未分配利润——年初 　　贷：固定资产——累计折旧/无形资产——累计摊销 ④借：未分配利润——年初 　　贷：未分配利润——年初（假设存货第1年已销售）

考试的时候一般考评估增值情况，当然也有评估减值情况，比如应收账款经常发生评估减值，在增值的情况下资产增加，在减值的情况下资产就减少，分录相反，递延所得税负债变成递延所得税资产。评估减值（以应收账款为例）见表19-3。

表 19-3　　**评估减值（以应收账款为例）**

购买日	第1年年末（购买日当年年末）	第2年年末
①借：资本公积 　贷：固定资产—— 　　应收账款等 ②借：递延所得税资产 　贷：资本公积	①借：资本公积 　贷：应收账款 ②借：递延所得税资产 　贷：资本公积 或者： 借：资本公积（倒挤） 　递延所得税资产 　贷：应收账款	①借：资本公积——年初 　贷：未分配利润——年初 ②借：递延所得税资产 　贷：资本公积——年初 或者： 借：资本公积（倒挤） 　递延所得税资产 　贷：未分配利润——年初
—	③借：应收账款 　贷：信用减值损失（按评估确认的金额已经收回，坏账已核销）	③借：未分配利润——年初 　贷：未分配利润——年初
—	④借：所得税费用 　贷：递延所得税资产	④借：未分配利润——年初 　贷：递延所得税资产

考点2：根据子公司调整后的净利润及其他权益变动对母公司长期股权投资进行调整（见表19-4）

表 19-4　　**根据子公司调整后的净利润及其他权益变动对母公司长期股权投资进行调整**

第1年	第2年
母公司个别报表是按成本法进行账务处理的，编制合并报表时，按权益法进行调整，非同一控制下企业合并需要调整子公司净利润，按公允口径调整，但内部交易不需要抵销	上一年的分录做完后，下一年的直接抄过来；涉及权益类科目的，本年改为年初，相关的损益类科目用“未分配利润——年初”代替
1.子公司实现净利润或发生净亏损 借：长期股权投资 　贷：投资收益 或做反向分录	借：长期股权投资 　贷：未分配利润——年初 或做反向分录

续表

第1年	第2年
2.子公司宣告发放现金股利 借：投资收益 　贷：长期股权投资	借：未分配利润——年初 　贷：长期股权投资
3.子公司其他综合收益引起变动 借：长期股权投资 　贷：其他综合收益 或做反向分录	借：长期股权投资 　贷：其他综合收益——年初 或做反向分录
4.子公司除净损益、利润分配、其他综合收益以外的所有者权益发生其他变动 借：长期股权投资 　贷：资本公积 或做反向分录	借：长期股权投资 　贷：资本公积——年初 或做反向分录
计算出母公司对子公司长期股权投资调整后的账面价值	

考点3：非同一控制下企业合并形成的长期股权投资抵销（见表19-5）

表19-5　非同一控制下企业合并形成的长期股权投资抵销

购买日	购买日后
借：股本 　资本公积 　盈余公积 　未分配利润 　商誉（借方差额） 　贷：长期股权投资 　　少数股东权益	（1）借：股本 　　资本公积 　　其他综合收益 　　盈余公积 　　未分配利润——年末 　　商誉（借方差额） 　贷：长期股权投资（母公司） 　　少数股东权益（子公司所有者权益×少数股东投资持股比例） 　　未分配利润（合并当期期末为“营业外收入”）（贷方差额） （2）借：投资收益 　　少数股东损益 　　未分配利润——年初 　贷：提取盈余公积 　　对所有者（或股东）的分配 　　未分配利润——年末

续表

注：
①长期股权投资为成本法调整为权益法后的金额
②资本公积、未分配利润为公允价值调整后的金额（非同一控制下）

【特别提示】
①商誉存在于非同一控制企业合并形成的长期股权投资中，如果是同一控制下的企业合并，则不产生新的商誉
②商誉等于合并成本减去购买日被购买方可辨认净资产的公允价值的份额

考点4：内部交易存货、存货跌价准备、递延所得税和少数股东权益抵销（见表19-6）

表19-6　　内部交易存货、存货跌价准备、递延所得税和少数股东权益抵销

2019年1月1日，P公司以银行存款购入S公司80%的股份，能够对S公司实施控制。2019年S公司从P公司购进A商品400件，购买价格为每件2万元（不含增值税，下同）。P公司A商品每件成本为1.5万元。2019年S公司对外销售A商品300件，每件销售价格为2.2万元；2019年年末结存A商品100件。2019年12月31日，A商品每件可变现净值为1.8万元；S公司对A商品计提存货跌价准备20万元。2020年S公司对外销售A商品20件，每件销售价格为1.8万元。2020年12月31日，S公司年末存货中包括从P公司购进的A商品80件，A商品每件可变现净值为1.4万元。S公司个别财务报表中A商品存货跌价准备的期末余额为48万元

要求：编制2019年和2020年合并财务报表中与存货有关的抵销分录（单位：万元；编制抵销分录时，应考虑递延所得税的影响）

2019年期末数量	账面成本	可变现净值	期末跌价准备余额	调整
100	150	180	0	
	200		20	冲20

2020年期末数量	账面成本	可变现净值	期末跌价准备余额	调整
80	120	112	8	
	160		48	冲40

(1) 抵销本期内部交易 借：营业收入（400×2） 800 贷：营业成本 800 (2) 抵销期初、期末未实现销售毛利 借：营业成本 50 贷：存货［100×（2−1.5）］ 50 (3) 抵销存货跌价准备 借：存货——存货跌价准备 20 贷：资产减值损失 20 (4) 抵销递延所得税 借：递延所得税资产 7.5 贷：所得税费用 7.5	(1) 抵销本期内部交易（本期无交易） (2) 抵销期初、期末未实现的销售毛利 ①期初未实现销售毛利=上期期末未实现销售毛利 借：未分配利润——年初 50 贷：营业成本 50 ②期末未实现销售毛利 借：营业成本 40 贷：存货［80×（2−1.5）］ 40 (3) 抵销存货跌价准备 ①借：存货——存货跌价准备 20 贷：未分配利润——年初 20 ②借：营业成本（20÷100×20） 4 贷：存货——存货跌价准备 4 ③借：存货——存货跌价准备 24 贷：资产减值损失 24 (4) 抵销递延所得税 借：递延所得税资产 7.5 贷：未分配利润——年初 7.5 借：所得税费用 7.5 贷：递延所得税资产 7.5
递延所得税合并抵销口诀 （其他内部交易，如固定资产等类似）	科目为资产（递延所得税资产） 方向借贷反（与抵销掉的资产借贷方向相反，金额×25%） 对方科目是所得税费用
逆流交易：少数股东权益抵销 （其他内部交易，如固定资产等类似）	口诀：丁字画损益，余额乘比例 假设进行2019年少数股东权益抵销 净利润减少额=50−20−7.5=22.5（万元） 少数股东权益减少额=22.5×20%=4.5（万元） 借：少数股东权益 4.5 贷：少数股东损益 4.5

考点5：现金流量表抵销（见表19-7）

表19-7　　现金流量表抵销

<table>
<tr><td rowspan="4">现金流量表抵销，注意题中经常出现“已支付”等字样</td><td>1.母公司与子公司、子公司相互之间当期销售商品所产生现金流量的抵销
①母公司与子公司、子公司相互之间当期销售商品没有形成固定资产、在建工程、无形资产等资产的情况下：
借：购买商品、接受劳务支付的现金
　贷：销售商品、提供劳务收到的现金
②母公司与子公司、子公司相互之间当期销售商品形成固定资产、工程物资、在建工程、无形资产等资产的情况下：
借：购建固定资产、无形资产和其他长期资产支付的现金
　贷：销售商品、提供劳务收到的现金</td></tr>
<tr><td>2.母公司与子公司、子公司相互之间处置固定资产、无形资产和其他长期资产收回的现金净额，应当与购建固定资产、无形资产和其他长期资产支付的现金相互抵销
借：购建固定资产、无形资产和其他长期资产支付的现金
　贷：处置固定资产、无形资产和其他长期资产收回的现金净额</td></tr>
<tr><td>3.母子公司之间投资活动的抵销
①在母公司从子公司处购买其持有的其他企业股票的情况下：
借：投资支付的现金（投资活动）
　贷：收回投资收到的现金（投资活动）
②在母公司对子公司投资的情况下：
借：投资支付的现金（投资活动）
　贷：吸收投资收到的现金（筹资活动）</td></tr>
<tr><td>4.母公司与子公司、子公司相互之间当期取得投资收益收到的现金，应当与分配股利、利润或偿付利息支付的现金相互抵销
借：分配股利、利润或偿付利息支付的现金（筹资活动）
　贷：取得投资收益收到的现金（投资活动）</td></tr>
</table>

考点6：应收应付及坏账准备抵销分析模板（见表19-8）

表19-8　　应收应付及坏账准备抵销分析模板

假设内部应收应付及坏账准备余额如下，　　单位：万元

项目＼时间	2016年年末	2017年年末	2018年年末	2019年年末	2020年年末
应收应付	500	500	600	400	0
坏账准备	25	25	30	20	0

应收应付及坏账准备抵销步骤	（1）每期期末应收应付直接抵销 （2）坏账准备抵销分两步走 ①期初坏账准备余额直接抵销（损益类科目直接用“未分配利润——年初”替换） ②本期坏账准备发生额抵销（期末数-期初数） 合计抵销等于期末数
2016年	（1）借：应付账款　500 　　贷：应收账款　500 （2）借：应收账款——坏账准备　25 　　贷：信用减值损失　25
2017年	（1）借：应付账款　500 　　贷：应收账款　500 （2）借：应收账款——坏账准备　25 　　贷：未分配利润——年初　25
2018年	（1）借：应付账款　600 　　贷：应收账款　600 （2）借：应收账款——坏账准备　25 　　贷：未分配利润——年初　25 借：应收账款——坏账准备　5 　贷：信用减值损失　5
2019年	（1）借：应付账款　400 　　贷：应收账款　400 （2）借：应收账款——坏账准备　30 　　贷：未分配利润——年初　30 借：信用减值损失　10 　贷：应收账款——坏账准备　10
2020年	借：应收账款——坏账准备　20 　贷：未分配利润——年初　20 借：信用减值损失　20 　贷：应收账款——坏账准备　20

续表

其他内部债权与债务的抵销处理	抵销时： 借：债务类项目 　贷：债权类项目 一般包括： （1）应收票据及应收账款与应付票据及应付账款 （2）预付款项与预收款项（报表项目） （3）金融资产与应付债券 （4）应收利息与应付利息 （5）应收股利与应付股利 （6）其他应收款与其他应付款

考点7：固定资产及累计折旧抵销分析模板（见表19-9）

表19-9　　固定资产及累计折旧抵销分析模板　　单位：元

假设固定资产各年折旧情况如下：

年限：15年	2012年	2013年	2014年	…	2024年	2025年	2026年	2027年
固定资产原价增加	3 000 000							
多计提的累计折旧	200 000	400 000	600 000	…	2 600 000	2 800 000	3 000 000	

（1）固定资产原价抵销

（2）多计提的累计折旧抵销

分两步走：①把期初多计提的累计折旧余额抵销

②把本期多计提的累计折旧发生额抵销（期末数-期初数）

合计抵销等于期末数，思路与坏账准备的抵销类似

2012年（内部交易当年）	（1）如果一方的存货卖给另一方作为固定资产，则 借：营业收入　30 000 000 　贷：营业成本　27 000 000 　　固定资产——原价　3 000 000 如果一方的固定资产卖给另一方作为固定资产，则 借：资产处置损益　3 000 000 　贷：固定资产——原价　3 000 000 （2）将多计提的折旧抵销： 借：固定资产——累计折旧　200 000 　贷：管理费用　200 000

续表

2013年	（1）固定资产原价抵销 直接把第一年的分录中的损益类科目用"未分配利润——年初"替换 借：未分配利润——年初 3 000 000 贷：固定资产——原价 3 000 000 （2）将多计提的累计折旧抵销 借：固定资产——累计折旧 200 000 贷：未分配利润——年初 200 000 借：固定资产——累计折旧 200 000 贷：管理费用 200 000
2014年	（1）固定资产原价抵销 直接把第一年的分录中的损益类科目用"未分配利润——年初"替换 借：未分配利润——年初 3 000 000 贷：固定资产——原价 3 000 000 （2）将多计提的累计折旧抵销 借：固定资产——累计折旧 400 000 贷：未分配利润——年初 400 000 借：固定资产——累计折旧 200 000 贷：管理费用 200 000
⋮	⋮
2026年期满清理	先按正常情况做分录 （1）固定资产原价抵销 借：未分配利润——年初 3 000 000 贷：固定资产——原价 3 000 000 （2）将多计提的累计折旧抵销 借：固定资产——累计折旧 2 800 000 贷：未分配利润——年初 2 800 000 借：固定资产——累计折旧 200 000 贷：管理费用 200 000 然后把"固定资产——原价""固定资产——累计折旧"用"营业外收入"替换 （1）固定资产原价抵销 借：未分配利润——年初 3 000 000 贷：营业外收入 3 000 000 （2）将多计提的累计折旧抵销 借：营业外收入 2 800 000 贷：未分配利润——年初 2 800 000 借：营业外收入 200 000 贷：管理费用 200 000 当然最后，你也可以把这三笔分录合成一笔： 借：未分配利润——年初 200 000 贷：管理费用 200 000 也可以不合并

续表

2025年提前报废清理（与期满报废清理的思路是一样的）	先按正常情况做分录 （1）固定资产原价抵销 借：未分配利润——年初　3 000 000 　贷：固定资产——原价　3 000 000 （2）将多计提的累计折旧抵销 借：固定资产——累计折旧　2 600 000 　贷：未分配利润——年初　2 600 000 借：固定资产——累计折旧　200 000 　贷：管理费用　200 000 然后把“固定资产——原价”“固定资产——累计折旧”用“营业外收入”替换 （1）固定资产原价抵销 借：未分配利润——年初　3 000 000 　贷：营业外收入　3 000 000 （2）将多计提的累计折旧抵销 借：营业外收入　2 600 000 　贷：未分配利润——年初　2 600 000 借：营业外收入　200 000 　贷：管理费用　200 000
2026年期满没有清理	按正常情况做分录 （1）固定资产原价抵销 借：未分配利润——年初　3 000 000 　贷：固定资产——原价　3 000 000 （2）将多计提的累计折旧抵销 借：固定资产——累计折旧　2 800 000 　贷：未分配利润——年初　2 800 000 借：固定资产——累计折旧　200 000 　贷：管理费用　200 000
2027年超期使用	按正常情况做分录，只是本期不再计提折旧 （1）固定资产原价抵销 借：未分配利润——年初　3 000 000 　贷：固定资产——原价　3 000 000 （2）将多计提的累计折旧抵销 借：固定资产——累计折旧　3 000 000 　贷：未分配利润——年初　3 000 000

考点8：无形资产及累计摊销抵销分析模板（见表19-10）

表19-10　无形资产及累计摊销抵销分析模板　单位：万元

假设内部交易转让价格为820万元，那么该无形资产账面原价为800万元，累计摊销100万元。无形资产增加的原价及各年多计提的摊销如下：

年限：5年	2×16年	2×17年	2×18年	2×19年	2×20年
无形资产原价	120				
多计提的累计摊销	24	48	72	96	120

（1）无形资产原价抵销
（2）将多计提的累计摊销抵销
分两步走：①将期初多计提的累计摊销余额抵销
②将本期多计提的累计摊销发生额抵销（期末数-期初数）
合计抵销等于期末数，思路与固定资产累计折旧、坏账准备的抵销类似

2×16年	（1）无形资产原价抵销 借：资产处置损益　120 　贷：无形资产——原价　120 （2）将多计提的累计摊销抵销 借：无形资产——累计摊销　24 　贷：管理费用　24
2×17年	将第一年的损益类科目用“未分配利润——年初”替换 （1）无形资产原价抵销 借：未分配利润——年初　120 　贷：无形资产——原价　120 （2）将多计提的累计摊销抵销 借：无形资产——累计摊销　24 　贷：未分配利润——年初　24 借：无形资产——累计摊销　24 　贷：管理费用　24

续表

2×18年	将第一年的损益类科目，用“未分配利润——年初”替换 （1）无形资产原价抵销 借：未分配利润——年初 120 　贷：无形资产——原价 120 （2）多计提的累计摊销抵销 借：无形资产——累计摊销 48 　贷：未分配利润——年初 48 借：无形资产——累计摊销 24 　贷：管理费用 24
2×19年	将第一年的损益类科目，用“未分配利润——年初”替换 （1）无形资产原价抵销 借：未分配利润——年初 120 　贷：无形资产——原价 120 （2）将多计提的累计摊销抵销 借：无形资产——累计摊销 72 　贷：未分配利润——年初 72 借：无形资产——累计摊销 24 　贷：管理费用 24
2×20年 期满清理	先正常做会计分录： 将第一年的损益类科目，用“未分配利润——年初”替换 （1）无形资产原价抵销 借：未分配利润——年初 120 　贷：无形资产——原价 120 （2）将多计提的累计摊销抵销 借：无形资产——累计摊销 96 　贷：未分配利润——年初 96 借：无形资产——累计摊销 24 　贷：管理费用 24
	然后将“无形资产——原价”“无形资产——累计摊销”用“营业外收入”替换 （1）无形资产原价抵销 借：未分配利润——年初 120 　贷：营业外收入 120 （2）将多计提的累计摊销抵销 借：营业外收入 96 　贷：未分配利润——年初 96 借：营业外收入 24 　贷：管理费用 24

考点8可以适当地结合"长期股权投资"一起复习。

考点9：权益法、成本法下金融资产之间转换与合并报表账务处理（见表19-11）

表19-11　　权益法、成本法下金融资产之间转换与合并报表账务处理

股权持有情况	假设持有的上市公司的股份在5%、20%、60%这三个数字间转换
核算则有7种情况	5%（金融资产），20%（权益法），60%（成本法） （1）5%（金融资产）→20%（权益法） （2）5%（金融资产）→60%（成本法）【涉及合并报表】 （3）20%（权益法）→60%（成本法）【涉及合并报表】 （4）20%（权益法）→5%（金融资产） （5）60%（成本法）→20%（权益法）【出售股权，涉及合并报表】 （6）60%（成本法）→20%（权益法）【稀释股权，涉及合并报表】 （7）60%（成本法）→5%（金融资产）【涉及合并报表】
情况2：公允价值计量转换为成本法（合并报表处理）	合并报表无须做会计分录 （1）购买日之前持有的被购买方的股权，应当按照该股权在购买日的公允价值进行重新计量，公允价值与其账面价值的差额计入当期投资收益 分析：购买日其他权益工具投资的公允价值与其账面价值的差额在个别报表已经确认投资收益，合并报表不需要另做处理； （2）个别报表其他综合收益、其他所有者权益的变动已经转入当期投资收益； 【提示】个别财务报表已经结转其他综合收益、资本公积；合并财务报表不需要再结转 （3）购买日计算合并商誉 合并财务报表中的合并成本=购买日之前所持被购买方的股权于购买日的公允价值+购买日新购入股权所支付对价的公允价值 购买日的合并商誉=按上述计算的合并成本－应享有被购买方可辨认净资产公允价值的份额
情况3：权益法转换为成本法（合并报表处理）	（1）购买日之前持有的被购买方的股权，应当按照该股权在购买日的公允价值进行重新计量，公允价值与其账面价值的差额计入当期投资收益；合并报表层面，视同为处置原有的股权再按照公允价值购入一项新的股权 借：长期股权投资【购买日的公允价值】 　贷：长期股权投资【购买日的原账面价值】 　　　投资收益 （2）购买日之前持有的被购买方的股权涉及权益法核算下的其他综合收益、其他所有者权益变动的，应当转为购买日所属当期收益，由于被投资方重新计量设定受益计划净负债或净资产变动而产生的其他综合收益除外 借：其他综合收益 　　资本公积 　贷：投资收益 【提示】个别财务报表不结转其他综合收益、资本公积；合并财务报表结转 （3）购买日计算合并商誉 合并财务报表中的合并成本=购买日之前所持被购买方的股权于购买日的公允价值+购买日新购入股权所支付对价的公允价值 购买日的合并商誉=按上述计算的合并成本－应享有被购买方可辨认净资产公允价值的份额

续表

情况5、6：成本法转权益法 情况7：成本法转金融资产（合并报表处理）	（1）处理原则： 母公司因处置部分股权投资或其他原因丧失对原有子公司控制的，在合并财务报表中，应当进行如下会计处理： ①终止确认长期股权投资、商誉等的账面价值，并终止确认少数股东权益（包括属于少数股东的其他综合收益）的账面价值 ②按照丧失控制权日的公允价值重新计量剩余股权，按剩余股权对被投资方的影响程度，将剩余股权作为长期股权投资或金融工具进行核算 ③处置股权取得的对价与剩余股权的公允价值之和，减去按原持股比例计算应享有原有子公司自购买日开始持续计算的净资产账面价值份额与商誉之和，形成的差额计入丧失控制权当期的投资收益 ④与原有子公司的股权投资相关的其他综合收益、其他所有者权益变动，应当在丧失控制权时转入当期损益，由于被投资方重新计量设定受益计划净负债或净资产变动而产生的其他综合收益除外 （2）成本法转权益法调整分录（出售股权） ①借：长期股权投资（剩余股权的公允价值） 　　贷：长期股权投资（剩余股权的账面价值） 　　　　投资收益 ②借：投资收益 　　贷：盈余公积 　　　　未分配利润 　　　　其他综合收益 　　　　资本公积 ③借：资本公积 　　　其他综合收益 　　贷：投资收益 （3）成本法转金融资产不需要做会计分录

考点10：合并范围的确定

合并财务报表的合并范围应当以控制为基础予以确定。

考点11：报告期内增加或处置子公司以及业务

（一）在合并资产负债表时需遵循的原则

1.母公司在报告期内因同一控制下企业合并增加的子公司以及业务，编制合并资产负债表时，应当调整合并资产负债表的期初数；同时应当对比较报表的相关项目进行调整，视同合并后的报告主体自最终控制方开始控制时点起一直存在。

2.对因非同一控制下企业合并或其他方式增加的子公司以及业务，编制合并资产负债表时，不调整合并资产负债表的期初数。

3.母公司在报告期内处置子公司，编制合并资产负债表时，不应当调整合并资产负债表的期初数。

（二）在合并利润表时需遵循的原则

1.母公司在报告期内因同一控制下企业合并增加的子公司以及业务，应当将该子公司以及业务合并当期期初至报告期末的收入、费用、利润纳入合并利润表；同时应当对比较报表的相关项目进行调整，视同合并后的报告主体自最终控制方开始控制时点起一直存在。

2.因非同一控制下企业合并增加的子公司以及业务，应当将该子公司以及业务购买日至报告期末的收入、费用、利润纳入合并利润表。

3.母公司在报告期内处置子公司，应当将该子公司期初至处置日的收入、费用、利润纳入合并利润表。

（三）在合并现金流量表时需遵循的原则

1.母公司在报告期内因同一控制下企业合并增加的子公司以及业务，应当将该子公司以及业务合并当期期初至报告期末的现金流量纳入合并现金流量表；同时应当对比较报表的相关项目进行调整，视同合并后的报告主体自最终控制方开始控制时点起一直存在。

2.对因非同一控制下企业合并增加的子公司以及业务，应当将该子公司购买日至报告期末的现金流量纳入合并现金流量表。

3.母公司在报告期内处置子公司以及业务，应当将该子公司期初至处置日的现金流量纳入合并现金流量表。

【例题·案例题】假设P公司能够控制S公司，S公司为股份有限公司。2×20年12月31日，P公司的个别资产负债表中对S公司的长期股权投资的金额为3 000万元，其拥有S公司80%的股份。P公司在个别资产负债表中采用成本法核算该项长期股权投资（假定P公司与S公司的企业合并属于非同一控制下的企业合并）。购买日，S公司有一栋办公楼，其公允价值为700万元，账面价值为600万元，按年限平均法计提折旧，预计尚可使用的年限为20年，无残值。假定该办公楼用于S公司的总部管理，其他资产和负债的公允价值与其账面价值相等。

2×20年1月1日，S公司股东权益总额为3 500万元，其中股本为2 000万元，资本公积为1 500万元，其他综合收益为0，盈余公积为0，未分配利润为0。

2×20年，S公司实现净利润1 000万元，提取法定盈余公积100万元，分派现金股利600万元，未分配利润为300万元。S公司因持有的其他权益工具投资的公允价值变动计入当期其他综合收益的金额为100万元，无其他导致所有者权益变动的事项。

小艾上班记2

2×21年，S公司实现净利润1 200万元，提取法定盈余公积120万元，未分派现金股利，无其他所有者权益变动事项。

假定S公司的会计政策和会计期间与P公司一致，不考虑P公司和S公司的内部交易及合并财务报表中资产、负债的所得税影响。

要求：

（1）编制2×20年与投资有关的抵销分录。

（2）编制2×21年与投资有关的抵销分录。

1.分析题意

（1）2×20年

借：固定资产——原价　　1 000 000

　贷：资本公积——年初　　1 000 000

借：管理费用（1 000 000÷20）　　50 000

　贷：固定资产——累计折旧　　50 000

借：长期股权投资（9 950 000×80%）　　7 960 000

　贷：投资收益　　7 960 000

借：投资收益（6 000 000×80%）　　4 800 000

　贷：长期股权投资　　4 800 000

借：长期股权投资（1 000 000×80%）　　800 000

　贷：其他综合收益——本年　　800 000

有关信息见表19-12：

表19-12　相关信息列表　单位：万元

项目	2×20.1.1	增减额	2×20.12.31
股本	2 000		2 000
资本公积	1 500+100		1 600
其他综合收益	0	100	100
盈余公积	0	100	100
未分配利润	0	1 000−100−600−5	295
合计	3 600		4 095
商誉	120		120
长期股权投资80%	3 000	796−480+80	3 396
少数股东权益	720		819

借：股本 20 000 000
资本公积 16 000 000
盈余公积 1 000 000
其他综合收益 1 000 000
未分配利润——年末 2 950 000
商誉 1 200 000
贷：长期股权投资 33 960 000
少数股东权益 8 190 000

借：投资收益 7 960 000
少数股东损益（9 950 000×20%） 1 990 000
贷：提取盈余公积 1 000 000
向所有者（或股东）分配利润 6 000 000
未分配利润——年末 2 950 000

（2）2×21年

借：固定资产——原价 1 000 000
贷：资本公积——年初 1 000 000

借：未分配利润——年初 50 000
贷：固定资产——累计折旧 50 000

借：管理费用（1 000 000÷20） 50 000
贷：固定资产——累计折旧 50 000

借：长期股权投资（9 950 000×80%） 7 960 000
贷：未分配利润——年初 7 960 000

借：未分配利润——年初（6 000 000×80%） 4 800 000
贷：长期股权投资 4 800 000

借：长期股权投资（1 000 000×80%） 800 000
贷：其他综合收益——年初 800 000

借：长期股权投资（11 950 000×80%） 9 560 000
贷：投资收益 9 560 000

相关信息见表19-13：

借：股本 20 000 000
资本公积 16 000 000
盈余公积 2 200 000
其他综合收益 1 000 000
未分配利润——年末 13 700 000
商誉 1 200 000

贷：长期股权投资　　43 520 000

　　少数股东权益　　10 580 000

表 19-13　　**相关信息列表**　　单位：万元

项目	2×20.1.1	增减额	2×20.12.31	增减额	2×21.12.31
股本	2 000		2 000		2 000
资本公积	1 500+100		1 600		1 600
其他综合收益	0	100	100		100
盈余公积	0	100	100	120	220
未分配利润	0	1 000−100−600−5	295	1 200−120−5	1 370
合计	3 600		4 095		5 290
商誉	120		120		120
长期股权投资 80%	3 000	796−480+80	3 396	956	4 352
少数股东权益	720		819		1 058

借：投资收益　　9 560 000

　　少数股东损益（11 950 000×20%）　　2 390 000

　　未分配利润——年初　　2 950 000

　贷：提取盈余公积　　1 200 000

　　　未分配利润——年末　　13 700 000

2.答案

(1) 借：股本　　20 000 000

　　　资本公积（1 5 000 000+1 000 000）　　16 000 000

　　　盈余公积　　1 000 000

　　　其他综合收益　　1 000 000

　　　未分配利润——年末（10 000 000−1 000 000−6 000 000−50 000）

　　　　2 950 000

　　　商誉［30 000 000−（35 000 000+1 000 000）×80%］

　　　　1 200 000

　贷：长期股权投资（30 000 000+7 960 000−4 800 000+800 000）

　　　　33 960 000

　　　少数股东权益［（20 000 000+16 000 000+1 000 000+1 000 000+2 950 000）×20%］　　8 190 000

借：投资收益　7 960 000
　少数股东损益（9 950 000×20%）　1 990 000
　贷：提取盈余公积　1 000 000
　　向所有者（或股东）分配利润　6 000 000
　　未分配利润——年末　2 950 000

（2）借：股本　20 000 000
　　资本公积　16 000 000
　　盈余公积（1 000 000+1 200 000）　2 200 000
　　其他综合收益　1 000 000
　　未分配利润——年末（2 950 000+12 000 000−1 200 000−50 000）
　　13 700 000
　　商誉　1 200 000
　贷：长期股权投资（30 000 000+3 960 000+9 560 000）　43 520 000
　　少数股东权益［20 000 000+16 000 000+1 000 000+1 000 000+1 200 000+13 700 000）×20%］
　　10 580 000

借：投资收益　9 560 000
　少数股东损益（11 950 000×20%）　2 390 000
　未分配利润——年初　2 950 000
　贷：提取盈余公积　1 200 000
　　未分配利润——年末　13 700 000

我看着这些图表，满满的一大片，有点晕乎。

“你是说，我用这些图表里的知识就能把《中级会计实务》教材中最后那道综合题做对？”

“是的，前提条件是你必须对其使用得很熟练。”

“那怎样才能使用得很熟练呢？”

“那就是多做题呀。就像砍柴一样，如果你不练习，就算我给你一把很锋利的刀也没有用啊。”

“可是我对上面那些图表里的知识还不是很理解。”

“上面那些图表里的知识理解起来也很简单，就是一家公司投资另一家公司，期末的时候要编制合并报表。合并报表不是简单的加减，而是要把内部交易等事项抵销掉，因为你想，站在集团的角度来看，内部交易其实就是自己跟自己交易，这有什么意义呢？这种题目一般内容很长，涉及跨年度企业业务，所以你首先要把被投资单位的净资产变化情况列出来。这样，思路就清晰了。然后，在编制抵销分录之前，要调整对子公司的长期股权投资，也就是假如子公司今年有盈利，但是因为母公司用的是成本法，没有确认投资收益，所以要

补上；如果投资日资产的公允价值与账面价值不同，那么在确认投资收益时还要考虑调整被投资单位的净利润。上述工作完成后开始编制合并抵销分录，其实只有三步。”

“你这样说，我还是不太明白。”

“不明白你就要加强理解。理解的方式有很多种，比如先记忆再理解，比如在做题中理解等等。如果能按照这个思路认认真真地做上四五个大题，你也许就有点感觉了。”

“那你这个工具我该怎么用呢?”

“我们现在随便拿个题来看看。”

【例题·案例题】艾祥股份有限公司（以下简称“艾祥公司”）为上市公司，2×20年和2×21年其与投资相关的业务资料如下：

（1）2×20年1月1日，艾祥公司发行股票1 000万股，自瑞丰公司取得协美公司80%的股份，能够对协美公司实施控制。瑞丰公司和艾祥公司均属于由大海公司控制的子公司。该股票每股的公允价值为15元，每股面值为1元，艾祥公司另支付给证券承销机构的发行费用为120万元。协美公司2×20年1月1日股东权益总额为20 000万元，其中股本为10 000万元、资本公积为5 000万元、盈余公积为500万元、未分配利润为4 500万元。协美公司2×20年1月1日可辨认净资产的公允价值为22 000万元。

（2）2×20年协美公司从艾祥公司购进A商品200件，购买价格为每件2万元，价款已支付。艾祥公司A商品每件成本为1.6万元（未减值）。2×20年协美公司对外销售150件A商品，每件销售价格为2.1万元，年末结存A商品50件。2×20年12月31日，协美公司结存的A商品的可变现净值为70万元。

（3）2×20年7月1日，艾祥公司出售一项管理用专利权给协美公司。该专利权在艾祥公司的账面价值为380万元，销售给协美公司的售价为500万元。协美公司取得该专利权后，预计其尚可使用年限为10年，按照直线法予以摊销，预计净残值为0。假定税法规定的摊销年限、摊销方法及净残值与会计规定相同。至2×20年12月31日，协美公司尚未支付专利权转让款500万元。艾祥公司对该项应收账款计提坏账准备60万元。2×21年，协美公司支付购入专利权的转让款500万元。2×21年协美公司将剩余50件A商品全部对外销售，每件销售价格为1.5万元。

（4）其他相关资料：

①上述公司所得税均采用资产负债表债务法核算，适用的所得税税率均为25%。

②内部交易形成的专利权未发生减值。

③内部交易抵销应考虑所得税的影响。

④不考虑现金流量表项目的抵销。

⑤不考虑增值税等其他因素的影响。

要求：

（1）判断艾祥公司取得协美公司股权的合并类型，并说明理由。

（2）编制艾祥公司购入协美公司80%股权的会计分录。

（3）编制艾祥公司2×20年度合并财务报表中与内部商品销售、内部无形资产交易和内部债权债务相关的抵销分录。

（4）编制艾祥公司2×21年度合并财务报表中与内部商品销售、内部无形资产交易和内部债权债务相关的抵销分录。

1.分析题意

首先判断合并类型，接着就是编制购入协美公司80%股权的会计分录，这些属于第5章（长期股权投资）的考点；最后编制内部抵销分录。直接套用归纳好的图表即可。同时，题目的框架也大体如此，因此，我们可以把上面题目的信息大体划分为两部分：一部分是投资的相关信息，另一部分就是内部交易（内部商品销售、内部无形资产交易和内部债权债务）相关信息。

就像以前做语文阅读题一样，看一眼，就知道这满满的一大篇的主要内容是什么。然后，根据题目要求找到对应的资料进行分析。

投资信息一目了然（见表19-14）：

表19-14 投资信息列表

协美公司	2×20年1月1日	艾祥公司	支付对价
股本	10 000万元	取得80%的股权	发行股票1 000万股（面值1元），价值为1 000万元
资本公积	5 000万元		发行费用为120万元
盈余公积	500万元		
未分配利润	4 500万元		
合计	20 000万元		
可辨认净资产的公允价值	22 000万元		

可以直接做相关分录，因为同一控制下，长期股权投资以账面价值入账，差额记入“资本公积——股本溢价”。

内部商品销售相关信息（见表19-15）：

可以编制内部商品销售2×20年、2×21年合并抵销分录，直接套用已经总结好的分录。

表 19-15 **相关信息列表** 金额单位：万元

商品A内部销售								
时间	艾祥公司			协美公司			期末	
	数量	成本	金额	数量	入账	金额	可变现净值	款项
2×20年	200	1.6	320	200	2	400		
2×20年12月31日结存				50	2	100	70	已结清
2×21年12月31日结存				0				

无形资产信息（见表19-16）：

表 19-16 **无形资产信息列表** 金额单位：万元

时间	艾祥公司		协美公司		期末
2×20年	账面价值	380	入账	500	
			年限	10	
			摊销	直线法	
2×20.12.31					款项未结清
2×21.12.31					款项结清

可以编制2×20年、2×21年无形资产交易及内部应收、应付的抵销分录。只要把前面总结好的分录记熟了，直接套用即可。

2.答案（账务处理）

（1）该企业合并为同一控制下的企业合并，理由：合并前后艾祥公司和瑞丰公司均受大海公司控制。

（2）借：长期股权投资（200 000 000×80%） 160 000 000

贷：股本 10 000 000

资本公积——股本溢价 150 000 000

借：资本公积——股本溢价 1 200 000

贷：银行存款 1 200 000

（3）①2×20年抵销内部商品销售

借：营业收入（200×20 000） 4 000 000

贷：营业成本 4 000 000

借：营业成本［50×（20 000-16 000）］ 200 000

贷：存货 200 000

2×20年12月31日，存货跌价准备的抵销：2×20年12月31日协美公司结存的A商品计提的存货跌价准备=50×2−70=30（万元），大于存货中未实现的内部销售利润20万元，作为企业集团整体，抵销的存货跌价准备应以存货中未实现内部销售利润为限，应将其计提的存货跌价准备20万元抵销。

借：存货——存货跌价准备　　200 000

　贷：资产减值损失　　200 000

2×20年12月31日，合并财务报表中剩余存货的账面价值为70万元，计税基础=50×2=100（万元），产生可抵扣暂时性差异30万元（100−70），应确认递延所得税资产=30×25%=7.5（万元）；而个别财务报表因减值已确认递延所得税资产7.5万元（30×25%）。因此，合并财务报表中有关递延所得税资产的调整金额为0（7.5−7.5）。

②2×20年抵销内部无形资产交易

借：资产处置损益（5 000 000−3 800 000）　　1 200 000

　贷：无形资产——原价　　1 200 000

借：无形资产——累计摊销（1 200 000÷10×6÷12）　　60 000

　贷：管理费用　　60 000

2×20年12月31日，无形资产中包含的未实现内部销售利润=120−6=114（万元），合并财务报表中应确认的递延所得税资产=114×25%=28.5（万元）。

借：递延所得税资产　　285 000

　贷：所得税费用　　285 000

③抵销内部债权债务

借：应付账款　　5 000 000

　贷：应收账款　　5 000 000

借：应收账款——坏账准备　　600 000

　贷：信用减值损失　　600 000

借：所得税费用（600 000×25%）　　150 000

　贷：递延所得税资产　　150 000

（4）①2×21年抵销内部商品销售

借：未分配利润——年初　　200 000

　贷：营业成本　　200 000

2×21年12月31日，存货跌价准备的抵销：

借：存货——存货跌价准备　　200 000

　贷：未分配利润——年初　　200 000

借：营业成本　　200 000

　贷：存货——存货跌价准备　　200 000

2×21年12月31日，个别财务报表中因该存货确认的递延所得税资产余额为0［-7.5（转回）+7.5（期初）］；合并财务报表中存货账面价值为0，计税基础也为0，递延所得税资产余额也为0，因此合并财务报表中有关递延所得税的调整金额为0。

②2×21年抵销内部无形资产交易

借：未分配利润——年初　1 200 000
　贷：无形资产——原价　1 200 000
借：无形资产——累计摊销　60 000
　贷：未分配利润——年初　60 000
借：无形资产——累计摊销（1 200 000÷10）　120 000
　贷：管理费用　120 000
借：递延所得税资产　285 000
　贷：未分配利润——年初　285 000

2×21年12月31日，无形资产中包含的未实现内部销售利润=120-6-12=102（万元），合并财务报表中应确认的递延所得税资产余额=102×25%=25.5（万元），2×21年应减少的递延所得税资产=28.5-25.5=3（万元）。

借：所得税费用　30 000
　贷：递延所得税资产　30 000

③抵销内部债权债务

借：应收账款——坏账准备　600 000
　贷：未分配利润——年初　600 000
借：信用减值损失　600 000
　贷：应收账款——坏账准备　600 000
借：未分配利润——年初　150 000
　贷：递延所得税资产　150 000
借：递延所得税资产　150 000
　贷：所得税费用　150 000

有了工具，很多问题就可以快速解决了，比如，逆顺流交易未实现内部损益由少数股东承担的会计处理。

【例题·案例题】P公司2×20年10月1日取得S公司80%的股份，能够控制S公司。2×21年P公司实现净利润1 000万元，S公司按购买日公允价值持续计算的净利润为200万元。2×21年3月1日，S公司向P公司出售一批存货，成本为80万元，售价为100万元，至2×21年12月31日，P公司将上述存货对外出售70%，假定不考虑增值税、所得税等其他因素的影响。

要求：

（1）计算2×21年合并净利润。

（2）计算2×21年少数股东损益。

（3）计算2×21年归属于P公司的净利润。

1.分析题意（见表19-17）

表19-17 题意信息列表

（1）存货中未实现利润	（售价-成本）×未对外销售比例	（100-80）×（1-70%）=6（万元）
（2）合并净利润	应剔除存货中的未实现利润	（1 000+200）-6=1 194（万元）
（3）少数股东损益	子公司（S公司）销售，则其少数股东损益按比例剔除存货中的未实现利润	200×20%-6×20%=38.8（万元）
（4）母公司净利润	合并净利润-少数股东损益	1 194-38.8=1 155.2（万元）

2.答案

（1）2×21年存货中未实现利润=（100-80）×（1-70%）=6（万元）

2×21年合并净利润=（1 000+200）-6=1 194（万元）

（2）2×21年少数股东损益=200×20%-6×20%=38.8（万元）

（3）2×21年归属于P公司的净利润=1 194-38.8=1 155.2（万元）

【例题·案例题】P公司2×20年10月1日取得S公司80%的股份，能够控制S公司。2×21年P公司实现净利润1 000万元，S公司按购买日公允价值持续计算的净利润为200万元。2×21年3月1日，P公司向S公司出售一批存货，成本为80万元，售价为100万元，至2×21年12月31日，S公司将上述存货对外出售70%，假定不考虑所得税等其他因素的影响。

要求：

（1）计算2×21年合并净利润。

（2）计算2×21年少数股东损益。

（3）计算2×21年归属于P公司的净利润。

1.分析题意（见表19-18）

表19-18 题意信息列表

（1）存货中未实现利润	（售价-成本）×未对外销售比例	（100-80）×（1-70%）=6（万元）
（2）合并净利润	应剔除存货中的未实现利润	（1 000+200）-6=1 194（万元）
（3）少数股东损益	非子公司（P公司）销售，则子公司少数股东损益不用剔除存货中的未实现利润	200×20%=40（万元）
（4）母公司净利润	合并净利润-少数股东损益	1 194-40=1 154（万元）

2.答案

（1）2×21年存货中未实现利润=（100−80）×（1−70%）=6（万元）

2×21年合并净利润=（1 000+200）−6=1 194（万元）

（2）2×21年少数股东损益=200×20%=40（万元）

（3）2×21年归属于P公司的净利润=1 194−40=1 154（万元）

【例题·案例题】甲公司2×20年10月1日取得A公司80%的股份，能够控制A公司，2×20年12月1日取得B公司60%的股份，能够控制B公司。2×21年甲公司实现的净利润为1 000万元，A公司按购买日公允价值持续计算的净利润为200万元，B公司按购买日公允价值持续计算的净利润为100万元。2×21年3月1日，A公司向B公司出售一批存货，成本为80万元，售价为100万元，至2×21年12月31日，B公司将上述存货对外出售70%，A公司和B公司之间无投资关系，假定不考虑所得税等其他因素的影响。

要求：

（1）计算2×21年合并净利润。

（2）计算2×21年少数股东损益。

（3）计算2×21年归属于甲公司的净利润。

1.分析题意（见表19−19）

表19−19　题意信息列表

（1）存货中未实现利润	（售价−成本）×未对外销售比例	（100−80）×（1−70%）=6（万元）
（2）合并净利润	应剔除存货中的未实现利润	（1 000+200+100）−6=1 294（万元）
（3）少数股东损益	子公司（A公司）销售，则其少数股东损益按比例剔除存货中的未实现利润，其他不用剔除	A公司少数股东损益=200×20%−6×20%=38.8（万元） B公司少数股东损益=100×40%=40（万元） 2×21年少数股东损益=38.8+40=78.8（万元）
（4）母公司净利润	合并净利润−少数股东损益	1 294−78.8=1 215.2（万元）

2.答案

（1）2×21年存货中未实现利润=（100−80）×（1−70%）=6（万元）

2×21年合并净利润=（1 000+200+100）−6=1 294（万元）

（2）A公司少数股东损益=200×20%−6×20%=38.8（万元）

B公司少数股东损益=100×40%=40（万元）

2×21年少数股东损益=38.8+40=78.8（万元）

（3）2×21年归属于甲公司的净利润=1 294−78.8=1 215.2（万元）

以后的考题也许出题的形式会变化一下，但还是这些考点，分析的思路一样，所以上述分析的思路流程就相当于一个工具。它帮助你攻克这些考题。后续只要是考这一章的考点，你都可以这样一步一步地分析，这样就不会束手无策，无从下手，或者知道怎么做，却总是粗心大意，导致出错。

有了这么一个工具，剩下的就只有练习了。只要是这一章的考点，我都按照这个思路去练习，不断地去训练固化自己的解题思路，进而让自己形成条件反射，直至可以拿到题目就会做。

上面表格中的考点我不能死记。我要不断地理解记忆，做练习题记忆，闭目回忆，甚至走路、吃饭的时候，我都要让其在脑海里闪现，直到那个表格在我的脑子里根深蒂固。

这个工具其实是一个思维方法。杜老师在讲解的时候还跟我提到了“心智”两个字，说每个人都有自己的心智模式。“心智模式”是一种思维定式，而这里所说的思维定式并非一个贬义词，而是指我们认识事物的方法和习惯。当我们的心智模式与认知事物发展的情况相符时，心智模式就能有效地指导行动。

所以，我们要找到一个与自身认知事物发展的情况相符的心智模式，然后进行强化训练。如果具体细化到每一章的内容，则要求我们找到出题人的思维模式，然后归纳总结出适合自己的思维方法，然后以不变应万变。毕竟不管出题人怎么变换形式，考查的都是这些知识点。

对于“心智”这两个字我懵懵懂懂的，不是特别理解，但是对于每一章都能找到一个固定的思维方法，让我以不变应万变，能应付所有的题目，这个我还是挺喜欢的。从此，我有了一个目标，每一章我要拥有一个工具，一个解题的工具。

第20章

会计政策、会计估计变更和差错更正

（一）24字方针

只有成体系的东西，才能真正牢牢地记住；整理知识体系，不仅有利于记忆，更有利于解题。

自从上次杜老师在图书馆给婉晴上了一课后，婉晴一直念念不忘，把杜老师敬若神明，逢人就说，小艾身边的那位杜老师太牛了，那股崇拜劲儿搞得她男友酸溜溜的。

今天快下班的时候，婉晴打电话跟我说要请我吃饭，地点还选在我公司附近，其实我猜到她是醉翁之意不在酒。果然不出我所料，半个小时后，她出现在我办公室，看见杜老师，就热情地打招呼："杜老师好。"人际交往向来是她最擅长的，用她的话来说，只要搞定了人，其他一切都好说。

"婉晴好，怎么到公司来了，找小艾啊？"

"是呀，我请小艾吃饭。杜老师，要不你也一起来吧？"

"呵呵，你们两个吃吧，我就不去了。"

"今天是小艾生日，我替她庆祝，你难道就不想祝福她一下吗？"

"小艾，今天是你生日？"杜老师看着我问道。

我也愕然，今天是我生日？现在都是黄叶飘飘的深秋了，我记得我的生日是在枝繁叶茂的夏天。正当我想说"不"的时候，婉晴拉着我说："你傻啦，今天是你生日，你都忘了？"还狠狠地踩了我一脚。

杜老师说："小艾，祝你生日快乐，今天我们是应该好好替你庆祝一下。"

"对呀对呀，今天我请客，我已经订好了饭店，走吧走吧。"

我被婉晴推搡着来到了饭店包间，饭菜上齐后，杜老师说："我去买个蛋糕。"

我连忙拉住他说："不要破费，千万不要破费。"

“怎么能说是破费呢？过生日，好歹得有个蛋糕。”

“今天不是我的生日。”我坦白地说道。

杜老师一愣，我回头看着婉晴，婉晴见阴谋已暴露，走过来，低着头，像个犯了错的小孩，轻轻地说道：“杜老师，今天确实不是小艾的生日，是我想请你吃顿饭，但是又找不到理由，只好骗你说今天是小艾生日。你不要生我气，好不好？”

“那你为什么要请我吃饭呢？”

“因为你上次给我上了课，上完课还请我吃饭，礼尚往来，我得回请你。”

“哈哈，回请我，那你为什么不直接跟我说呢？”

“如果我直接跟你说，我怕你会推托。”

“你怎么知道我会推托？”

“因为你是一个很有绅士风度的男人，你恐怕不会让一个女人来请你吃饭。”

“好啦，该吃饭了，不然饭菜都凉了。”我打圆场道。

“杜老师，你不要怪婉晴，她就是特别地崇拜你，想请你吃顿饭。”

“崇拜我？”

“对呀，你不知道，她现在对你敬若神灵，逢人就说，见人就讲，‘杜老师好牛好牛’。”我夸张地说道。

“好了，你们两个是我见过最古灵精怪的女孩。说吧，吃完饭要我做什么？”杜老师用调侃的语气问道。

“传授学习方法。”我和婉晴异口同声。

“我的学习方法其实很简单，总结出来就3句话、24个字。”

“3句话、24个字？”

“对，我们先吃饭，吃完饭我给你们讲。”

“你先告诉我们是哪24个字吧。”

“不，你们先吃饭，吃完我再告诉你们。”

我和婉晴匆匆忙忙地赶紧吃饭，那24个字吊足了我们的胃口。只过了一会，我们就放下了手中的筷子。

“我们吃完了，你说吧。”

“你们吃完了，我还没吃完。”

杜老师不慌不忙、细嚼慢咽地继续吃饭，我们只能坐着干着急。

“3句话、24个字就是：第一，快速浏览，寻找主线；第二，整理知识，形成体系；第三，做题练习，分析总结。”杜老师终于吃完了，他边擦嘴边说道。

“我曾跟小艾讲过，为什么要快速阅读，对吧？”

“嗯，快速阅读才能让你集中注意力，这样能够充分调动左右脑的功能，各自发挥自身优势共同进行文字信息的形象辨识、意义记忆和理解。如果你一字一句地读，到了最后你就会发现你看了半天却什么也没看进去，没有一点成就感，还严重打击自己的自信心。”

“嗯，快速阅读，其实就是整体浏览。通过整体浏览，我们才能掌握整体架构，理清思路，找出贯穿全文的线索。然后根据线索，整理各考点，把书中的重点知识全部串联起来，形成体系。最后，通过做题练习进一步理解记忆，同时还可以查漏补缺，进一步完善体系。所以看书首先第一步是要找到线索。线索其实就是核心，就是本质，就是规律，抓住了核心本质，我们才能以不变应万变。”

“是吗？”

“是的，不信的话，我给你们做个试验，学会计的人对数字一般都比较敏感，那我写一个数字，看你们能记下来不？”

杜老师从公文包里拿出纸和笔，写道：

2358132134558914423337761098715972584418167651094 6。

我和婉晴一看便傻眼了，还一个数字呢，这世界上有这么长的数字吗？

“你们记一下，看要多长时间。”

“估计怎么也得10分钟吧。”

“好，我就给你们10分钟，看你们谁能背下来。”

我和婉晴开始尝试，可是记了后面忘了前面。

我连忙说：“10分钟肯定不行，再怎么也得1个小时。”

“但是，我如果让你们1分钟就记下来，你们也能，你们信吗？”

“1分钟？”

“是的，记任何东西，首先做的不是死记，而是寻找规律、找线索，找到后把它串联起来就是了，这样记忆才会牢固。你们找到规律了吗？”

我们摇了摇头。

“那这样呢？你们发现线索了吗？”杜老师边说边给数字添上逗号：2，3，5，8，13，21，34，55，89，144，233，377，610，987，1 597，2 584，4 181，6 765，10 946。

“发现了，2+3=5，3+5=8，5+8=13……”

“那你们这个数字还记得住吗？”

“记得住了。”

“只要发现了规律线索，很多东西就可以轻易地串联起来，串联起来就自然形成体系，只有成体系的东西，才能真正记得牢。学习也一样，首先要做的也是发现规律，发现知识之间内在的联系，然后进行整理提炼，形成知识体系，这样不仅有利于记忆，而且有利于解题。因为很多考题，都是把几个考点串在一块儿对你进行考核，如果你平时就发现这些考点的内在联系，并且利用这种内在联系将其串联起来，那解题的时候，自然就有思路。比如，很多人都觉得调整很难，其实我觉得特简单。”

“是吗，调整很简单？我刚好在复习调整，才看了1页。”我边说，边从包里拿出教材。

“调整主要包括两章的内容，第17章‘会计政策、会计估计变更和差错更正’和第18章‘资产负债表日后事项’。我们先看第17章。你们快速浏览，找出这章的线索。然后，想办法用这根线索把这章的考点串联起来。”

我和婉晴拿着教材翻来翻去，不知道线索在哪里，本质规律在何处。

“这章主要讲的是调整，包括会计政策变更的调整、会计估计变更的调整、会计差错更正的调整。那你们说，它们分别是用什么方法来调整的？”

“会计政策变更用的是追溯调整法，会计估计变更用的是未来适用法，前期差错更正用的是追溯重述法。”我答道。

“那这三种方法分别是怎么调整的呢？首先我们来看追溯调整法，教材上是这样描述追溯调整法的：所谓追溯调整法，是指对某项交易或事项变更会计政策，视同该项交易或事项初次发生时即采用变更后的会计政策，并以此对财务报表相关项目进行调整的方法。其实意思就是假设以前年度就是按这种方法来进行会计处理的，从而要对现在的报表相关项目进行调整，也就是对两种方法差异的调整。既然是对差异的调整，那么你们就应该知道，一项经济业务用两种方法处理，是怎么处理的？这样思路也就出来了，先用两种方法分别做账务处理，然后寻找差异，进行差异调整，你们找到规律了吗？”

我跟婉晴懵懵懂懂——找规律？根本就不知道该怎么找！于是乎，我打开杜老师的习题集偷看起来，因为我知道上面每章都有解题思路总结，然后才是对应的练习题。

“小艾，你先不要看我的总结，你应该自己到教材中提炼，形成属于自己的知识体系，这是一种自学能力的提高。”

我合上习题集，伸了伸舌头，冲他扮了个鬼脸。

“先把两种政策下的分录都做出来，然后寻找差异，我们按照这种思路进一步看教材上的例题。”

（二）本章通关地图（如图20-1所示）

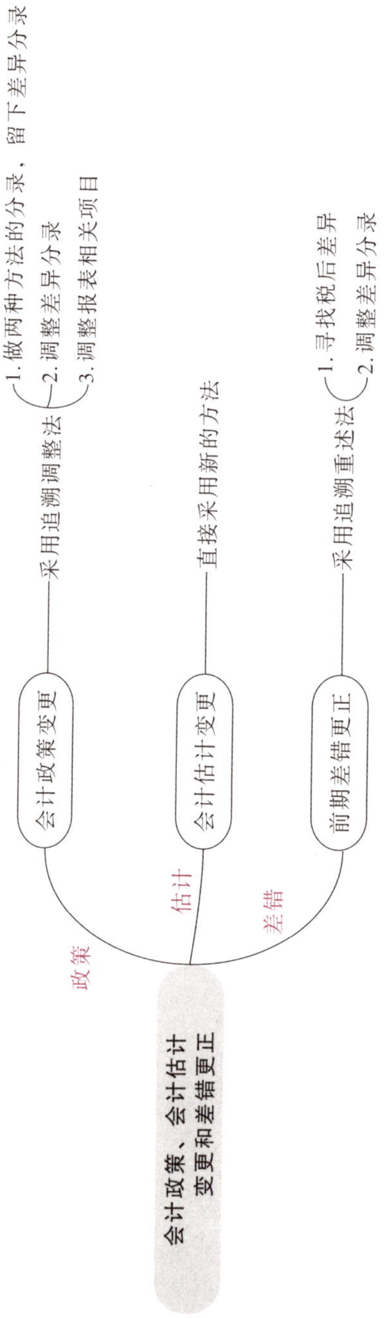

图20-1 本章通关地图

（三）高频考点提炼

考点：解题思路总结（见表20-1）

表20-1　　解题思路总结

会计政策变更：追溯调整法	前期差错更正：追溯重述法	会计估计变更
1.分别做出新旧政策两种方法的会计处理	与追溯调整法类似，也是寻找税后差异，只不过调整分录时涉及损益的科目先用“以前年度损益调整”科目代替，然后再转入“利润分配——未分配利润”科目，最后计提盈余公积	无须考虑以前年度，当年直接按新的会计估计进行处理
2.把相同的会计分录划掉，剩下的即为差异分录		
3.差异分录涉及损益的，计算税后差异		
4.调整差异分录：涉及损益科目的用“利润分配——未分配利润”代替，涉及备抵科目的用备抵科目代替，如累计折旧用“固定资产——累计折旧”代替。同时，对利润分配——未分配利润计提盈余公积： 借：盈余公积 ——法定盈余公积 贷：利润分配 ——未分配利润		
5.根据调整分录，逐笔调整报表相关项目年初数		

【例题·案例题】甲股份有限公司（以下简称“甲公司”）是一家海洋石油开采公司，于2×02年开始建造一座海上石油开采平台。根据法律的规定，该开采平台在使用期满后需要拆除，甲公司还要对石油开采造成的环境污染进行整治。2×03年12月15日，该开采平台建造完成并交付使用，建造成本共120 000 000元，预计使用寿命为10年，采用平均年限法计提折旧。2×09年1月1日，甲公司开始执行企业会计准则，企业会计准则对于具有弃置义务的固定资产，要求将相关弃置费用计入固定资产成本，对之前尚未计入固定资产成本的弃置费用，应当进行追溯调整。

已知甲公司保存的会计资料比较齐备，可以通过会计资料追溯计算。甲公司预计该开采平台的弃置费用为10 000 000元。假定折现率（实际利率）为

10%，不考虑企业所得税和其他税法因素的影响，该公司按净利润的10%提取法定盈余公积。

分析思路及答案：

这道题与有关弃置费用的考点相关，如果你在前面对弃置费用的账务处理不理解，那么现在可以在这个例题中复习一下。

未来的弃置费用，现在一般要按现值入账，计入预计负债：

2×04年1月1日，该开采平台计入资产成本弃置费用的现值为：

10 000 000×（P/F，10%，10）=10 000 000×0.3855=3 855 000（元）

现值其实就相当于本金，未来的总弃置费用为本息和，按照实际利率复利计算。每年的利息没有支付，成为下一年的本金，也就是利打利、利滚利（见表20-2）。

表20-2 **弃置费用计算表** 金额单位：元

日期	利息	实际利率	本金
2×04.1.1		10%	3 855 000
2×04.12.31	385 500	10%	4 240 500
2×05.12.31	424 050	10%	4 664 550
2×06.12.31	466 455	10%	5 131 005
2×07.12.31	513 100.5	10%	5 644 105.5
2×08.12.31	564 410.55	10%	—
合计	2 353 516.05	—	—

弃置费用每年的利息也要计入预计负债，这是未来要支付的，也就是说，未来总共要支付10 000 000元，本金是3 855 000元，每年的利息见表20-3。

表20-3 **两种方法的账务处理过程** 单位：元

经济业务发生时间	经济业务	政策变更前处理	政策变更后处理
2×03.12.15	石油开采平台完工	借：固定资产 120 000 000 贷：在建工程 120 000 000	借：固定资产 120 000 000 贷：在建工程 120 000 000
2×04.1.1	弃置费用本金计入生产成本和预计负债，未来需要支付		借：固定资产 3 855 000 贷：预计负债 3 855 000
2×04.12.31	生产成本按10年折旧，弃置费用的利息计入财务费用	借：生产成本 12 000 000 贷：累计折旧 12 000 000	（1）借：生产成本 12 000 000 贷：累计折旧 12 000 000 （2）借：生产成本 385 500 贷：累计折旧 385 500 （3）借：财务费用 385 500 贷：预计负债 385 500

续表

经济业务发生时间	经济业务	政策变更前处理	政策变更后处理
2×05.12.31	生产成本按10年折旧，弃置费用的利息计入财务费用	借：生产成本 12 000 000 贷：累计折旧 12 000 000	(1) 借：生产成本 12 000 000 贷：累计折旧 12 000 000 (2) 借：生产成本 385 500 贷：累计折旧 385 500 (3) 借：财务费用 424 050 贷：预计负债 424 050
2×06.12.31	生产成本按10年折旧，弃置费用的利息计入财务费用	借：生产成本 12 000 000 贷：累计折旧 12 000 000	(1) 借：生产成本 12 000 000 贷：累计折旧 12 000 000 (2) 借：生产成本 385 500 贷：累计折旧 385 500 (3) 借：财务费用 466 455 贷：预计负债 466 455
2×07.12.31	生产成本按10年折旧，弃置费用的利息计入财务费用	借：生产成本 12 000 000 贷：累计折旧 12 000 000	(1) 借：生产成本 12 000 000 贷：累计折旧 12 000 000 (2) 借：生产成本 385 500 贷：累计折旧 385 500 (3) 借：财务费用 513 100.5 贷：预计负债 513 100.5
2×08.12.31	生产成本按10年折旧，弃置费用的利息计入财务费用	借：生产成本 12 000 000 贷：累计折旧 12 000 000	(1) 借：生产成本 12 000 000 贷：累计折旧 12 000 000 (2) 借：生产成本 385 500 贷：累计折旧 385 500 (3) 借：财务费用 564 410.55 贷：预计负债 564 410.55
2×09.1.1	2×09年的报表要按新的会计政策进行确认		

按照新旧两种方法分别做出分录后，开始寻找两者的差异，在草稿纸上直接将相同的会计分录划掉，剩下的就是差异部分（见表20-4）。

调整税后差异，且调整的是报表项目，涉及损益科目的用“利润分配——未分配利润”代替；涉及备抵科目的，用备抵科目代替，如累计折旧用“固定资产——累计折旧”代替。由于题中不考虑所得税，所以生产成本和财务费用的税后差异分别为1 927 500元和2 353 516.05元（见表20-5）。

表 20-4　　**两种方法的差异部分**　　单位：元

确认生产成本时，新的会计政策要求将弃置费用计入生产成本和预计负债	借：固定资产　3 855 000 　贷：预计负债　3 855 000
2×04—2×08 年 5 年的折旧总差异	借：生产成本　1 927 500 　贷：累计折旧　1 927 500
2×04—2×08 年 5 年的财务费用总差异	借：财务费用　2 353 516.05 　贷：预计负债　2 353 516.05

表 20-5　　**调整结果**　　单位：元

确认生产成本时，新的会计政策要求弃置费用计入生产成本和预计负债	借：固定资产　3 855 000 　贷：预计负债　3 855 000
2×04—2×08 年 5 年的折旧总差异	借：利润分配——未分配利润　1 927 500 　贷：固定资产——累计折旧　1 927 500
2×04—2×08 年 5 年的财务费用总差异	借：利润分配——未分配利润　2 353 516.05 　贷：预计负债　2 353 516.05

合并后，就是教材上的分录了：

借：固定资产——开采平台——弃置义务　3 855 000

　贷：预计负债——开采平台——弃置义务　3 855 000

借：利润分配——未分配利润　4 281 016.05

　贷：累计折旧　1 927 500

　　　预计负债——开采平台——弃置义务　2 353 516.05

最后，对利润分配计提盈余公积：

借：盈余公积——法定盈余公积（4 281 016.05×10%）428 101.61

　贷：利润分配——未分配利润　428 101.61

这个例题由于涉及复利利息的计算、弃置费用的处理，以及会计政策变更，因此较为复杂。总结一下，会计政策变更的解题思路其实就是：

（1）分别做出新旧政策两种方法的会计处理。

（2）把相同的会计分录划掉，剩下的即为差异分录。

（3）涉及损益的，计算税后差异。

（4）调整差异分录：涉及损益科目的，用“利润分配——未分配利润”代替，涉及备抵科目的，用备抵科目代替，如累计折旧用“固定资产——累计折旧”代替，并对“利润分配——未分配利润”计提盈余公积。

借：盈余公积——法定盈余公积

　贷：利润分配——未分配利润

（5）根据调整分录，逐笔调整报表相关项目年初数。

未来适用法就很简单了，它无须考虑以前年度的情况，如果会计估计发生变更，那么本年直接用新的会计估计方法进行账务处理就可以了。

我们来看会计差错更正调整。如果是当年的会计差错，直接调整就可以了，但如果是对以前年度的会计差错进行更正调整，则应用追溯重述法，应用追溯重述法的解题思路与追溯调整法类似：

（1）做正确分录。

（2）比较全部分录，寻找差异。

（3）涉及损益的，计算税后差异。

（4）调整差异分录：涉及备抵科目的，用备抵科目代替，如累计折旧用“固定资产——累计折旧”代替；涉及损益科目的，用“以前年度损益调整”科目代替；最后，将“以前年度损益调整”科目转入“利润分配——未分配利润”科目，并对“利润分配——未分配利润”计提盈余公积。

（5）根据调整分录，逐笔调整报表相关项目年初数。

按照这个思路，不用看答案就能直接把书上的例题做对。

【例题·案例题】2×20年12月31日，甲公司发现该公司在2×19年漏记了一项管理用固定资产的折旧费用300 000元，所得税申报表中也未扣除该项费用。假定2×19年甲公司适用的所得税税率为25%，无其他纳税调整事项。该公司分别按净利润的10%和5%提取法定盈余公积和任意盈余公积。（假定税法允许调整应交所得税）

分析思路及答案：

（1）漏记固定资产，应补上（2×19年）：

借：管理费用　　300 000

　贷：累计折旧　　300 000

借：应交税费——应交所得税　　75 000

　贷：所得税费用　　75 000

（2）涉及损益科目，用“以前年度损益调整”科目代替，最后把“以前年度损益调整”科目的余额转入“利润分配——未分配利润”科目，并对“利润分配——未分配利润”计提盈余公积：

①补提折旧。

借：以前年度损益调整——管理费用　　300 000

　贷：累计折旧　　300 000

②调整应交所得税。

借：应交税费——应交所得税　　75 000

　贷：以前年度损益调整——所得税费用　　75 000

③将“以前年度损益调整”科目的余额转入“利润分配——未分配利润”科目中。

借：利润分配——未分配利润　　225 000

　贷：以前年度损益调整——本年利润　　225 000

④因净利润减少，调减盈余公积。

借：盈余公积——法定盈余公积　　22 500

　　　　　——任意盈余公积　　11 250

　贷：利润分配——未分配利润　　33 750

然后，比较一下会计政策变更的追溯调整法，再经提炼总结，就成了杜老师那本习题集上的表格了。

这一章看起来很难，可是让他这么一说，一个小时都不到，我就感觉自己学会了。而且似乎很简单，不就是首先分别做分录，然后寻找差异，最后用“利润分配——未分配利润”科目或者是“以前年度损益调整”科目代替吗？书上写了满满的一大篇，全是些专业术语，什么“以前年度累计影响数”，其实不就是每年会计分录的差异吗？

看来，学习任何事物，都需要寻找其内在规律，抓住事物的本质，掌握其核心内容，就能以不变应万变。

只不过，透过现象看到本质，也是一种修行，不是任何人都能一下子就达到这种水平的。就像杜老师如果不这样跟我说，靠我自己慢慢去摸索，不知道什么时候才会有这种体会呢?！而且就算杜老师这样跟我说了，我还是需要练习，只有通过练习，我才能加深体会，才能进一步发现各个考点之间的内在联系。

这顿饭整整吃了两个小时，在这两个小时里，我和婉晴只学习了24个字：快速浏览，寻找主线；整理知识，形成体系；做题练习，分析总结。但对这24个字要想做到灵活运用，还得下一番工夫，用杜老师的话说，“如果你真的能灵活运用这24个字，注册会计师也能轻松考过，何况一个小小的中级会计职称考试呢？”

第21章

资产负债表日后事项

（一）巧学调整

在模仿中成长，在成长中创新。

昨天，杜老师给我讲了“会计政策、会计估计变更和差错更正”这一章，虽然只讲了大概2个小时，可是我感觉我听懂了，而且印象深刻，回家做题思路也很清晰。看到了会计政策变更的题，我就知道该怎么去思考，先把新旧政策两种方法的分录都做出来，然后把相同的分录划去，剩下的就是要调整的分录，涉及损益科目的，金额用税后差异，科目用“利润分配——未分配利润”代替，最后对“利润分配——未分配利润”按比例计提盈余公积，这就是所谓的追溯调整。而前期差错更正用的是追溯重述法，思路跟追溯调整差不多，也是寻找差异，只不过，涉及损益科目时要先用“以前年度损益调整”来代替，最后把“以前年度损益调整”全部转入“利润分配——未分配利润”。会计估计变更用的是未来适用法，就更简单了，根本不用管以前年度的情况，当期采用新的会计估计变更方法就可以了，该怎么做就怎么做。

杜老师还教了我们24个字：快速浏览，寻找主线；整理知识，形成体系；做题练习，分析总结。这是自学的法宝，适合任何一章的学习。想着昨天如此见效，今天就迫不及待地想要尝试一番。

于是，我打开了“资产负债表日后事项”这章。

资产负债表日，一般是指12月31日；资产负债表日后事项，那应该就是从下一年度的1月1日到权力机构批准财务报告对外公布的日期之间发生的事项。如果公司管理层修改了财务报表，那么资产负债表日后事项的时间界线就要以机构再次批准财务报告对外公布的日期为准。

我在笔记本上画了个图以帮助自己理解（如图21-1所示）。

资产负债表日后事项涵盖的期间是资产负债表日至财务报告批准报出日之间。

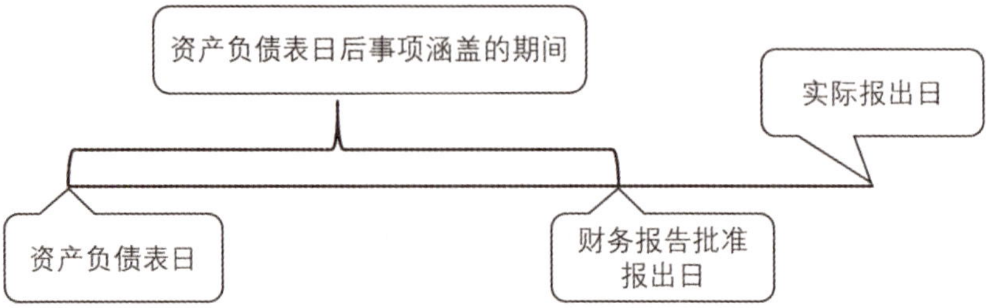

图21-1　资产负债表日后事项的时间界线图

然后，我就开始整体浏览，希望能像杜老师一样，一下子就能抓住本章的主线，了解考点之间的内在联系与本质规律，然后总结出来，形成一个体系抑或一种思路，最后做题练习，加强理解记忆。

可是我把书翻来覆去地看，想找个什么东西能把这章所有的东西都串联起来，却总感觉不如意。于是，我只好在笔记本上整理来整理去，把书上的考点抄来抄去，不断地折腾。在这个折腾的过程中，我发现我对考点也有点理解了，但总感觉速度很慢，没有那种幡然醒悟的感觉。我突然明白了：总结规律是需要经验的。对于我这样的新手而言，一开始总结出来的东西肯定不能马上接近本质，但仍然应该坚持总结，总结完后练习，练习发现还是有题做不出来时，再次吸取经验然后总结，直到总结出来的东西能帮助自己解决本章所有的实务题为止。这其实就是一个摸索的过程，不断摸索，不断前进，这种探索精神好是好，但就是感觉慢了点。我就想如果我一开始就有别人已经整理好的东西，我就可以直接根据别人整理好的规律来看书，然后边看书边理解；如果觉得他总结得不好，我就先调整后练习，然后再根据练习的情况进行调整，直到调整到自己满意为止。这就是所谓的在模仿中成长，在成长中创新，站在巨人的肩上前行，我会看得更远。

我想起杜老师的习题集上有已经整理好的规律，于是打开习题集，根据已经整理好的思路开始看书（见表21-1）。

我看完这个表格后发现：其实重点与难点就是资产负债表日后调整事项该如何进行调整，调整时还要涉及所得税等考点，具有很强的综合性。资产负债表日后非调整事项在资产负债表日并不存在，它们只是后来发生的新的事项，只需进行描述性的披露即可，换句话说，就是考我的文字功底而已。

那他这个调整的思路真的可以帮助我解答所有的题目吗？

我在他的指导下按照这个思路，把书上所有的例子都做了一遍：一方面，我想看用这个思路是不是真的可以做对这章所有的题；另一方面，是为了自己加强理解，把例题当习题做，熟悉完善上述思路步骤，因为我相信只要我掌握了一个通用思路，那我就能够以不变应万变。

（二）本章通关地图（如图21-2所示）

资产负债表日后事项

- 调整 → 资产负债表日后调整事项
  - 1.资产负债表日已经存在，后续所发生事项是对其的补充修改
  - 2.正常做分录，涉及损益科目的，使用“以前年度损益调整”
  - 3.诉讼案件结案资产负债表日后调整
- 不调整 → 资产负债表日后非调整事项
  - 资产负债表日不存在，系后续发生新事项，无须调整报表，披露即可

图21-2　本章通关地图

（三）高频考点提炼

考点1：资产负债表日后事项调整思路（见表21-1）

表21-1 资产负债表日后事项调整思路

资产负债表日后调整事项	资产负债表日已经存在，后续发生的事项只是对其的补充修改	
	调整思路	既然是补充修改，就得知道之前是怎样进行账务处理的
		资产负债表日后，正常做分录，涉及损益科目的，用“以前年度损益调整”科目代替 所得税处理：根据资产负债表日后做分录，逐一分析调整 如果是汇算清缴前，则可以调整“应交税费——应交所得税”科目；如果是汇算清缴后，则不能再调整“应交税费——应交所得税”科目，只能用“递延所得税资产（负债）”科目代替表示递延
		将以前年度损益科目金额汇总，转入“利润分配——未分配利润”中，同时计提盈余公积
	主要事项	根据调整分录的科目调整报表项目
		资产负债表日后诉讼案件结案
		资产负债表日后资产减值调整
		资产负债表日后确定资产负债表日前购入资产的成本或售出资产的收入
资产负债表日后非调整事项	资产负债表日不存在，是后来新发生的事项，不需要对即将报出的报表进行调整，只需在附注中进行适当的披露	
	主要事项	资产负债表日后发生重大诉讼、仲裁、承诺
		资产负债表日后的资产价格、税收政策、外汇汇率发生重大变化
		资产负债表日后因自然灾害导致资产发生重大损失
		资产负债表日后发行股票和债券以及其他巨额债务
		资产负债表日后资本公积转增资本
		资产负债表日后发生巨额亏损
		资产负债表日后发生企业合并或处置子公司
		资产负债表日后，企业利润分配方案中拟分配以及经审议批准宣告发放股利或利润

【例题·案例题】甲公司与乙公司签订一项销售合同，约定甲公司应在2×20年8月向乙公司交付A产品3 000件。但在到期时，甲公司未按照合同发货，致使乙公司遭受重大经济损失。2×20年11月，乙公司将甲公司告上法庭，要求甲公司赔偿9 000 000元。2×20年12月31日，人民法院尚未对此案进行判决，甲公司对该诉讼事项确认预计负债6 000 000元，乙公司未确认应收赔偿款。2×21年2月8日，经人民法院判决，甲公司应赔偿乙公司8 000 000元，甲、乙双方均服从判决。判决当日，甲公司向乙公司支付赔偿款8 000 000元。甲、乙两公司2×20年所得税汇算清缴均在2×21年3月10日完成（假定该项预计负债产生的损失不允许在预计时税前抵扣，只有在损失实际发生时，才允许税前抵扣）。

分析思路及答案：

未决诉讼在资产负债表日存在，资产负债表日后进一步证实，属于资产负债表日后调整事项。

（1）既然是补充修改，就得知道之前是怎样进行账务处理的。

①资产负债表日，觉得有可能败诉，按照或有事项进行处理，已经计提了预计负债（涉及或有事项的考点）：

借：营业外支出——赔偿　　6 000 000

　贷：预计负债——未决诉讼　　6 000 000

②同时，税法规定，预计负债的费用要等到实际发生时才抵扣，即在未来抵扣，故产生可抵扣暂时性差异6 000 000元（涉及所得税费用考点）：

借：递延所得税资产（6 000 000×25%）　　1 500 000

　贷：所得税费用　　1 500 000

（2）资产负债表日后，根据发生的经济业务正常做分录，涉及损益科目的，用“以前年度损益调整”科目代替。

①资产负债表日后，结果出来了，发现真的败诉了，预计要付的变成了现实要付的，把预计负债转为其他应付款：

借：预计负债——未决诉讼　　6 000 000

　贷：其他应付款　　6 000 000

②同时，罚款金额超出了预估金额，营业外支出增加，涉及损益科目，用“以前年度损益调整”代替：

借：以前年度损益调整（营业外支出）　　2 000 000

　贷：其他应付款　　2 000 000

③罚款支付：

借：其他应付款　　8 000 000

　贷：银行存款　　8 000 000

（3）所得税处理：按照资产负债表日后调整的分录，逐一分析调整。

如果是汇算清缴前，则可以调整“应交税费——应交所得税”科目；如果已经汇算清缴完，则不能再调整“应交税费——应交所得税”科目，只能用“递延所得税资产（负债）”科目递延。

甲、乙两公司2×20年所得税汇算清缴均在2×21年3月10日完成，此调整事项发生在所得税汇算清缴前，因此可以调整“应交税费——应交所得税”科目。

①预计负债成了现实要付的其他应付款，本期直接作为费用扣除，无须递延：

借：以前年度损益调整（所得税费用）　　1 500 000

　贷：递延所得税资产　　1 500 000

②涉及以前年度损益调整，可以直接调整所得税：

借：应交税费——应交所得税（8 000 000×25%）　　2 000 000

　贷：以前年度损益调整（所得税费用）　　2 000 000

如果已经汇算清缴完毕，则不能用“应交税费——应交所得税”科目，而要用“递延所得税资产”科目递延。

（4）把“以前年度损益调整”科目汇总，转入“利润分配——未分配利润”中，同时计提盈余公积。

①将“以前年度损益调整”科目余额转入未分配利润：

借：利润分配——未分配利润　　1 500 000

　贷：以前年度损益调整——本年利润　　1 500 000

②因净利润减少，调减盈余公积：

借：盈余公积——法定盈余公积（1 500 000×10%）　　150 000

　贷：利润分配——未分配利润　　150 000

（5）根据调整分录的科目调整报表项目。

乙公司同样可以按上述思路进行思考：

①既然是补充修改，就得知道之前是怎么进行账务处理的：

资产负债表日前，不对或有资产进行账务处理。

②资产负债表日后，根据发生的经济业务正常做分录，涉及损益科目的，用“以前年度损益调整”科目代替。

资产负债表日后胜诉了，可以获得营业外收入。

借：其他应收款——甲公司　　8 000 000

　贷：以前年度损益调整——营业外收入　　8 000 000

借：银行存款　　8 000 000

　贷：其他应收款——甲公司　　8 000 000

注：资产负债表日后事项无论是否涉及现金收支项目，均不调整报告年度

资产负债表的货币资金项目和现金流量表中各项目的数字。本例中，虽然已经收到了赔偿款，但在调整会计报表相关数字时，只需调整上述第一笔分录，第二笔分录作为2×21年的会计事项处理即可。

(3) 中的所得税处理：按照资产负债表日后调整的分录，逐一分析调整。

如果是在汇算清缴前，则可以调整“应交税费——应交所得税”科目；如果已经汇算清缴完，则不能再调整“应交税费——应交所得税”科目，只能用“递延所得税资产（负债）”科目递延。

借：以前年度损益调整——所得税费用（8 000 000×25%）2 000 000

　　贷：应交税费——应交所得税　　　　2 000 000

将（4）中“以前年度损益调整”科目汇总，转入“利润分配——未分配利润”中，同时计提盈余公积。

①将“以前年度损益调整”科目的余额转入未分配利润：

借：以前年度损益调整——本年利润　　　　6 000 000

　　贷：利润分配——未分配利润　　　　6 000 000

②因净利润增加，补提盈余公积：

借：利润分配——未分配利润　　　　600 000

　　贷：盈余公积——法定盈余公积（6 000 000×10%）　　600 000

按照上述思路分析理解后，我对诉讼案件结案之后资产负债表日后调整事项会计处理的思路和方法进行了总结。因为这类调整涉及的考点实在是太多了，有时涉及或有事项的考点，有时涉及所得税的考点，有时还涉及资产负债表日后调整事项的考点。如果我总结出来了，以后就可以直接套用了，不需要再思考了，考试的时候直接写答案即可，这样速度就快了。否则，想了半天，就算想出来了，最后考试的时间也不够了。因此，我就这类问题总结了一个表（见表21-2）。

按照这样的思路，我对剩下的例题也这样进行分析、理解、记忆，直到把教材上的例题完全吃透弄懂为止。我结合教材例题把笔记看了几遍，然后合上教材闭目回忆了一遍，那几个例题不知不觉间已印入我的脑海。然后，我开始做题，在做题的过程中一边分析，一边总结，一边完善笔记。我发现只要把教材上的例题吃透，很多练习题自然就会做了，因为练习题是以教材例题为基础改编而来的。

于是，我得出一个结论：背诵比较典型的例题不失为一个良策。一个经典的综合例题包含了很多考点，背诵它，就相当于记住了很多考点。如果这个例题还不够综合，没有把本章的考点都包含进去，我们就可以对它进行改编，改成自己需要记忆的例题，甚至在练习的时候，把练习题的相关考点导入例题中，这样例题就更综合了，记住了一个，也就相当于记住了很多个。

考点2：诉讼案件结案资产负债表日后调整思路及方法（见表21-2）

表21-2　　诉讼案件结案资产负债表日后调整思路及方法

甲公司：	
1.资产负债表日前账务处理	(1) 资产负债表日，觉得有可能败诉，按照或有事项进行处理，计提预计负债 借：管理费用——诉讼费 　　营业外支出——罚息支出 　贷：预计负债——未决诉讼
	(2) 同时，税法规定，预计发生的费用要等到实际发生时才能够抵扣，即在未来抵扣，故产生可抵扣暂时性差异 借：递延所得税资产 　贷：所得税费用
2.资产负债表日后，根据诉讼结果对上年度报表进行调整	(1) 日后，结果出来了，发现真的败诉了，预计要付的变成了现实要付的 借：预计负债——未决诉讼 　贷：其他应付款
	(2) 同时，如果罚款金额超出了预估金额，上年度营业外支出要增加，涉及损益科目的，用"以前年度损益调整"代替 借：以前年度损益调整（营业外支出） 　贷：其他应付款
	(3) 支付款项 借：其他应付款 　贷：银行存款
3.所得税处理 按照资产负债表日后调整的分录，逐一调整	企业还未进行所得税汇算清缴，还可以调整报告年度的"应交税费——应交所得税"科目
	(1) 预计负债成了现实要付的其他应付款，那递延所得税资产也不再递延，而是实实在在的所得税费用 借：以前年度损益调整（所得税费用） 　贷：递延所得税资产
	(2) 超出的罚款金额也可以税前扣除 借：应交税费——应交所得税 　贷：以前年度损益调整（所得税费用）

续表

4.把“以前年度损益调整”科目汇总，转入“利润分配——未分配利润”科目中，同时计提盈余公积	借：利润分配——未分配利润 　贷：以前年度损益调整——本年利润 因净利润减少，所以调减盈余公积 借：盈余公积 　贷：利润分配——未分配利润
5.根据调整分录的科目调整报表项目	调整上年度报表相关项目及本年度的年初数
乙公司：我同样可以总结	
1.资产负债表日前账务处理	资产负债表日前不对或有资产进行账务处理
2.资产负债表日后，根据诉讼结果对上年度报表进行调整	资产负债表日胜诉了，可以获得营业外收入 借：其他应收款——甲公司 　贷：以前年度损益调整——营业外收入
3.所得税处理 按照资产负债表日后调整的分录，逐一调整	借：以前年度损益调整——所得税费用 　贷：应交税费——应交所得税
4.把“以前年度损益调整”科目汇总，转入“利润分配——未分配利润”科目中，同时计提盈余公积	借：以前年度损益调整——本年利润 　贷：利润分配——未分配利润 借：利润分配——未分配利润 　贷：盈余公积
5.根据调整分录的科目调整报表项目	调整上年度报表相关项目及本年度的年初数

我对杜老师总结的24字方针，结合自己的实际情况进行了改编：借鉴思路，分析例题；整理笔记，背诵例题；做题练习，完善例题。

所谓借鉴思路，就是要先吸取别人的经验，理清自己的思路，带着这个思路看课本中的例题，这就要求有个好老师，或者有本好的参考书，从而有个好的思路让你去借鉴。如果你没有一个好老师，也没有一本好的参考书，那你就得自己理清思路，这或许会慢点，但也不是完全不可行。理清了思路，然后就去分析例题，通过分析例题，一方面，可以验证这个思路是否真的很好，是否适合自己；另一方面，可以根据实际情况不断地进行调整。思路就是主线，根据主线把相关的考点串联起来，形成笔记，结合例题进行理解记忆甚至背诵。背诵例题不是说要你把这个例题完全死记硬背下来，而是将其思路及业务发展流程记下来，至于其中具体的数字，你根本不用记。然后开始练习，在练习的

过程中你会发现，很多习题其实就是从例题改编过来的，你可以吸取其经验，把改编的考点不断地融入例题中，从而使自己的例题更具综合性、全面性。这样，以后碰到再难的综合题也不怕了，因为在练习中，你已经知道知识是怎么综合的，考点之间的内在联系也了然于胸了。

第22章

公允价值计量

这一章完全是从CPA教材中抄过来的，属于纯理论，考CPA时每年这一章最多勉强考1分，为什么是勉强考1分呢？因为CPA考试在这一章从来没出过一个完整的题，只是偶尔出一个小选项，所以属于不重要的章节，从考试的角度来说，如果时间不够的话，那么可以选择战略性地放弃。

考点1：公允价值的定义

1.公允价值：指市场参与者在计量日发生的有序交易中，出售一项资产所能收到或者转移一项负债所需支付的价格。（脱手价格）

2.按照现行会计准则的规定，涉及公允价值计量的资产或负债包括：

（1）投资性房地产准则中规范的以公允价值进行后续计量的投资性房地产；

（2）生物资产准则中规范的以公允价值进行后续计量的生物资产；

（3）资产减值准则中规范的使用公允价值确定可收回金额的资产；

（4）企业年金基金准则中规范的以公允价值计量的企业年金基金投资；

（5）政府补助准则中规范的以非货币性资产形式取得的政府补助；

（6）企业合并准则中规范的非同一控制下企业合并中取得的可辨认资产和负债以及作为合并对价发行的权益工具；

（7）金融工具确认和计量准则中规范的以公允价值计量且其变动计入当期损益的金融资产或金融负债等。

【特别提示】

①计量日不一定特指资产负债表日，可以为重组日、交换日等。

②存货准则中规范的、资产减值准则中规范的预计未来现金流量现值等计量属性，可变现净值与公允价值类似，但并不遵循公允价值计量的有关规定，股份支付和租赁业务（并非脱手价格）相关的计量也不遵循公允价值计量的有关规定。（主要原因：并非站在市场参与者角度）

考点2：公允价值计量的总体要求

为了更好地理解公允价值定义，应当从四个方面掌握公允价值计量的基本要求：

（1）以公允价值计量的相关资产或负债；

（2）应用于相关资产或负债按公允价值计量的有序交易；

（3）有序交易发生的主要市场或最有利市场；

（4）主要市场或最有利市场中的市场参与者。

1.相关资产或负债

（1）相关资产或负债的定义：指其他相关会计准则要求或允许企业以公允价值计量的资产或负债，也包括企业自身权益工具。

（2）以公允价值计量相关资产或负债时应当考虑的因素（2个因素）见表22-1。

表22-1　以公允价值计量相关资产或负债时应当考虑的因素

<table>
<tr><th>基本因素</th><th>具体因素</th><th colspan="2">相关内容</th></tr>
<tr><td rowspan="3">相关资产或负债的特征（进行定价时考虑）</td><td>①资产状况和所在位置</td><td colspan="2">市场参与者以公允价值计量一项非金融资产时，通常会考虑该资产的地理位置和环境、使用功能、结构、新旧程度、可使用状况等，因此，企业计量其公允价值时，也应考虑这些特征，对类似资产和可观察市场价格或其他交易信息进行调整，以确定该资产的公允价值</td></tr>
<tr><td rowspan="2">②对资产出售或使用的限制</td><td>该限制针对资产本身</td><td>a.此类限制是该资产具有的一项特征，任何持有该资产的企业都会受到影响（如：限售股）
b.企业以公允价值计量该资产，应当考虑该限制特征（理由：市场参与者考虑）</td></tr>
<tr><td>该限制针对资产持有者</td><td>a.此类限制并不是该资产的特征，只会影响当前持有该资产的企业，而其他企业可能不会受到该限制的影响。
b.企业以公允价值计量该资产时，不应考虑针对该资产持有者的限制因素</td></tr>
<tr><td>计量单元</td><td colspan="3">①计量单元：相关资产或负债以单独或者组合方式进行计量的最小单位
②企业以公允价值计量相关资产或负债，该资产或负债可以是单项资产或负债，也可以是资产组合、负债组合或者资产和负债的组合（多台设备构成的一条生产线、企业合并准则规范的业务等）
③企业是以单项还是以组合的方式对相关资产或负债进行公允价值计量，取决于该资产或负债的计量单元</td></tr>
</table>

2.有序交易（“正常的”）

有序交易：在计量日前一段时期内该资产或负债具有惯常市场活动的交易，不包括被迫清算和抛售。

3.主要市场或最有利市场

1）基本原则

（1）企业以公允价值计量相关资产或负债，应当以出售资产或者转移负债有序交易的主要市场为基础。

（2）不存在主要市场的，企业应当以该交易的最有利市场为基础确定资产或负债的公允价值。

2）主要市场或最有利市场的识别

（1）主要市场：指相关资产或负债交易量最大和交易活跃程度最高的市场。

（2）最有利市场：指在考虑 a.交易费用和 b.运输费用后，能够以最高金额出售相关资产或者以最低金额转移相关负债的市场。（★★★赚钱最多的市场）

3）主要市场或最有利市场的应用

（1）主要市场

主要市场是资产或负债流动性最强的市场，能够为企业提供最具代表性的参考信息。

（2）最有利市场

不存在主要市场或者无法确定主要市场的，企业应当以相关资产或负债最有利市场的价格为基础，计量其公允价值。

企业在确定最有利市场时，应当考虑 a.交易费用和 b.运输费用等。其中：

交易费用：指企业发生的可直接归属于资产出售或者负债转移的费用。交易费用是在进行相关资产或负债交易时不可避免会发生的费用。

（3）企业在根据主要市场或最有利市场的交易价格确定相关资产或负债的公允价值时，不应根据交易费用对该价格进行调整。

（理由：交易费用是进行交易时才发生的，与定价无关）

（4）交易费用不包括运输费用。

相关资产所在地理位置是该资产的特征，企业应当根据使该资产从当前位置转移到主要市场（或者最有利市场）的运输费用调整主要市场价格。（注：确定公允价值应当考虑运输费用，但不考虑交易费用）

【例题·案例题】（★主要市场的确定）

2×14年12月31日，甲公司在非同一控制下的企业合并业务中获得一批存货（100吨某原材料）。

在购买日，甲公司应当以公允价值计量这批存货。根据市场交易情况，该原材料在A城市和B城市有两个活跃的交易市场。甲公司能够进入这两个市场，并能够取得该存货在这两个市场的交易数据，见表22-2。

表22-2　2×14年12月31日该原材料的市场交易数据

市场	销售价格（万元/吨）	历史交易量（吨）
A城市	26	980
B城市	28	20

【答案】

甲公司根据市场交易数据能够确定A城市的市场拥有最大交易量、交易活跃程度最高，判定A城市的市场为该原材料的主要市场。因此，甲公司应当以A城市的市场价格为基础估计这批存货的公允价值。

假定有相关交易的资料，见表22-3：

表22-3　相关交易的资料

城市	出售存货的交易费用（如相关税费）	存货运抵至该城市的成本
A城市	300万元	20万元
B城市	320万元	40万元

甲公司在估计这批存货的公允价值时，应当使用在主要市场中出售该原材料将收到的价格，并考虑运输费用，但不考虑交易费用。

因此，这批存货的公允价值＝A城市的市场价格26×100－运输费用20

=2 580（万元）

说明：尽管B城市的市场上出售原材料的单位销售价格（28万元）要高于A城市的市场的单位销售价格（26万元），根据公允价值计量准则的规定，甲公司也不能以B城市的市场价格为基础确定这批存货的公允价值。

4.市场参与者

1）市场参与者的特征

（1）市场参与者应当相互独立，不存在关联方关系。

如果企业有证据表明，关联方之间的交易是按市场条款达成的，则关联方之间的交易可以作为市场参与者之间的交易，交易价格可作为公允价值计量的基础。

（2）市场参与者应当熟悉情况，根据可获得的信息，包括通过正常的尽职调查获取的信息，对相关资产或负债以及交易具备合理认知。

（3）市场参与者应当有能力并自愿进行相关资产或负债的交易，而非被迫或以其他强制方式进行交易。

2）市场参与者的确定

企业在确定市场参与者时至少应当考虑下列因素：

（1）所计量的相关资产或负债。

（2）该资产或负债的主要市场（或者最有利市场）。

（3）企业将在主要市场或最有利市场进行交易的市场参与者。

3）市场参与者的应用

（1）企业以公允价值计量相关资产或负债，应当充分考虑市场参与者之间的交易并考虑随时间变化所发生的市场参与者变动的影响。

（2）企业应当从市场参与者角度计量相关资产或负债的公允价值，而不应当考虑企业自身持有资产、清偿或者以其他方式履行负债的意图和能力。

考点3：公允价值初始计量

1.企业应当根据交易性质和相关资产或负债的特征等，判断初始确认时公允价值是否与其交易价格相等。

2.企业在取得资产或者承担负债的交易中，交易价格是取得该资产所支付或者承担该负债所收到的价格，即进入价格。相关资产或负债的公允价值是脱手价格，即出售该资产所能收到的价格或者转移该负债所需支付的价格。

3.在大多数情况下，相关资产或负债的进入价格等于其脱手价格。但企业未必以取得资产时所支付的价格出售该资产，同样，也未必以承担负债时所收取的价格转移该负债。也就是说，企业取得资产或承担负债的进入价格不一定等于该资产或负债的脱手价格。

考点4：估值技术

估值技术通常包括市场法、收益法和成本法。（优先使用活跃市场的公开报价，三种方法没有优先顺序）

考点5：输入值

企业使用估值技术时，应当优先使用可观察输入值，仅当相关可观察输入值无法取得或取得不切实可行时才使用不可观察输入值。

考点6：公允价值层次

企业应当将估值技术所使用的输入值划分为三个层次（见表22-4），并优先使用活跃市场上相同资产或负债未经调整的报价（第一层次输入值），最后

使用不可观察输入值（第三层次输入值）。

表 22-4　　企业将估值技术所使用的输入值划分为三个层次

输入值的层次	含义
第一层次输入值	在计量日能够取得的相同资产或负债在活跃市场上未经调整的报价（典型：股价）
第二层次输入值	1.除第一层次输入值外，相关资产或负债直接或间接可观察的输入值 2.第二层次输入值包括： （1）活跃市场中类似资产或负债的报价 （2）非活跃市场中相同或类似资产或负债的报价 （3）除报价以外的其他可观察输入值
第三层次输入值	相关资产或负债的不可观察输入值

【例题·单选题】公允价值计量所使用的输入值划分为三个层次，下列各项输入值中，不属于第二层输入值的是（　　）。

A. 活跃市场中相同资产或负债的报价

B. 活跃市场中类似资产或负债的报价

C. 非活跃市场中类似资产或负债的报价

D. 非活跃市场中相同资产或负债的报价

【答案】A

第23章

政府会计

（一）思维记忆术

记忆是一切智慧的根源。

今天，杜老师给我讲了有关记忆术的问题，他说其实记忆是一切智慧的根源，有些东西或许你当时不理解，但是如果你记住了，慢慢地也就理解了；有的东西，你理解了然后再记忆，就会记得更轻松，而且经久不忘。

在记忆之前要学会寻找规律，人们对有规律的东西很容易记住。要想掌握其规律，首先就得掌握其内在结构，也就是架构，因为你的思维是发散的。如造成感冒的原因，可能是身体虚弱、天气变化、病毒感染或其他原因；造成身体虚弱的原因可能是缺乏锻炼或过度劳累；而造成过度劳累的原因可能是工作量太大或者情绪过度紧张。整个大脑的思维发散图如图23-1所示。

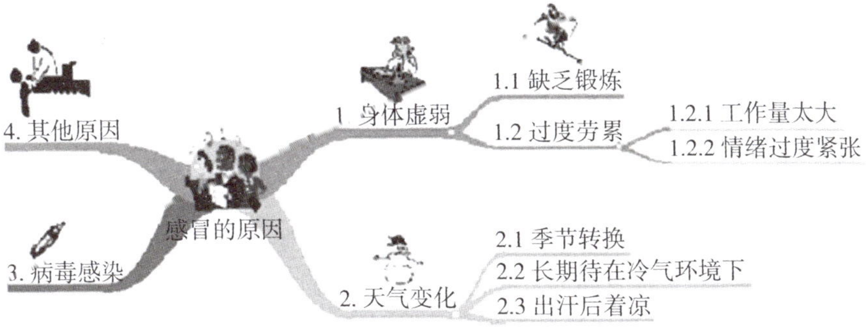

图23-1　整个大脑的思维发散图（以感冒为例）

既然大脑有这种思维发散特征，那我们就得利用这种特征来帮助我们记忆。然后他问我还记不记得我们以前学过的毛泽东的词《沁园春·长沙》。我摇摇头，我承认我以前为了考试背过，不过考试结束后我就还给老师了。

沁园春·长沙

独立寒秋，湘江北去，橘子洲头。

看万山红遍，层林尽染；漫江碧透，百舸争流。

鹰击长空，鱼翔浅底，万类霜天竞自由。

怅寥廓，问苍茫大地，谁主沉浮？

携来百侣曾游，忆往昔峥嵘岁月稠。

恰同学少年，风华正茂；书生意气，挥斥方遒。

指点江山，激扬文字，粪土当年万户侯。

曾记否，到中流击水，浪遏飞舟？

“那我现在给你10分钟，你能背下来吗？”

“可以尝试一下。”

“你准备怎么背？”

“读呗，常言道，熟读唐诗三百首，不会写诗也会吟。这虽然不是唐诗，但方法应该行得通吧？”

“这首词不长，如果你死记硬背的话，也能背下来，但是你的效率一定很低，而且我敢打赌过两天我再让你背，你就背不出来了。”

“那怎么背啊？”

“我刚不是说了，人的大脑具有思维发散的特征，所以你得好好利用。首先，我们看看这首词的内在结构：第一层结构，人物、时间、地点——我、寒秋、湘江橘子洲头。第二层结构，描写周围的景物。山，就是万山红遍，层林尽染；水，漫江碧透，百舸争流；仰头：鹰击长空；低头：鱼翔浅底。看完后大发感慨，苍茫大地，谁主沉浮？第三层结构，看完了，开始回忆以前，以前的人，同学少年，风华正茂，他们做了什么事情呢？指点江山，中流击水。把这个结构画出来就是这样的（如图23-2所示）。”

“你看，有了这幅图，你是不是很容易就可以背下来，而且以后你也不会轻易就忘记？”

“你这方法是很不错，你发明的？”

“不是，这是别人发明的。这叫心智图，最先是一个英国人发明的。当然我们不用知道到底是谁发明的，我们只管它对我们有没有用。”

“那我们学会计进行记忆是不是也可以用这种方法？”

“那当然，其实我一开始就教你用这个方法了。”

“什么时候？我怎么没印象呢？”

“一开始我不是让你先看《中级会计实务》教材的目录，然后将目录分为四个部分（如图23-3所示），再一章一章学习的吗？”

“那你为什么不早点告诉我这样画图呢？”

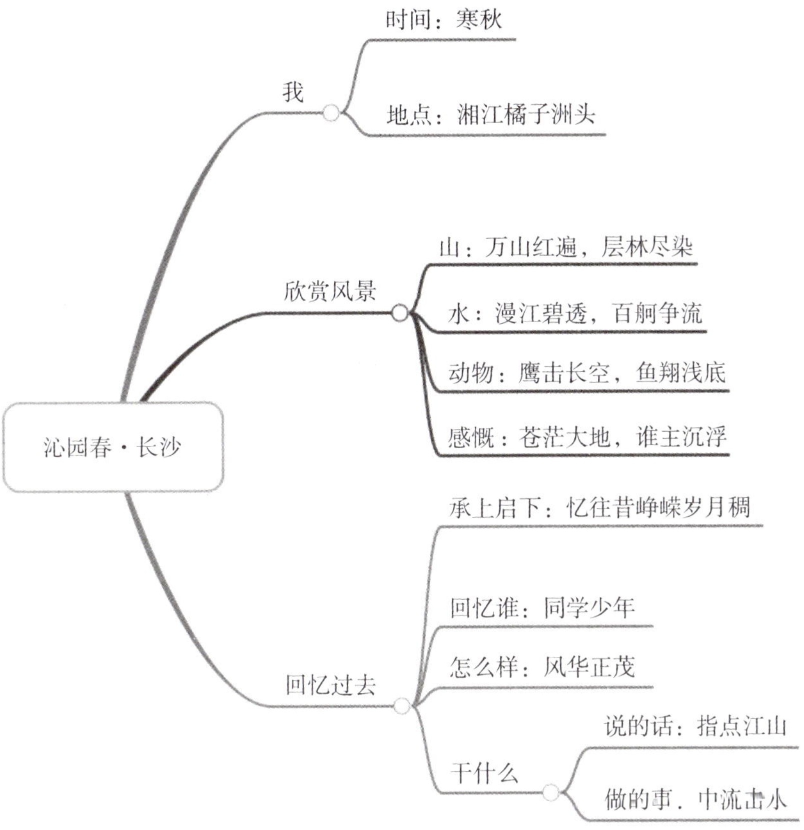

图 23-2　杜老师画的心智图

“现在告诉你也不晚呀，你现在不是已经复习得差不多了吗？你可以按照这个思路开始回忆。把以前学的东西系统化，先掌握总体架构，再研究细节，先实务，再概念。很多东西的分析、理解、记忆都可以用这种方法，比如学习方法本身也可以用，学习方法是横向的，里面任何一种方法用得好的话，都可以帮你顺利地通过考试。但是，也可以用图将其形成一个体系（如图 23-4 所示），这样就可以轻松回答你当初的提问：怎么系统地学习《中级会计实务》教材？”

把握总体脉络，然后不断延伸，可以随时帮助你复习，直至你能够回忆整本书的内容。每复习一章，你就可以延伸一点，每当你延伸不下去的时候，你就停止，继续复习细节。第一遍主要复习实务，第二遍攻克综合题，第三遍记忆概念题。当然，并不是说每个人都只能复习三遍，也不是说每个人都要复习三遍，这要因人而异。

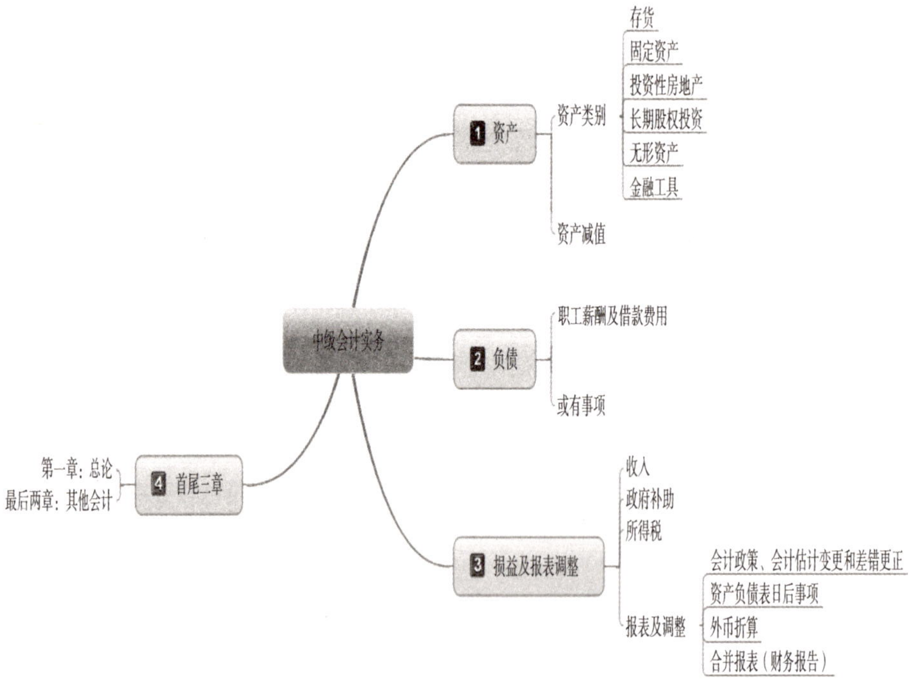

图 23-3　学习《中级会计实务》教材的心智图

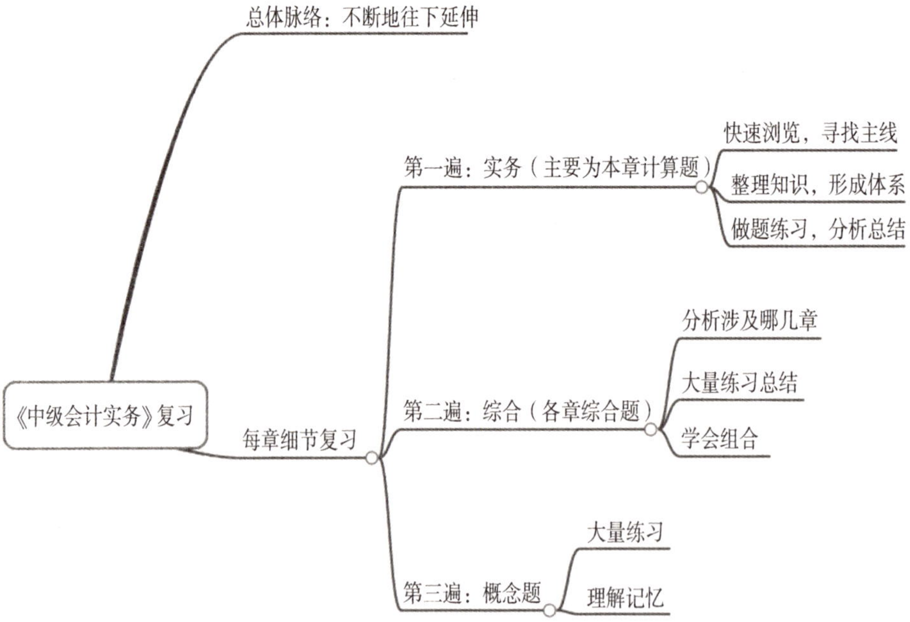

图 23-4　如何系统复习《中级会计实务》教材

杜老师给我讲了很多与心智图相关的知识，还给了我一个简单的画图软件。当然，也可以在草稿纸上用手画。

也许是因为新鲜，我迫不及待地将软件安装在电脑上，然后就开始在电脑上捣鼓。我第一遍差不多复习完了，只剩下首尾三章了。第一章是纯概念，我干脆把它放到第三遍专题概念里再复习。杜老师说，复习概念完全靠题带知识，因为如果你只是看书上的概念，就是你把它背下来了，那ABCD也不一定选得出来，还不如做题，然后看题中考的是哪几个概念，再理解记忆。

第二遍主要是综合题，综合题就是把每章的考点组合在一起，换句话说，只要掌握了每章的实务题，剩下的就是研究出题人如何对其进行排列组合了。

万事开头难，第一遍最难，第一遍复习得好，后面的就好说了。

第一遍除去第一章的纯概念，剩下的就只有最后两章“政府会计”和“民间非营利组织会计”了。这两章也不是特别重要，一般都是出客观题，也就一两分，不过一两分也不能轻易就不要了。

打开教材，首先快速浏览，概念跳过，抓住本质主线。这章主要讲了政府会计业务的核算。

（二）高频考点提炼

考点1：政府单位财务会计和政府单位预算会计的比较（见表23-1）

表23-1　　政府单位财务会计和政府单位预算会计的比较

名称	单位财务会计	单位预算会计
要素	资产、负债、净资产、收入、费用	预算收入、预算支出、预算结余
等式	反映单位财务状况的等式为： 资产-负债=净资产 反映运行情况的等式为： 收入-费用=本期盈余 本期盈余经分配后最终转入净资产	预算收入-预算支出=预算结余
会计基础	权责发生制	收付实现制

【注】对于单位受托代理的现金及应上缴财政的现金所涉及的收支业务，仅需要进行财务会计处理，不需要进行预算会计处理。

考点2：财政授权支付核算（见表23-2）

表23-2　　财政授权支付核算

授权支付	单位财务会计	单位预算会计
（1）收到财政授权支付到账通知书	借：零余额账户用款额度 贷：财政拨款收入	借：资金结存——零余额账户用款额度 贷：财政拨款预算收入

续表

授权支付	单位财务会计	单位预算会计
(2) 使用时	借：业务活动费用/单位管理费用/库存物品等 贷：零余额账户用款额度	借：行政支出/事业支出等 贷：资金结存——零余额账户用款额度
(3) 年度终了，单位根据代理银行提供的对账单注销额度	借：财政应返还额度——财政授权支付 贷：零余额账户用款额度	借：资金结存——财政应返还额度 贷：资金结存——零余额账户用款额度
(4) 年度终了，单位本年度财政授权支付预算指标数大于零余额账户用款额度下达数	借：财政应返还额度——财政授权支付 贷：财政拨款收入	借：资金结存——财政应返还额度 贷：财政拨款预算收入
(5) 下年，恢复额度，或者收到上年末下达额度时	借：零余额账户用款额度 贷：财政应返还额度——财政授权支付	借：资金结存——零余额账户用款额度 贷：资金结存——财政应返还额度

考点3：财政直接支付核算（见表23-3）

表23-3 财政直接支付核算

财政直接支付	单位财务会计	单位预算会计
(1) 使用时	借：库存物品/业务活动费用/单位管理费用等 贷：财政拨款收入	借：行政支出/事业支出等 贷：财政拨款预算收入
(2) 年度终了，单位本年度财政直接支付预算指标数与当年财政直接支付实际支出数的差额	借：财政应返还额度——财政直接支付 贷：财政拨款收入	借：资金结存——财政应返还额度 贷：财政拨款预算收入
(3) 下年度恢复财政直接支付额度后，单位以财政直接支付方式发生实际支出时	借：库存物品/业务活动费用/单位管理费用等 贷：财政应返还额度——财政直接支付	借：行政支出/事业支出等 贷：资金结存——财政应返还额度

考点4：长期投资的核算（见表23-4）

表23-4　　长期投资的核算

长期投资的定义	长期投资是事业单位取得的持有时间超过1年（不含1年）的债权和股权性质的投资
单位财务会计中科目的设置	为了核算长期投资业务，事业单位应当在单位财务会计中设置“长期股权投资”“长期债券投资”“投资收益”“权益法调整”等科目
单位预算会计中科目的设置	在预算会计中设置“投资支出”“投资预算收益”等科目

长期股权投资的账务处理见表23-5。

表23-5　　长期股权投资的账务处理

明细科目设置	“成本”“损益调整”“其他权益变动”	
取得长期股权投资的处理	长期股权投资在取得时，应当将实际成本作为初始投资成本	
（1）以现金取得的长期股权投资	在单位财务会计中： 借：长期股权投资 　　应收股利（已宣告但尚未发放的现金股利） 　贷：银行存款	同时在预算会计中： 借：投资支出 　贷：资金结存——货币资金
（2）收到已宣告但尚未发放的现金股利	在单位财务会计中： 借：银行存款 　贷：应收股利	同时在预算会计中： 借：资金结存——货币资金 　贷：投资支出
（3）以现金以外的其他资产置换取得长期股权投资	其成本按照换出资产的评估价值加上支付的补价或减去收到的补价，加上换入长期股权投资发生的其他相关支出确定	
①以固定资产、无形资产取得长期股权投资	在单位财务会计中： 借：长期股权投资 　　固定资产累计折旧/无形资产累计摊销 　　资产处置费用 　贷：固定资产/无形资产 　　　其他收入 　　　银行存款/其他应交税费（相关税费）	同时在预算会计中： 按实际支付的相关税费 借：其他支出 　贷：资金结存——货币资金
②以未入账的无形资产取得长期股权投资	在单位财务会计中： 借：长期股权投资 　贷：银行存款/其他应交税费（相关税费） 　　　其他收入	同时在预算会计中： 按实际支付的相关税费 借：其他支出 　贷：资金结存——货币资金

续表

<table>
<tr><td colspan="3">长期股权投资在持有期间，通常应当采用权益法进行核算。事业单位无权决定被投资单位的财务和经营政策或无权参与被投资单位的财务和经营政策决策的，应当采用成本法进行核算</td></tr>
<tr><td>权益法</td><td colspan="2">成本法</td></tr>
<tr><td>①被投资单位实现盈亏
借：长期股权投资——损益调整
　贷：投资收益
或做相反分录，以“长期股权投资”科目账面余额减至零为限</td><td colspan="2">①被投资单位宣告发放现金股利或利润时
借：应收股利
　贷：投资收益</td></tr>
<tr><td rowspan="2">②被投资单位宣告分派现金股利或利润时
借：应收股利
　贷：长期股权投资——损益调整</td><td colspan="2">②收到现金股利或利润时</td></tr>
<tr><td>在单位财务会计中：
借：银行存款
　贷：应收股利</td><td>同时在预算会计中：
借：资金结存——货币资金
　贷：投资预算收益</td></tr>
<tr><td>③被投资单位发生除净损益和利润分配以外的所有者权益变动
借：权益法调整
　贷：长期股权投资——其他权益变动</td><td colspan="2">—</td></tr>
<tr><td>④处置时
借：投资收益
　贷：权益法调整</td><td colspan="2">—</td></tr>
</table>

考点5：无形资产取得的业务核算（见表23-6）

表23-6　　无形资产取得的业务核算

<table>
<tr><td rowspan="3">（1）外购</td><td colspan="2">其成本包括购买价款、相关税费（不包括按规定可抵扣的增值税进项税额）以及该项资产达到预定用途前所发生的其他支出</td></tr>
<tr><td>在单位财务会计中：
借：无形资产
　贷：财政拨款收入
　　　零余额账户用款额度</td><td>同时在预算会计中：
借：行政支出/事业支出
　贷：资金结存
　　　财政拨款预算收入</td></tr>
<tr><td colspan="2">委托软件公司开发软件，视同外购无形资产进行处理</td></tr>
</table>

<table>
<tr><td rowspan="8">(2) 自行研发</td><td colspan="2">借：研发支出——研究支出
　　　　　　——开发支出
　贷：银行存款</td></tr>
<tr><td colspan="2">期（月）末，应当将本科目归集的研究阶段的支出转入当期费用
借：业务活动费用
　贷：研发支出——研究支出</td></tr>
<tr><td colspan="2">对于开发阶段的支出，先通过本科目进行归集，待自行研究开发项目完成，达到预定用途形成无形资产时，按照本科目归集的开发阶段的支出进行核算
借：无形资产
　贷：研发支出——开发支出</td></tr>
<tr><td colspan="2">单位应于每年年末评估研究开发项目是否能达到预定用途，如果预计不能达到预定用途（如无法最终完成开发项目并形成无形资产），则应当将已发生的开发支出全部转入当期费用
借：业务活动费用
　贷：研发支出——开发支出</td></tr>
<tr><td colspan="2">自行研究开发项目尚未进入开发阶段，或者确实无法区分研究阶段支出和开发阶段支出，但按法律程序已申请取得无形资产的，应当按照依法取得时发生的注册费、聘请律师费等费用进行核算</td></tr>
<tr><td>在单位财务会计中：
借：无形资产
　贷：财政拨款收入
　　　零余额账户用款额度</td><td>同时在预算会计中：
借：行政支出/事业支出
　贷：资金结存——货币资金
　　　财政拨款预算收入</td></tr>
<tr><td colspan="2">对依法取得之前所发生的研究开发支出进行核算，在单位财务会计中：
借：业务活动费用
　贷：研发支出</td></tr>
</table>

考点6：公共基础设施和政府储备物资的核算（见表23-7）

表23-7　公共基础设施和政府储备物资的核算

<table>
<tr><td rowspan="3">公共基础设施</td><td>公共基础设施主要包括市政基础设施（如城市道路、桥梁、隧道、公交场站、路灯、广场、公园绿地、室外公共健身器材，以及环卫、排水、供水、供电、供气、供热、污水处理、垃圾处理系统等）、交通基础设施（如公路、航道、港口等）、水利基础设施（如大坝、堤防、水闸、泵站、渠道等）和其他公共基础设施</td></tr>
<tr><td>独立于公共基础设施、不构成公共基础设施使用不可缺少组成部分的管理维护用房屋建筑物、设备、车辆等，应当确认为固定资产</td></tr>
<tr><td>为了核算公共基础设施，政府单位应当设置“公共基础设施”和“公共基础设施累计折旧（摊销）”科目</td></tr>
</table>

续表

公共基础设施	公共基础设施在取得时，应当按照其成本入账，其账务处理与固定资产基本相同
	按月计提公共基础设施折旧时，按照应计提的折旧额进行核算： 借：业务活动费用 　贷：公共基础设施累计折旧（摊销）
	处置公共基础设施时，按照所处置公共基础设施的账面价值，借记“资产处置费用”“无偿调拨净资产”“待处理财产损溢”等科目，按照已提取的折旧和摊销，借记“公共基础设施累计折旧（摊销）”科目，按照公共基础设施账面余额，贷记“公共基础设施”科目
政府储备物资	指政府单位为满足实施国家安全与发展战略、进行抗灾救灾、应对公共突发事件等特定公共需求而控制的物资储备
	为了核算政府储备物资，政府单位应当设置“政府储备物资”科目，根据需要可在该科目下设置“在库”“发出”等明细科目
	发出后，不能收回： 借：业务活动费用 　贷：政府储备物资——A类物资
	发出后，可以收回： 借：政府储备物资——B类物资（发出） 　贷：政府储备物资——B类物资（在库）
	发出后，部分收回： 借：政府储备物资——B类物资（在库） 　　业务活动费用 　贷：政府储备物资——B类物资（发出）

考点7：受托代理资产和受托代理负债的核算（见表23-8）

表23-8　受托代理资产和受托代理负债的核算

受托代理资产，是指政府单位接受委托方委托管理的各项资产，包括受托指定转赠的物资、受托存储保管的物资和罚没物资等
政府单位接受委托人委托存储保管或需要转赠给受赠人的物资，其成本按照有关凭据注明的金额确定。接受委托的物资验收入库，按照确定的成本进行核算： 借：受托代理资产 　贷：受托代理负债
将受托转赠物资交付受赠人或按委托人要求发出委托存储保管的物资时，做相反会计分录： 借：受托代理负债 　贷：受托代理资产
转赠物资的委托人取消了对捐赠物资的转赠要求，且不再收回捐赠物资的，应当将转赠物资转为单位的存货、固定资产等，同时确认其他收入： 借：固定资产等 　贷：其他收入

政府单位取得罚没物资时，其成本按照有关凭据注明的金额确定。罚没物资验收（入库），按照确定的成本进行核算： 借：受托代理资产 　贷：受托代理负债
罚没物资成本无法可靠确定的，单位应当设置备查簿进行登记
按照规定处置或移交罚没物资时，按照罚没物资的成本进行核算： 借：受托代理负债 　贷：受托代理资产
处置时取得款项的，按照实际取得的款项金额进行核算 借：银行存款等 　贷：应缴财政款等

考点8：借款费用的核算（见表23-9）

表23-9　借款费用的核算

1.取得借款	在单位财务会计中： 借：银行存款 　贷：短期借款/长期借款——本金	同时在预算会计中： 借：资金结存——货币资金 　贷：债务预算收入
2.计提借款利息	（1）为购建固定资产等工程项目借入的专门借款的利息	事业单位为购建固定资产等工程项目借入专门借款的，对于发生的专门借款利息，按照借款利息减去尚未动用的借款资金产生的利息收入后的金额，属于工程项目建设期间发生的，计入工程成本；不属于工程项目建设期间发生的，计入当期费用
		工程项目建设期间，是指自工程项目开始建造起至交付使用时止的期间。工程项目建设期间发生非正常中断且中断时间连续超过3个月（含3个月）的，事业单位应当将非正常中断期间的借款费用计入当期费用。如果中断是使工程项目达到交付使用所必需的程序，则中断期间所发生的借款费用仍应计入工程成本

续表

2.计提借款利息	(2) 其他借款的利息	事业单位除工程项目专门借款以外的其他借款计提的利息，应当计入当期费用。按期计提其他借款利息时，按照计算确定应支付的利息金额	
		在单位财务会计中： 借：其他费用 贷：应付利息（短期借款利息、分期付息和到期还本长期借款利息） 长期借款——应计利息（到期一次还本付息的长期借款利息）	—
		借：应付利息 贷：银行存款	同时在预算会计中： 借：其他支出 贷：资金结存——货币资金
3.偿还借款		在单位财务会计中： 借：短期借款/长期借款——本金 长期借款——应计利息 贷：银行存款	同时在预算会计中： 借：债务还本支出 其他支出 贷：资金结存——货币资金

考点9：应缴财政款（见表23-10）

表23-10 应缴财政款

概念	指单位取得或应收的按照规定应当上缴财政的款项，包括应缴国库的款项和应缴财政专项的款项
(1) 单位取得或应收按规定应缴纳财政的款项	借：银行存款、应收账款 贷：应缴财政款
(2) 单位处置资产取得的应上缴财政的处置净收入时	借：待处理财产损溢（处理净收入） 贷：应缴财政款
(3) 单位上缴应缴财政的款项时	按照实际上缴的金额： 借：应缴财政款 贷：银行存款

考点10：应付职工薪酬（见表23-11）

表23-11 应付职工薪酬

<table>
<tr><td>概念</td><td colspan="2">应付职工薪酬是指单位按有关规定应付给职工（含长期聘用人员）及为职工支付的各种薪酬，包括基本工资、国家统一规定的津贴补贴、规范津贴补贴（绩效工资）、改革性补贴、社会保险费（如职工基本养老保险费、职业年金、基本医疗保险费等）、住房公积金等</td></tr>
<tr><td>（1）单位计算确认当期应付职工薪酬时，根据收益对象编制分录</td><td colspan="2">借：业务活动费用、单位管理费用、经营费用、在建工程等
贷：应付职工薪酬</td></tr>
<tr><td>（2）代扣代缴个人所得税</td><td colspan="2">借：应付职工薪酬——基本工资
贷：其他应交税费——应交个人所得税</td></tr>
<tr><td>（3）代扣社会保险费、住房公积金以及为职工垫付水电费、房租等费用</td><td colspan="2">按实际代扣的金额：
借：应付职工薪酬——基本工资
贷：应付职工薪酬——社会保险费/住房公积金
其他应收款</td></tr>
<tr><td>应付职工薪酬</td><td>单位财务会计</td><td>单位预算会计</td></tr>
<tr><td>（4）向职工实际支付工资、津贴补贴等薪酬</td><td>借：应付职工薪酬
贷：财政拨款收入/零余额账户用款额度/银行存款等</td><td>借：行政支出/事业支出/经营支出等
贷：财政拨款预算收入/资金结存</td></tr>
<tr><td>（5）单位按照国家规定缴纳职工社会保险费和住房公积金时，按照实际支付的金额编制分录</td><td>借：应付职工薪酬——社会保险费、住房公积金
贷：财政拨款收入/零余额账户用款额度/银行存款等</td><td>借：行政支出/事业支出/经营支出等
贷：财政拨款预算收入/资金结存</td></tr>
<tr><td>（6）单位从应付职工薪酬中支付其他款项</td><td>借：应付职工薪酬
贷：零余额账户用款额度/银行存款等</td><td>借：行政支出/事业支出/经营支出等
贷：财政拨款预算收入</td></tr>
</table>

考点11：收支业务

收入和预算收入见表23-12：

表23-12　　　　收入和预算收入

项目	财务会计	预算会计
收入	（1）财政拨款收入 （2）事业收入 （3）上级补助收入 （4）附属单位上缴收入 （5）经营收入 （6）非同级财政拨款收入 （7）投资收益 （8）捐赠收入 （9）利息收入 （10）租金收入 （11）其他收入等	（1）财政拨款预算收入 （2）事业预算收入 （3）上级补助预算收入 （4）附属单位上缴预算收入 （5）经营预算收入 （6）非同级财政拨款预算收入 （7）投资预算收益 （8）债务预算收入 （9）其他预算收入等
会计基础	权责发生制	收付实现制
财政拨款（预算）收入	单位财务会计	单位预算会计
概念	财政拨款（预算）收入是指单位从同级政府部门取得的各类财政拨款	
	为核算和监督财政拨款（预算）收入，单位应当分别设置“财政拨款收入”和“财政拨款预算收入”	
期末	单位应当将“财政拨款收入”科目本期发生额转入本期盈余 借：财政拨款收入 　贷：本期盈余	借：财政拨款预算收入 　贷：财政拨款结转——本年收支结转

【例题】2019年10月8日，某事业单位（为增值税小规模纳税人）根据经过批准的部门预算和用款计划，向同级财政申请支付第三季度水费，合计100 000元（含增值税）。10月18日，财政部门经审核后，以财政直接支付方式向自来水公司支付了该单位的水费，合计100 000元（含增值税）。10月23日，该事业单位收到了“财政直接支付入账通知书”，应编制如下会计分录：

借：业务活动费用　　100 000

　贷：财政拨款收入　　100 000

同时：

借：事业支出　　100 000

　贷：财政拨款预算收入　　100 000

事业收入见表23-13：

表23-13　　事业（预算）收入

事业（预算）收入	单位财务会计	单位预算会计
概念	事业（预算）收入是指事业单位开展专业业务活动及其辅助活动实现的收入，不包括从同级政府部门取得的各类财政拨款 为核算和监督事业（预算）收入，单位应当分别设置“事业收入”和“事业预算收入”科目	
期末	单位应当将“事业收入”科目本期发生额转入本期盈余 借：事业收入 　贷：本期盈余	按专项资金收入金额： 借：事业预算收入 　贷：非财政拨款结转——本年收支结转

【例题·单选题】在预算会计中，单位期末应将“事业预算收入”科目本期发生额中的专项资金收入结转记入的会计科目是（　　）。

A.非财政拨款结转

B.经营结余

C.事业基金

D.事业结余

【答案】A

【解析】根据“事业预算收入”等科目下各专项资金收入明细科目，贷记“非财政拨款结转——本年收支结转”科目，选项A正确。

非同级财政拨款（预算）收入见表23-14：

表23-14　　非同级财政拨款（预算）收入

非同级财政拨款（预算）收入	单位财务会计	单位预算会计
概念	非同级财政拨款（预算）收入是指单位从非同级政府财政部门取得的经费拨款，包括从同级政府其他部门取得的横向转拨财政款、从上级或下级政府财政部门取得的经费拨款等 为核算和监督非同级财政拨款（预算）收入，单位应当分别设置“非同级财政拨款收入”和“非同级财政拨款预算收入”科目 事业单位因开展科研及辅助活动从非同级政府部门取得的经费拨款，应当通过“事业（预算）收入——非同级财政拨款”科目核算，不通过“非同级财政拨款收入”科目核算	
期末	事业单位应当将“非同级财政拨款收入”本期发生额转入本期盈余： 借：非同级财政拨款收入 　贷：本期盈余	按照专项资金收入金额： 借：非同级财政拨款预算收入 　贷：非财政拨款结转——本年收支结转 按非专项资金收入金额： 借：非同级财政拨款预算收入 　贷：其他结余

考点12：费用和支出

费用和支出包含的内容见表23-15：

表23-15 费用和支出包含的内容

项目	财务会计	预算会计
支出	（1）业务活动费用 （2）单位管理费用 （3）经营费用 （4）资产处置费用 （5）上缴上级费用 （6）对附属单位补助费用 （7）所得税费用 （8）其他费用等	（1）行政支出、事业支出 （2）事业支出 （3）经营支出 （4）债务还本支出 （5）上缴上级支出 （6）对附属单位补助支出 （7）投资支出 （8）其他支出
会计基础	权责发生制	收付实现制

业务活动费用及相关支出见表23-16：

表23-16 业务活动费用及相关支出

业务活动费用及相关支出	单位财务会计	单位预算会计
概念	业务活动费用是指单位为实现其职能目标，依法履职或开展专业业务活动及其辅助活动所发生的各项费用	
期末	为核算和监督业务活动费用，单位应当设置“业务活动费用”科目	为核算和监督业务活动相关支出，单位应当设置“行政支出”“事业支出”科目
	借：本期盈余 贷：业务活动费用	借：财政拨款结转——本年收支结转（财政拨款支出） 非财政拨款结转——本年收支结转（非同级财政专项资金支出） 其他结余（非同级财政、非专项资金支出） 贷：行政支出/事业支出

【例题】2019年6月20日，某事业单位为开展工作需要用财政专项补助支付业务活动款项5 000元，由财政直接支付。该事业单位根据收到的“财政直接支付入账通知书”及有关凭证，应编制如下会计分录：

借：业务活动费用　　5 000

贷：财政拨款收入　　　　　　　　　　5 000

同时：

借：事业支出　　　　　　　　　　5 000

贷：财政拨款预算收入　　　　　　　　　　5 000

单位管理费用及相关支出见表23-17：

表23-17　　单位管理费用及相关支出

单位管理费用及相关支出	单位财务会计	单位预算会计
概念	单位管理费用是指事业单位本级及后勤管理部门开展管理活动发生的各项费用，包括事业单位行政及后勤管理部门发生的人员经费、公用经费、资产折旧（摊销）等费用，以及由单位统一负担的离退休人员经费、工会经费、诉讼费和中介费等	
	为核算和监督单位管理费用，事业单位应当设置“单位管理费用”科目	为核算和监督单位管理活动相关支出，事业单位应当设置“事业支出”科目
	事业单位为开展管理活动发生城市维护建设税、房产税、城镇土地使用税等，按照计算确定应缴纳的金额编制会计分录： 借：单位管理费用 贷：其他应交税费	
期末	将“单位管理费用”科目本期发生额转入“本期盈余”科目： 借：单位管理费用 贷：本期盈余	借：财政拨款结转——本年收支结转（财政拨款支出） 非财政拨款结转——本年收支结转（非同级财政专项资金支出） 其他结余（非同级财政、非专项资金支出） 贷：事业支出

考点13：预算结转结余及分配业务

预算结转结余及分配业务相关科目见表23-18：

表23-18　　预算结转结余及分配业务相关科目

8101	财政拨款结转	项目未完成
8102	财政拨款结余	项目完成
8201	非财政拨款结转	非同级财政拨款、专项资金
8202	非财政拨款结余	非财政拨款、非专项资金
8301	专用结余	
8401	经营结余	贷方
8501	其他结余	非同级财政拨款、非专项资金
8701	非财政拨款结余分配	

预算收入-预算支出=预算结余

财政拨款结转见表23-19：

表23-19　　财政拨款结转

财政拨款结转	项目未完成	
1.本年收支结转	借：财政拨款预算收入 贷：财政拨款结转	
	借：财政拨款结转 贷：事业支出等（财政拨款支出）	
2.从其他单位调入财政拨款结转资金	借：资金结转——财政应返还额度/零余额账户用款额度/货币资金 贷：财政拨款结转——归集调入	财务会计： 借：零余额账户用款额度/财政应返还额度 贷：累计盈余
3.差错调整以前年度财政拨款结转资金	借：资金结转——财政应返还额度/零余额账户用款额度/货币资金 贷：财政拨款结转——年初余额调整	借：零余额账户用款额度/银行存款 贷：以前年度损益调整
4.冲销明细，算出累计	借：财政拨款结转——本年收支结转/年初余额调整/归集调入/归集调出/归集上缴/单位内部调剂 贷：财政拨款结转——累计结转	
5.分析结余性质	借：财政拨款结转——累计结转 贷：财政拨款结余——结转转入	

【例题】2019年9月，某事业单位收到财政拨款收入2 500 000元，“事业支出”科目下“财政拨款支出”明细科目的当期发生额为2 400 000元。月末，该事业单位将本月财政拨款收入和支出结转，应编制如下会计分录：

（1）结转财政拨款收入时：

借：财政拨款预算收入　　2 500 000

　贷：财政拨款结转——本年收支结转　　2 500 000

（2）结转财政拨款支出时：

借：财政拨款结转——本年收支结转　　2 400 000

　贷：事业支出——财政拨款支出　　2 400 000

财政拨款结余见表23-20。

表 23-20 **财政拨款结余**

财政拨款结余	项目完成	
1.调整用于其他未完成项目或者本单位支出	借：财政拨款结余——单位内部调剂 贷：财政拨款结转——单位内部调剂	
2.上缴或者注销额度	借：财政拨款结余——归集上缴 贷：资金结存——零余额账户用款额度/财政应返还额度/货币资金	财务会计： 借：累计盈余 贷：零余额账户用款额度/财政应返还额度
3.差错调整以前年度财政拨款结余资金	借：资金结存 贷：财政拨款结余——年初余额调整	借：零余额账户用款额度/财政应返还额度 贷：以前年度损益调整
4.冲销明细，结余累计汇总	借：财政拨款结余——结转转入/年初余额调整/归集上缴/单位内部调剂 贷：财政拨款结余——累计结余	

【例题·单选题】2019年年末，某事业单位完成财政拨款收支结转后，对财政拨款各明细项目进行综合分析，根据有关规定将一项目结余资金80万元转入财政拨款结余。不考虑其他因素，该事业单位应编制的会计分录是（　　）。

A.借：财政拨款结余　　800 000
　　贷：财政拨款结转　　800 000

B.借：财政拨款结余　　800 000
　　贷：累计盈余　　800 000

C.借：财政拨款结转　　800 000
　　贷：财政拨款结余　　800 000

D.借：累计盈余　　800 000
　　贷：财政拨款结余　　800 000

【答案】C

【解析】2019年年末，按照有关规定将符合财政拨款结余性质的项目余额转入财政拨款结余：

借：财政拨款结转　　800 000
　　贷：财政拨款结余　　800 000

【例题·单选题】事业单位在期末应将财政拨款收入和对应的事业支出——财政拨款支出进行结转，涉及的会计科目是（　　）。

A.非财政拨款结转

B.财政拨款结转

C.累计盈余

D.财政拨款结余

【答案】B

【解析】事业单位在期末应将财政拨款收入和对应的事业支出——财政拨款支出进行结转，结转到“财政拨款结转”科目核算。

【例题·判断题】财政拨款结余是指单位取得的同级财政拨款项目支出结余资金的调整、结转和滚存情况。（　　）

【答案】√

非财政拨款结转见表23-21：

表23-21　非财政拨款结转

非财政拨款结转	非同级财政拨款、专项资金	
1.本年收支相抵	借：事业预算收入等 　贷：非财政拨款结转——本年收支结转 借：非财政拨款结转——本年收支结转 　贷：事业预算收入等	
2.单位按规定缴回资金，按实际缴回数额	借：非财政拨款结转——缴回资金 　贷：资金结存——货币资金	财务会计： 借：累计盈余 　贷：银行存款
3.差错调整	借：资金结存——货币资金 　贷：非财政拨款结转——年初余额调整	借：银行存款 　贷：以前年度盈余调整
4.冲销明细，汇总累计	借：非财政拨款结转——年初余额调整/项目间接费用或管理费/本年收支结转/缴回资金 　贷：非财政拨款结转——累计结转	

【例题】2019年1月，某事业单位启动一项科研项目。当年收到上级主管部门拨付的非财政专项资金6 000 000元，为该项目发生事业支出5 600 000元。2019年12月，项目结项，经上级主管部门批准，该项目的结余资金留归事业单位使用。该事业单位应编制如下会计分录：

（1）年末结转上级补助预算收入中该科研专项资金收入时：

借：上级补助预算收入　　6 000 000

　贷：非财政拨款结转——本年收支结转　　6 000 000

（2）年末结转事业支出中该科研专项支出时：

借：非财政拨款结转——年末收支结转　　5 600 000

　贷：事业支出——非财政专项资金支出　　5 600 000

（3）经批准确定结余资金留归本单位使用时：

借：非财政拨款结转——累计结转　　400 000

　贷：非财政拨款结余——结转转入　　400 000

【例题·单选题】年末，完成非财政拨款专项资金结转后，留归本单位使用的非财政拨款结转计入（　　）。

A.本期盈余

B.银行存款

C.专用基金

D.非财政拨款结余——结转转入

【答案】D

【解析】年末，完成非财政拨款专项资金结转后，留归本单位使用的非财政拨款结转计入非财政拨款结余——结转转入。

非财政拨款结余见表23-22：

表23-22　　非财政拨款结余

非财政拨款结余	非财政拨款、非专项资金	
1.单位提取项目管理费或间接费	借：非财政拨款结转——项目间接费用或管理费 　贷：非财政拨款结余——项目间接费用或管理费	财务会计： 借：单位管理费用 　贷：预提费用——项目间接费用或管理费
2.年末留归本单位使用的非财政拨款专项（项目已完成）剩余资金	借：非财政拨款结转——累计结转 　贷：非财政拨款结余——结转转入	
3.其他非财政、非专项资金	借：事业预算收入等 　贷：其他结余 借：其他结余 　贷：事业支出	
4.其他结余结转	行政单位	事业单位
	借：其他结余 　贷：非财政拨款结余——累计结余	借：其他结余 　贷：非财政拨款结余分配

非财政拨款结余分配见表23-23。

表 23-23　　非财政拨款结余分配

<table>
<tr><th>非财政拨款结余分配</th><th colspan="2">业务处理</th></tr>
<tr><td rowspan="2">1. 专用结余：提取专门用途的资金</td><td colspan="2">借：非财政拨款结余分配
　贷：专用结余</td></tr>
<tr><td>使用时：
借：专用结余
　贷：资金结存——货币资金等</td><td>财务会计：
借：本年盈余分配
　贷：专用基金</td></tr>
<tr><td rowspan="2">2. 经营结余</td><td colspan="2">如有贷方余额：
借：经营结余
　贷：非财政拨款结余分配</td></tr>
<tr><td colspan="2">如为借方余额，则为经营亏损，不予结转</td></tr>
<tr><td>3. 剩余资金转让非财政拨款结余</td><td colspan="2">借：非财政拨款结余分配
　贷：非财政拨款结余</td></tr>
</table>

【例题·判断题】事业单位当年经营收入扣除经营支出后的余额，无论是正数还是负数，均直接计入非财政拨款结余分配。（　　）

【答案】×

【解析】如果经营结余是负数，则说明经营结余有借方余额，经营结余的借方余额不进行结转。

【例题·单选题】下列各项中，政府单位会计期末应结转记入“其他结余”科目的是（　　）。

A.“其他预算收入”科目本期发生额中的非专项资金收入

B.“上级补助预算收入”科目本期发生额中的专项资金收入

C.“其他预算收入”科目本期发生额中的专项资金收入

D.“事业预算收入”科目本期发生额中的专项资金收入

【答案】A

【解析】选项BCD均应转入非财政拨款结转，选项A应转入其他结余。

考点14：净资产业务

净资产业务相关会计科目见表23-24。

表 23-24　　净资产业务相关会计科目

3001	累计盈余
3101	专用基金
3201	权益法调整
3301	本期盈余
3302	本年盈余分配
3401	无偿调拨净资产
3501	以前年度盈余调整

本期盈余见表 23-25：

表 23-25　　本期盈余

本期盈余	
本期收入、费用相抵	借：财政拨款收入/事业收入等 　贷：本期盈余 借：本期盈余 　贷：业务活动费用/单位管理费用等
本年盈余分配	
将科目余额转入本年盈余分配	借：本期盈余 　贷：本年盈余分配
专用基金	
事业单位从本年度非财政拨款结余或经营结余提取专用基金	借：本年盈余分配 　贷：专用基金
从收入提取并计入费用或者按其他途径实际收到的金额	借：业务活动费用/银行存款 　贷：专用基金

累计盈余见表 23-26。

表23-26　累计盈余

累计盈余		
将本年盈余分配转入累计盈余	借：本年盈余分配 　贷：累计盈余	
无偿调拨净资产		
调入	借：固定资产/无形资产等 　贷：零余额账户用款额度/银行存款（调入方的相关费用） 　　无偿调拨净资产	预算会计 借：其他支出 　贷：资金结存
调出	借：无偿调拨净资产 　固定资产累计折旧/无形资产累计摊销 　贷：固定资产/无形资产 调出方相关费用： 借：资产处置费用 　贷：零余额账户用款额度/银行存款	预算会计，按实际支付的费用金额： 借：其他支出 　贷：资金结存
转让累计盈余	借：无偿调拨净资产 　贷：累计盈余	
使用专用基金	财务会计	预算会计
	借：固定资产/无形资产等 　贷：银行存款 借：专用基金 　贷：累计盈余	对从收入中提取的： 借：事业支出 　贷：资金结存 对从非财政拨款结余或经营结余中提取的： 借：专用结余 　贷：资金结存

【例题】2019年5月5日，某行政单位接受其他部门无偿调入物资一批，该批物资在调出方的账面价值为20 000元，经验收合格后入库。物资调入过程中该单位以银行存款支付了运输费1 000元。财会部门根据有关凭证，不考虑相关税费，应编制如下会计分录：

借：库存物品　21 000
　贷：银行存款　1 000
　　无偿调拨净资产　20 000

同时：

借：其他支出　1 000
　贷：资金结存——货币资金　1 000

第24章

民间非营利组织会计

民间非营利组织会计业务的核算，也可以用同样的思路学习。首先找到报表（见表24-1、表24-2），然后再进行比较学习。其实它的借贷原理与企业会计是一样的，只是科目取了个陌生的名字，让人觉得怪怪的。

表24-1　　民间非营利组织会计报表

资产负债表

会民非01表

编制单位：　　　　年　　月　　日　　税务局编码：　　　　单位：元

资产	行次	年初数	期末数	负债和净资产	行次	年初数	期末数
流动资产：				流动负债：			
货币资金	1			短期借款	61		
短期投资	2			应付款项	62		
应收款项	3			应付工资	63		
预付账款	4			应交税金	65		
存货	8			预收账款	66		
待摊费用	9			预提费用	71		
一年内到期的长期债权投资	15			预计负债	72		
其他流动资产	18			一年内到期的长期负债	74		
流动资产合计	20			其他流动负债	78		

续表

资产	行次	年初数	期末数	负债和净资产	行次	年初数	期末数
长期投资：				流动负债合计	80		
长期股权投资	21			长期负债：			
长期债权投资	24			长期借款	81		
长期投资合计	30			长期应付款	84		
固定资产：				其他长期负债	88		
固定资产原价	31			长期负债合计	90		
减：累计折旧	32			受托代理负债：			
固定资产净值	33			受托代理负债	91		
在建工程	34			负债合计	100		
文物文化资产	35			净资产：			
固定资产清理	38			非限定性净资产	101		
固定资产合计	40			限定性净资产	105		
无形资产：				净资产合计	110		
无形资产	41						
受托代理资产：							
受托代理资产	51						
资产总计	60			负债和净资产总计	120		

表 24-2

民间非营利组织会计报表
业务活动表

会民非 02 表

编制单位：　　　　年　　月　　　税务局编码：　　　　单位：元

项目	行次	本月数			本年累计数		
		非限定性	限定性	合计	非限定性	限定性	合计
一、收入							
其中：捐赠收入	1						
会费收入	2						
提供服务收入	3						
商品销售收入	4						
政府补助收入	5						
投资收益	6						
其他收入	9						
收入合计	11						
二、费用							
(一) 业务活动成本	12						
其中：	13						
	14						
	15						
	16						
(二) 管理费用	21						
(三) 筹资费用	24						
(四) 其他费用	28						
费用合计	35						
三、限定性净资产转为非限定性净资产	40						
四、净资产变动额（若为净资产减少额，以“-”号填列）	45						

然后直接根据其例题进行理解，看其借贷规则是否相同，相关业务涉及的会计分录见表24-3。

（一）本章通关地图（如图24-1所示）

图24-1　本章通关地图

（二）高频考点提炼

考点：民间非营利组织会计分录总结（见表24-3）

表24-3　民间非营利组织会计分录总结

业务	会计分录
受托代理业务	（1）一般情况 ①收到受托代理资产时 借：受托代理资产 　贷：受托代理负债 （按确认的受托代理资产的金额入账） ②转赠或转出时 借：受托代理负债 　贷：受托代理资产 （2）如果收到受托代理资产为库存现金、银行存款或其他货币资金，则可以不通过“受托代理资产”科目核算，而在科目“库存现金”、“银行存款”或“其他货币资金”下面设“受托代理资产”二级科目 ①收到时 借：库存现金（或银行存款、其他货币资金）——受托代理资产 　贷：受托代理负债 ②转赠或转出时 借：受托代理负债 　贷：库存现金（或银行存款、其他货币资金）——受托代理资产 （3）如果受托代理资产为存货、长期股权投资、固定资产和无形资产等非现金资产，应当视不同情况处理： ①如果委托方提供了有关凭据，则应按凭据上标明的金额入账 ②如果凭据上标明的金额与公允价值的差额很大，则按公允价值入账 ③如果没有提供有关凭据，则按公允价值入账

续表

业务	会计分录
捐赠收入，一般捐赠人在捐赠时会限定用途，如果没有限定，则为非限定收入，可以互转	借：银行存款 　贷：捐赠收入——限定性收入 借：捐赠收入——限定性收入 　贷：捐赠收入——非限定性收入
政府补助收入	借：银行存款 　贷：政府补助收入——限定性收入
对外销售	借：银行存款 　贷：商品销售收入 借：业务活动成本——商品销售成本 　贷：存货
将收入、成本全部转为限定性净资产或非限定性净资产，条件满足时，限定性净资产还可以转为非限定性净资产	借：捐赠收入——限定性收入 　　会费收入——限定性收入 　贷：限定性净资产 借：捐赠收入——非限定性收入 　　会费收入——非限定性收入 　贷：非限定性净资产 借：非限定性净资产 　贷：业务活动成本 借：限定性净资产 　贷：非限定性净资产

所以，本章其实就讲了一个大问题：民间非营利组织会计业务的核算。

具体的细节就是表24-3的内容，如果能按照这样的思路将所有复习总结过的考点都记住，那考试的时候就不用担心了。

剩下的其实就是练习了，这章的实务题一般是以客观题的形式出现的。我做了几个练习，感觉这章差不多了，就准备开始第二轮的复习了。

第二轮主要是在第一轮的基础上进行强化，换句话说，就是不断地理解、记忆自己已经总结出来的考点，同时对不完善的地方加以补充。如果你有时间的话，那么复习10遍都行。不过，没有必要。所以，我从来都不主张持久战，而是主张速战速决。